유리사이의 동판 시 - 정지된 현재, 수용과 통찰

유라시아의 동과 서
- 경계와 해체, 수용과 통합

초판1쇄 발행 | 2023년 12월 30일

엮은이 한양대학교 아태지역연구센터 러시아·유라시아연구사업단
펴낸이 홍종화

주간 조승연
편집·디자인 오경희·조정화·오성현·신나래
　　　　　박선주·이효진·정성희
관리 박정대

펴낸곳 민속원
창업 홍기원
출판등록 제1990-000045호
주소 서울 마포구 토정로25길 41(대흥동 337-25)
전화 02) 804-3320, 805-3320, 806-3320(代)
팩스 02) 802-3346
이메일 minsok1@chollian.net, minsokwon@naver.com
홈페이지 www.minsokwon.com

ISBN 978-89-285-1925-5 94910
SET 978-89-5638-985-1

ⓒ 한양대학교 아태지역연구센터 러시아·유라시아연구사업단, 2023
ⓒ 민속원, 2023, Printed in Seoul, Korea

이 책은 저작권법에 의해 보호를 받는 저작물이므로 무단전재와 복제를 금지하며,
이 책 내용의 전부 또는 일부를 이용하려면 반드시 저작권자와 출판사의 서면동의를 받아야 합니다.

HK 러시아·
유 라 시 아
연구시리즈

23/45

유라시아의 동과 서
: 경계와 해체, 수용과 통합

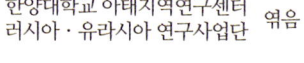

한양대학교 아태지역연구센터
러시아 · 유라시아 연구사업단 엮음

민 속 원

총설

1.

이 책은 한양대 아태지역연구센터 러시아·유라시아연구사업단이 수행한 HK+ 2단계 2차년도 연구 결과물이다. 본 연구소는 2007년 한국연구재단(舊 학술진흥재단)이 지원하는 인문한국 지역연구사업(일명 Humanities Korea, 혹은 HK사업)에 선정되었고, 2017년 HK 사업 종료 이후 2018년에 'HK 후속 플러스HK+' 사업에도 선정된 바 있다. 본 사업단의 HK+ 아젠다 과제는 "유라시아의 경계 변용과 문화동학 : 유라시아학 체계의 확장과 심화"이며, 2022년 3월~2023년 2월 간 본 사업단의 인문팀 내부에서 연구된 내용의 결실을 맺어 출판되는 단행본이다. 본 총서의 공간적, 통시적 연구 대상 범위는 고대 시기부터 현대까지 망라한다. 2단계 2차년도의 저서는 "유라시아의 동과 서 : 경계와 해체, 수용과 통합"을 주제로 설정하여 러시아, 코카서스, 중앙아시아에서 나타난 중세, 근대, 현대 시기 역사, 문화의 경계와 해체, 수용과 통합의 담론을 규명하는 내용으로 구성되었다. 본서는 지난 2019년에 출간된 본 사업단의 1단계 1년차 연구인 "유라시아 역사·문화 : 제국, 권력과 경계", 2020년 출간된 2년차 연구 "유라시아의 자문화중심경향과 다문화적 변용의 역학", 2021년 3년차 연구인 "유라시아 지역의 문화 혼종성과 상호 문화주의", 2022년 2단계 1년차 연구인 "21세기 유라시아 역사·문화의 혼돈과 진화"에 이어 5번째로 출간되는 인문팀의 저서이다.

본 사업단의 1단계 인문팀의 전체 주제는 "유라시아의 융합과 변용"이었으며, 2단계 2년차 인문팀의 주제는 "유라시아의 동과 서 : 경계와 해체, 수용과 통합"이었다. '유라시아의 동과 서'라는 주제는 러시아의 역사적, 정치적, 사회적, 문화적 관점에서 간단하게 답할 수 없는 속성을 지닌다. 이는 러시아의 역사, 철학적 주제였으며, 러시아 현실의 총체적인 과제였다. 러시아는 세계사에서 매우 독특한 역사적 위치를 가지고 있는 국가였다. 예를 들면 러시아는 러시아정교를 종교적 차원에서만 설정한 것이 아니고 이를 세계사적 차원으로 격상시키고자 했다. 유대인의 선민의식처럼 러시아는 러시아정교를 제3의 로마로 인식하고 종교의 세계화를 주장했다. 러시아, 유라시아 국가들은 오랜 역사적 시기 동안에도 그러했고, 1991년 소련 해체 이후에도 동양과 서양의 문제에 직면했고, 경계와 해체, 수용과 통합의 진화를 거쳐 왔다. 러시아와 유라시아 국가 내에서 역사적 용어를 빌린다면, 여전히 도전과 응전, 지배와 저항의 형태가 나타났다.

본 사업단은 유라시아 국가의 새로운 패러다임을 제시하기 위한 유라시아의 동과 서에 관련된 연구를 종합적으로 고찰하고자 했다. 러시아의 변경으로 치부된 유라시아의 현존을 직시하는 새로운 전망으로 모색하고자 했다. 러시아 사회는 서양과 분리할 수 없었다. 러시아는 유럽 사회의 사상, 문물과 교류하면서 결국은 유럽 사회의 정식 일원이 되었으며, 유럽 국가가 인정하든 말든, 유럽 국가임을 분명히 하고 있다. 그 어떤 서양사회도 러시아를 아시아 국가로 명명할 수는 없다. 철학사적 의미에서 러시아는 서양 국가인가, 동양 국가인가에 대한 논의와 성찰이 끊임없이 제기되어 왔다. 그러나 러시아는 16세기 이후로 대륙의 접경 지역으로 타민족을 끊임없이 정복하고 영토를 확대하고 아시아권을 지배하면서 유라시아 국가 정체성을 가졌다. 즉 유라시아 국가로서 서와 동과는 변별적인 양태를 가지는 국가 정체성을 소유하게 되었다. 그 과정에서 러시아는 중앙아시아, 코카서스 등을 점령하였고 유라시아를 동과 서의 경계와 담론으로 이끌었던 국가적 정체성을 지녔다. 유라시아와 동의 관계에서 러시아는 매우 핵심적인 국가였다. 소련은 제국의 위용을 자랑했으며, 제국 가치를 투영해왔다. 소련은 아시아적 전제주의 국가들에 소위 유럽의 기독교 문명을 전파시키면서 제국주의의 지배적 이념이었던 '문명의 미션화'를 작동하였다. 유라시아와 동의 문제는 유라시아 내의 동방 국가들의 역사적, 문화적 정체성에 함유된 국가의 운명이었으며, 이는 다양한 유라시아 민족의 생존과도 직결된 문제였다.

본 사업단은 지난 2007년 이래로 유라시아학을 정립하기 위한 연구 노력을 기울여왔다. 유라시아학은 여전히 저희의 연구 대상이며, 유라시아의 동과 서 문제는 본 사업단 연구자들이 오랫동안 중점적으로 고민하고 고찰한 연구 주제였다. 본 저서 연구자들은 이번 연구를 통해 종합적으로 유라시아에서 끊임없이 종결되지 않고 고착된 제국의 지배적인 문화적 기호와 유라시아의 경계와 담론을 뛰어넘은 정체성을 모색하고자했다. 2년차 연구는 유라시아 국가 정체성을 가진 국가와 동서양과의 다양한 관계를 중층적으로 다루는 내용으로 구성되었다. 유라시아 국가가 다양한 민족과의 관련 속에서 배태된 다층적인 역사·문화 정체성이 고찰될 이러한 시도는 학계에서도 유의미한 발자취를 남기게 될 것으로 사료된다.

2.

각 장의 맨 앞쪽 페이지에는 다양한 층의 독자들이 쉽고 빠르게 본문의 내용을 이해할 수 있도록 국문요약을 첨부하여 두었다. 본 연구서는 크게 2부로 구분되어 있다. 본 저서의 1부에서는 "역사 속의 유라시아 : 러시아와 중앙아시아, 그 역사적 담론과 경계"를 주제로 상정하였다. 2부에서는 "유라시아의 동과 서 : 경계와 해체, 수용과 통합" 이라는 주제를 다루었다.

이제 각 장에서 필진들이 점검하고 있는 내용을 개괄하여 보자.

이정하는 "러시아 연방의 유라시아 담론과 그 의미"라는 주제를 연구하였다. 이정하는 러시아 연방에게 유라시아는 어떤 의미이며, 러시아 정부 담론에서 유라시아가 차지하는 의미를 논증하였다. 그는 특히 외교 정책 수립에 있어 '공간'의 중요성과 지리적 조건 그리고 이와 관련된 지정학적 담론에 초점을 맞추었다. 저자는 한 국가의 지정학적 성격과 외교 정책은 국가 정체성, 국가 이익과 외교 정책 목표, 그리고 다양한 행위자의 지정학적 상상력에 대한 고려 없이는 입체적으로 이해할 수 없다는 점을 강조하였다. 이정하는 2000년 블라디미르 푸틴 대통령 취임 이후 러시아 외교 정책의 핵심 공간인 유라시아가 어떤 방식으로 정의되는지 그리고 우크라이나 사태 등과 같은 요소에 의해 이러한 지정학적 인식이 어떻게 변화했는지를 고찰하였다.

유라시아라는 '객관적인 듯이 보이는 지리적 조건'은 정책 입안자의 인식과 상상 속에서 고정불변하거나 고정된 실체가 아니라는 점에 연구의 초점이 맞추어졌다. 한 국가의 위치와 지리적 조건이 그 국가가 어떤 외교 정책을 선택할지, 어떤 동맹을 맺을지, 이념적 기반이 무엇일지를 결정하지 않는다. 저자는 정책 입안자의 지정학적 상상력의 측면에서 전략 공간을 분석하는 연구가 이루어져야 한다는 점을 제시하였다.

곽성웅·최배성은 "메르브의 역사 속에 나타난 배타적 지역주의의 형성과 소멸"을 연구 주제로 상정하고 이를 통해 중세 시기 중앙아시아의 역사적 경계를 면밀하게 고찰하였다. 저자는 메르브 도시의 특성을 전체적으로 살펴보았는데, 이 도시는 여러 역사적 과정을 거치면서 여러 굴곡진 역사적 경험을 거쳐 왔으며 이를 극복해야했다는 점을 강조하였다. 메르브는 인종이나 민족, 부족에 기반한 민족주의와 부족주의적 성격의 지역주의가 단절됐고, 오히려 이를 망라하는 지역민 전체의 중앙정부에 대한 배타적 지역주의가 오랜 기간 성장하고 발전했던 도시였다. 저자는 메르브는 19세기 말 갑작스럽게 오랜 기간 유지하고 보존해왔던 배타적 지역주의의 전통을 스스로 포기하였다고 논증했다.

곽성웅·최배성은 현재 메르브의 역사적 지위를 이어받은 마리가 메르브의 전통적인 지역주의 정체성을 완전히 복원시키기는 어려운 상황이나 오히려 현시대에 걸맞은 새로운 사회문화적 정체성의 함양이 과거의 메르브가 보유했던 지역주의적 전통을 새롭게 혁신시키고 발전시키는데 도움을 줄 수 있다는 점을 강조했다. 결론적으로 저자는 미래의 메르브가 어떤 선택을 할지는 아직 알 수 없지만, 이 도시는 분명 과거의 불행했던 유혈의 역사적 교훈을 결코 잊지 않고 되새기면서 당대의 시대정신에 걸맞은 새로운 지역주의 전통을 확립해나갈 것으로 보고 있다.

정세진은 "러시아의 중앙아시아 점령과 통치, 그리고 그 역사적 관계"를 주제로 러시아와 중앙아시아 간의 역사적 담론과 경계에 대해 고찰했다. 러시아는 18세기 이래로 중앙아시아를 점령하였고, 현재까지도 러시아와 중앙아시아의 역사적 관계는 특별하다. 저자는 러시아가 타국의 영토를 점령하는 방식은 러시아 국경 근처에서 많이 이루어졌으며, 러시아는 16세기 무슬림권으로 최초로 진출하면서 타민족을 점령했다고 강조하고 있다. 러시아는 중앙아시아, 카프카스 지역 등을 정복하면서 유럽 제국으로 급격히 등장했으며, 러시아는 유럽 강국으로 발전했다. 저자는 러시아는 이를 위해 중앙아시아에 정치적, 문화적, 사회적인 '문명화 미션'을 가동하였다는 점을 논증했다.

러시아의 중앙아시아 정복으로 이 지역은 실상 제정러시아, 소련 시기를 거쳐 포스트소비에트 시기인 현재도 러시아의 영향력이 복원되는 역사적 과정 속에 있다. 각 민족에게 있어서 피할 수 없는 숙명처럼 이웃 강대국의 영향력이 남아있었고, 지금도 역사적 유산은 지속되고 있다. 정세진은 러시아와 중앙아시아의 역사 속에서 배태된 중앙아시아 지역 정체성은 지속적인 속성을 지니고 있으며, 이런 관점에서 중앙아시아에 등장한 러시아의 역사적 역할이 특별하다는 점에 주목하고 있다.

김상철은 "이슬람 중심 중앙아시아 정주문명 전통도시의 다종교-다문화구조: 우즈베키스탄 사마르칸트"를 주제로 구성하였다. 중앙아시아 이슬람은 정주문명 지대에서 특히 일상생활과 긴밀하게 연계되어 계승되고 있는데, 그 양상은 중동 또는 동남아시아 또는 북아프리카 지역의 이슬람이 일상생활과 긴밀하게 결부되어 나타나는 것과는 차이를 보이고 있다는 점이다. 저자는 이슬람 유입 이전의 소그드 중심 다종교 공존 구조는 소그드인 중심 아프라시압 사마르칸트 유적지로 대표되며, 이슬람 유입 후 사마르칸트는 페르시아 -이슬람 문화의 변방 중심도시로, 오늘날 중앙아시아 정주문명 지대의 전통문화는 사마르칸트, 부하라를 중심으로 형성되었다는 점을 논증했다.

몽골제국 침공 이후에는 몽골 후계제국의 문화유산들을 이어받은 티무르제국으로 이어지는데, 중심도시인 사마르칸트는 문화적인 융성으로 최전성기에 달했다. 이 시기의 중심지는 오늘날 사마르칸트 구도심의 중심으로 이어졌다. 저자는 중앙아시아 정주문명 지대 도시들은 이른바 이슬람 중심의 도시일 것이라는 일반적인 인식과는 달리 도시 구조 내에서 명확히 구분되는 시기별 중심지가 존재하고 있으며, 오늘날에도 해당도시 공동체에서 상호 의존적인 공존의 구조를 이어가고 있으며, 이의 가장 대표적인 도시가 바로 사마르칸트임을 제시하였다.

2부의 주제는 "유라시아의 동과 서 : 경계와 해체, 수용과 통합"이다.

박영은은 "안드레이 타르코프스키의 영화에 반영된 동서양 신비철학과 전일성"을 주제로 정하였다. 타르코프스키에게 인간은 단순히 좁은 의미의 역사적 존재가 아니라, 인류의 구원 문제와 자신의 존재에 대한 우주사적 책임을 의식하고 있는 존재이다. 저자는 타르코프스키의 세계인식은 "시네르게찌까синергетика"의 우주관에서 발견되는 인문 사회의식과 연장선상에 있다는 점을 고찰하였다. 타르코프스키가 지구적 차원의 '외적 위기'와 에고이즘·고립·절망·광적인 탐욕과 같은 '개인적·내적인 위기'를 본질적으로는 동질의 위기로 인식하고 이를 극복하기 위한 방안을 모색했다는 점은 그의 세계관을 '트랜스퍼스널 심리학transpersonal psychology'의 정신적 토대에서 해석할 수 있는 단초가 되었다.

박영은은 인간의 우주의식과 연결되는 시네르게찌까의 우주관과 트랜스퍼스널심리학의 입장에서 타르코프스키의 작품을 고찰하였다. 그리고 방법론으로서 타르코프스키의 작품에 내재되어 있는 현대 기술문명의 발전에 대한 인간의 윤리와 과학의 문제, 이 우주에 우리가 살아있다는 사실에 대한 심리적 응답인 신비주의, 과학과 신비를 형상으로 옮겨 육체와 영혼과 세계를 일깨우는 예술적 측면이 분석되었다. 저자는 종교의 교조주의적 종파성을 초월하는 심리학이나 정신의학 영역에서도 인류에게는 혁명적인 변화가 필요하다는 점을 타르코프스키가 선구자적으로 제시했다고 평가했다.

서선정은 유라시아의 동과 서라는 주제를 고찰하면서 "고대 러시아 문학에 나타난 동의 개념과 아시아 : 여행문학을 중심으로"를 그 주제로 설정하였다. 저자는 러시아가 지니는 동과 서 중간에 위치한 경계적 특성에 주목하여 러시아 문화에 존속해온 동의 관념을 규명했다. 10세기 말 기독교로 개종한 후 정교 종교관을 수용한 고대 러시아 세계는 모방과 창작을 통해 교회문학체계를 완성한 후 그 틀을 가급적 공고하게 지키려 했다. 서선정은 형식적으로 다소 폐쇄적이라 할 수 있는 그러한 문학텍스트 속에 시대정황에 따른 동과 아시아에 대한 관념 및 인식 변화가 어떻게 반영되었는지를 고찰하면서 다양한 텍스트 가운데에서도 타 공간으로의 이동을 다루는 여행 문학을 11-15세기의 창작 텍스트로 제한하여 규명하였다.

저자는 고대 러시아 초기에 유입된 수많은 기독교 문헌을 통해 러시아인들에게 형성된 세계 구성에 대한 관념과 동방에 대한 종교적 표상을 고찰하면서 12~15세기까지 대표적인 러시아 여행 문학을 추적했는데, 점진적으로 일어나는 세계 지리에 대한 인식 및 공간적 표상에 나타난 다양한 변화상을 강조했다. 서선정은 기독교 문화에서 이상화되어온 아시아의 대표적 공간인 인도가 11~15세기 러시아 문학에서 어떻게 나타났는지를 살펴보았으며, 15세기 러시아에 나타난 동방에 대한 혁신적인 새로운 인식변화를 「아파나시 니키틴의 세 바다 너머 여행기」를 통해 서술했다.

신보람은 유라시아의 동과 서 주제에 관련 중앙아시아의 실크로드 외교에 주목했다. 연구 주제는 "사마르칸트로 향하는 황금여정과 철의 길 : 1930년대~1960년대 소비에트 '실크로드외교'의 탄생"이다. 저자는 20세기 초, 우즈베키스탄의 역사도시 사마르칸트에 주목했다. 이 도시는 서구인들에게 문명의 전파로이자 낭만적인 모험의 길 실크로드로 이어진 이국적 동양 도시로 상상되었다. 신보람은 1920~30년대 소비에트 정부는 사마르칸트에게 덧씌워진 상상된(혹은 왜곡된) 이미지를 활용하여 러시아 혁명이 아시아에 가져온 사회주의 현대성modernity을 과시하는 데에 활용했다는 점을 서술했다. 1960년대에 유네스코UNESCO가 중앙아시아 문명에 대한 국제학술사업인 Project on the Civilizations of Central Asia에 착수했는데, 소비에트 정부는 다시금 실크로드 도시 사마르칸트의 역사적 그리고 문화적 국제성globality을 부각함으로써 사회주의 아시아와 인도, 파키스탄, 이란 등과 같은 아시아의 신생 독립국가 간의 연대를 더욱 견고히 하고자 했다는 것이 저자의 관점이었다. 신보람은 이외에도 소비에트 정부가 사마르칸트 도시의 상징성을 활용하여 대외적으로 투영하고자 했던 사회주의 아시아의 이미지와 실크로드 나레티브를 분석함으로써 소비에트 연방의 실크로드 문화외교를 전체적으로 논증했다.

황기은은 "스펙타클의 도시 바쿠 : 불의 땅과 카스피해의 두바이"라는 주제로 유라시아의 동과 서 문제에 접근했다. 저자는 아제르바이잔의 수도 바쿠의 21세기 도시 풍경의 변화를 전반적으로 조망하였는데, 바쿠 재건 사업을 러시아제국 및 소비에트 시기와의 바쿠와 다른 새로운 정체성을 모색하는 과정으로 해석하였으며, 이를 국가 브랜드 마케팅과의 관계 속에서 고찰하였다. 저자에 따르면 바쿠는 복잡한 민족성과 짧은 역사에서 발생하는 딜레마를 '카스피해의 두바이'와 '불의 땅'이라는 두 가지 스펙터클 기반 브랜드를 통해 해소하고자 했다. 두 브랜드 이미지는 현대적 랜드마크 건축과 도시 공간의 새로운 해석, 그리고 이러한 도시 스펙타클의 의 무한한 복제 이미지를 통해 형성되고 확산되었다.

12

황기은은 21세기 바쿠가 겪는 역사성과 국제성에 대한 콤플렉스는 현대적 건물들의 콤플렉스로 상쇄하고 극복되고 있다고 진단했다. 저자는 이 도시 계획에 대해 부정적인 모습을 고찰했는데, 정부와 도시 계획가들은 자신들이 원하는 스펙타클을 위해 다채로운 삶의 공간을 파사드로 감추고 상징적인 랜드마크와 복제된 이미지로 도시를 가득 채우면서, 거주자와 방문객 모두를 수동적인 관찰자로 전락시켰다는 것이다. 전체적으로 21세기 바쿠를 스펙타클의 도시로 규정하며, 이 스펙타클에 내재된 이데올로기와 작동 방식, 그리고 그 문제점이 다각도로 분석되었다.

<h1 style="text-align:center">3.</h1>

본 저서는 전체적으로 근현대시기 유라시아의 동과 서라는 주제를 경계와 해체, 수용과 통합이라는 대 주제 하에 고찰하였다. 본 저서는 유라시아 역사 ·문화를 전반적으로 분석하고 있다는 점에서 인문학적, 지역학적 총서로서의 가치가 있다고 판단된다. "유라시아의 동과서 : 경계와 해체, 수용과 통합"이라는 핵심적이면서도 매우 난해한 주제에 대해 진지하게 묻고 성찰하신 모든 필자들의 노력에 깊은 감사를 드린다. 본 저서의 출판을 위해 물질적인 지원을 해준 한국연구재단과 총서발간을 위해 격려해주신 한양대 아태지역연구센터의 엄구호 소장께도 감사의 마음을 전해 드리며, 국내의 유라시아 인문학 사업에 열의와 사명감을 공감하고 이 책의 출판을 흔쾌히 허락해주신 도서출판 민속원의 홍종화 사장님과 책의 완성도를 위해 항상 진지함을 가지면서 최선을 다하고 편집 등 책의 제반 업무를 책임진 편집부 담당자에게 깊은 감사의 말씀을 드린다.

필자를 대표하여
정세진 정리

목차

총설 5

제1부 역사 속의 유라시아
: 러시아와 중앙아시아, 그 역사적 담론과 경계

1장 러시아 연방의 유라시아 담론과 그 의미_ 이정하
1. 서론 ·· 21
2. 유라시아 담론의 주요 측면 ·· 23
3. 담론의 진화 ·· 38
4. 결론 ·· 43

2장 메르브의 역사 속 배타적 지역주의 연구_ 곽성웅 · 최배성
1. 접경도시 메르브의 과거와 현재 ·· 55
2. 고대부터 19세기 말까지의 메르브 ···································· 57
3. 메르브의 배타적 지역주의의 형성과 발전, 쇠퇴와 소멸 ·········· 69
4. 접경도시 메르브의 과거와 현재, 미래 ······························ 77

3장 러시아의 중앙아시아 점령과 통치,
그리고 그 역사적 관계_ 정세진

1. 서론 ··· 85
2. 러시아의 중앙아시아 지역에 대한 정치적 지배의 함의 ····················· 87
3. 제정러시아 시기 러시아와 중앙아시아의 관계 ······························· 90
4. 소련 통치 시기 러시아의 중앙아시아 지배 키워드 ························· 96
5. 소비에트 체제의 해체와 현대 중앙아시아의 자민족 인식 ·············· 102
6. 결론 ··· 111

4장 이슬람 중심 중앙아시아 정주문명 전통도시의
다종교 - 다문화구조_ 김상철

: 우즈베키스탄 사마르칸트

1. 서론 ··· 116
2. 중앙아시아에 대한 문명사적인 이해와 이슬람 ······························· 117
3. 정주문명지대 도시의 다종교 및 다문화변화 ································· 127
4. 결론 ··· 139

제2부 유라시아의 동과 서
: 경계와 해체, 수용과 통합

5장 '시네르게찌까синергетика'의 관점에서 고찰한 A. 타르코프스키의 동·서양 통합 비전과 트랜스퍼스널심리학의 포에지_ 박영은

1. 서론 : 트랜스퍼스널심리학과 시네르게찌까의 관점에서 본 타르코프스키의 세계인식 ··· 147
2. 타르코프스키의 영화에 반영된 '과학'과 '영성'의 융화 ················· 155
3. 타르코프스키 영화에 반영된 '서양 신비주의'와 '동양 정신세계'의 통합비전 ······························· 166
4. 타르코프스키의 영화에 반영된 '이상을 향한 예술'과 '인류 구원'의 문제 ······································· 174
5. 결론 ··· 184

6장 고대 러시아의 문학에 나타난 동방과 아시아_ 서선정
: 11~15세기 여행 문학을 중심으로

1. 들어가며 ·· 192
2. 고대 러시아인의 세계 지형도 ·· 195
3. 고대 러시아 여행 문학 속에 나타난 동과 아시아 ··························· 201
4. 고대 러시아 문학 속에 나타난 동방으로서의 인도와 아파나시 니키틴의 인도 ······································· 212
5. 나가며 ··· 217

7장 1960년대 소비에트 실크로드 외교와 사마르칸트_ 신보람

1. 서론 ··· 222
2. 사마르칸트 : 도시의 간추린 역사 ·· 225
3. 유네스코의 중앙아시아 문명연구 프로젝트와 국제도시 사마르칸트 ······ 230
4. 나가며 ··· 244

8장 스펙타클의 도시 바쿠_ 황기은

: 불의 땅과 카스피해의 두바이

1. 들어가는 말 ·· 251
2. 21세기 바쿠의 딜레마 ··· 254
3. 바쿠와 브랜드 : '불의 땅'과 '카스피해의 두바이' ···························· 260
4. 파사드로서의 스펙타클 ··· 271
5. 맺는말 ··· 279

찾아보기   287
필자소개   291

이영학: 「시아의 열하의 몽골어 돈황과 그 의미」, 『사총』, 110, 2023.
정동훈·최봉수: 「매트릭스 형식 속에 나머지 매트릭스 자료형식의 활용과 소멸」, 『한국 사학리아
연구』, 27-1, 2023.
양세진: 「신교의 지역화 속은: 중앙아시아에서 카자이 역사 영향력, 그리고 신교 활동의
민활동」, 「한국기독교신학논총」, 123, 2022.
장상원: 「이정팔 중기 중앙아시아 정치권력 진동의 다름과 - 다른공간도: 우즈베키스탄 사비
르트」, 『한국이슬람학회논총』, 33-3, 2023.
홍기도: 「스페인들의 도시 다양: 동일 발전 가구페의 수에」, 『동아오차』, 38-2, 2023.

이 책에 담긴 대부분의 글은 연구자에 연차점으로 재생되었으며, 각 자자마다 재가정된 내용으로 이를
아셨다. 각 장이 갖지 독자적 총자를 읽는 타자정물이 파이기 위해 아래와 같이 수록을 밟추었다.

제**1**부

역사 속의 유라시아
: 러시아와 중앙아시아, 그 역사적 담론과 경계

1장 러시아 연방의 유라시아 담론과 그 의미_ 이정하

2장 메르브의 역사 속 배타적 지역주의 연구_ 곽성웅·최배성

3장 러시아의 중앙아시아 점령과 통치, 그리고 그 역사적 관계_ 정세진

4장 이슬람 중심 중앙아시아 정주문명 전통도시의 다종교-다문화구조_ 김상철

1 2 3 4

러시아 연방의 유라시아 담론과 그 의미

‖ 이정하

국문요약

러시아 연방에게 유라시아는 어떤 의미인가? 이 장의 목적은 러시아 정부 담론에서 유라시아가 차지하는 의미를 고찰하는 것이다. 특히 외교 정책 수립에 있어 '공간'의 중요성과 지리적 조건 그리고 이와 관련된 지정학적 담론에 초점을 맞춘다. 한 국가의 지정학적 성격과 외교 정책은 국가 정체성, 국가 이익과 외교 정책 목표, 그리고 다양한 행위자의 지정학적 상상력에 대한 고려 없이는 입체적으로 이해할 수 없다. 이 장에서는 2000년 블라디미르 푸틴이 대통령으로 취임한 이후 러시아 외교 정책의 주요 공간 중 하나인 유라시아 지역이 어떤 방식으로 정의되는지 그리고 우크라이나 사태 등과 같은 요소에 의해 이러한 지정학적 인식이 어떻게 변화했는지 살펴본다.

유라시아라는 '객관적인 듯이 보이는 지리적 조건'은 정책 입안자의 인식과 상상 속에서 고정불변하거나 고정된 실체가 아니다. 예컨대, 한 국가의 위치와 지리적 조건이 그 국가가 어떤 외교 정책을 선택할지, 어떤 동맹을 맺을지, 이념적 기반이 무엇일지를 결정하지 않는다. 분쟁 및 평화 연구의 전제 조건은, 지정학적 상상력이 여러 요인 즉 정치적 요인에서 역사적 및 문화적 요인에 이르는 다양한 요인에 의해 어떻게 영향을 받는지, 그리고 외부 세계와의 관계에서 어떻게 진화하는지를 이해하는 것이다. 즉 정책 입안자의 지정학적 상상력의 측면에서 전략 공간을 분석하는 연구가 이루어져야 할 것이다.

1. 서론

냉전 종식 이후 러시아 연방만큼 국제 지위의 하락과 함께 영토의 축소에서 비롯된 급격한 지정학적 변화를 경험한 국가는 없을 것이다. 동서 분단의 종식은 러시아가 세계 체제의 중심이기보다는 국제 관계와 지정학적 역학관계의 주변부에 놓이게 될 것이라는 실존적 불안감을 불러왔다. "문화적 그리고 심리적 측면에서, [냉전 이후의 상황은] 러시아의 역사적으로 오래된 두려움 즉 동쪽, 서쪽, 남쪽에 존재하는 오래되고 부유한 제국들의 배후지에 불과하다는 거대한 두려움의 핵심을 건드렸다."[1] 소련이 붕괴한 이후, 새로운 러시아의 정체성, 지정학적 지향성, 심지어 지리적 범위까지 모두 논쟁의 대상이되었다. 이제 러시아 정책 입안자들은 새로운 사회정치적 환경과 아울러 급변한 지정학적 환경 속에서, 국가전략과 정책을 위한 '지정학적 문화 geopolitical culture'[2] 혹은 '지정학적 코드geopolitical code'[3] 등을 새롭게 정의해야했다.

이 장의 목적은 러시아 정부 담론에서 유라시아가 차지하는 의미를 고찰하는 것이다. 특히 외교 정책 수립에 있어 '공간'의 중요성과 국가의 지리적 조건 그리고 이와 관련된 지정학적 담론에 초점을 맞춘다.[4] 유라시아의 지정학

---

[1] Edith Clowes, *Russia on the Edge : Imagined Geographies and Post-Soviet Identity*, Ithaca, NY : Cornell Univ. Pr., 2011, p.12.

[2] 오로린(John O'Loughlin) 등은 이를 "국가의 제도, 역사적 경험, 지리적 내재성뿐만 아니라 사회 내 권력 네트워크, 국가 정체성에 대한 논쟁, 지배적인 지정학적 상상력, 성문화된 지정학적 전통, 국가의 외교 정책이 만들어지는 제도적 과정 등을 통해 형성되는 국가의 정체성, 국제적 위치 및 역할을 이해하는" 행위, 습성 그리고 관행이라고 정의한다. John O'Loughlin, Gearóid Ó Tuathail, and Vladimir Kolossov, "Russian Geopolitical Culture and Public Opinion : The Masks of Proteus Revisited", *Transactions of the Institute of British Geographers* vol.30, 2005, pp.322~335. 다음도 참고하라. Gerard Toal, *Near Abroad : Putin, the West, and the Contest over Ukraine and the Caucasus*, New York : Oxford Univ. Pr., 2017, p.39.

[3] "국가 이익을 규정하고, 그러한 이익에 대한 외부 위협을 식별하며, 그러한 외부 위협에 대한 계획된 대응과 그 대응의 정당화"를 포함한 구체적인 "정치-지리적 가정 특히 외교 정책의 기반으로 사용될 가정"으로 정의할 수 있다. 다음을 참고하라. Asteris Huliaras and Charalambos Tsardanidis, "(Mis)understanding the Balkans : Greek Geopolitical Codes in the Post-communist Era", *Geopolitics* vol.11, 2006, pp.465~483.

적 개념과 러시아 정책 입안자들이 유라시아에 의미와 가치를 부여하는 방식을 살펴보는 것이 중심 내용이다. 정책 입안자들이 지리적 조건과 환경을 이해하고 해석하는 방식은 국가의 외교 정책에 결정적인 역할을 한다. 하지만 역으로 한 국가의 지정학적 성격과 외교 정책은 국가 정체성, 국가 이익과 외교 정책 목표, 그리고 다양한 행위자들의 지정학적 상상력에 대한 고려없이는 입체적으로 이해할 수 없다.

지리는 고정된 실체가 아니라 다양한 행위자들의 담론을 통해 의미가 부여된다. 지리적 조건, 지리가 설정하는 경계, 지리가 제공하는 선택지 등은 정책 입안자의 지정학적 상상력에 따라 달라진다. 예컨대, 한 국가의 위치와 지리적 조건이 그 국가가 어떤 외교 정책을 수행할지, 어떤 동맹을 맺을지, 이념적 기반이 무엇일지를 결정하지 않는다. 그런 의미에서 지정학은 다양한 차원을 가진다. 물리적 차원이 존재하지만, 특정 지리적 조건에 부여된 역사적, 문화적, 정치적 요소와 같은 여러 다양한 차원도 존재한다. 국제 관계와 관련하여 지리는 관념적 진공 상태로 존재하는 것이 아니라 다양한 행위자들의 행동과 담론을 통해 의미를 부여받는다. 영토, 공간, 지리는 권력자들에 의해 적극적으로 (재)구성되며, 지정학적 사고는 '객관적'인 지리적 현실과 조건에 의해 일방적으로 주어지는 것이 아니라 행위자 즉 러시아 정책 입안자의 사고와 정체성에 의해 형성된다.[5] 즉 "공간, 거리, 영토, 그리고 국경의 의미는 외교 정책 입안자의 인식에 따라 바뀔 수 있다는 점에서 '역동적'이다."[6]

2000년대 초반까지도 유라시아 담론의 중점은 러시아 문화의 유럽적 뿌리

---

4 국제 관계에서 지리와 공간의 중요성에 대한 논쟁에 대해서는 대표적으로 다음을 보라. Harvey Starr, "On Geopolitics : Spaces and Places", *International Studies Quarterly* no.57, 2013, pp.433~439.

5 이는 소위 비판지정학(critical geopolitics)의 입장이다. 비판지정학에 대해서는 다음을 참고하라. 지상현 외, 「지정학의 재발견과 비판적 재구성 : 비판지정학」, 『공간과 사회』 no.31, 2009, 160~199쪽; 클라우스 도드 지음, 정승현 옮김, 『중동 전쟁이 내 출근길에 미치는 영향은 : 지정학적으로 생각하기』, 한겨레출판, 2010; Gearóid Ó Tauthail, *Critical Geopolitics*, London : Routledge, 1996; Gearóid Ó Tauthail and Simon Dalby eds., *Rethinking Geopolitics*, London : Routledge, 1998.

6 Starr, "On Geopolitics : Spaces and Places", p.439. 다음도 참고하라. John Agnew, *Geopolitics : Re-visioning World Politics*, 2nd ed., New York : Routledge, 2003, pp.2~3.

와 서방 국가들과의 협업 관계 발전에 있었다. 하지만 푸틴 3기(2012~2018)가 시작되면서 그리고 유라시아 경제연합Eurasian Economic Union이 주요 정책 목표로 선언되고, 우크라이나 위기와 이후 러시아와 서방 간의 대립이 지속되는 상황 속에서 유라시아는 가장 중심적인 요소로 발전했다. 이 장은 2000년 블라디미르 푸틴이 대통령으로 취임한 이후 러시아 외교 정책의 주요 '지정학적 공간' 중 하나인 유라시아 지역이 어떤 방식으로 정의되는지 그리고 우크라이나 사태 등과 같은 요소에 의해 이러한 지정학적 인식이 어떻게 변화했는지 살펴본다. 특히 정책 입안자의 지정학적 담론을 3가지 측면 즉 지리적 조건, 역사 및 문화적 경험, 유라시아의 경제적 잠재력과 지역 통합의 필요성 등으로 나누어 살펴본다. 이 장의 분석은 주요 외교 정책 입안자라 할 수 있는 고위 정치지도자의 연설과 인터뷰, 그리고 2000년, 2008년, 2013년의 『러시아연방 대외정책개념Kontseptsiia vneshnei politiki Rossiiskoi Federatsii』을 기반으로 한다.[7]

2. 유라시아 담론의 주요 측면

러시아는 유라시아, 유럽-대서양, 아시아-태평양이라는 세 가지 지정학적 공간에 속해 있다. 이 중에서도 유라시아는 다른 두 공간을 연결한다는 점에서 특별한 위치를 차지한다. 러시아의 유라시아 정체성을 지정학적으로 이해하기 위해서는, 지리적 조건으로 인한 유럽과 아시아의 중간 지역이라는 단순한 사실부터 지리적 조건이 제공하는 기회와 정책적 우선순위까지 포함하는 다양한 측면이 있음을 고려해야 한다. 러시아의 유라시아 담론은 다양하고 상호 연관된 측면, 즉 지리적, 역사-문화적, 지역(경제) 통합적 측면에

---

7 이 장에서 다룰 고위 정치지도자는 블라디미르 푸틴(Vladimir Putin), 디미트리 메드베데프(Dmitrii Medvedev), 푸틴 2기(2004~2008)부터 외무장관직을 수행 중인 세르게이 라브로프(Sergei Lavrov), 푸틴 1기와 2기에 국방장관이었던 세르게이 이바노프(Sergei Ivanov) 등이다.

대한 강조를 특징으로 한다.

1) 지리적 측면

유라시아와 관련한 담론의 주요 측면은 지리, 더 정확히는 유럽과 아시아 모두에 속해 있는 러시아의 지리적 조건과 영토의 크기이다. 지리적 조건은 러시아가 세계에서 어떤 위치인지에 대한 인식을 형성하고, 궁극적으로 외교 정책의 수립에 영향을 미친다. 세르게이 라브로프 외무장관은 2013년 한 잡지에서 러시아 외교 정책의 특이성은 "러시아 국토의 크기, 독특한 지정학적 위치, 수백 년의 역사적 전통과 문화, 그리고 우리 국민의 자의식"에 의해 결정되었다고 주장했다.[8]

푸틴도 러시아가 전 세계를 상대로 적극적 외교 정책을 펼칠 수 있는 이유 중 하나로 러시아의 지리적 조건을 들었다. 2001년 외교관들을 대상으로 한 연설에서 푸틴은 "유럽에 더 우선순위가 있는지 아니면 아시아에 더 우선순위가 있는지를 정하는 것은 잘못된 것이다. 우리는 서양이나 동양 어느 쪽에 경도될 여유가 없다. 러시아와 같은 지정학적 위치를 차지하고 있는 국가는 모든 지역에서 이해관계를 가지고 있다"라고 언급하였다.[9] 다음 해에 개최된 같은 모임에서도 "러시아 외교 정책은 그 범위에서 세계적인가"라는 질문을 던진 후, "우리의 군사적 또는 경제적 잠재력뿐만 아니라 지리적 위치 때문"에 러시아는 세계적일 수 밖에 없다고 답하였다. "우리는 유럽에도, 아시아에도, 북쪽과 남쪽에도 존재한다. 물론 우리는 그곳 모두에서 이해관계를 가지고 있다."[10] 2009년 러시아 지리학회Russkoe geograficheskoe obshchestvo에서 푸

---

8 S. Lavrov, "Russia's Foreign Policy Philosophy", *International Affairs : A Russian Journal of World Politics, Diplomacy and International Relations* vol. 59, 2013, pp. 1~7.

9 Vladimir Putin, *Interv'iu kitaiskoi gazete ≪Zhen'min' zhibao≫, kitaiskomu informacsionnomu agentstvu Sin'khua i telekompanii RTP*, Moskva, 16/7/2000. http:; kremlin. ru/events/president/trans cripts/24168 (검색일 : 2023.05.01).

10 Vladimir Putin, *Vystuplenie na rasshirennom soveschanii v Ministerstve inostrannykh del s*

24 제1부 역사 속의 유라시아

틴은 다음과 같이 주장했다. "우리가 위대한 국가라고 할 때 확실히 [국토의] 크기가 중요하다. […] 크기가 없으면 영향력도 없고 의미도 없다."[11] 지리적 규모는 러시아가 세계 문제에서 의미 있고 강력한 국가라는 자기 인식에서 빼놓을 수 없는 부분이다.

광활한 영토로 인한 지리적 위치는 러시아 외교 정책 수립의 주요 요소이다. 이로 인해 러시아 정책 입안자들은 러시아의 정체성을 유럽이나 아시아가 아닌 유라시아로 묘사한다. 푸틴은 2000년 중국 언론과의 인터뷰에서 "우리는 러시아가 유럽 국가인 동시에 아시아 국가라는 점을 잘 알고 있다"며 러시아를 "아시아와 유럽 모두에 위치한 거대 국가"라고 규정했다.[12] 2년 뒤인 2002년 푸틴은 폴란드 언론과의 인터뷰에서 러시아를 "지리적 관점에서 볼 때 당연히 유라시아 국가"라고 재차 강조하였다.[13]

지리적 조건은 어떤 외교 정책을 선택해야 하는지 미리 결정하는 것처럼 보인다. 이는 2000년과 2008년의 『대외정책개념』에서 잘 드러난다. 이 두 문건은 "유라시아 지역의 가장 거대한 규모의 국가인 러시아의 지정학적 위치"와 "세계 주요국 중 하나이자 유엔 안보리 상임이사국으로서의 지위"로 인해 러시아는 다양한 지역에 대한 다각적 외교 정책을 수행할 필요를 명시하였다.[14] 흥미롭게도 2013년 『대외정책개념』에서는 이 같은 문구가 삭제되었다. 대신 2013년 『대외정책개념』은 유라시아, 유럽-대서양, 아시아-태평양이라는 세 가지 개별 공간을 구분하고 글로벌 불안정에 대응하기 위해 이들 전략 공간에 대한 연결성을 언급하고 있다.[15] 이는 유라시아 지역의 중요도가 감소

---

uchastiem glav diplomaticheskikh missii za rubezhom, Moskva, 12/7/2002. http:; kremlin.ru/events/president/transcripts/21674 (검색일 : 2023.05.01).

11 Marlene Laruelle, "Larger, Higher, Farther North… Geographical Metanarratives of the Nation in Russia", *Eurasian Geography and Economics* vol.53, 2012, p.557에서 재인용.

12 Putin, *Interv'iu kitaiskoi gazete ≪Zhen'min' zhibao≫*, Moskva, 16/7/2000.

13 Vladimir Putin, *Interv'iu pol'skoi gazete ≪Gazeta vyborcha≫ u pol'skomu telekanalu TVP*, Moskva, 15/1/2002. http:; kremlin.ru/events/president/transcripts/21471 (검색일 : 2023.05.01).

14 『2000년 러시아연방 대외정책개념』, https://nuke.fas.org/guide/russia/doctrine/econcept.htm (검색일 : 2023.05.01); 『2008년 러시아연방 대외정책개념』, http:; kremlin.ru/acts/news/785 (검색일 : 2023.05.01).

했다기보다는 2010년대 초반 이후 러시아의 전략 공간에 대한 보다 구체적인 인식과 유라시아 지역의 중요성에 대한 또 다른 강조로 해석할 수 있다. 실제로 세 차례의 푸틴 대통령 임기 동안 유라시아는 외교 정책의 핵심 지역으로 자리 잡았을 뿐만 아니라, 2011년 푸틴은 유라시아 경제연합 설립을 제안하기도 하였다.

유라시아 국가라는 지정학적 위치는 러시아에게 특별한 역할을 부여한다. "러시아는 유라시아 국가로서 동서양 간 관계 구축에 있어 항상 특별한 역할을 해왔다"고 푸틴은 말했다.[16] 세르게이 이바노프는 2001년 뮌헨 안보회의 Munich Security Conference에서 푸틴의 평가를 공유했다. "우리는 러시아의 유라시아적 위치, 유럽과 아시아라는 두 문명 사이의 가교 역할, 러시아가 이 지역에서 오랫동안 수행해 왔던 역할"에 기반하여 유라시아를 인식하고 있다고 말했다.[17] 흥미로운 점은 러시아의 가교 역할이 단순히 지리적 조건뿐만 아니라 역사−문화적 측면과도 관련이 있다는 점이다. 이 지점에서 지리적 담론과 역사−문화적 담론이 결합된다.

세계 문제에서 러시아의 특별한 위치와 러시아의 지리적 조건 그리고 여러 지역과의 연계성에 대한 언급은, 소련 붕괴 이후 국가 정체성과 지리적 정체성을 재정의하고 옛 영토를 잃은 상실감을 만회하기 위한 것으로 볼 수 있다. 그러나 러시아의 유라시아 정체성은 이보다 더 복잡한 측면이 있다. 유라시아 국가라는 지리적 조건을 강조하는 담론이 있는 동시에 문화적 관점에서 러시아가 궁극적으로 유럽이라는 담론도 존재한다.[18] 푸틴은 첫 대통령 임기

---

15 『2013년 러시아연방 대외정책개념』, https://www.garant.ru/products/ipo/prime/doc/70218094/ (검색일: 2023.05.01).

16 Vladimir Putin, *Vystuplenie na X vstreche glav gosudarstv i pravitel'stv Organizatsii Islamskaia konferentsiia*, Moskva, 16/10/2003. http:; kremlin.ru/events/president/transcripts/22160 (검색일: 2023.05.01).

17 Sergei Ivanov, "Global and Regional Security at the Beginning of the 21st Century", *Speech at the 37th Munich Conference on Security Policy, Munich*, 4/2/2001, https://www.worldsecuritynetwork. com/Russia/Ivanov-Sergey/Text-of-speech-given-by-Russian-Security-Council-Secretary-Sergei-Ivanov -at-the-37th-Munich-Conference-on-Security-Policy-on-February-4-2001 (검색일: 2023.05.01)

18 러시아의 유럽 정체성에 관해서는 다음을 참고하라. Iver B. Neumann, *Russia and the Idea of*

초 폴란드 언론과의 인터뷰에서 "러시아는 유럽 문화를 가지고 있기 때문에 의심할 여지 없이 유럽 국가이다. […] [러시아는] 항상 그래왔다."라고 언급했다.[19] 2005년 러시아 연방의회 연설에서도 "러시아는 과거에도 그랬고, 지금도 그렇고, 앞으로도 당연히 유럽의 주요 국가"라고 언급했다.[20] 앞서 소개한, 러시아의 유라시아적 위치와 그로 인한 문명의 가교 역할을 강조했던 바로 그 뮌헨 안보 회의에서 세르게이 이바노프는 "인구, 정신 및 문화, 지배적인 종교의 구성이 러시아를 유럽 국가로 만든다"고 말하며 러시아의 유럽적 뿌리를 강조했다.[21]

이는 소련 붕괴로 인해 과거의 일부 영토를 상실하면서 발생한 지정학적 변화에 기인한다. 러시아는 아시아와 유럽 지역 모두에서 지리적으로 더 멀어졌고, 이에 따라 새로운 유라시아 담론이 등장하게 된 것이다. 이러한 맥락에서 러시아는 유럽이라는 정체성과 경제발전을 위한 아시아 지향성 모두를 아우를 수 있는 포괄적인 외교 정책이 필요했다.[22] 이를 감안하면 러시아를 유럽과 아시아에 모두 속해 있고 둘 사이의 가교역할을 한다는 유라시아 담론은 소련 붕괴 이후 러시아가 택할 수 있는 외교적 선택의 논리적 귀결이라 할 수 있다. 유라시아 통합에 대한 담론에서 유라시아 경제연합을 "유럽과 역동적인 아시아-태평양 지역 간 효율적인 가교"로 규정하는 것도 같은 맥락이라 할 수 있다.[23] 즉 유라시아 담론 속에서, 러시아의 지리적 조건이나 유라

Europe : A Study in Identity and International Relations, London : Routledge, 1995; Sergei Prozorov, "The Narratives of Exclusion and Self-Exclusion in the Russian Conflict Discourse on EU-Russian Relations", *Political Geography* vol. 26, 2007, pp. 309~329.

19 Putin, *Vystuplenie na rasshirennom soveschanii v Ministerstve inostrannykh del s uchastiem glav diplomaticheskikh missii za rubezhom*, Moskva, 12/7/2002.

20 Vladimir Putin, *Poslanie Federal'nomu Sobraniiu Rossiiskoi Federatsii*, Moskva, 25/4/2005. http:; krem lin. ru/events/president/transcripts/22931 (검색일 : 2023. 05. 01).

21 Sergey, "Global and regional security at the beginning of the 21st century", Munich, 4/2/2001.

22 David Kerr, "The New Eurasianism : The Rise of Geopolitics in Russia's Foreign Policy", *Europe-Asia Studies* vol. 47, 1995, p. 978.

23 Vladimir Putin, "Novyi integratsionnyi proekt dlia Evrazii–Budushchee, kotoroe rozhdaetsia segodnia", *Izvestia*, 4 October 2011. http:; archive. premier. gov. ru/ events/news/16622/ (검색일 : 2023. 05. 01).

시아적 성격을 강조하는 것과 유럽에 대한 문명적 소속감 사이에는 모순이 없으며, 이 둘은 실제로 연결되어 있다.[24]

러시아는 지리적 조건을 강조하여 유럽과 아시아 사이의 가교 역할을 자임하지만, 자세히 살펴보면 유럽과 아시아를 바라보는 방식에 차이가 있음을 알 수 있다. 유럽적 요소는 유럽 국가로서의 러시아의 문화, 역사 및 문화적 기반에 근거하며, 아시아적 요소는 경제발전을 위한 아시아 지역의 잠재력 활용과 관련된 것이다. 유라시아 경제연합의 설립 배경에서 이는 더욱 명확해진다. 2012년 푸틴은 다음과 같이 언명하였다. "러시아는 거대 유럽과 유럽 문명의 유기적 일부이다. 우리는 스스로를 유럽인이라고 생각한다. 우리는 통합된 유럽의 발전에 결코 무관심하지 않다."[25] 이어 푸틴은 다음과 같이 덧붙였다. "러시아는 대서양에서 태평양에 이르는 공동의 경제 및 인적 공간, 즉 소위 '연합된 유럽'이라고 부르는 공동체의 설립을 제안한다. 이는 '새로운 아시아'를 향한 경제적 중심축에서 러시아의 잠재력과 입지를 강화할 것이다."[26]

2) 역사 - 문화적 측면

역사라는 요소는 러시아 외교 정책에 결정적 영향을 준다. 이는 수세기 동안 지역 및 세계 제국의 중심으로서 러시아가 경험했던 역사적 기억과 밀접한 관련이 있다.[27] 소련 붕괴 이후 국가 정체성을 재정의하려는 과정에서 "러

---

24 Neumann, *Russia and the Idea of Europe*, p.1. 다음도 참고하라. Iver B. Neumann, "Russia's Europe, 1991-2016 : Inferiority to Superiority", *International Affairs* vol.92, 2016, pp.1381~1399; Maren Menkiszak, *Greater Europe : Putin's Vision of European (Dis)integration*, OSW Studies no.46, Warsaw : Centre for Eastern Studies, 2013.

25 Vladimir Putin, *Stat'ia Predsedatelia Pravitel'stva Rossii V.V. Putin v gazete 'Moskovskie novosti'*, 27/2/2012 http:; archive.premier.gov.ru/events/news/ 18252/ (검색일 : 2023.05.01).

26 Putin, *Stat'ia Predsedatelia Pravitel'stva Rossii V.V. Putin*, 27/2/2012.

27 러시아 외교 정책에 대한 역사적 요소의 영향에 대해서는 대표적으로 다음을 보라. Robert Legvold ed., *Russian Foreign Policy in the Twenty-First Century and the Shadow of the Past*, New York : Columbia Univ. Pr., 2007.

시아의 이전 자아prior self에 대한 역사적 기억이 […] 주요 원천으로 작용했다".[28] 예컨대, 2013년 『대외정책개념』은 러시아의 과거가 현대 러시아 외교 정책에 끼친 중요성을 언급하면서 러시아 외교 정책은 "일관되고 지속적이며 국제 문제와 세계 문명 발전의 균형자로서 수세기 동안 러시아가 수행해 온 독특한 역할을 반영한다"고 명시하였다.[29]

푸틴은 2012년 12월 제3기 대통령 첫 연방의회 연설에서 천년의 역사가 러시아 정체성에 큰 영향을 미치고 있으며, 이는 러시아의 힘과 저력의 토대라고 주장했다. "민족의식을 되살리기 위해, 러시아가 1917년이나 1991년에 시작된 것이 아니라 천 년이 넘는 연속된 역사를 가지고 있다는 사실을 다시 한번 명심해야 한다. 이 역사 속에서 국가 발전의 내적 힘과 목적을 찾아야 한다."[30] 푸틴은 이미 2003년 연방의회 연설에서도 이러한 역사는 러시아가 강대국이 되는 것 외에 다른 선택의 여지가 없음을 보여주며 이것이 러시아의 국가 성격을 규정한다고 보았다. "우리의 모든 역사적 경험은 러시아와 같은 국가는 강대국이 되어야만 생존하고 발전할 수 있음을 보여준다."[31] 푸틴은 이를 러시아의 지리적 조건 및 지정학적 위치와도 연결시킨다. "광활한 영토에 걸쳐있는 [거대한] 국가를 유지하고 독자적인 민족 공동체를 보존하는 동시에 국제 무대에서 강력한 영향력을 유지하는 것은 매우 어려운 작업이며, 우리 국민에게 엄청난 희생을 요구하는 임무이다. 이것은 천 년이 넘는 세월 동안 러시아가 가지고 있는 역사적 운명이었으며, 러시아가 강대국으로 부상할 수 있었던 이유이기도 하다."[32]

---

28 Anne Clunan, *The Social Construction of Russia's Resurgence : Aspirations, Identity, and Security Interests*, Baltimore : Johns Hopkins Univ. Pr., 2009, p.206.

29 『2013년 러시아연방 대외정책개념』.

30 Vladimir Putin, *Poslanie Prezidenta Federal'nomu Sobraniiu*, Moskva, 12/12/ 2012. http:; kremlin.ru/ events/president/news/17118 (검색일 : 2023.05.01). 러시아의 역사적 경험이 가지는 중요성과 푸틴의 조치에 대해서는 다음을 보라. Angela Stent, "Restoration and Revolution in Putin's Foreign Policy", *Europe-Asia Studies* vol.60, 2008, p.1091.

31 Vladimir Putin, *Prezident vystupil s ezhegodnym Poslaniem Federal'nomu Sobraniiu Rossiiskoi Federatsii*, Moskva, 16/5/2003. http:; kremlin.ru/events/ president/news/28640 (검색일 : 2023.05.01).

32 Putin, *Prezident vystupil s ezhegodnym Poslaniem Federal'nomu Sobraniiu*, Moskva, 16/5/2003.

이 성명은 푸틴의 담론 안에 역사적 측면과 지리적 측면이 어떻게 연결되어 있는지를 보여준다. 또한 역사적 측면과 지리적 측면의 공통분모는 궁극적으로 유라시아 즉 러시아의 제국주의적 과거가 기반하고 있는 유라시아이다. 메드베데프는 2012년 한 신문 기사에서 다음과 같이 언급했다. "우리는 서로 다른 문화와 문명의 교차로에서 살아왔던 수 세기에 걸친 경험을 가지고 있다. 러시아를 유라시아 […] 국가라고 부르는 것은 당연하다."[33] 공통된 역사적 경험, 문화적 근접성, 그리고 세르게이 라브로프가 '문명적 공통성 tsivilizatsionnaia obshchnost'이라 칭하는 것에 기초하여 구소련 국가들을 위한 특별한 공간이 결국 유라시아이다.[34] 러시아는 구소련 국가들을 서로 연결하는 유라시아의 역사 공동체를 강조한다. 푸틴 또한 2005년 연설에서 유라시아의 주요 강국이자 경제 및 문화의 중심지였던 과거 러시아제국을 암시하면서 다음과 같이 언급하였다. "러시아는 유라시아 대륙에서 문명화 임무를 계속해야 한다. 이 사명은 민주주의적 가치가 국가 이익과 결합하여 우리의 역사적 공동체를 풍요롭게 하고 강화하는 것을 내용으로 한다."[35]

러시아의 유라시아 담론에 따르면, 유라시아 공간에는 러시아가 중요한 위치를 차지하는 그리고 역사 및 문화적 요소를 공유하는 일종의 '국가 공동체'가 존재하며, 이는 구체적으로 독립국가연합을 의미한다. 이는 러시아 정책 입안자들이 유라시아 통합을 바라보는 방식에 중요한 의미를 부여한다. 세르게이 라브로프는 2010년 독립국가연합 포럼에서 연합 내의 역사적, 문화적, 문명적 연결의 중요성을 강조하였다. "우리는 공통의 지리와 공통의 역사를 공유한다. 우리는 경제적 상호의존성, 문화 및 문명적 공통성, 그리고 수백만 명의 운명이 얽혀 있다는 공통점으로 통합되어 있다. 따라서 독립국가연합

---

33 Dmitrii Medvedev, "Rossiia – Sviazuiushchee zveno ASEM", 3/11/2012. http:; government.ru/news/6355/ (검색일 : 2023.05.01).

34 Sergei Lavrov, *Vystuplenie Ministra inostrannykh del Rossii S.V. Lavrova v MGIMO(U) po sluchaiu nachala novogo uchebnogo goda*, Moskva, 3/9/2007. https://mid.ru/ru/foreign_policy/news/1902533/ (검색일 : 2023.05.01).

35 Putin, *Poslanie Federal'nomu Sobraniiu Rossiskoi Federatsii*, Moskva, 12/12/2012.

공간의 통합은 실제 생활의 경험에서 비롯된 것이다."[36] 라브로프에게 유라시아라는 공간은, 공통의 역사와 공통의 경제적 이해관계를 가진 국가로 구성된 동질적인 공간이다. 유라시아 공간은 "이곳에 사는 모든 민족의 공통된 역사 및 정신적 유산을 보존하는 공동 문명 서식지이며, 우리의 공동 미래"이다.[37] 비록 이 연설이 유라시아 경제연합 프로젝트의 윤곽이 드러나기 이전에 이루어지기는 했지만, 미래 발전을 위해 유라시아 지역 국가 간 연계의 중요성을 강조했다는 측면에서 같은 맥락이라 할 수 있다.[38] 즉 독립국가연합의 문화 및 문명적 유대에 관한 러시아의 담론과 모스크바의 유라시아 경제연합에 대한 인식 사이에는 직접적인 연관성이 있는 것이다.

지리적 조건과 역사의 결합에서 등장하는 또 다른 담론은, 러시아가 지리적으로뿐만 아니라 문명적 분열을 해소하는 데 있어서도 동서양을 잇는 가교역할을 할 수 있다는 것이다. 푸틴은 2003년 말레이시아에서 열린 이슬람 협력기구Organisation of Islamic Cooperation 정상회의에서 "러시아는 유라시아의 강대국으로서 동서양의 관계 구축에 항상 특별한 역할을 해왔다"고 언급했다.[39] 푸틴은 러시아의 지리적 조건이 러시아를 문명 간 대화를 위한 완벽한 장소로 만들었다고 본다. "유라시아 국가로서 러시아는 문명들 사이의 문화적 대화가 수세기 동안 국가와 공공 생활의 전통이 된 독특한 사례이다."[40] 이는 유

---

36 Sergei Lavrov, "Novye initsiativy v God predsedatel'stva Rossii v SNG", *Stenogramma vystupleniia Ministra inostrannykh del Rossii S. V. Lavrova na Mezhdunarodnom ekonomicheskom forume gosudarstv-uchastnikov SNG*, 5/3/2010. https://www.mid.ru/ru/press_service/minister_speeches/166 2197/?lang=ru (검색일 : 2023.05.01).

37 Lavrov, "Novye initsiativy v God predsedatel'stva Rossii v SNG", 5/3/2010.

38 Alexei Podberezkin and Olga Podberezkina, "Eurasianism as an Idea, Civilizational Concept and Integration Challenge", *Piotr Dutkiewicz and Richard Sakwa eds., Eurasian Integration : The View from Within*, London : Routledge, 2015, p.49. 다음도 참고하라. Sergei Lavrov, *Vystuplenie Ministra inostrannykh del Rossii S. V. Lavrova na XXII assamblee Soveta po vneshnei i oboronnoi politike*, Moskva, 22/11/2014. https://mid.ru/ru/foreign_policy/news/1662639/ (검색일 : 2023.05.01). 문명적 공통성에 '러시아어'의 영향에 대해서는 다음을 참고하라. Vladimir Putin, *Vsemirnyi kongress sootechestvennikov*, Moskva, 5/11/2015. http:; kremlin.ru/events/president/news/50639 (검색일 : 2023.05.01).

39 Putin, *Vystuplenie na X vstreche glav gosudarstv i pravitel'stv Organizatsii Islamskaia konferentsiia*, Moskva, 16/10/2003.

1장 러시아 연방의 유라시아 담론과 그 의미 31

라시아 경제연합 설립과 관련하여 다시 언급된다. 푸틴 대통령은 이 연합이 "유럽과 역동적인 아시아 태평양 지역 사이의 효율적인 가교역할을 함으로써" 다른 두 극을 연결하는 동시에 세계 발전의 중심이 될 것이라고 주장했다.[41] 마찬가지로 메드베데프는 2012년 아시아-유럽 회의ASEM 정상회의를 앞두고 발표한 논문에서, 지리적으로나 문화적으로 유럽과 아시아를 잇는 연결고리 인 유라시아 정체성이 "대륙 간 문화적 대화를 발전시키고 대서양에서 태평 양에 이르는 공동 경제 공간을 구축"하는 데 있어 다른 어떤 국가도 가지고 있지 않은 러시아만의 주요 자산이라고 강조하였다.[42] 러시아의 유라시아 담 론은 유라시아에서 러시아의 중심성을 강조하기 위해 지리적 요소를 문화적 및 문명적 담론과 혼합하였고, 이를 러시아의 강점으로 강조한다.

3) 경제적 측면

러시아의 유라시아 담론에서 또 다른 주요 측면은 경제, 특히 유라시아 경 제 통합이다. 러시아 외교 정책에서 독립국가연합 국가들이 정책 우선순위로 자주 언급된다. 세르게이 이바노프는 2004년 뮌헨안보회의 연설에서 "독립국 가연합 국가와의 선린관계는 […] 광활한 유라시아 지역에서 가장 중요한 안 정과 안보 요소"라고 말하며 유라시아 지역 안정화 수단으로서 독립국가연합 의 중요성을 강조한 바 있다.[43] 그러나 독립국가연합은 유라시아 지역에서 지 역 협력과 통합을 촉진하는 유일한 조직은 아니다. 푸틴의 첫 대통령 임기에 는 독립국가연합에 국한되지 않고 보다 광범위한 지역에서의 유라시아 경제

---

40 Vladimir Putin, *Vstupitel'noe slovo na zasedanii Soveta po kul'ture i iskusstvu pri Prezidente Rossii*, Moskva, 25/11/2003. http:; kremlin.ru/events/president/ transcripts/22223 (검색일 : 2023.05.01).

41 Putin, "Novyi integratsionnyi proekt dlia Evrazii".

42 Medvedev, "Rossiia–Sviazuiushchee zveno ASEM", 3/11/2012.

43 Sergei Ivanov, "International Security in the Context of the Russia-NATO Relationship", *Speech at the 40th Munich Conference on Security Policy*, Munich, 7/2/2004. https://www.worldsecuritynet work.com/Europe-NATO-Russia/Ivanov-Sergey/Speech-by-Sergey-B.-Ivanov-at-the-40th-Munich-Conf erence-on-Security-Policy (검색일 : 2023.05.01).

통합이 담론의 중심이었다. 예를 들어 2008년 메드베데프는 유라시아 통합에 대해 언급하면서 상하이 협력기구Shanghai Cooperation Organization를 거론하였다. "유라시아 지역 전체의 광범위한 통합 과정과 관련하여 상하이 협력기구에 매우 중요한 역할을 부여해야 한다."[44] 이러한 언명은 당시 러시아가 유라시아의 지역적 범위를 보다 포괄적으로 인식하고 있었음을 보여준다. 유라시아 지역 발전에 중요한 역할을 하는 것으로 자주 언급되는 지역은 분명 독립국가연합과 같은 구소련 지역이지만, 상하이 협력기구와 같이 구소련 지역이 아닌 지역 조직도 중요한 역할을 하고 있었다. 마찬가지로 2007년 세르게이 라브로프도 상하이 협력기구 외무장관 회의에서 유라시아를 "우리 지역nash region"이라고 부르며 유라시아가 독립국가연합 그 이상임을 강조했다.[45]

유라시아 공간을 좀더 포괄적으로 이해했던 러시아의 이러한 시각은, 푸틴 2기(2004~2008) 후반에 접어들면서 미묘한 차이를 보인다. 지역 통합은 정부 담론에서 더욱 두드러진 위치를 차지하기 시작했다. 미국의 일극 체제 혹은 미국 주도 세계화에 기반한 세계 체제를 명확하게 인식하는 한편, 러시아는 독자적으로 지역 통합을 촉진하고자 하는 의지를 드러냈다. 2008년 세르게이 라브로프는 러시아가 21세기에도 강대국 지위를 유지하기 위해 이웃 국가와 통합을 심화할 방법을 찾아야 한다고 강조하는 한편,[46] 2011년 유엔 총회에서 러시아의 시각을 명확히 했다. "다극 세계에서 국제 관계라는 '구조물'은 단위 지역의 '건축용 벽돌stroitel'nye bloki'에 기반해야 효율적으로 만들어질 수 있다. 지역 차원의 글로벌 거버넌스 강화와 지역 조직의 역할 증가는 작금의 국제 관계에서 필수 불가결한 요소이다."[47] 21세기는 다극화 시대이기 때문에 모든

---

44 Dmitrii Medvedev, *Vystuplenie na soveshchanii s poslani i postoiannymi predstaviteliami Rossiiskoi Federatsii pri mezhdunarodnykh organizatsiiakh*, Moskva, 15/7/2008. http:; kremlin. ru/events/presi dent/transcripts/787 (검색일 : 2023.05.01).

45 Sergei Lavrov, *Vystuplenie Ministra inostrannykh del Rossii S. V. Lavrova na zasedanii SMID Shos*, Bishkek, 9/7/2007. https://www.mid.ru/ru/foreign_policy/ rso/1593740/ (검색일 : 2023.05.01).

46 Sergei Lavrov, *Stenogramma vystupleniia Ministra inostrannykh del Rossii S. V. Lavrova v MGIMO(u) MID Rossii po sluchaiu nachala novogo uchebnogo goda*, Moskva, 1/9/2008. https://www.mid.ru/ ru/press_service/video/vistupleniya_ ministra/1601797/ (검색일 : 2023.05.01).

1장 러시아 연방의 유라시아 담론과 그 의미   33

국가는 다른 국가와 협력해야 하며, 지역 조직이 이를 위해 중요한 역할을 한다는 것이 주요 논리였다.

유라시아 지역 통합을 위한 러시아의 노력은, 미국 주도의 세계화에 대한 대응이자 러시아가 '원하는 국제 체제'의 기반이기도 하며 궁극적으로 러시아가 강대국으로서 중요한 위치를 계속 유지할 수 있도록 보장하는 것이기도 하다. 러시아에게 다극적 세계 질서를 추구하는 것은 외교 정책의 핵심 원칙인 동시에 미국 주도의 단극 질서에 반대하는 분명한 메시지이다. 러시아는 푸틴 1기(2000~2004) 후반과 메드베데프 대통령 임기(2008~2012) 초반에 보여주었던 서방과의 제도적 통합에서 벗어나 새로운 다극 체제 수립으로 외교 정책의 성격을 변화시켰다. 그 결과 "모스크바는 이제 미래의 세계 질서가 어느 한 세력의 지배가 아니라 [다수의] 주요 권력 중심지들의 경쟁적 상호 작용에 기반할 것이라 확신하고 있다. 미래 권력 구조에 대한 이러한 믿음으로 러시아는 '바로 시급하게 달성해야할 이익'의 범위를 유라시아로 제한한다."[48]

유라시아에서의 지정학적 위치 그리고 이로 인한 '가교 역할'과 관련된 담론과 마찬가지로, 유라시아 경제연합 또한 유럽과 아시아 사이의 가교가 되어야 했다. 2013년 『대외정책개념』에서도 유라시아 경제연합이 유럽과 아시아-태평양 지역을 잇는 '연결고리' 역할을 한다고 명시하고 있다.[49] 이러한 연결고리 역할은 지역 통합의 원동력인 러시아가 중심이 되어야 한다는 점이 분명해졌다. 2012년 세르게이 라브로프는 모스크바에서 열린 한 국제회의에서 "러시아는 이웃 국가들과 지속적으로 통합 관계를 강화해 온 국가이다. 물론 이를 위해 가장 먼저 우리는 유라시아 통합에 관해" 논의해야 한다고 언급했다.[50] 이는 유라시아는 유럽과 아시아 모두와 차별적인 따라서 고유하고 독

---

47 Sergei Lavrov, *Vystuplenie Ministra inostrannykh del Rossiiskoi Federatsii S. V. Lavrova na 66-i sessii General'noi Assamblei OON*, N'iu-Iork, 27/9/2011. https://mid.ru/ru/press_service/minister_speeches/1611122/ (검색일 : 2023.05.01).

48 Fyodor Lukyanov, "Russian Dilemmas in a Multipolar World", *Journal of International Affairs* vol.63, 2010, p.28.

49 『2013년 러시아연방 대외정책개념』.

자적인 통합 메커니즘에 의해 통합이 이루어질 것이라는 점을 암시한다. 푸틴은 다른 성명에서 유럽, 특히 유럽연합에 유라시아 경제연합과 협력할 것을 촉구하기도 했지만, 궁극적으로 유라시아 경제연합의 역할은 동서양을 연결하는 역할과 아울러 독자적인 유라시아 통합과 유라시아 국가들의 고유한 정체성 유지에 기여하는 것임을 분명히 하였다. 따라서 유라시아 경제연합은 러시아의 유라시아 정체성을 제도적으로 구현하는 역할을 하게 된다.

2015년 1월 유라시아 경제연합이 공식 출범하면서, 유라시아 통합은 하나의 담론에서 정치 및 경제적 현실이 되었다. 그러나 설립되는 시점에 추가적인 요소가 더해졌다. 2015년 세르게이 라브로프는 "유라시아 경제연합은 통합 협력을 질적으로 새로운 단계로 끌어올리는 동시에 회원국의 주권과 정체성을 보존하기 위해 최선을 다하고 있다"고 말했다.[51] 이는 푸틴 대통령의 정책 자문관 글라지예프Sergei Glaz'ev의 다음 언급에서도 잘 드러난다. "국가 주권에 대한 상호 존중은 유라시아 통합을 유럽, 소련, 제국주의 등 과거의 다른 모델과 차별짓는 요소이다. 이는 20세기 러시아 사상가들이 과거 러시아 제국 민족의 통일 형태를 고민하면서 정립하였던 유라시아주의에 기반하고 있다."[52] 유라시아 경제연합에는 다양한 차원이 있다. "유라시아 경제 통합은 지역이 당면한 경제적 도전에 대한 실용적이고 합리적인 대응일 수 있지만, 이러한 경제 통합은 본질적으로 서방에 적대적인 이데올로기적 목표도 포함하고 있었다".[53] 따라서 유라시아와 유라시아 통합에 부여된 가치는 구소련

---

50 Sergei Lavrov, *Vystuplenie Ministra inostrannykh del Rossii S. V. Lavrova na iubileinoi mezhdunarodnoi konferentsii 'Rossiia v mire sily XXI veka'*, Moskva, 1/12/2012. https://www.mid. ru/ru/press_service/minister_speeches/1652393/?lang=ru (검색일 : 2023.05.01).

51 A.K. Lukashevich, *Interv'iu ofitsial'nogo predstavitelia MID Rossii A.K. Lukashevicha informagentstvu 'Rossiia segodnia' v sviazi s rabochim vizitom Ministra inostrannykh del Rossii S. V. Lavrova v Serbiiu*, Moskva, 14/3/2015. https://mid.ru/ru/press_service/spokesman/answers/1508450/?lang=ru (검색일 : 2023.05.01).

52 Sergey Glazyev, "Who Stands to Win? Political and Economic Factors in Regional Integration", *Russia in Global Affairs*, 2013. https://eng.globalaffairs. ru/articles/who-stands-to-win/ (검색일 : 2023.05.01).

53 Richard Sakwa, "Challenges of Eurasian Integration", Piotr Dutkiewicz and Richard Sakwa eds.,

지역 국가의 성격을 보존하고 서구와는 다른 그들만의 발전 모델을 개발하는 것과 관련이 있다. 즉 "많은 구소련 공화국의 문화와 가치관이 서방에서 통용되는 것과 상이하기 때문에" 독자적 성격을 가진 유라시아 경제연합의 설립은 그 논리적 귀결이며, 그 결과 이들 국가는 푸틴의 시각과 구상을 공유하는 지도자를 선출하여 "푸틴이 성공적으로 유라시아에 '독자적인 근거지'를 구축"하는데 기여하였다.[54]

주권과 유라시아 정체성이 여기서 핵심적인 요소이다. "유라시아 문명의 특수성과 이를 보존·발전시켜 민족 및 국가 주권을 보장해야 한다는 주장이 유라시아 통합의 이념적 기반"이다.[55] 푸틴 대통령에게 유라시아 경제연합은 공통된 역사적 경험을 가진 유라시아 공간의 여러 국가들의 "정체성을 새로운 시대 그리고 새로운 세계에서 유지하기 위한 프로젝트"이며 "유라시아 통합은 다양성의 원칙에 기반"하며 그 다양성의 가장 중요한 요소는 모든 회원국의 고유한 정체성이었다.[56]

유라시아 통합은 푸틴 3기(2012~2018) 외교 정책의 우선순위가 되었다. 푸틴은 2012년 5월 대통령 취임 연설에서 유라시아 통합의 성격과 러시아의 미래 목표에 대해 다음과 같이 언급했다. "앞으로 다가올 몇 년은 향후 수십 년 동안 러시아의 미래를 결정하는 중요한 시기가 될 것이다. 우리 모두는 미래 세대의 삶과 국가와 민족의 전망이 오늘날 우리에게, 새로운 경제를 구축하고 생활 수준을 발전시키는 우리의 성과에, 발트해에서 태평양에 이르는 광활한 영토를 개발하려는 우리의 결단력에, 그리고 유라시아 전체의 리더이자 중심이 될 수 있는 우리의 능력에 달려 있음을 명심해야 한다."[57] 또한 푸틴이

Eurasian Integration : The View from Within, London : Routledge, 2015, p. 17.

54 Alexander Lukin, "What the Kremlin is Thinking : Putin's Vision for Eurasia", *Foreign Affairs* vol. 93, 2014, pp. 92~93.

55 Podberezkin and Podberezkina, "Eurasianism as an Idea, Civilizational Concept and Integration Challenge", p. 47.

56 Vladimir Putin, *Zasedanie mezhdunarodnogo diskussionnogo kluba 'Valdai'*, 19/9/2013, http:; kremlin.ru/events/president/news/19243 (검색일 : 2023. 05. 01).

57 Vladimir Putin, *Vladimir Putin vstupil v dolzhnost' Prezidenta Rossii*, Moskva, 7/5/2012, http:; krem

2013년 발다이 클럽Valdai Discussion Club에서의 다음 발언은 러시아의 유라시아 담론의 성격과 유라시아 통합의 목적을 잘 보여준다. "21세기는 금융과 경제, 문화, 문명, 군사 및 정치 분야뿐만 아니라 주요 지정학적 영역이 [새롭게] 형성되는 중대한 변화의 세기가 될 것이다. 그것이 우리가 이웃 국가들과의 통합을 최우선 과제로 삼고 있는 이유이다. 우리가 선언하고 최근까지 광범위하게 논의해 온 유라시아 경제연합은 단순히 상호 이익이 되는 협정들을 모아놓은 것이 아니다. 유라시아 경제연합은 새로운 세기, 새로운 세계에서 오랜 역사를 가진 바로 유라시아라는 공간에서 국가들의 정체성을 유지하기 위한 프로젝트이다."[58] 이 성명에서 푸틴은 유라시아가 고유한 정체성을 가지고 있으며 러시아가 이러한 정체성의 주요 수호자임을 자인하였다. 또한 이 성명은 21세기에 국가로서 생존하기 위해 주권에 초점을 맞추고 지역 통합의 중요한 가치를 설명한다는 점에서 유라시아 경제연합에 대한 러시아 담론의 요점을 요약하고 있다.

세계 문제에서 러시아가 강대국으로 살아남고 번영하기 위해서는 유라시아 정체성을 완전히 수용해야 한다고 주장하는 글라지예프의 다음 발언도 이러한 생각을 반영하고 있다. "유라시아 이념과 유라시아 정책은 전통적인 지정학과 영향력 행사뿐만 아니라, 유라시아 지역에서 주권과 국익을 위한 싸움의 가장 중요한 부분인 국가 가치를 위한 싸움이기도 하다. [⋯] 러시아는 분명한 선택에 직면해 있다. 즉 사회경제적 중심지가 되는 것과 아울러 독자적인 강력한 이념 및 문명 중심지가 되느냐 아니면 기존 권력 중심지 중 하나와 통합되어 정체성을 잃느냐의 선택에 직면해 있다."[59]

러시아는 이제 유라시아를 유럽과 아시아와는 명확하게 구별되는 독자적 가치와 의미를 지닌 지역으로 인식한다. 유라시아 국가들에게 자신들의 발전

lin.ru/events/president/news/15224 (검색일 : 2023.05.01).

58 Putin, *Zasedanie mezhdunarodnogo diskussionnogo kluba 'Valdai',* 19/9/2013.

59 Sergei Glazyev, "Russia and the Eurasian Union", Piotr Dutkiewicz and Richard Sakwa eds., *Eurasian Integration : The View from Within,* London : Routledge, 2015, p.88.

모델을 '강요'하는 서방에 맞서, 러시아는 유라시아를 유럽과 아시아 사이의
핵심 지역 그리고 유럽과 아시아와는 구별되는 독자적인 지역으로 자리매김
하려는 목표를 가지게 된 것이다.

3. 담론의 진화

푸틴의 초기 외교 정책 방침 중 하나는 소위 '균형 외교'였다. 동시에 푸틴
은 러시아의 독특한 지정학적 위치를 언급하면서 러시아가 세계 모든 지역에
이해관계를 가진 그리고 서방과 동등한 수준의 국가임을 강조했다.[60] 대서양
에서 태평양 연안, 리스본에서 블라디보스토크에 이르는 공간인 '거대 유럽
Greater Europe'의 구축을 러시아와 유럽연합 간 협력 형태로 보았으며, 결국 러
시아는 유럽 대륙과 더 긴밀한 관계를 이어갈 것으로 기대되었다. 그러나 러
시아와 서방 간의 협력 관계는 오래가지 못했다. 긴장이 고조되는 최전선에
는 NATO 확장 문제가 있었다. 2004년 옛 바르샤바 조약기구 회원국과 에스
토니아, 라트비아, 리투아니아의 구소련 발트 3국을 포함한 7개의 국가가
NATO에 가입했을 당시 러시아는 이를 적대 행위로 간주하였다.[61]

2003년 미국이 유엔의 승인 없이 이라크를 침공하기로 결정하면서 또 한
번 관계가 경색되었다. 이는 국제 관계의 핵심 원칙으로서 주권의 존중과 불
간섭의 중요성을 강조하고 미국의 일방적 행동에 강력히 반대하던 러시아를
좌절케 하였다.[62] 이미 2001년에 푸틴은 구소련 지역을 외교 정책의 핵심 우
선순위로 두고 있었고 러시아가 이 지역의 주요 지도국이라는 점을 분명히

---

60 Vladimir Putin, *Vystuplenie na soveshchanii rukovodiashchego sostava sotrudnikov diplomaticheskoi sluzhby Rossii*, Moskva, 26/1/2001. http:; kremlin.ru/events/president/transcripts/21169 (검색일 : 2023.05.01).
61 Angela E. Stent, *The Limits of Partnership : U.S.-Russian Relations in the Twenty-First Century*, Princeton : Princeton Univ. Pr., 2014, pp.77~78.
62 Stent, *The Limits of Partnership*, p.82.

38   제1부 역사 속의 유라시아

했다.[63] 따라서 2003년 그루지야의 장미 혁명을 시작으로 2004년에 시작된 우크라이나의 오렌지 혁명으로 이어진 이른바 '색깔 혁명'은 러시아와 서방 관계를 더욱 악화시켰다. 이 사건들은 러시아 지도부에게 자국에서도 유사한 사태가 발생할 수 있다는 두려움을 가져왔다.[64] 이후 중앙아시아의 미군 기지 설치나 동방 파트너십Eastern Partnership과 같은 유럽연합과 구소련 국가 간 연합협정 등 구소련 지역에서의 영향력 경쟁은 긴장을 심화시켰다.

2005년 연방의회 연설에서 보여준 푸틴의 유라시아 담론은 더욱 강력해져 있었다. 푸틴은 유라시아 역사 공동체의 존재를 언급하면서 러시아가 유라시아에서 '문명화 사명'을 가지고 있다고 언급하였다. 더불어 유럽연합과 나토에 가입한 구소련 국가들에게 해외 러시아 시민의 권리를 존중할 것을 촉구했다.[65] 이 성명은 유럽연합과 미국에게, 러시아의 구소련 지역에 대한 영향력 행사 의지를 명백히 보여준 메시지였다. 2년 뒤 2007년 뮌헨 안보회의에서, 푸틴은 미국 주도의 단극체제에 대한 반대를 명확히 표명한 유명한 연설에서 이 문제에 대한 결론을 내렸다.[66] 이 연설은 러시아가 서방의 영향권 침범으로 간주하는 구소련 지역 특히 그루지야와 우크라이나에 대한 NATO의 추가 확대 가능성뿐만 아니라 폴란드와 체코에 미사일 방어 체제를 구축하려는 미국의 계획에 대한 강력한 반대로 이해할 수 있다. 대략 이 시기가 되면 러시아는 서방을 떠나는 대신 유라시아에서의 영향력을 강화하는 데 초점을 맞추고 "독자적 체제" 구축을 목표로 삼게 된다.[67]

변화된 유라시아 담론이 증폭된 결정적 사건은 2013년에 시작된 우크라이나 사태였다.[68] 러시아의 관점에서 보면, 유라시아 통합의 주요 목표는 단순

---

63 Putin, *Vystuplenie na soveshchanii rukovodiashchego sostava sotrudnikov diplomaticheskoi sluzhby Rossii*, 26/1/2001.

64 Jeffrey Mankoff, *Russian Foreign Policy : The Return of Great Power Politics*, Lanham : Rowman & Littlefield, 2009, p.82.

65 Putin, *Poslanie Federal'nomu Sobraniiu Rossiiskoi Federatsii*, Moskva, 25/4/2005.

66 Vladimir Putin, *Vystuplenie i diskussiia na Miunkhenskoi konferentsii po voprosam politiki bezopasnosti*, 10/2/2007. http:; kremlin.ru/events/president/transcripts/24034 (검색일 : 2023.05.01).

67 Dmitri Trenin, "Russia Leaves the West", *Foreign Affairs* vol.85, 2006, p.92.

히 구소련 지역에 대한 영향력 확장뿐만 아니라 우크라이나를 그 구조 안에 통합하는 것이었다.[69] 갈등은 우크라이나 위기 이전부터 시작되었는데, 이는 유럽연합과 6개 구소련 국가 간 대화 플랫폼을 구축하기 위해 유럽연합이 동방 파트너십을 출범하면서 촉발되었다. 러시아는 동방 파트너십을 러시아 주변 국가들을 모스크바로부터 멀어지게 하고 유럽연합의 영향력을 동쪽으로 확장하려는 일종의 지정학적 계획으로 보았다. 세르게이 라브로프가 한 외교 정책 강연에서 밝혔듯이 동방 파트너십의 목표는 "서방이 통제하는 지정학적 공간을 동쪽으로 확장하는 것이다. […] 독립국가연합 국가에게 유럽연합과 함께하든지 아니면 러시아와 함께 하든지라는 어렵고 매우 부자연스러운 선택으로 맞서려는 정책이다."[70] 따라서 러시아와 유럽연합 간 경쟁의 역학적 요소와 구소련 공간에서의 영향력을 둘러싼 지정학적 대립의 요소가 이미 존재하고 있었고,[71] 러시아가 보기에 우크라이나 위기는 서구가 유라시아의 지역 패권은 물론 세계 정치에서 러시아의 독립적 위치를 받아들이려 하지 않는다는 점을 명확하게 보여주는 사건이었다.

우크라이나 사태의 결과로, 유라시아 담론과 유라시아 통합에 대한 추진력이 더욱 강해졌다. 즉 우크라이나 위기와 서방과의 관계 악화는 "러시아 외교 정책의 유라시아 벡터를 강화"했다.[72] 이제 유라시아 담론에서 유럽적 요소는

---

68 이에 대한 전반적인 사항은 다음을 참고하라. Andrew Wilson, *Ukraine Crisis : What it Means for the West*, New Haven : Yale Univ. Pr., 2014; Richard Sakwa, *Frontline Ukraine : Crisis in the Borderlands*, London : I. B. Tauris, 2015.

69 Fyodor Lukyanov, "Eurasia : The Burden of Responsibility", Piotr Dutkiewicz and Richard Sakwa eds., *Eurasian Integration : The View from Within*, London : Routledge, 2015, p. 294.

70 Sergei Lavrov, *Vystuplenie Ministra inostrannykh del Rossii S. V. Lavrova na otkrytoi lektsii po aktual'nym voprosam vneshnei politiki Rossiiskoi Federatsii*, 20/10/2014. https://archive.mid.ru/web/guest/foreign_policy/news/-/asset_publisher/cKNonkJE02Bw/content/id/716270?p_p_id=101_INSTAN CE_cKNonkJE02Bw&_101_INSTANCE_cKNonkJE02Bw_languageId=ru_RU (검색일 : 2023. 05. 01).

71 David Cadier, "Eastern Partnership vs Eurasian Union? The EU-Russian Competition in the Shared Neighbourhood and the Ukraine Crisis", *Global Policy* vol. 5, 2014, pp. 76~85; Tom Casier, "From Logic of Competition to Conflict : Understanding the Dynamics of EU-Russia Relations", *Contemporary Politics* vol. 22, 2016, pp. 386~387.

72 Ivan Timofeev and Elena Alekseenkova, *Eurasia in Russian Foreign Policy : Interests, Opportunities and Constraints*, Russie. Nei. Visions no. 89, 2015, p. 5; Dmitri Trenin, *From Greater Europe to Greater*

완전히 사라졌다. 과거 전통적인 유럽적 가치에 기반한 유라시아에 대한 인식이 이제 과거와는 완전히 다른 가치에 기반할 것임을 의미한다. 이는 러시아의 전통적인 유럽 모델에 대한 동조와 모방에 의문을 제기되던 푸틴 3기의 일반적인 경향과도 일치한다.

우크라이나 사태와 서방과의 관계 악화는 러시아 외교 정책과 담론에 또 다른 두 가지 결과를 초래했다. 한편으로는 유라시아 경제연합을 실현하기 위한 작업이 가속화되었고, 다른 한편으로 동방으로의 전환과 아시아 지향성에 대한 담론이 강화되었다. 2014년부터 유라시아 경제연합과 관련된 언급이 매우 빈번하게 등장했다. 예를 들어, 푸틴 대통령은 러시아 대사들과 만난 자리에서 유라시아 경제연합 협정 체결이 이 지역의 중요한 발전이며 외교 정책의 장기적인 전략적 우선순위 중 하나라고 강조하였다.[73] 우크라이나 사태 이후 유로-대서양 지역에 대한 러시아 담론의 성격도 바뀌었다. 러시아에게 우크라이나 위기는 미국과 유럽연합이 자신들의 지배적 지위를 유지하기 위해 유로-대서양 지역에서 러시아를 배제하려는 의도를 분명히 한 것이었다. 2014년 유엔 총회에서 세르게이 라브로프는 우크라이나 위기에 대해 다음과 같이 발언하였다. "[우크라이나의] 상황은 유로-대서양 지역에 뿌리 깊은 구조적 결함이 잔존하고 있음을 여실히 보여준다. 서방은 자신들의 불공정한 기준에 맞춰 '인류에 대한 수직적 구조화vertikal'naia strukturizatsiia chelovechestva'에 착수했다. 냉전의 승리와 '역사의 종언'을 선언한 후 미국과 유럽연합은 유럽 전체 인민의 이익을 고려하지 않고 자신들의 통제하에 있는 지정학적 영역 확장을 선택했다."[74] 위에서 살펴본 바와 같이, 러시아는 오랫동안 스스로를

Asia? : The Sino-Russian Entente, Moscow : Carnegie Endowment for International Peace, 2015, p. 3; Lukyanov, "Eurasia : The Burden of Responsibility", p. 296.

73 Putin, *Soveshchanie poslov i postoiannykh predstavitelei Rossii*, 1/7/2014. 라브로프 외무장관도 러시아 외교 정책에 대한 강연을 통해 유라시아 경제연합을 "역사적 의미가 있는 프로젝트"로 규정하였다. 이에 대해서는 다음을 보라. Lavrov, *Vystuplenie Ministra inostrannykh del Rossii S. V. Lavrova na otkrytoi lektsii po aktual'nym voprosam vneshnei politiki Rossiiskoi Federatsii*, 20/10/2014.

74 Sergei Lavrov, *Vystuplenie Ministra inostrannykh del Rossiiskoi Federatsii S. V. Lavrova na 69-i sessii General'noi Assamblei OON*, N'iu-Iork, 27/9/2014. https://russiaeu.ru/ru/novosti/выступление-свлаврова-

유럽에 속해 있다고 주장했으며 심지어 이 공간의 새로운 조직을 위한 제안을 하기도 했다. 그러나 2009년 메드베데프가 제안한 범유럽 안보조약Pan-European Security Treaty은 서방 국가로부터 미온적인 반응을 얻었을 뿐이다.[75] 따라서 라브로프는 러시아가 협력 관계를 모색하는 동안 "서방은 많은 부분에서 러시아의 이익을 무시하고 자신들의 일방적 계획을 실행했을 뿐만 아니라, NATO 확장을 통해 러시아가 통제하는 지정학적 공간을 러시아 국경으로만 제한하고자 했다"고 비난했다.[76]

유럽과의 연관성을 주장했던 이전의 담론은 사라지고, 이제 러시아를 예외적이고 독자적인 문명으로 인식하는 경향이 강력하게 나타났다.[77] 서구적 가치와 서구의 일방적 행동에 대한 비판이 증가하고, 러시아 문명의 특수성과 독자성을 강조하는 경향이 강해졌다. 실제로 세르게이 라브로프도 2014년이 되면 서방과의 협력을 포기하는 듯 한 모습을 보였다. "우크라이나에서 일어난 사건은 새로운 징후가 아니라, 러시아와 관련하여 수년 동안 서방 국가들이 보여준 태도의 정점이다. 사실 러시아인을 그들과 같은 [유럽인]으로 인식하지 않는 습관은 수세기 동안 서유럽에 존재해 왔다. […] 나는 왜 우리가 유럽에서 진정한 협력 관계에 도달하지 못했는지 깊이 고민하고 싶지 않다. 차이 즉 세계관의 차이, 역사적 경험의 차이, 그리고 전통의 차이, 마지막으

на-69-й-сессии-генеральной-ассамблеи-оон (검색일 : 2023.05.01)

75 Richard Weitz, "The Rise and Fall of Medvedev's European Security Treaty", *German Marshall Fund of the United States*, May 2012, pp.1~5; Ulrich Kuhn, "Medvedev's Proposals for a New European Security Order : A Starting Point of the End of the Story", *Connections* vol.9, 2010, pp.1~16; Valerie A. Pacer, *Russian Foreign Policy under Dmitry Medvedev, 2008-2012*, Abingdon : Routledge, 2016, pp.116~126.

76 Sergei Lavrov, *Vystuplenie Ministra inostrannykh del Rossii S.V. Lavrova na vstreche s chlenami Rossiiskogo soveta po mezhdunarodnym delam*, 4/6/2014. https://archive.mid.ru/web/guest/foreign_policy/news/-/asset_publisher/cKNonkJE02Bw/content/id/57150?p_p_id=101_INSTANCE_cKNonkJE02Bw&_101_INSTANCE_cKNonkJE02Bw_languageId=ru_RU (검색일 : 2023.05.01).

77 Andrei Tsygankov, "Crafting the State-Civilization : Vladimir Putin's Turn to Distinct Values", *Problems of Post-Communism* vol.63, 2016, pp.146~158; Fabian Linde, "The Civilizational Turn in Russian Political Discourse : From Pan-Europeanism to Civilizational Distinctiveness", *The Russian Review* vol.75, 2016, pp.604~625.

로 국가 크기의 차이가 분명히 주요한 영향을 끼쳤다."[78] 이런 맥락에서 보자면, 러시아가 중국의 '일대일로One Belt One Road' 프로젝트와 협력했던 것도 유라시아를 유럽과 아시아의 중간 지대로 보고 러시아를 두 지역을 잇는 가교역할을 한다는 과거의 인식에서 벗어나, 유라시아를 유럽도 아시아도 아닌 독자적이고 독립적인 지역으로 만들고자 하는 시도라고 볼 수 있다. 결국 러시아의 시각으로 보면, '동방으로의 전환'은 경제적 논리에 따른 것일 뿐만 아니라 러시아가 실제로 유럽적 가치를 수용하는 동안 유럽이 러시아를 동등하게 대우하기를 거부했기에 발생했던 '고유한 지정학 및 문명적 성격의 발현'일 수 있다.

4. 결론

이 장에서는 유라시아에 대한 러시아 정책 입안자의 담론과 그 특징을 분석하고, 2000~2015년 동안 러시아 외교 정책에서 유라시아의 중요성이 어떻게 진화했는지 살펴보았다. 이는 또한 지정학적 담론과 지정학적 상상이 러시아 외교 정책에 영향을 미치는 방식을 이해하고자 하는 시도이다. 전통적 지정학은 본질적으로 '객관적인 지리적 조건'을 이용하여 정치권력을 획득 및 확대하는 국가전략 정도로 이해되었다. 즉 세계정세를 대중에게 쉽게 설명하기 위해 종종 등장하는 '지리 결정론'은, 지리라는 요소와 지리적 조건이 각국의 지도부가 세계 정치에서 자국의 위치를 인식하고 정책을 결정하는 방식을 '미리' 결정한다고 믿는다.[79] '지리는 운명geography is destiny'이라는 것이다. 예

---

[78] Lavrov, *Vystuplenie Ministra inostrannykh del Rossii S. V. Lavrova na vstreche s chlenami Rossiiskogo soveta po mezhdunarodnym delam*, 4/6/2014.

[79] 대표적으로 다음을 보라. 로버트 D. 카플란 지음, 이순호 옮김, 『지리의 복수: 지리는 세계 각국에 어떤 운명을 부여하는가?』, 미지북스, 2017; 팀 마샬 지음, 김미선 옮김, 『지리의 힘: 지리는 어떻게 개인의 운명을, 세계사를, 세계 경제를 좌우하는가』, 사이, 2016.

1장 러시아 연방의 유라시아 담론과 그 의미 43

컨대, 러시아가 역사적으로 동유럽으로 팽창하거나 주변 국가에 취하는 정책의 목적은 결국 전략적 종심을 확보하고 외부 침략자가 러시아 심장부 heartland에 도달하지 못하도록 영토를 통제할 필요로 설명한다. 물론 이런 류의 분석이 어느 정도는 러시아의 지정학적 상상력과 외교 정책을 이해하는 데 기여할 수 있지만, 결코 유일한 설명은 아니다. 외교 정책의 정서적 및 문화적 측면을 무시하고 한 국가의 외교 정책과 전략의 주된 특징을 분석하는 것은 결국 부분적인 설명일 수 밖에 없다.

과거의 지정학은 한 국가가 세계를 보는 방식, 세계를 공간화하는 방식, 그리고 국가가 직면한 과제에 대한 대응 방식을 입체적으로 설명하지 못했다. 유라시아라는 '객관적인 듯이 보이는 지리적 조건'은 정책 입안자의 인식과 상상 속에서 고정 불변하거나 고정된 실체가 아니다. 분쟁 및 평화 연구의 전제 조건은, 지정학적 상상력이 여러 요인 즉 정치적 요인에서 역사적 및 문화적 요인에 이르는 다양한 요인에 의해 어떻게 영향을 받는지, 그리고 외부 세계와의 관계에서 어떻게 진화하는지를 이해하는 것이다. 결국 러시아 외교 정책에서 유라시아가 갖는 의미를 분석하고 이해하기 위해서는 정책 입안자의 지정학적 상상력의 관점에서 전략 공간을 분석하는 연구가 이루어져야 한다.

러시아 정책 입안자들의 근본 관심사인 강대국 지위 인정을 염두에 둔다면, 러시아는 자연히 패권적인 지정학적 담론을 주장할 것이다. 이는 또한 지배적인 서구 신자유주의 공간에 대한 반패권적 성격을 띨 것이며, 따라서 러시아에게 유라시아는 일종의 '반패권주의 담론'으로 기능할 것이다. 물론 항상 그래왔던 것은 아니다. 러시아는 애초 유라시아 통합의 협력적 성격과 유럽연합과의 우호 관계의 필요성을 강조했다. 그러나 우크라이나 사태 이후 이 담론은 보다 공격적이고 가치와 문화에 기반한 담론으로 변화하여, 서구 모델에 대한 대안적 국가 발전 모델을 제시하며 서구 담론에 도전하고 있다. 더불어 러시아의 유라시아 담론은 서구 사회에서 이러한 담론의 공고화에 기여하고 담론 간, 나아가 러시아와 서구 간의 경계를 강화한다. 즉 러시아의 담론은 서구 패권주의 담론에 변증법적 영향을 미치고 있는 것이다. 이 장의 궁극적 목적은 지리와 정치에 대한 이분법적 분석의 한계와 분석의 유연성의 필요를 강조하는 데 있다. 러시아가 행동하는 방식은 '지리적 조건'에 의해 결정되는 것이 아니라 러시아가 이러한 '조건'을 표현하고 해석하고 정의하는 방식에 의해 결정되는 것이다.

참고문헌

1. 분석대상 자료

1) 공식 문건

『2000년 러시아연방 대외정책개념(*Kontseptsiia vneshnei politiki Rossiiskoi Federatsii*)』, https://nuke.fas.org/guide/russia/doctrine/econcept.htm (검색일 : 2023.05.01).

『2008년 러시아연방 대외정책개념(*Kontseptsiia vneshnei politiki Rossiiskoi Federatsii*)』, http:; kremlin.ru/acts/news/785 (검색일 : 2023.05.01).

『2013년 러시아연방 대외정책개념(*Kontseptsiia vneshnei politiki Rossiiskoi Federatsii*)』, https://www.garant.ru/products/ipo/prime/doc/70218094/ (검색일 : 2023.05.01).

2) 연설, 인터뷰, 기고문

Ivanov, Sergei, "International Security in the Context of the Russia-NATO Relationship", *Speech at the 40th Munich Conference on Security Policy*, Munich, 7/2/2004. https://www.worldsecuritynetwork.com/Europe-NATO-Russia/Ivanov-Sergey/Speech-by-Sergey-B.-Ivanov-at-the-40th-Munich-Conference-on-Security-Policy (검색일 : 2023.05.01).

_____, "Global and Regional Security at the Beginning of the 21st Century", *Speech at the 37th Munich Conference on Security Policy*, Munich, 4/2/2001. https://www.worldsecuritynetwork.com/Russia/Ivanov-Sergey/Text-of-speech-given-by-Russian-Security-Council-Secretary-Sergei-Ivanov-at-the-37th-Munich-Conference-on-Security-Policy-on-February-4-2001 (검색일 : 2023.05.01).

Lavrov, Sergei, *Vystuplenie Ministra inostrannykh del Rossii S.V. Lavrova na XXII assamblee Soveta po vneshnei i oboronnoi politike*, Moskva, 22/11/2014. https://mid.ru/ru/foreign_policy/news/1662639/ (검색일 : 2023.05.01).

_____, *Vystuplenie Ministra inostrannykh del Rossii S.V. Lavrova na otkrytoi lektsii po aktual'nym voprosam vneshnei politiki Rossiiskoi Federatsii*, 20/10/2014. https://archive.mid.ru/web/guest/foreign_policy/news/-/asset_publisher/cKNonkJE02Bw/content/id/716270?p_p_id=101_INSTANC E_cKNonkJE02Bw&_101_INSTANCE_cKNonkJE02Bw_languageId=ru_RU (검색일 : 2023.05.01).

_____, *Vystuplenie Ministra inostrannykh del Rossiiskoi Federatsii S.V. Lavrova na 69-i sessii General'noi Assamblei OON, N'iu-Iork*, 27/9/2014. https://russiaeu.ru/ru/novosti/выступление-свлаврова-на-69-й-сессии-генерал ьной-ассамблеи-оон (검색일 : 2023.05.01).

_____, *Vystuplenie Ministra inostrannykh del Rossii S.V. Lavrova na vstreche s chlenami Rossiiskogo soveta po mezhdunarodnym delam*, 4/6/ 2014. https://archive.mid.ru/web/guest/foreign_policy/news/-/asset_publisher/ cKNonkJE02Bw/content/id/57150?p_p_id=101_INSTANCE_cKNonkJE02Bw &_101_INSTANCE_cKNonkJE02Bw_languageId=ru_RU (검색일 : 2023.05.01).

_____, "Russia's Foreign Policy Philosophy", *International Affairs : A Russian Journal of World Politics, Diplomacy and International Relations* vol.59, 2013, pp.1~7.

_____, *Vystuplenie Ministra inostrannykh del Rossii S.V. Lavrova na iubileinoi mezhdunarodnoi konferentsii 'Rossiia v mire sily XXI veka'*, Moskva, 1/12/2012. https://www.mid.ru/ru/press_service/minister_speeches/ 1652393/?lang=ru (검색일 : 2023.05.01).

_____, *Vystuplenie Ministra inostrannykh del Rossiiskoi Federatsii S.V. Lavrova na 66-i sessii General'noi Assamblei OON*, N'iu-Iork, 27/9/2011. https://mid.ru/ru/press_service/minister_speeches/1611122/ (검색일 : 2023. 05.01).

_____, "Novye initsiativy v God predsedatel'stva Rossii v SNG", *Stenogramma vystupleniia Ministra inostrannykh del Rossii S.V. Lavrova na Mezhdunarodnom ekonomicheskom forume gosudarstv- uchastnikov, SNG*, 5/3/2010. https://www.mid.ru/ru/press_service/minister_speeches/16 62197/?lang=ru (검색일 : 2023.05.01).

_____, *Stenogramma vystupleniia Ministra inostrannykh del Rossii S. V. Lavrova v MGIMO(u) MID Rossii po sluchaiu nachala novogo uchebnogo goda*, Moskva, 1/9/2008. https://www.mid.ru/ru/press_service/video/vistupleniya_ministra/1601797/ (검색일 : 2023.05.01).

_____, *Vystuplenie Ministra inostrannykh del Rossii S. V. Lavrova v MGIMO(U) po sluchaiu nachala novogo uchebnogo goda*, Moskva, 3/9/2007. https://mid.ru/ru/foreign_policy/news/1902533/ (검색일 : 2023.05.01).

_____, *Vystuplenie Ministra inostrannykh del Rossii S. V. Lavrova na zasedanii SMID Shos*, Bishkek, 9/7/2007. https://www.mid.ru/ru/foreign_policy/rso/1593740/ (검색일 : 2023.05.01).

Lukashevich, A. K., *Interv'iu ofitsial'nogo predstavitelia MID Rossii A. K. Lukashevicha informagentstvu 'Rossiia segodnia' v sviazi s rabochim vizitom Ministra inostrannykh del Rossii S. V. Lavrova v Serbiiu*, Moskva, 14/3/2015. https://mid.ru/ru/press_service/spokesman/answers/1508450/?lang=ru (검색일 : 2023.05.01).

Medvedev, Dmitrii, "Rossiia–Sviazuiushchee zveno ASEM", 3/11/2012. http:; government.ru/news/6355/ (검색일 : 2023.05.01).

_____, *Vystuplenie na soveshchanii s poslami i postoiannymi predstaviteliami Rossiiskoi Federatsii pri mezhdunarodnykh organizatsiiakh*, Moskva, 15/7/2008. http:; kremlin.ru/events/president/transcripts/787 (검색일 : 2023.05.01).

Putin, Vladimir, *Vsemirnyi kongress sootechestvennikov*, Moskva, 5/11/2015. http:; kremlin.ru/events/president/news/50639 (검색일 : 2023.05.01).

_____, *Zasedanie mezhdunarodnogo diskussionnogo kluba 'Valdai'*, 19/9/2013. http:; kremlin.ru/events/president/news/19243 (검색일 : 2023.05.01).

_____, *Poslanie Prezidenta Federal'nomu Sobraniiu*, Moskva, 12/12/2012. http:; kremlin.ru/events/president/news/17118 (검색일 : 2023.05.01).

_____, *Vladimir Putin vstupil v dolzhnost' Prezidenta Rossii*, Moskva, 7/5/2012. http:; kremlin.ru/events/president/news/15224 (검색일 : 2023.05.01).

_____, *Stat'ia Predsedatelia Pravitel'stva Rossii V. V. Putin v gazete*

'*Moskovskie novosti*', 27/2/2012. http:; archive.premier.gov.ru/events/news/18252/ (검색일 : 2023.05.01).

_____, "Novyi integratsionnyi proekt dlia Evrazii－Budushchee, kotoroe rozhdaetsia segodnia", *Izvestia*, 4 October 2011. http:; archive.premier.gov.ru/events/news/16622/ (검색일 : 2023.05.01).

_____, *Vystuplenie i diskussiia na Miunkhenskoi konferentsii po voprosam politiki bezopasnosti*, 10/2/2007. http:; kremlin.ru/events/president/transcripts/24034 (검색일 : 2023.05.01).

_____, *Poslanie Federal'nomu Sobraniiu Rossiiskoi Federatsii*, Moskva, 25/4/2005. http:; kremlin.ru/events/president/transcripts/22931 (검색일 : 2023.05.01).

_____, *Vstupitel'noe slovo na zasedanii Soveta po kul'ture i iskusstvu pri Prezidente Rossii*, Moskva, 25/11/2003. http:; kremlin.ru/events/president/transcripts/22223 (검색일 : 2023.05.01).

_____, *Vystuplenie na X vstreche glav gosudarstv i pravitel'stv Organizatsii Islamskaia konferentsiia*, Moskva, 16/10/2003. http:; kremlin.ru/events/president/transcripts/22160 (검색일 : 2023.05.01).

_____, *Prezident vystupil s ezhegodnym Poslaniem Federal'nomu Sobraniiu Rossiiskoi Federatsii*, Moskva, 16/5/2003. http:; kremlin.ru/events/president/news/28640 (검색일 : 2023.05.01).

_____, *Vystuplenie na raswirennom soveschanii v Ministerstve inostrannykh del s uchastiem glav diplomaticheskikh missii za rubezhom*, Moskva, 12/7/2002. http:; kremlin.ru/events/president/transcripts/21674 (검색일 : 2023.05.01).

_____, *Interv'iu pol'skoi gazete ≪Gazeta vyborcha≫ u pol'skomu telekanalu TVP*, Moskva, 15/1/2002. http:; kremlin.ru/events/president/transcripts/21471 (검색일 : 2023.05.01).

_____, *Vystuplenie na soveshchanii rukovodiashchego sostava sotrudnikov diplomaticheskoi sluzhby Rossii*, Moskva, 26/1/2001. http:; kremlin.ru/events/president/transcripts/21169 (검색일 : 2023.05.01).

_____, *Interv'iu kitaiskoi gazete ≪Zhen'min' zhibao≫, kitaiskomu informacsionnomu agentstvu Sin'khua i telekompanii RTP*, Moskva, 16/7/2000. http:; kremlin.ru/events/president/transcripts/24168 (검색일 : 2023.05.01).

2. 연구 문헌

지상현 외, 「지정학의 재발견과 비판적 재구성 : 비판지정학」, 『공간과 사회』 31, 2009, 160~199쪽.

도드, 클라우스, 정승현 옮김, 『중동 전쟁이 내 출근길에 미치는 영향은 : 지정학적으로 생각하기』, 한겨레출판, 2010.

마샬, 팀, 김미선 옮김, 『지리의 힘 : 지리는 어떻게 개인의 운명을, 세계사를, 세계 경제를 좌우하는가』, 사이, 2016.

카플란, 로버트 D., 이순호 옮김, 『지리의 복수 : 지리는 세계 각국에 어떤 운명을 부여하는가?』, 미지북스, 2017.

Agnew, John, *Geopolitics : Re-visioning World Politics*, 2nd ed. New York : Routledge, 2003.

Cadier, David, "Eastern Partnership vs Eurasian Union? The EU-Russian Competition in the Shared Neighbourhood and the Ukraine Crisis", *Global Policy* vol.5, 2014, pp.76~85.

Casier, Tom, "From Logic of Competition to Conflict : Understanding the Dynamics of EU-Russia Relations", *Contemporary Politics* vol.22, 2016, pp.386~387.

Clowes, Edith, *Russia on the Edge : Imagined Geographies and Post-Soviet Identity*, Ithaca, NY : Cornell Univ. Pr., 2011.

Clunan, Anne, *The Social Construction of Russia's Resurgence : Aspirations, Identity, and Security Interests*, Baltimore : Johns Hopkins Univ. Pr., 2009.

Glazyev, Segey, "Who Stands to Win? Political and Economic Factors in Regional Integration", *Russia in Global Affairs*, 2013. https://eng.globalaffairs.ru/articles/who-stands-to-win/ (검색일 : 2023.05.01).

Huliaras, Asteris. and Charalambos Tsardanidis, "(Mis)understanding the Balkans : Greek Geopolitical Codes in the Post-communist Era", *Geopolitics* vol. 11, 2006, pp. 465~483.

Kerr, David, "The New Eurasianism : The Rise of Geopolitics in Russia's Foreign Policy", *Europe-Asia Studies* vol. 47, 1995, pp. 977~988.

Kuhn, Ulrich, "Medvedev's Proposals for a New European Security Order : A Starting Point of the End of the Story", *Connections* vol. 9, 2010, pp. 1-16

Laruelle, Marlene, "Larger, Higher, Farther North… Geographical Metanarratives of the Nation in Russia", *Eurasian Geography and Economics* vol. 53, 2012, pp. 557~574.

Legvold, Robert ed., *Russian Foreign Policy in the Twenty-First Century and the Shadow of the Past*, New York : Columbia Univ. Pr., 2007.

Linde, Fabian, "The Civilizational Turn in Russian Political Discourse : From Pan-Europeanism to Civilizational Distinctiveness", *The Russian Review* vol. 75, 2016, pp. 604~625.

Lukin, Alexander, "What the Kremlin is Thinking : Putin's Vision for Eurasia", *Foreign Affairs* vol. 93, 2014, pp. 85-93.

Lukyanov, Fyodor, "Russian Dilemmas in a Multipolar World", *Journal of International Affairs* vol. 63, 2010, pp. 19-32.

Mankoff, Jeffrey, *Russian Foreign Policy : The Return of Great Power Politics*, Lanham : Rowman & Littlefield, 2009.

Menkiszak, Maren, *Greater Europe : Putin's Vision of European (Dis)integration*, *OSW Studies* no. 46, Warsaw : Centre for Eastern Studies, 2013.

Neumann, Iver B., "Russia's Europe, 1991-2016 : Inferiority to Superiority", *International Affairs* vol. 92, 2016, pp. 1381~1399

_____, *Russia and the Idea of Europe : A Study in Identity and International Relations*, London : Routledge, 1995.

O'Loughlin, John. et al, "Russian Geopolitical Culture and Public Opinion : The Masks of Proteus Revisited", *Transactions of the Institute of British Geographers* vol. 30, 2005, pp. 322~335.

Ó Tauthail, Gearóid. and Simon Dalby eds., *Rethinking Geopolitics*, London : Routledge, 1998.

_____, *Critical Geopolitics*, London : Routledge, 1996.

Pacer, Valerie A., *Russian Foreign Policy under Dmitry Medvedev, 2008-2012*, Abingdon : Routledge, 2016.

Podberezkin, Alexei. and Olga Podberezkina, "Eurasianism as an Idea, Civilizational Concept and Integration Challenge", Piotr Dutkiewicz and Richard Sakwa eds., *Eurasian Integration : The View from Within*, London : Routledge, 2015, pp. 46~60.

Prozorov, Sergei, "The Narratives of Exclusion and Self-Exclusion in the Russian Conflict Discourse on EU-Russian Relations", *Political Geography* vol. 26, 2007, pp. 309~329.

Sakwa, Richard, *Frontline Ukraine : Crisis in the Borderlands*, London : I. B. Tauris, 2015.

_____, "Challenges of Eurasian Integration", Piotr Dutkiewicz and Richard Sakwa eds., *Eurasian Integration : The View from Within*, London : Routledge, 2015, pp. 12~30.

Starr, Harvey, "On Geopolitics : Spaces and Places", *International Studies Quarterly* no. 57, 2013, pp. 433~439.

Stent, Angela E., *The Limits of Partnership : U.S.-Russian Relations in the Twenty-First Century*, Princeton : Princeton Univ. Pr. 2014.

_____, "Restoration and Revolution in Putin's Foreign Policy", *Europe-Asia Studies* vol. 60, 2008, pp. 1089-1106.

Timofeev, Ivan. and Elena Alekseenkova, *Eurasia in Russian Foreign Policy : Interests, Opportunities and Constraints*, Russie. Nei. Visions no. 89, 2015.

Toal, Gerard, *Near Abroad : Putin, the West, and the Contest over Ukraine and the Caucasus*, New York : Oxford Univ. Pr., 2017.

Trenin, Dmitri, *From Greater Europe to Greater Asia? : The Sino-Russian Entente*, Moscow : Carnegie Endowment for International Peace, 2015.

_____, "Russia Leaves the West", *Foreign Affairs* vol.85, 2006, pp.87~96.

Tsygankov, Andrei, "Crafting the State-Civilization : Vladimir Putin's Turn to Distinct Values", *Problems of Post-Communism* vol.63, 2016, pp.146~158.

Weitz, Richard, "The Rise and Fall of Medvedev's European Security Treaty", *German Marshall Fund of the United States*, May 2012, pp.1-5.

Wilson, Andrew, *Ukraine Crisis : What it Means for the West*, New Haven : Yale Univ. Pr., 2014.

1 2 3 4

메르브의 역사 속 배타적 지역주의 연구

‖ 곽성웅 · 최배성

국문요약

고대부터 19세기에 이르기까지 메르브는 거친 사막 속의 오아시스 도시라는 지리학적, 지정학적 이점 속에서 때로는 제국의 변경으로, 때로는 제국의 중심으로 기능해왔다. 그러나 메르브는 그 찬란했던 역사적 과정을 거치면서 여러 굴곡진 시간도 극복해야 했다. 그리고 그 와중에 메르브에서는 인종이나 민족, 부족에 기반한 민족주의와 부족주의적 성격의 지역주의가 단절됐고, 오히려 이를 망라하는 지역민 전체의 중앙정부에 대한 배타적 지역주의가 오랜 기간 성장하고 발전했다. 그러다 19세기 말 메르브는 갑작스럽게 오랜 기간 유지하고 보존해왔던 배타적 지역주의의 전통을 스스로 포기했다. 어쩌면 이는 직접적으로는 게옥테페에서 벌어진 비극의 교훈에서 비롯된 것일 수도 있고, 러시아제국과 구소련, 투르크메니스탄으로 이어지는 중앙정부의 강력한 지방통제력에서 기인한 것일 수도 있다. 현재 메르브의 역사적 지위를 이어받은 마리가 메르브의 전통적인 지역주의적 정체성을 완전히 복원시키기는 어려울 것이다. 그리고 오히려 현시대에 걸맞은 새로운 사회문화적 정체성의 함양이 과거의 메르브가 보유했던 지역주의적 전통을 새롭게 혁신시키고 발전시키는데 도움을 줄 수 있다. 미래의 메르브가 어떤 선택을 할지는 아직 알 수 없지만, 이 도시는 분명 과거의 불행했던 유혈의 역사적 교훈을 결코 잊지 않고 되새기면서 당대의 시대정신에 걸맞은 새로운 지역주의적 전통을 확립해나갈 것이다.

1. 접경도시 메르브의 과거와 현재

투르크메니스탄 동부에 위치한 마리Mary시 인근에는 '메르브Merv'라는 고대 도시의 유적지가 존재한다. 이 고대도시 메르브는 원래 중앙아시아의 실크로드 도시로 유명했다. 도시의 유명세는 무엇보다도 오아시스의 존재 덕분이었다. 카라쿰Karakum 사막으로 둘러싸인 메르브에는 해발고도 200m, 6,290㎢(85㎞×74㎞)의 면적을 가진 상당한 규모의 오아시스가 있다.[1] 이 오아시스 덕택에 메르브에서는 고대부터 관개농업이 이루어져 왔다.

연간 강수량이 150mm에 불과한 혹독한 기후 조건을 가진 카라쿰 사막을 지나는 여행자들에게 오아시스 도시인 메르브의 존재는 더할 나위 없는 축복이었다. 그리고 여행자와 교역 상단뿐만 아니라 국가와 제국帝國을 운영하는 권력자와 관료, 학자들에게도 메르브는 중요한 (변경의) 요충지이자 지리학적 연구 대상이었다. 9세기의 아랍 역사가는 메르브를 호라산Khorasan 지역에서 가장 유명한 도시라 평했고, 12세기의 메르브는 셀주크Seljuk 왕조의 수도이기도 했다. 16세기 이후에 메르브는 우즈벡 왕조와 페르시아 제국 사이에서 쟁탈전이 벌어질 만큼 변경의 전략적 요충지였다. 18~19세기에는 우즈벡 칸국인 히바Khiva와 부하라Bukhara가 페르시아 진출을 위한 지정학적 교두보인 메르브를 차지하기 위해 치열한 각축전을 벌이기도 했다.

그러나 지금까지 국내에서는 지정학 및 역사적인 측면에서의 학술적 중요성을 보유한 중앙아시아 도시임에도 불구하고 메르브에 관한 본격적인 연구가 수행되지 못했다. 중앙아시아에 대한 전반적인 지역연구 과정에서 간혹 언급되는 수준이거나 중앙아시아와 아랍의 역사 연구 과정에서 간략하게 분석되는 수준에 불과할 뿐이다.

반면 해외의 경우 메르브에 관한 학술연구는 국내에 비해 풍부한 편이다.

---

1   M. Ebru Zeren, "MERV : An Oasis Capital in the Ancient Paradise", ed. Kemal Kantarci, Muzaffer Uysal and Vincent P. Magnini, *Tourism in Central Asia : Cultural Potential and Challenges*, Toronto and New Jersey : Apple Academic Press, 2014, p.125.

특히 러시아의 보로프코프A. K. Боровков와 스트루베В. В. Струве, 로마스케비치 A. A. Ромаскевич, 이바노프П. П. Иванов의 저작[2]은 이란을 포함한 중동 및 중앙 아시아 고故문헌들의 관련 사료에서 발견되는 메르브에 관한 다양한 정보를 수록하고 있다. 다만 이들의 연구는 아랍과 페르시아의 기존 사료를 해석하는데 치중했다는 점에서 일정 부분 한계가 있다. 베셀롭스키H. И. Веселовский[3] 와 트레디아콥스키В. К. Тредиаковский[4]의 문헌도 메르브에 관한 다양한 정보를 담고 있어 주목할만하지만, 관련 내용이 많지 않고 단편적인 이야기만 전달한다는 측면에서 아쉬운 부분이 존재한다. 한편, 영미권과 독일 등의 문헌에서도 메르브에 관한 여러 연구를 주목할 수 있는데, 번스A. Burnes[5]와 메이엔도르프Baron von Meyendorf,[6] 헤르만G. Herrmann[7] 등의 저작들이 대표적이다. 그러나 번스와 메이엔도르프의 경우 비非연구자라는 학술적 한계점으로 인해 간혹 증명이 힘든 이야기를 전하는 비전문성이 종종 드러난다.

본 글은 위와 같은 선행연구들을 검토하여 중앙아시아 서부의 유명한 실크로드 도시이자 호라산 지역의 유력한 변경도시이며, 전략적 요충지였던 메르브를 역사적 흐름 속에서 분석한다. 또한, 이를 통해 이 도시에 내재한 특성

2 отв. ред. А. К. Боровков, Материалы по истории туркмен и Туркмении, Том I-II, под редакцией акад. В. В. Струве, А. К. Боровкова, А. А. Ромаскевича и П. П. Иванова, Москва – Ленинград : Издательство академии наук СССР, 1938.

3 Н. И. Веселовский, *Очерк историко-географических сведений о Хивинском ханстве от древнейших времен до настоящаго*, С.П. : Типография брат. Пантелеевых, 1877.

4 Абулгачи-Баядуръ-Хан, *Родословная история о Татарахъ*, Томъ. II, переведенная на францусской языкъ съ рукописныя татарскыя книги, сочинения Абулгачи-Баядуръ-Хана, и дополненная великимъ числомъ премечаний достоверныхъ и любопытственныхъ о прямомъ нынешнемъ состоянии Северныя Азии съ потребными географическими ландкартами, съ францусскаго на Российский въ академии наукъ, перевел В. К. Тредиаковский, Санктпетербургъ : при Императорской Академии Наукъ, 1768.

5 Alexander Burnes, *Travels Into Bokhara; Containing The Narrative of A Voage on The Indus from The Sea to Lahore, with Presents from The King of Great Britain; and An Account of A Journey from India to Cabool, Tartary, and Persia* vol. III, London : John Murray, Albemarle Street, 1834.

6 ed. Baron von Meyendorf, *A Journey From Orenburg To Bokhara In The Year 1820(Colonel on the General Staff of His Majesty the Emperor of Russia, and revised by the Chevalier Amadee Jaubert)*, trans. Captain E. F. Chapman, R. H. A., Calcutta : Printed at the Foreign Department Press, Council House Street, 1870.

7 Georgina Herrmann, *Monuments of Merv : Traditional Buildings of the Karakum*, London : The Society of Antiquaries of London, 1999.

56   제1부 역사 속의 유라시아

인 배타적 지역주의의 형성과 발전, 소멸 등의 과정을 역사적 차원에서 연구하고자 했다. 특히 내용의 전반부에서는 메르브의 역사를 19세기까지 조망했는데, 이는 국내에 잘 알려지지 않은 메르브에 관한 기본적인 정보를 전달함으로써 독자들의 이해를 높이고자 했기 때문이다. 아울러 필자는 본 연구를 통해 협소한 연구 공간 속에 머물러 있는 국내 중앙아시아 도시 연구의 확장성에도 일조하고자 했다. 타쉬켄트와 사마르칸트, 알마티 등 중앙아시아 동부에 치우친 현재의 연구 기조로는 중앙아시아 전체를 통찰하는 시각과 인식을 구축하는 차원에서는 분명 부족하다고 여겨지기 때문이다.

마지막으로 본 연구는 연구 방법에 있어 역사적 사료에 기반한 문헌 분석을 주로 활용했다. 이를 토대로 본문의 1장에서는 19세기 말까지의 메르브 역사를 분석했고, 2장에서는 메르브 역사 속에서 나타나는 배타적 지역주의의 형성과 발전, 소멸 과정 및 그 이유를 분석했다.

2. 고대부터 19세기 말까지의 메르브

메르브에 관한 기록이 최초로 등장하는 역사적 사료는 후한서이다. 베셀롭스키Н. И. Веселовский(1877)에 따르면, 5세기 중반 중국 남북조시대 송나라의 범엽范曄이 저작한 『후한서後漢書』에 실린 월지족의 중앙아시아 서부 공략과정에서 '메우치Мэучжи'이란 명칭이 등장한다. 베셀롭스키는 그 지리상 위치가 분명 오늘날의 메르브라고 강하게 확신했다. 김호동(2009) 역시 『후한서 외국전』의 서역전 역주에서 안식국(파르티아)의 동쪽 경계에 있던 '목록성木鹿城, Muru'이 현재의 메르브일 것으로 추정했다.[8]

---

8 김호동 역주, 김유철 교열, 「서역전」, 동북아역사재단 편, 『동북아역사 자료총서』 23-譯註 中國 正史 外國傳 3 後漢書 外國傳 譯註 上, 서울 : 동북아역사재단, 2009, 249쪽.

서로 가까이 위치해 있던 '서부 변경(Западный край)'의 여러 국가 중 다음의 국가들이 이 기록 속에서 함께 언급되고 있다. 1) 군주(владетель)가 메우치(Мэучжи)시에 있던 메우치. 이 지역은 뉴미(Нюми)[9]에서 서남부로, 다이(다하에)에서 22,920리 떨어진 곳에 위치해 있다. (이 지역의) 땅은 평평했다. 가축과 날짐승, 수목(樹木)은 중국과 유사하다. …(중략)… 메우치는 분명히 메르브(Merv)이다.[10]

10세기 아랍 지리학자인 이븐 루스타ibn Rusta는 자신이 저작한 아랍어 백과사전인 『키타브 알알라크 알나피사Kitāb Al-A'lāq Al-Nafisa』(여행의 자양분이 되는 소중한 짐꾸러미)에서 바빌론Babylon시를 건설한 것으로 알려진 페르시아의 전설 속 제왕인 타하무르트Takhamurt가 메르브의 성채citadel를 건축했다고 언급했다.

사람들이 말하길, 타하무르트가 메르브의 성채를 건설할 당시 천명의 인력이 이를 세웠다고 했다. …(중략)… 저녁에 타하무르트는 모든 사람들에게 1 디르함(dirham, 고대의 은화 화폐)씩 주었고, 모든 이들은 이것으로 자신에게 필요한 식량과 모든 것을 구입했다. 천 개의 디르함은 다시 그(타하무르트)에게 돌아왔고, 이 성채의 건설비용으로 그에게서 빠져나간 돈은 오직 천개의 디르함 뿐이었다.[11]

도시 메르브의 명성과 중요성은 10세기 이전부터 중앙아시아와 아랍 지역에서 널리 확산되어 있었다. 9세기의 아랍 역사학자이자 문필가인 알야쿠비al-Ya'qūbī가 저작한 『키타브 알-불단Kitab al-Buldan』(제국사)에서는 9세기의 메르브를 호라산Khorasan에서 가장 유명한 지역이라 평했다.[12] 9세기 압바스조Abbasids의 7대 칼리프인 알마문al-Mamun은 808~817년까지 약 10년간 메르브

9   중국의 서역 외국에 관한 기록에 등장하는 유밀국(忸密國)을 가리킨다.
10 Н. И. Веселовский, op. cit., 1877, cc.7~8.
11 Перевод С. Волина, "Извлечения из ≪КИТАБ АХБАР АЛ-БУЛДАН≫ ИБН АЛ-ФАКИХА, по Мешхедской рукописи", отв. ред. А. К. Боровков, т. I, op. cit., 1938, c.151.
12 Перевод С. Волина, "Извлечения из ≪КИТАБ АЛ-БУЛДАН≫ АЛ-ЯКУБИ, по изданию De Goeje (BGA, VII)", отв. ред. А. К. Боровков, т. I, op. cit., 1938, cc.147~148.

58   제1부 역사 속의 유라시아

에 잠시 거주하기도 했다.[13] 10세기의 이스타크리는 메르브가 소금기 있는 토양의 평지에 위치하고, 건물들은 점토로 만들어졌으며, 3개의 모스크가 있다고 설명했다.[14]

운하와 숲이 조성된 지역 사이에 깨끗하고 아름다운 건물과 거리를 배치했고, 시장(바자르)에는 다양하고 특수한 수공업자들이 존재했던 메르브는 호라산의 여타 다른 도시들보다 우월했다.[15]

중앙아시아에서 메르브의 명성이 높아질수록 이 도시의 정치적 운명은 역설적으로 험난한 역사적 고난을 겪었다. 메르브는 651년에 아랍인에게 정복됐는데, 아랍제국의 3대 칼리프caliph인 우스만 이븐 아판Uthmān ibn 'Affān의 재위 시절 하팀 이븐 안누만 알바힐리Хатим ибн ан-Ну'ман ал-Бахили가 바스라Basrah의 총독이었던 압달라 이븐 아미르Abd Allah ibn Amir의 명령에 따라 메르브를 공격해 영토로 편입시켰다.[16]

11세기에 메르브는 아랍인이 아닌 투르크족의 땅으로 변모했다. 페르시아의 관료이자 역사학자인 아불파들 바이하키Abu'l-Fadl Bayhaqi는 자신의 역사서인 『타리흐 이 바이하키Tarikh I Baihaki』(바이하키의 역사)를 통해 메르브 근처에서 투르크계 무슬림왕조인 가즈나조Ghaznavids의 마수드 1세Mas'ud I of Ghazni와 투그릴 벡Tughril Beg이 이끄는 셀주크투르크Seljuk Turks 사이에서 벌어진 단다나칸Dandanaqan 전투(1040년)에 관해 이야기하고 있다.[17] 당시 가즈나조는 이

---

13 ibid, c.148.
14 Перевод С. Волина, "Извлечения из ≪КИТАБ МЕСАЛИК АЛ-МЕМАЛИК≫ АЛ-ИСТАХРИ, по изданию De Goeje (BGA, I)", отв. ред. А. К. Боровков, т. I, op. cit., 1938, c.172.
15 ibid, c.174.
16 Перевод С. Волина, "Извлечения из ≪КИТАБ АЛ-БУЛДАН≫ АЛ-ЯКУБИ, по изданию De Goeje (BGA, VII)", отв. ред. А. К. Боровков, т. I, op. cit., 1938, c.148.
17 Перевод под редакцией А. А. Ромаскевича, "Извлечения из ≪ТАРИХ-И-БЕЙХАКИ≫ АБУ-Л-ФАЗЛЯ БЕЙХАКИ, по изданию Морлея (The Tarikh-i-Baihaki … ed. by … W. H. Morley, Calcutta, 1862)", отв. ред. А. К. Боровков, т. I, op. cit., 1938, cc.292~300.

전투의 패배로 몰락했고, 셀주크투르크는 이 승리로 셀주크 왕조의 기틀을 확립했다. 이 과정에서 메르브는 가즈나조 마수드 1세에 대한 복종을 거부하고 투그릴 벡의 셀주크투르크 군에게 항복했다. 당시 셀주크 군대의 공격에 무방비 상태로 놓인 상황에서 마수드 1세가 메르브를 구원하지 않았기 때문이었다.

    셀주크의 아미르들은 물었다. "너희들은 누구에게 고개를 숙이는가?" 3명의 학자들은 답했다. "우리들은 (셀주크) 군대가 주민들에게 해를 끼치지 않는다는 조건으로 메르브를 당신의 부하들에게 바칩니다."[18]

메르브는 셀주크 왕조의 땅에 편입된 후 역사상 가장 빛나는 시기를 맞이했다. 12세기에 호라산의 셀주크조를 이끌던 술탄Sultan 아흐마드 산자르 Ahmad Sanjar가 메르브를 자신의 거점으로 삼았기 때문이다. 사실 메르브는 산자르의 조부인 알프 아르슬란Alp Arslan 시절부터 이미 셀주크 왕조의 수도이기도 했다.[19] 산자르의 재위 당시에 메르브는 호라산의 도시 중 가장 크고 광대했다.

    메르브는 산자르 술탄의 수도이자 낮은 곳에서 높은 곳까지 모든 것이 모여드는 장소였다. 그 면적은 호라산의 다른 어떤 도시보다 광대했다. 그리고 안전과 번영의 날개가 메르브의 사방에서 날아올랐다. 메르브의 머릿(주민)수는 4월에 내리는 빗방울과 같았다.[20]

---

18 Перевод под редакцией А. А. Ромаскевича, "Извлечения из ≪РАУЗАТ АС-САФА≫ МИРХОНДА, по изданию J. A. Vullers'a (Mirchondi Historia seldschukidarum ⋯ Gissae, 1837)", отв. ред. А. К. Боровков, т. I, op. cit., 1938, с.460.

19 Н. И. Веселовский, op. cit., 1877, с.56.

20 Перевод под редакцией А. А. Ромаскевича, "Извлечения из ≪ТАРИХ-И-ДЖЕХАНГУША≫ АЛА-АД-ДИНА АТА-МЕЛИКА ДЖУВЕЙНИ, по изданию мирзы Мухаммеда Казвини (GMS, XVI, Leyden, 1912)", отв. ред. А. К. Боровков, т. I, op. cit., 1938, с.488.

60   제1부 역사 속의 유라시아

몽골의 서방 진출이 본격화한 13세기에 메르브는 철저히 파괴되며 잔혹한 역사의 희생양이 됐다. 1221년 칭기즈칸의 몽골군은 호레즘샤에 속한 아프가니스탄과 호라산을 정복하는 와중에 메르브를 공격했다. 칭기즈칸의 4남인 톨루이Tolui가 그 임무를 수행했다. 그는 1221년 2월 말 메르브의 평야에서 주민들의 대량 학살을 진두지휘했다.[21] 이 학살과 파괴로 인해 메르브 주변에서 유목하던 투르크멘의 오구즈족Oghuz이 소아시아로 이주해 오스만제국의 기반이 되었다.

티무르제국 시절에 메르브는 티무르Timur의 후손들이 호라산 지역의 지배권을 놓고 벌인 역사적 경쟁에 노출되기도 했다. 15세기 중반 티무르의 증손자[22]이자 호라산의 지배자인 아부-사이드Abu-Sayid는 사촌이자 역시 티무르의 증손자[23]이며 호레즘의 지배자인 술탄 후세인Sultan Hussein과의 전쟁에서 패배하여 영토를 잃고 남은 여생을 메르브에서 보내야만 했다.[24] 이 사실을 놓고 볼 때 이 당시의 메르브는 몽골의 파괴로 인한 피해로부터 어느 정도 회복하여 티무르제국 변방의 중요한 거점도시로 재건됐음을 짐작할 수 있다.

16세기 초에 메르브의 지배권은 티무르제국에서 우즈베크왕조로 교체됐다. 당시 티무르제국의 쇠퇴와 함께 중앙아시아의 새로운 강자로 부상한 우즈베크족 군주인 샤이바니Shaybani 칸이 메르브를 정복했다. 1508년 티무르조의 호라산 지배자인 후세인 미르자Hussein Mirza 술탄은 샤이바니에게 호라산의 모든 영토를 상실했고,[25] 이때 메르브는 샤이바니의 부하에게 분배됐다. 그리고 얼마 지나지 않은 1510년 샤이바니는 페르시아의 사파비조를 개창한 샤 이스마일 1세Ismail I와 메르브 근처에서 벌인 전투에서 전사했다.[26] 그 결과

---

21 르네 그루쎄, 김호동·유원수·정재훈 옮김, 『유라시아 유목제국사』, 경기 : 사계절, 2009, 351쪽.
22 티무르의 아들인 미란-샤(Миран-Шах)의 손자였다.
23 티무르의 아들인 오마르-셰이크(Омар-Шейх)의 증손자였다.
24 Н. И. Веселовский, op. cit., 1877, cc. 88~89.
25 ibid, cc. 97~99.
26 ibid, c. 99; 르네 그루쎄는 샤이바니가 전사한 시기를 1510년 12월 2일이라고 말한다. 르네 그루쎄, 김호동·유원수·정재훈 옮김, 앞의 책, 2009, 671~672쪽.

2장 메르브의 역사 속 배타적 지역주의 연구 61

메르브는 2년 만에 우즈베크족이 아닌 페르시아의 지배를 받게 됐다.

맞붙은 양측의 군대는 전투를 마쳤다. 결국 이스마일 샤가 승리를 거머쥐었고, 우즈벡 군대는 뒤로 돌아 도주하기 시작했다. 샤의 군대는 이들을 추적해 수많은 사람을 죽였다. 호라산 출신 중에서 아미르 젤랄-우드-딘 마흐무드와 칼랸타르 세이드 기야스-우드-딘의 아들인 무함메드 바그반, 호자 무이즈-우드-딘 후세인, 메르브의 호자 압둘라와 그와 함께한 수많은 메르브 출신 주민들이 샤이바니 칸의 군대를 구성하고 있었다. 이 끔찍한 날에 이들은 샤의 군대에게 살해됐다.[27]

16세기에 페르시아의 메르브 지배 역시 오래가지는 못했다. 수니파가 주류를 이루던 호레즘 지역이 시아파인 페르시아의 지배에 항거했고, 이 과정 (1512~1514)[28]에서 일바르스Ilbars와 빌바르스Bilbars 형제의 주도 속에 히바 칸국이 건국됐다. 그리고 일바르스는 치세 초기에 호라산을 공격해 상당 부분을 장악했는데,[29] 이 과정에서 메르브는 다시 우즈베크족의 나라인 히바의 영토에 편입됐다.

왕자들(일바르스와 빌바르스)이 페르시아인들이 남아있던 (호레즘의) 도시들을 손에 넣은 뒤 호라산 지역을 공격했다. …(중략)… 그래서 호라산의 도시에서 서쪽에 있던 듀룬의 땅과 산들 사이에 방치된 모든 도시들은 이제 아무도 스스로를 보호할 능력을 가지고 있지 못했다. 오직 그들에게는 침략의 공포만이 존재했다.[30]

---

27 Перевод под редакцией А. А. Ромаскевича, "Иранские источники по истории туркмен XVI-XVII вв. завоевание Хорасана Шейбани-ханом. Участие туркмен в борьбе узбеков и иранцев за Хорасан (Извлечения из "Хабиб-ус-сияр" Хондемира, т. III, ч. IV)", отв. ред. А. К. Боровков, т. II, op. cit., 1938, с. 51.

28 베셀롭스키는 호레즘인들의 반란 음모가 2년간 준비됐다고 했다. 그래서 일바르스의 히바 칸국 건국시기는 샤이바니의 전사 시점인 1510년을 기준으로 대략 1512~1513년 사이로 추정된다. Н. И. Веселовский, op. cit., 1877, сс. 99~100.

29 Абулгачи-Баядуръ-Хан, op. cit., 1768, сс. 180~182.

30 ibid, сс. 181~182.

그런데 이후 메르브는 전쟁이 아닌 정치적인 이유로 다시 히바가 아닌 또 다른 우즈베크 칸국에게 복속했다.[31] 16세기 중반 당시 히바 칸국은 강력한 중앙집권체제가 아닌 느슨한 연합왕국의 형태를 유지했다. 1553년 메르브는 히바의 칸인 도스트Dost의 직할 영지였는데, 같은 해에 그가 사망하면서 아들인 아불-무함마드Abul-Muhammad가 칸으로 추대됐다. 그는 아버지의 영지인 메르브와 니사Nisa, 아비바르드Avibard를 상속받았다. 그러나 이후 아불-무함마드 칸이 아들인 누르-무함마드Hur-Muhammad에게 자신의 영지를 물려주자 히바의 칸이었던 하지-무함마드Khaji-Muhammad를 비롯한 실력자들이 여러 차례 이를 강탈하려고 시도했다. 그래서 누르-무함마드는 자신의 영지를 지키기 위해 부하라의 압둘라 2세Abdullah II 칸과 협력했고, 이 과정에서 메르브는 부하라의 영토로 편입됐다.

투르크멘족 출신의 페르시아 역사가인 이스칸다르 벡 문시Iskandar Beg Munshi도 압바스 샤의 일대기에 관한 기록에서 이 일이 1592년에 발생했다고 말했다.[32] 그러나 이후 누르-무함마드와 부하라 칸은 반목했고, 그 과정에서 누르-무함마드는 페르시아의 샤인 압바스 1세Abbas I에게로 피신했다.[33] 압바스 1세는 6년 후 부하라의 압둘라 2세가 사망한 1598년에 페르시아 군대를 동원해 누르-무함마드가 메르브를 되찾을 수 있게 했다.[34] 그러나 1604년 압바스 1세는 누르-무함마드의 불충을 이유로 메르브를 빼앗았다.[35] 이로써 메르브는 이스마일 샤가 사망한 지 80년 만에 다시 페르시아의 지배를 받게 됐다.

---

31 Н. И. Веселовский, op. cit., 1877, с.124(각주 1번).

32 Перевод под редакцией А. А. Ромаскевича, "Борьба между ираном, Хивой и Бухарой и участие в этой борьбе туркмен (Извлечения из "Тарих-и-алям-ара-и-Аббаси" Искандера Мунши)", отв. ред. А. К. Боровков, т. II, op. cit., 1938, с.79.

33 ibid, с.81.

34 ibid, сс.92~93.

35 ibid, сс.99~100.

누르-무함미드 칸이 메르브를 포기한 후 다음날 샤는 메르브에 입성했다. 메르브의 주요 사원(모스크)들에서는 80년만에 처음으로 이란 샤의 이름으로 쿠트바(Khutbah)가 낭송됐다. 이스마일 샤가 사망(1524)한 후 이란이 메르브를 상실했기 때문이다. 메르브 통치권은 이전에 무리착(Murichaq)을 지배했던 벡타시(Bektash) 칸에게 위임됐다. [36]

18세기 중반 페르시아는 아프샤르Afshar조의 개창자인 나디르Nadir 샤의 급작스러운 사망 이후 점차 혼란에 빠졌다. 이를 이용해 부하라의 아미르amir인 샤 무라드Shah Murad는 자신의 제위 첫해인 1785년에 메르브를 정복했다. [37] 당시 메르브의 통치자는 바이람 알리Bayram Ali 칸으로, 3년 전인 1872년 투르크멘족이 대다수인 1,500명의 기병을 이끌고 침공해 메르브를 차지한 인물이었다. [38] 샤 무라드는 바이람 알리 칸을 죽이고 메르브를 얻었다. 샤 무라드는 자신의 아들인 딘 나시르Din Nasir[39] 베크를 메르브의 통치자로 임명했다. [40] 메

36 ibid, c.100.

37 Перевод Г. А. Мирзоева, "Зхват Мерва Шах Мурадом Бухарским. Участие туркмен в Хивинско-Бухарских войнах после распадения государства Надир-Шаха (Извлечения из "История Средней Азии" Мир Абдуль-Керима бухарского)", отв. ред. А. К. Боровков, т. II, op. cit., 1938, cc.194~195; 반면에 1830년대 초반 이곳을 방문한 영국 군인 알렉산더 번스(1834)는 샤 무라드가 메르브를 정복한 시기를 1787년이라고 기록했다. 필자의 판단으로는 번스가 부하라를 방문하여 구술로 전해지는 내용의 부정확한 시기를 기록한 것으로 여겨진다. Alexander Burnes, op. cit., 1834, p.219.

38 Перевод Г. А. Мирзоева, "Зхват Мерва Шах Мурадом Бухарским. Участие туркмен в Хивинско-Бухарских войнах после распадения государства Надир-Шаха (Извлечения из "История Средней Азии" Мир Абдуль-Керима бухарского)", отв. ред. А. К. Боровков, т. II, op. cit., 1938, c.197.

39 이란의 사료에서는 딘 나시르 베크를 '나시르 우드 딘 튜라(Насир-уд-дин-торя)'라고 기록했다. "Иранские источники по истории туркмен XIX в. (Извлечения из "Насих-ут-таварих" ("Тарих-и-Каджариме"), сочинение Мирза Мухаммед Таги-хана, перевод Н. Дьяконовой; "Тарих-и-мунтазам-и-Насири", сочинение Мухаммед Хасан-хана, перевод К. Н. Фрейтага; "Матля-уш-шамс", сочинение Мухаммед Хасан-хана, перевод под ред. А. А. Ромаскевича; "Ма'асир-а-султаниме", сочинение Абд-ур-Резгака, перевод под ред. А. А. Ромаскевича; "Сафарат-намэ-и-Хорезм", сочинение Риза-кули-хана, перевод А. А. Ромаскевича; Рузнэмэ-и-Хаким-уль-М. малик", дневник шаха Насир-уд-дина, перевод под ред. А. А. Ромаскевича", отв. ред. А. К. Боровков, т. II, op. cit., 1938, c.206.

40 Перевод Г. А. Мирзоева, "Зхват Мерва Шах Мурадом Бухарским. Участие туркмен в Хивинско-Бухарских войнах после распадения государства Надир-Шаха (Извлечения из "История Средней Азии" Мир Абдуль-Керима бухарского)", отв. ред. А. К. Боровков, т. II, op. cit., 1938, c.201.

르브가 부하라에 정복되는 과정에서 수많은 시민이 약탈로 피해를 입었고, 부하라로 강제 이주 됐으며, 수니파로 개종당했다.

샤 무라드는 계책을 꾸몄다 : 그는 메르브를 공격할 것처럼 보이게 6천의 기병과 함께 차르주이(Chardzhou)[41]로 갔고, 그곳에서 야영했다. …(중략)… 부하라에 도착한 샤 무라드는 저녁 기도문을 왼 뒤 차르주이로 돌아와 멈추지 않고 그곳에서 신속하게 메르브로 향했다. 그의 군대 4천명이 매복했고, 천명이 도시를 공격했다. 바이람 알리가 이 소식을 들은 것은 한밤 중이었지만, 그는 서둘러 싸울 준비를 했다. …(중략)… 갑자기 6개의 방향에서 6천의 기병이 나타나 그를 포위했다. 그는 사살당했고, (부하라군의) 아프간 출신 지휘관이 기둥에 내걸어 전시하기 위해 그의 머리를 베어 부하라로 보냈다.[42]

20년이 지난 1804년 메르브의 지배권은 또다시 페르시아로 넘어갔다. 이는 당시 메르브의 통치자였던 딘 나시르의 결정에 따른 결과였다.[43] 원래 딘 나시르는 메르브를 정복한 부하라 아미르 샤 무라드의 아들로 아버지로부터 메르브 지배권을 위임받았다. 그러나 그는 자신의 형제이자 아버지를 뒤이어 아미르가 된 하이다르Haydar를 언제나 두려워했다. 하이다르도 딘 나시르를 제거하고 메르브를 온전히 차지하고자 했다. 그래서 아미르 하이다르는 딘 나시르의 영향력을 약화시키기 위해 메르브 주민 25,000명을 부하라로 강제 이주시키라는 명령을 내리기도 했다.[44] 1804년 딘 나시르는 페르시아의 호라산 지배자인 무함마드 벨리 미르자Muhammad Beli mirza 왕자를 통해 샤의 보호

---

41 현재 투르크메니스탄의 북동부에 위치한 도시로 지금은 튀르크메나바트(Türkmenabat)로 불린다. 메르브와 약 220km 떨어져 있다.

42 Перевод Г. А. Мирзоева, "Захват Мерва Шах Мурадом Бухарским. Участие туркмен в Хивинско-Бухарских войнах после распадения государства Надир-Шаха (Извлечения из "История Средней Азии" Мир Абдуль-Керима бухарского)", отв. ред. А. К. Боровков, т. II, op. cit., 1938, с.197.

43 "Иранские источники по истории туркмен XIX в. (Извлечения из "Насих-ут-таварих", отв. ред. А. К. Боровков, т. II, op. cit., 1938, cc.206~207.

44 ed. Baron von Meyendorf, op. cit., 1870, pp.29~30; 이 명령이 실행됐는지는 불확실하다.

를 확보하려고 했다.[45] 당시 페르시아의 샤인 파드 알리Fath-Ali는 이를 약속하며 딘 나시르의 복속을 수락했다.[46] 결국, 1808년 딘 나시르는 부하라 아미르인 하이다르의 공격을 받고 페르시아로 망명했다.

딘 나시르의 페르시아 망명 후 메르브는 부하라의 영토로 다시 편입됐던 것으로 보인다. 히바의 칸 무함마드 라힘Muhammad Rahim이 자신의 재위(1810 이전~1825) 기간 중에 부하라에 속했던 메르브를 공격해서 자신의 영향력 하에 두었다는 기록이 있기 때문이다.[47] 그러나 라힘 칸은 메르브를 지속적으로 자신의 영토로 삼을 수 없었기에 자신의 영향력 하에 있던 투르크멘 부족에게 메르브를 위임하여 관리하게 했다.

히바의 가장 최남단 도시인 하조라스프(hazorasp)의 남부이자 서쪽으로 위도 약 40도에 있는 지역에, 히바의 칸을 최고 권력으로 인식하고 호라산과 다게스탄의 북쪽 경계에 거주하는 (투르크멘) 부족들과 반목하며, 메르브에서 약 200 베르스타[48] 떨어진 곳에 위치한 사락스를 재건한 이들이 속한 투르크멘 부족들이 거주했다. 히바의 칸은 그들로부터 메르브와 사락스를 빼앗은 후 페르시아의 침공으로부터 그의 영토의 일부인 이곳을 보호하기 위해 그들에게 다시 돌려 주어 유지하게 했다.[49]

그러나 메르브는 이후 외부의 간섭에서 벗어나 독립적인 지위를 유지하기도 했다. 1820년대 중반 메르브가 히바와 부하라, 페르시아의 지배를 받지 않던 독립적인 도시국가의 시절을 잠시 영위했기 때문이다. 1825년 히바에서

---

45 "Иранские источники по истории туркмен XIX в. (Извлечения из "Насих-ут-таварих", отв. ред. А. К. Боровков, т. II, op. cit., 1938, с.206.

46 ibid, cc.206~207.

47 베셀롭스키는 라힘 칸의 메르브에 대한 영향력이 재위 초반에만 유지됐을 것이라고 추정한다. Н. И. Веселовский, op. cit., 1877, с.279.

48 베르스타(верста)는 러시아의 전통적인 거리 표기법으로 1베르스타는 보통 1,066m이다. 따라서 200베르스타는 약 213.36km이다.

49 ed. Baron von Meyendorf, op. cit., 1870, APPENDIX III, p.V.

알라 쿨리Alla Kuli(1825~1842)가 새롭게 칸으로 즉위한 후 메르브에 사절을 파견했다는 기록이 있기 때문이다.[50] 그리고 1830년대에 메르브는 도시의 부흥이 어느 정도 이루어졌다. 18세기 후반부터 1820년대 초까지 잦은 외침과 지배 세력의 교체 및 강제 이주로 인해 줄어든 인구수가 1830년대 초에 일정 부분 회복한 것으로 확인되기 때문이다. 1831~33년 사이에 부하라를 방문한 영국의 군인 번스(1834)는 이 당시 메르브에 거주하는 투르크멘족 주민 수를 20,000 가구family로 기록했다.[51]

1830년대 초 메르브는 독립을 유지하지 못했다. 1832년 알라 쿨리가 메르브로 진격하여 이 도시와 이곳에 거주하던 투르크멘의 테케족Teke을 자신에게 복속시켰다.[52] 테케족은 전쟁에서 패한 후 히바에 배상금을 지불했지만, 이 한 번의 패배로 굴복하지는 않았다. 1839년 테케족은 다시 히바의 칸에게 반기를 들었고, 알라 쿨리는 이들을 진압하기 위한 원정을 재차 단행했다.[53] 이 과정에서 테케족의 주요 거점도시였던 메르브는 전쟁의 참화를 피하지 못했다. 이런 사정이 있었기에 1840년대 초에 히바를 방문했던 러시아인들의 기록에서는 메르브가 히바 칸국의 영토이거나 최소한 히바 칸의 영향력이 미치는 도시라고 전했다.[54]

강요에 의해 조세를 납부한 이들까지 포함해서 모든 유목 부족이 복속했다고 간주한다면, 당시 (히바) 칸국의 국경은 다음과 같이 뻗어 있었다. 동(東)으로는 키질-쿰(키질쿰)의 사막화된 초원까지 이르렀고, 남(南)으로는 근방의 유목민들에게서 조세를 징수하기 위해 파견된 히바 칸의 관리들이 상주했던 메르브와 사락스에 미쳤으며, 서(西)로는 카스피해 동부 해안까지 도달했다.[55]

---

50 Н. И. Веселовский, op. cit., 1877, c. 302.
51 Alexander Burnes, op. cit., 1834, p. 213.
52 ibid, p. 307.
53 Н. И. Веселовский, op. cit., 1877, cc. 306~307.
54 베셀롭스키는 1842년 히바에 사절로 파견됐던 다닐렙스키(Г. И. Данилевский) 등의 기록을 검토한 결과 이러한 결론을 내렸다. ibid, c. 324.

그러나 메르브의 히바에 대한 저항은 1840년대에도 지속적으로 발생했다. 1842년 이후 알라 쿨리의 후계자인 새로운 히바 칸 라힘 쿨리Rahim Kuli(1842 ~1845) 시절에 메르브의 투르크멘 테케족은 반란을 일으켰고, 잠시 히바의 지배를 벗어나기도 했다. 라힘 쿨리 칸이 반란을 진압하기 위해 메르브로 향했으나 뜻을 이루지 못했기 때문이다.[56]

1845년 라힘 쿨리에 이어 새로운 히바 칸으로 등극한 무함마드 에민 Muhammad Emin은 메르브를 비롯한 투르크멘족에 대한 강력한 복속 의지를 드러냈다. 그는 1846년부터 매년 히바에 대항하는 투르크멘족을 향한 원정을 단행했고, 이 과정에서 메르브도 다시 정복됐다. 1846년 히바 칸이 수행한 메르브 원정은 특별한 국제적 분쟁의 사례이기도 했다. 부하라의 아미르 나스룰라Nasrullah(1827~1860)가 메르브 주변의 테케족을 지원하여 히바에 대한 반란을 선동했고, 이에 히바의 에민 칸이 테케족을 공격했다. 그러나 에민 칸은 1855년에 사락스 인근에서 벌어진 페르시아와 투르크멘족 연합군과의 전쟁에서 패해 전사했다.[57] 이후 메르브는 다시 히바의 지배에서 오랜 기간 벗어날 수 있었다. 히바의 침공 위기에서 벗어난 메르브는 투르크멘 테케족의 거점도시로 상당 기간 독립적인 지위를 이어갔다.

1860년대 후반부터 메르브에 대한 지배권을 노리는 부하라(1868)와 히바 (1873)가 차례로 러시아제국에게 제압됐다. 러시아제국은 서투르키스탄의 질서를 어지럽히는 마지막 세력인 투르크멘족에 대한 공격을 계획했다. 1881년 러시아에 최후까지 항전하던 투르크멘의 아할 테케부족Akhal Teke은 게옥테페 Geok Tepe 전투에서 스코벨레프M. Д. Скобелев 장군의 러시아군에게 학살당한 후 완전히 복속했다.[58] 게옥테페 전투의 패배와 끔찍한 학살 소식은 메르브의 테케인들에 강렬한 인상을 남겼다.[59]

---

55 ibid, c. 324.
56 ibid, c. 331에서 A. Л. Кун. Заметка о Хивинском ханстве, Турк. Вед. 1873 г. № 40 재인용.
57 ibid, cc. 336~337.
58 Georgina Herrmann, op. cit., 1999, p. 6.

게옥테페의 성벽은 1881년 1월 24일 폭발했다. 러시아 군대는 폭발로 생긴 틈을 통해 쏟아져 들어갔고, 간담을 서늘케하는 학살극이 뒤따랐다. 14,000명 이상의 투르크멘족-남자와 여자, 아이들-이 3일 이상 계속된 대학살의 와중에 살해됐다.[60]

게옥테페의 학살극이 있은 지 3년 후인 1884년 2월 말 아쉬하바드Ashgabat에서 메르브의 대표자들은 러시아 관리들과의 협상을 통해 자발적으로 러시아제국의 자카스피스키 군사령부Закаспийский военный отдел로 편입하기로 합의했다.[61] 이후 메르브는 러시아제국과 협력했고 메르브의 투르크멘 민병대 Туркменская милиция는 러시아의 쿠반 카자키군Кубанские казаки과 함께 1885년 쿠쉬카 강 전투the Battle at the Kushka River에서 영국-아프간British-Afghan 연합군과 싸웠다.[62]

러시아군은 엄청난 승리를 얻었다. 투르크멘 민병대는 버려진 아프간군의 캠프를 약탈했고, 빼앗은 물건이 가득한 말들과 함께 기분좋게 귀환했다.[63]

3. 메르브의 배타적 지역주의의 형성과 발전, 쇠퇴와 소멸

19세기까지의 역사적 흐름을 살펴보면 메르브가 지닌 그 나름의 독특한 지역적 특색이 확인되는데, 그것은 바로 외세를 배격하는 민족주의nationalism나

---

59 А. У. Потапов, "Кубанские казаки в Мургабском Походе", Военно-исторический журнал, № 8, 2019, с.64.
60 Georgina Herrmann, op. cit., 1999, p.6.
61 А. У. Потапов, op. cit., 2019, с.64.
62 ibid, cc.65~69.
63 ibid, с.68.

연대감 있는 부족주의tribalism가 메르브에서는 깊게 뿌리내리지 못했다는 점
이다. 그리고 이는 19세기 말의 혼란스러운 중앙아시아 서부의 지역 정세 속
에서, 부하라나 아쉬하바드 등지에서 발생했던 토착 민족이나 부족과 연관된
강력한 부족주의와 민족주의의 발호가 메르브에서 나타나지 않았던 이유이기
도 했다. 그러나 한편으로 메르브에서는 분명히 확인되는 또 다른 지역적 특
징도 존재했다. 바로 오랜 역사 속에서 확립된 배타적 지역주의regionalism와
이를 기반으로 한 독립적 주권에 대한 갈망이다.

먼저 메르브에서는 민족이나 민족주의가 성장할 수 있는 역사적 공간이 부
족했다. 역사적으로 메르브는 소속된 국가와 제국의 변경으로서 오랜 세월을
보냈고, 이 과정에서 상당수의 주민이 지속적으로 교체되며 주민구성이 변화
했다. 메르브는 7세기 중반 아랍의 침공으로 페르시아(오늘날의 이란)계 주민들
속에 아랍인이 대거 이주해왔고, 11세기에는 투르크족의 정복 활동 속에서
수많은 투르크계 이주민들이 메르브 주민으로 대거 편입됐다. 실제로 11세기
페르시아의 관료이자 역사학자인 가르디지Gardizi는 그의 역사서인 『자인 알
아크바르Zayn al-akhbar』(아름다운 이야기)에서 7세기경 우스만 이븐 아판 칼리프
의 재위 시절에 아랍인들의 메르브 이주와 함께 시리아 총독이었던 무아위야
이븐 아부 시피얀Muwayyiya ibn Abu Syfyan이 이민족인 투르크족의 아무다리야
강 도하를 막기 위해 메르브의 군사력을 확충했다고 이야기한 바 있다.

사이드[64](이븐 우스만 이븐 아판)의 재위 시절에 아랍인들은 메르브에서 영지를
만들고, 부동산과 같은 자산을 마련했으며, 인질의 보증인도 세웠다. 그리고 무아
위야의 명령에 따라 투르크인들이 (아무다리야) 강을 건너오지 못하도록 이 곳을
강화했다.[65]

[64] 이슬람 선지자 무함마드의 직계 후손을 가리키는 단어로, 여기서는 3대 칼리프인 우스만 이븐 아판을
가리킨다.
[65] Перевод под редакцией А. А. Ромаскевича, "Извлечения из ≪ЗЕЙН АЛ-АХБАР≫ ГАРДИЗИ, по
изданию Мухаммеда Назима (Kitab Zainu'l Akhbar. Composed by Gardizi. London, 1928) и извлечениям

16세기 초중반에는 페르시아 제국과 우즈베크족 사이의 각축전에 휘말린
메르브로 우즈베크족이 이주했다. 그리고 18세기에 이르러서는 외부 세력(부
하라와 히바 등)에 의한 강제 이주와 식민植民의 영향으로 투르크멘족 주민이 페
르시아계보다 더 늘어나는 결과가 나타났다. 물론 역사 속에서 메르브의 기
존 주민들이 대거 교체되는 가장 결정적인 시점은 13세기 초 몽골의 침략이
었다. 당시의 몽골군은 메르브를 정복한 후 이 도시를 물리적으로나 인종적
으로 철저히 파괴하고 학살했다.

그들은 수많은 아름다운 여성을 남편의 품에서 떼어놓았고, 오누이를 남자형제
로부터 갈라놓았으며, 아이들을 어머니에게서 빼앗았다. 400명의 장인과 노예로
선발된 남녀 성별의 아이들 일부를 제외하고, 모든 메르브 주민들은 여성과 아이
할 것 없이 함께 군인과 민병대(하샤르) 사이에 나뉘어 학살됐다. …(중략)… 메르
브 주민들에 대한 징벌을 끝낸 후 톨루이는 메르브의 귀족이었던 지야 앗-딘 알리
(Ziya ad-Din Ali)를 아미르로 임명했다. 몽골인은 자신들에게 무해한 그를 파괴
된 도시와 학살극의 와중에 은밀한 장소에 숨어 살아남은 주민들의 통치자로 앉혔
다. …(중략)… 무사히 살아남은 메르브 주민의 수는 약 5,000명이었다. 그러나 그
들 중 많은 이는 뒤이어 메르브에 도착한 다른 몽골 군대에게 죽었다. 이 군대 또
한 주민 살해라는 자신의 의무가 요구되었기 때문이다.[66]

일반적으로 '민족nation'은 정치공동체의 일원이라는 의미를 보유한 시민적
개념과 함께, 인종보다는 종교나 문화적 정체성으로 결집한 '족류ethnic'의 역
사성과 문화성에도 기반한다.[67] 그러므로 몽골의 메르브 파괴와 집단 학살 같

В. В. Бартольда (Туркестан, I)", отв. ред. А. К. Боровков, т. I, op. cit., 1938, c.227.

66 Перевод под редакцией А. А. Ромаскевича, "Извлечения из ≪ТАРИХ-И-ДЖЕХАНГУША≫ АЛА-А
Д-ДИНА АТА-МЕЛИКА ДЖУВЕЙНИ, по изданию мирзы Мухаммеда Казвини (GMS, XVI, Leyden,
1912)", отв. ред. А. К. Боровков, т. I, op. cit., 1938, c.492.

67 마은지, 「모리스 바레스의 민족주의(1880-1914) – 지역주의 사상을 중심으로–」, 『서양사론』 제122호,
한국서양사학회, 2014, 163쪽(각주 3번).

은 역사적 사건은 메르브의 토양에서 장기간에 걸친 단일한 정치적 소속감이나 사회문화적 정체성을 공유하는 민족이나 민족주의의 단절을 초래했다. 모리스 바레스Maurice Barrès는 민족이라는 의식과 소속감, 정체성은 어느 정도 긴 시간 동안 같은 환경 속에서 공동의 전설과 전통, 관습을 함께 공유하면서 하나가 된 인간 집단이라고 정의한 바 있다.[68] 그러나 메르브에서는 이러한 공동의 시간과 환경의 공유가 학살이나 강제 이주와 같은 비극적인 역사적 사건들로 인해 지속적으로 단절되고 유리됐다. 그리고 한국에서 동포의 개념과 일맥상통하는 인종적 결합과 연대감을 보유한 족류[69]의 형성도 메르브 같이 제국의 변경에 놓인 실크로드의 도시에서는 사실상 불가능했다.

그리고 메르브에서는 민족이나 민족주의의 역사적 근원이 단절되면서, 내외의 정치적 운명에 대해 (비교적) 단일하게 저항하는 부족주의의 성장도 쉽지 않았다. 보통 '부족tribe'이란 집단의 정체성이나 지리적 기반과 민족적이고도 혈연적인 특징, 공통의 언어와 종교, 문화, 역사 및 국가 정체성을 공유하는 사회라 할 수 있다.[70] 메르브에서는 페르시아계 주민이 대거 사라진 18세기 이후 투르크멘족이 사실상 주민의 대다수를 형성했고, 특히 19세기 중반 이후에는 투르크멘의 테케족이 메르브를 근거지로 삼아 급격히 그 수를 늘렸다. 이런 점에서 18~19세기의 메르브는 부족주의의 근원적 요소가 발아할 수 있는 적절한 지리적, 환경적 자양분이 마련되어 있었다. 그런데도 당시의 메르브에서는 아랍 국가나 카자흐스탄 등에서 발견되는 강력한 부족주의가 발호하지 못했다. 1881년 게옥테페에서의 학살극 이후 메르브의 테케족이 내보

---

68 ibid, p.164; 최진우・조영철(2016)도 민족이 하나의 정치적 집단으로서 상징과 의미를 통해 과거를 공유하고 타자와의 구별을 통해 존재의 의미를 탐색한다고 정의했다. 이들에 따르면 문화적 정체성은 오랜 기간동안 누적해서 형성된 것이기에 쉽게 변화하기 어렵다는 특성을 가지고 있다. 그래서 이들은 민족주의는 문화현상이며 정체성의 문제와 결부되어 있다고 주장한다. 최진우・조영철, 「민족주의와 지역주의 : 동북아 지역통합의 저발전」, 『미래정치연구』 제6권 제2호, 명지대학교(서울캠퍼스) 미래정치연구소, 2016, 91쪽.

69 박찬승(2010)은 한국에서 '민족'이라는 단어가 사용되기 전에 '족류(族類, race)'라는 용어는 '동포(同胞)'의 개념과 일맥상통했다고 주장한다. 박찬승, 『민족, 민족주의』, 서울 : 소화, 2010, 50~51쪽.

70 서정민, 「아랍의 정치변동과 부족주의」, 『한국이슬람학회논총』 제22-1집, 한국이슬람학회, 2012, 114쪽.

인 미약하거나 느슨한 부족주의적 연대감이 그 대표적인 사례라 할 수 있다. 같은 투르크멘의 테케족임에도 메르브의 테케족은 게옥테페에서 학살당한 아할 테케족의 대러시아 저항 운동에 동조하지도 않았고, 그들의 비극적 사건에 대한 분노도 표출하지 않았다. 대신에 메르브의 테케족은 러시아제국과의 협상을 통해 평화롭게 자신들의 주권을 이양했고, 이후에는 오히려 러시아군과 협력하여 1885년 쿠쉬카 강 전투에서 외세인 아프간-영국 연합군의 침공에 맞서 싸우기까지 했다.[71]

반면, 메르브의 역사 속에서는 강력한 민족주의나 부족주의가 발생하지 않았지만, 다른 지역이나 중앙정부에 대한 배타적 심리 및 독립적인 정치적 지위를 획득하려는 지역주의적 전통은 지속적으로 발현됐다. 이러한 배타적 지역주의가 19세기까지 메르브와 인근 지역에 거주하는 민족과 부족을 망라한 주민들의 사회문화적 정체성을 형성해 왔다. 보통 지역주의는 특정한 지역의 역사와 문화에 대한 애향심에 기반하여 생성되지만, 종족이나 종교적 문제가 상호 간에 영향을 끼치면서 지역민들의 독특한 이데올로기나 문화로 공유되어 나타나는 의식이기도 하다.[72] 지역주의는 때때로 배타적 지역감정으로 발현되어 중앙정부에 반하는 분리독립 현상으로 이어지기도 한다. 메르브의 경우에도 변경도시로서 자주 독립적인 정치적 지위를 점유하곤 했다. 이에 대해 베셀롭스키(1877)는 메르브가 자신을 지배하던 세력의 힘이 약화하면 바로 종속관계에서 탈피하려는 시도를 거듭해왔다고 주장한다.[73] 그래서 메르브를 자국 영토나 영향권으로 편입시킨 국가들은 메르브의 분리주의적 행동이나 사고를 경계해왔다.[74] 실제로 1820년 부하라에 사절단으로 파견됐던 외부인

---

71 황영삼(2018)은 이를 투르크멘 부족들의 분열상을 여실히 보여준 역사적 사건이라고 지적하고 있다. 황영삼, 「부족 갈등에서 통합에 이르는 과정과 잠재적 문제 : 투르크멘 민족의 경우」, 『러시아연구』 제28권 제2호, 서울대학교 러시아연구소, 2018, 178쪽.
72 임경수, 「스리랑카 지역주의에 관한 연구」, 『아시아연구』 16권 1호, 한국아시아학회, 2013, 161쪽.
73 Н. И. Веселовский, op. cit., 1877, c.305(각주 2번).
74 임경수(2013)는 지역주의가 애향심에 기반한 타지역과 구분되는 사회심리적 기제이기에, 지역 입장에서는 이러한 주민들의 심리를 지역 정체성 유지 차원에서 잘 관리하거나 육성해야 하지만, 중앙 정부는 이런 지역주의 분리주의적 사고와 심리를 경계할 수밖에 없다고 지적한다. ibid, 161쪽.

의 기록에서도 메르브인의 독립에 대한 의지와 이를 경계하는 부하라 아미르의 경계심을 증언하고 있다.[75]

이 도시는 다시 한번 약 500명의 거주민을 보유하게 됐고, 그곳의 환경은 복구됐다. 게다가 무그라브강에서 이곳으로 오직 적은 수의 운하만이 이어지도록 허용됐다. (부하라의) 칸[76]은 메르브가 고립된 위치를 고려하여 독립을 할까 우려하여 이곳이 다시 인구가 많은 도시로 변모하는 것을 허락하지 않을 것이기 때문이다.[77]

물론 메르브의 지역주의적 전통 역시 13세기 몽골의 침략 과정에서 강력한 역사적 단절을 겪었고, 18~19세기 부하라와 히바 칸국의 메르브 시민 강제 이주 정책으로 인해 치명적인 타격을 받긴 했다. 몽골은 페르시아와 아랍계 주민들의 대학살을 통해 메르브가 오랜 기간 육성해온 족류의 지역적 정체성을 사실상 일시적으로 소멸시켰다. 그리고 몽골의 파괴와 학살 이후 수 세기에 걸쳐 다시 복원되고 발전해왔던 메르브의 지역주의는 부하라 아미르의 페르시아계 강제 이주 정책[78]과 기존 주민들의 자발적인 페르시아 이주를 통해 재차 타격을 받았다. 그리고 히바의 칸 역시 메르브에 살던 주민 중 일부를 히바로 강제 이주시켰다. 히바에서 노예로 생활했던 러시아인 코비르진Ковырзин은 메르브에 거주하던 투르크멘의 테케 부족민이 히바로 강제 이주당한 사례를 증언한 바 있다.[79] 그리고 히바인들 일부가 칸의 명령으로 메르브로 이주하기도 했다.[80] 이러한 역사 속의 강제 이주를 증언하는 대표적인 사례로는 1808년

---

75 ed. Baron von Meyendorf, op. cit., 1870,, p.30.
76 이 기록을 남긴 메이엔도르프는 17세기 중반 이후 부하라의 군주가 칸이 아닌 아미르였다는 것을 인지하지 못한 것으로 보인다.
77 ibid, p.30.
78 Щ. Р. Тохмиев, "Краткая история самаркандских и бухарских ирани", *Вестник Челябинского государственного университета* № 33 (287), 2012, с.126.
79 Н. И. Веселовский, op. cit., 1877, с.279에서 *Beiträge zur Kenntniss des Russischen Reiches* II, 1839, pp.16~17 재인용.

딘 나시르가 부하라 아미르의 공격으로 페르시아로 망명하는 과정에서 천여 가구의 메르브 주민들이 그와 함께 마슈하드Mashhad로 이주한 것과 관련한 기록[81]이 있다.

(이슬람력 1223(1808)년) 부하라 아미르인 하이다르는 메르브의 지배자 아미르 나시르-우드-딘이 보호를 목적으로 이란의 샤에게로 향한다고 의심했고, 이에 군대를 이끌고 메르브로 가서 메르브의 (수로) 제방을 파괴했다. 메르브에서의 삶은 피폐해졌다. 아미르 나시르-우드-딘은 이 소식을 호라산의 지배자인 무함메드 벨리-미르자에게 알렸고, 이는 샤에게 보고됐다. …(중략)… 아미르 나시르-우드-딘은 호라산으로 이주한 후 무함마드 벨리 미르자 왕자와 혈연관계를 맺었고 얼마 후 오스만투르크와 러시아로 여행을 떠났다. 그는 러시아에서 사망했다.[82]

이렇게 강제 이주와 식민의 과정을 거치면서 메르브의 인구 구조는 19세기 전반부와 후반부의 양상이 확연히 다르게 변화했다. 실제로 1830년대 초반 영국의 번스(1834)가 조사한 메르브 시민의 대다수는 1800년대 중후반 메르브 인구의 주요 구성원이었던 투르크멘의 테케족이 아니라 사루크족(혹은 사리크족, сарык)이었다.[83] 이는 메르브의 투르크멘계 거주민이 보유한 부족주의적 정체성이 장기간에 걸쳐 메르브의 전통적인 배타적 지역주의와 결합하기란 사실상 불가능했음을 보여주는 사례라 할 수 있다(<표 1> 참고).

---

80 ibid, cc. 277~278에서 『Записки Мирзы Шемса Бухари』, примечание В. В. Григорьева, № 23, c. 101 재인용.
81 "Иранские источники по истории туркмен XIX в. (Извлечения из "Насих-ут-таварих", отв. ред. А. К. Боровков, т. II, op. cit., 1938, c. 207.
82 ibid, c. 207.
83 약 1세기 후인 1924~26년 사이 투르크멘족의 부족별 통계에서 사루크(사리크)족은 전체의 4.8%인 32,729명으로 조사됐다. 황영삼, 앞의 글, 2018, 183쪽.

〈표 1〉 투르크멘족 구역 및 가구 수

	구역명	가구 수(No. of Families)	소계
동부	- 사락스의 살로레 (부족) - **메르브의 사루크 (부족)** - 옥수스(아무다리야) 강 상류의 에르사리 - 테젠의 투카 (부족) - 옥수스(아무다리야) 강의 사카르 (부족)	2,000 **20,000** 40,000 40,000 2,000	104,000
서부	- 아스트라바드와 히바의 유무드 (부족) - 고르간의 코클란 (부족) - 발칸아바드의 아타 (부족) - 망기실라크의 초우두르 (부족)	20,000 9,000 1,000 6,000	36,000
총 계			140,000

※번스(1834)는 표의 앞 머리글에 전체 가구 수를 140,000으로 추산했고, 투르크멘족을 임의로 동부와 서부의 명확한 구역으로 상기와 같이 분류했다고 설명했다.[84] 본 표는 번스의 표를 필자가 일부 변형하여 재작성한 것이다.

그런데 지역 주민의 인종적 경향이 여러 차례 변화했음에도 메르브의 배타적 지역 정체성이라 할 수 있는 분리주의적 심리와 독립 시도는 19세기 말까지 지속됐다. 특히 메르브는 1873년 히바 칸국이 러시아의 보호국으로 전락한 이후 과거 자신의 종주국이었던 히바와는 별개의 독립적인 지위를 누리고 있었다. 이는 민족과 부족에 기반한 지역 정체성이 아닌 인종과 민족, 부족을 망라한 메르브 주민들이 공유하는 전통적인 사회문화적 심리에 기반한 배타적 지역주의의 전통이 아직 유지되고 있었음을 보여주는 증거라 할 수 있다.

그러나 메르브의 전통적 지역주의는 1884년을 기점으로 갑작스럽게 완전히 소멸됐다. 1884년 러시아제국에 편입된 이후부터 지금까지 약 140년간 메르브는 단 한 차례도 독립된 정치적 지위를 누리지 못했고 그런 시도조차 하지 않았다. 이는 오랜 역사 속에서 거주 주민의 인종적 변화가 여러 차례 발생했음에도 지속적으로 유지됐던 분리주의적 지역 정체성과 배타적 지역주의의 전통이 사실상 완전히 사라졌음을 의미하는 것이다. 아마도 그 이유는

84 Alexander Burnes, op. cit., 1834, p.213.

76   제1부 역사 속의 유라시아

1884년 이후 히바와 부하라나 페르시아와는 완전히 차원이 다른 중앙정부(러시아제국과 구소련, 투르크메니스탄)의 강력한 지방통제력에 따른 것일 수도 있고, 메르브 주민들이 새로운 도시인 마리로 이주하면서 기존의 지역주의적 정체성을 유지하고 보존하는 데 어려움을 겪었기 때문일 수도 있다. 어찌 됐든 분명한 것은 19세기 말 이후 메르브에서는 그 역사 속에서 오랜 기간 발현해 왔던 전통적 지역주의가 완전히 쇠퇴·소멸했다.

4. 접경도시 메르브의 과거와 현재, 미래

고대부터 19세기에 이르기까지 메르브에서는 거친 사막 속의 오아시스 도시라는 지리학적, 지정학적 이점 속에서 때로는 제국의 변경으로, 때로는 제국의 중심으로 기능해왔다. 그리고 그 과정에서 메르브는 중앙아시아 전역에 실크로드 도시이자 호라산 지역의 가장 아름답고 부유한 도시로서 명성을 떨쳤다. 그런데 메르브는 그 찬란했던 역사적 과정을 거치면서 여러 굴곡진 시간도 이겨내야 했다. 특히 몽골의 침략과 주변국의 강제 이주 정책으로 주민 대다수가 살해되거나 쫓겨나는 시련을 겪었다.

그 와중에 메르브는 인종이나 민족, 부족에 기반한 민족주의와 부족주의적 성격의 지역주의가 단절됐고, 오히려 이를 망라하는 지역민 전체의 중앙정부에 대한 배타적 지역주의가 오랜 기간 성장하고 발전했다. 변경과 접경의 주요 거점도시였던 메르브의 지정학적 이점을 탐내던 주변국들은 지역민들의 이러한 배타적 심리를 언제나 경계했고, 그것이 발현하여 반란과 저항으로 이어지는 것을 저지하고 분쇄하기 위해 많은 노력과 관심을 기울여야 했다.

그런데 19세기 말 메르브는 갑작스럽게 오랜 기간 유지하고 보존해왔던 배타적 지역주의의 전통을 포기했다. 이는 직접적으로는 게옥테페의 비극이 자신에게로 전염되는 것을 막기 위한 방책이었다. 그러나 게옥테페의 기억이 사라진 이후에도 메르브는 역사 속에서 자주 발현해왔던 독립에의 의지를 되살리지 않았다. 어쩌면 이는 러시아제국과 구소련, 투르크메니스탄으로 이어지는 중앙정부의 강력한 지방통제력에 기인한 것일 수도 있다. 한 가지 다행스러운 점은 19세기 말 이후 메르브는 여러 번 자신의 종주국이 교체되는 운명을 마주했음에도, 중앙정부의 교체 과정에서 겪어야 했던 과거와 같은 끔찍한 유혈의 역사를 더는 경험하지 않았다.

사실 오늘날의 메르브는 더 이상 과거의 영화롭던 실크로드 도시가 아니다. 버려진 유적과 폐허만이 남은 고대도시 메르브의 영광은 이제 그곳에서 30km 서쪽에 있는 마리Mary시가 이어받았다.[85] 마리는 1881~1886년 사이 러시아제국이 건설한 중앙아시아의 주요 열차 노선인 '카스피해 횡단철도Trans-Caspian railway'의 주요 기점 도시[86]로 지정되면서 고속 성장과 발전을 거듭했다. 현재 마리는 투르크메니스탄 동남부에 위치한 마리주의 주도로서 이전의 메르브가 점유했던 접경 도시의 명맥을 유지해 나가고 있다.

메르브의 역사적 지위를 사실상 이어받은 마리가 메르브의 전통적인 지역주의적 정체성을 완전히 복원시키기는 어려울 것이다. 물론 19세기 중반 메르브를 거점으로 시작된 테케 부족주의에 기반한 지역 정체성은 현재까지 약 150년 이상 육성되었기에 이의 성장과 발현은 가능하다. 그러나 역사적으로 오랜 메르브의 전통적 지역주의가 내재된 변경도시로서의 독립 추구와 분리주의적 시도는 이제 쉽게 구현되기는 힘들다. 현재 강력한 권위주의적 통치를 펼쳐나가고 있는 투르크메니스탄 중앙정부가 이를 결코 좌시하지 않을 것이고, 투르크메니스탄의 국가성에 만족하고 있는 마리 시민들의 독립 추구 시도도 상상하기 힘들기 때문이다.

그러나 과거의 메르브가 유지하고 보존해왔던 전통적 지역주의의 소멸과 부재가 메르브 혹은 마리와 그 주변 지역의 역사성을 퇴색시키거나 단절시키

---

[85] Georgina Herrmann, op. cit., 1999, p.14.
[86] 정세진, 「제정러시아의 철도 역사에 관한 소고 : 시베리아 횡단철도와 중앙아시아 철도를 중심으로」, 『슬라브학보』 제32권 1호, 한국슬라브유라시아학회, 2017, 326쪽.

는 것은 아니다. 현시대에 걸맞은 사회문화적 정체성의 함양이 오히려 새로운 메르브의 발전에 도움을 줄 수 있다. 중요한 것은 메르브의 과거와 현재, 미래를 관통하는 사회문화적 심리 기제와 정체성이 최적화된 지점을 찾는 것이다. 역사적으로 메르브는 시대가 요구하는 정신에 부합하려고 노력해왔고, 그에 따른 성공과 실패를 모두 경험하며 현재에 이르렀다. 미래의 메르브가 어떤 선택을 할지는 아직 알 수 없지만, 이 도시는 분명 과거의 불행했던 유혈의 역사적 교훈을 결코 잊지 않고 되새기면서 당대의 시대정신에 걸맞은 새로운 지역주의적 전통을 확립해나갈 수 있는 능력을 가지고 있다.

참고문헌

1. 국내문헌 및 인터넷 자료

그루쎄, 루네, 김호동·유원수·정재훈 옮김, 『유라시아 유목제국사』, 경기 : 사계절, 2009.

김호동 역주, 김유철 교열, 「서역전」, 동북아역사재단 편, 『동북아역사 자료총서』 23 - 譯註 中國 正史 外國傳 3 後漢書 外國傳 譯註 上, 서울 : 동북아역사재단, 2009.

마은지, 「모리스 바레스의 민족주의(1880-1914) - 지역주의 사상을 중심으로 - 」, 『서양 사론』 제122호, 한국서양사학회, 2014.

박찬승, 『민족, 민족주의』, 서울 : 소화, 2010.

서정민, 「아랍의 정치변동과 부족주의」, 『한국이슬람학회논총』 제22-1집, 한국이슬람학 회, 2012.

임경수, 「스리랑카 지역주의에 관한 연구」, 『아시아연구』 16권 1호, 한국아시아학회, 2013.

정세진, 「제정러시아의 철도 역사에 관한 소고 : 시베리아 횡단철도와 중앙아시아 철도 를 중심으로」, 『슬라브학보』 제32권 1호, 한국슬라브유라시아학회, 2017.

최진우·조영철, 「민족주의와 지역주의 : 동북아 지역통합의 저발전」, 『미래정치연구』 제6권 제2호, 명지대학교(서울캠퍼스) 미래정치연구소, 2016.

황영삼, 「부족 갈등에서 통합에 이르는 과정과 잠재적 문제 : 투르크멘 민족의 경우」, 『러 시아연구』 제28권 제2호, 서울대학교 러시아연구소, 2018.

2. 영어문헌

Burnes, Alexander, *Travels Into Bokhara; Containing The Narrative of A Voage on The Indus from The Sea to Lahore, with Presents from The King of Great Britain; and An Account of A Journey from India to Cabool, Tartary, and Persia* vol.Ⅲ, London : John Murray, Albemarle Street, 1834.

Herrmann, Georgina, *Monuments of Merv : Traditional Buildings of the Karakum*, London : The Society of Antiquaries of London, 1999.

ed. Kantarci, Kemal, Uysal, Muzaffer and Magnini, Vincent P. *Tourism in Central Asia : Cultural Potential and Challenges*, Toronto and New Jersey : Apple Academic Press, 2014, M. Ebru Zeren, "MERV : An Oasis Capital in the Ancient Paradise."

80 제1부 역사 속의 유라시아

ed. Baron von Meyendorf, *A Journey From Orenburg To Bokhara In The Year 1820(Colonel on the General Staff of His Majesty the Emperor of Russia, and revised by the Chevalier Amadee Jaubert)*, trans. Captain E. F. Chapman, R. H. A. Calcutta : Printed at the Foreign Department Press, Council House Street, 1870.

3. 노어문헌

Абулгачи-Баядуръ-Хан, Родословная история о Татарахъ, Томъ. II, переведенная на франуусской языкъ съ рукописныя татарския книги, сочинения Абулгачи-Баядуръ-Хана, и дополненная великимъ числомъ премечаний достоверныхъ и любопытственныхъ о прямомъ нынешнемъ состоянии Северныя Азии съ потребными географическими ландкартами, съ франуусскаго на Российский въ академии наукъ, перевел В. К. Тредиаковский, Санктпетербург : при Императорской Академии Наукъ, 1768.

отв. ред. Боровков, А. К., *Материалы по истории туркмен и Туркмении*, Том I-II, VII-XV вв., под редакцией акад. В. В. Струве, А. К. Боровкова, А. А. Рома скевича и П. П. Иванова, Москва－Ленинград : Издательство академии наук СССР, 1938.

－перевод Волина, С., "Извлечения из ≪КИТАБ АЛ-БУЛДАН≫ АЛ-Я′КУБИ, по изданию De Goeje (BGA, VII)."

－перевод Волина, С., "Извлечения из ≪КИТАБ АХБАР АЛ-БУЛДАН≫ ИБН АЛ-ФАКИХА, по Мешхедской рукописи."

－перевод Волина, С., "Извлечения из ≪КИТАБ МЕСАЛИК АЛ-МЕМАЛИК≫ АЛ-ИСТАХРИ, по изданию De Goeje (BGA, I)."

－Перевод Мирзоева, Г. А., "Зхват Мерва Шах Мурадом Бухарским. Участие туркмен в Хивинско-Бухарских войнах после распадения государства Надир-Шаха (Извлечения из "История Средней Азии" Мир Абдуль-Керима бухарского)."

－Перевод под редакцией Ромаскевича, А. А., "Борьба между ираном, Хивой и Бухарой и участие в этой борьбе туркмен (Извлечения из "Тарих-и-алям-ара-и-Аббаси" Искандера Мунши)."

2장 메르브의 역사 속 배타적 지역주의 연구 **81**

─Перевод под редакцией Ромаскевича, А. А., "Извлечения из ≪ЗЕЙН АЛ-АХБАР≫ ГАРДИЗИ, по изданию Мухаммеда Назима (Kitab Zainu'l Akhbar. Composed by Gardizi. London, 1928) и извлечениям В. В. Бартольда (Туркестан, I)."

─Перевод под редакцией Ромаскевича, А. А., "Извлечения из ≪РАУЗАТ АС-САФА≫ МИРХОНДА, по изданию J. A. Vullers'a (Mirchondi Historia seldschukidarum ··· Gissae, 1837)."

─Перевод под редакцией Ромаскевича, А. А., "Извлечения из ≪ТАРИХ-И-БЕЙХАКИ≫ АБУ-Л-ФАЗЛЯ БЕЙХАКИ, по изданию Морлея (The Tarikh-i-Baihaki ··· ed. by ··· W. H. Morley, Calcutta, 1862)."

─Перевод под редакцией Ромаскевича, А. А., "Извлечения из ≪ТАРИХ-И-ДЖЕХАН ГУША≫ АЛА-АД-ДИНА АТА-МЕЛИКА ДЖУВЕЙНИ, по изданию мирзы Мухаммеда Казвини (GMS, XVI, Leyden, 1912)."

─Перевод под редакцией Ромаскевича, А. А., "Иранские источники по истории туркмен XVI-XVII вв. завоевание Хорасана Шейбани-ханом. Участие туркмен в борьбе узбеков и иранцев за Хорасан (Извлечения из "Хабиб-ус-сияр" Хондемира, т. III, ч. IV)."

─"Иранские источники по истории туркмен XIX в. (Извлечения из "Насих-ут-таварих" ("Тарих-и-Каджариме"), сочинение Мирза Мухаммед Таги-хана, перевод Н. Дьяконовой; "Тарих-и-мунтазам-и-Насири", сочинение Мухаммед Хасан-хана, перевод К. Н. Фрейтага; "Матля-уш-шамс", сочинение Мухаммед Хасан-хана, перевод под ред. А. А. Ромаскевича; "Ма'асир-а-султаниме", сочинение Абд-ур-Резгака, перевод под ред. А. А. Ромаскевича; "Сафарат-намэ-и-Хорезм", сочинение Риза-кули-хана, перевод А. А. Ромаскевича; Рузнамэ-и-Хаким-уль-М. малик", дневник шаха Насир-уд-дина, перевод под ред. А. А. Ромаскевича."

Веселовский, Н. И., *Очерк историко-географических сведений о Хивинском ханстве от древнейших времен до настоящаго*, С.П. : Типография брат. Пантелеевых, 1877.

Кун, А. Л., *Заметка о Хивинском ханстве*, Турк. Вед. № 40, 1873. (재인용)

Мирза-Шемс, *Записки Мирзы Шемса Бухари*, примечание В. В. Григорьева, № 23, 1861. (재인용)

Потапов, А. У., "Кубанские казаки в Мургабском Походе", *Военно-исторический журнал* № 8, 2019.

Тохмиев, Ш. Р., "Краткая история самаркандских и бухарских ирани", *Вестник Челябинского государственного университета* № 33 (287), 2012.

4. 기타언어 문헌

Beiträge zur Kenntniss des Russischen Reiches II, 1839. (재인용)

1 2 **3** 4

러시아의 중앙아시아 점령과 통치,
그리고 그 역사적 관계

‖ 정세진

국문요약

본 글은 중앙아시아에서의 러시아의 점령과 통치, 그리고 그 여사적 관계에 대한 내용으로 구성되어 있다. 러시아는 18세기 이래로 중앙아시아를 점령하였고, 현재까지도 러시아와 중앙아시아의 역사적 관계는 특별하다. 제정러시아는 중앙아시아를 정복하였다. 러시아가 타국의 영토를 점령하는 방식은 러시아 국경 근처에서 많이 이루어졌으며, 러시아는 16세기 무슬림권으로 최초로 진출하면서 타민족을 점령하기 시작했다. 러시아는 중앙아시아, 카프카스 지역 등을 정복하면서 유럽 제국으로 급격히 등장하게 되었으며, 유럽의 강국이 되었다. 러시아는 정치적, 문화적, 사회적인 '문명화 미션'을 가동하였으며, 러시아는 중앙아시아 등을 그렇게 통치했다.

러시아의 중앙아시아 정복으로 이 지역은 실상 제정러시아, 소련 시기를 거쳐 포스트소비에트 시기인 현재도 러시아의 영향력이 복원되는 그런 역사적 과정 속에 있다. 각 민족에게 있어서 피할 수 없는 숙명처럼 이웃 강대국의 영향력이 남아있었고, 지금도 역사적 유산은 지속되고 있다. 러시아와 중앙아시아의 역사 속에서 배태된 중앙아시아 지역 정체성은 지속적인 속성을 지니고 있으며, 이런 관점에서 중앙아시아에 등장한 러시아의 역사적 역할이 특별하다는 점을 본 글에서는 주목하였다. 그리고 그것은 지금도 여전히 현재진행형이다.

1. 서론

중앙아시아는 어떠한 역사적 공간인가? 중앙아시아는 실크로드의 역사적 기원과 문화 정체성을 소유하고 있는 공간이며, 유목민족제국사가 펼쳐졌던 지역이다. 아랍, 몽골, 페르시아가 이 지역의 문명 정체성을 형성했다. 근대에 들어와 제정러시아가 18세기에 카자흐스탄, 19세기 중엽이후로 현재의 우즈베키스탄, 투르크메니스탄, 키르기스스탄, 타지키스탄을 점령하고 식민지화했다. 그리고 20세기 볼셰비키 혁명으로 제정러시아가 무너지고 소련이 출범하였을 때 이 지역은 소련의 구성공화국으로 1991년 소련 해체 이전까지 연방의 일원이었다. 그런 측면에서 근대 이후 러시아를 제외하고 중앙아시아를 설명할 수 없다. 소련 해체 이후에도 러시아의 존재가 특별하다. 2023년 현재 러시아는 소연방 지역이던 중앙아시아에 대해 과거의 정치적 영향권을 회복했다. 푸틴 러시아연방 대통령은 2000년에 대통령으로 선출된 이후 구소련권의 국가들에 과거의 영향력을 복원하고자 노력했다. 1991년 소련 해체 이후 러시아는 한동안 이 지역에 대한 영향력을 많이 상실하였다.

러시아와 아시아의 관계는 특별한 역사적 관련성이 있었다. 러시아를 정복하고 지배한 나라는 아시아에 속해 있었다. 즉 몽골이 그 주인공이었는데, 1240년부터 1480년까지 러시아를 정복했다. 1240년 몽골이 키예프 루시를 멸망시키면서 몽골은 러시아를 공식적으로 240년간 지배하였다. 러시아에 소위 '몽골의 멍에'라고 알려진 몽골의 러시아 점령 시기로 러시아에는 아시아적 성격이 강하게 스며들었다. 1920년대 러시아의 고전적 유라시아주의자들은 몽골의 러시아 지배로 러시아에 아시아적 특성이 결정적으로 포함되었다고 강조하면서 러시아 국가 형성에 아시아는 특별히 중요한 지역이라는 관점을 피력했다.

러시아가 아시아에 속하는 것인가, 유럽에 속하는 것인가 하는 정체성 문제가 자주 제기되었다. 물론 러시아는 유럽 국가이다. 그러나 러시아에 아시아적 성격을 논외로 해버린다면, 이는 러시아를 정확히 해석한 것이 아니다.

러시아가 중앙아시아를 점령함으로써 러시아와 아시아는 불가분의 역사적 관계를 이루었다. 이러한 역사적 사건이 있었기 때문에 러시아에는 아시아적 성격이 일찍이 생성되었다는 주장이 있다. 러시아는 16세기부터 시베리아를 경략하기 시작했는데, 시베리아는 아시아에 속하는 공간이다. 러시아는 동진을 거듭하면서 알래스카, 북아메리카까지 도달하였다. 이를 러시아의 동진이라고 일컫는다. 시베리아는 아시아 원주민이 거주하던 곳이었다. 러시아는 시베리아를 정복하면서 아시아와 불가분의 관계를 맺게 되었다. 이후 러시아는 본격적으로 중앙아시아를 경략하기 시작, 19세기 중반기 대부분의 지역을 점령했다.

본 글은 유목제국사의 역사적 공간이던 중앙아시아와 러시아의 역사적 관계를 통해 러시아의 중앙아시아에 대한 지배와 통치의 역사를 파악하는 연구이다. 현재 러시아연방은 중앙아시아를 소위 '사활적 이익 지대'로 설정하고 과거 소련의 영향력을 복원하고자 국가적 총력을 기울이고 있다. 특히 푸틴 통치기에 서방의 영향력을 차단하면서 대 중앙아시아 국제관계 영향력을 강하게 투사하고 있는데, 현재는 상당할 정도로 중앙아시아 대해 강력히 그 정치적 영향력을 투사하고 있다.

중앙아시아에 대한 지역적 정의에는 논쟁적인 부분도 있지만, 본 글에서는 과거 소련이 지배한 지역으로 설정하였다. 즉 우즈베키스탄, 카자흐스탄, 키르기스스탄, 투르크메니스탄, 타지키스탄 등 5개국으로 소위 '서 투르키스탄' 지대이며, 본 글은 이 공간을 연구 대상으로 삼았다. 이 글은 2장에서 러시아의 중앙아시아 지역에 대한 정치적 지배의 함의를 서술하고 3장은 제정러시아 시기 러시아와 중앙아시아 관계를 규명한다. 4장은 소련 통치 시기 러시아의 중앙아시아 지배 키워드, 5장은 소비에트 체제의 해체와 현대 중앙아시아의 자민족 인식에 대해 서술할 것이다.

2. 러시아의 중앙아시아 지역에 대한 정치적 지배의 함의

중앙아시아 지역 연구는 단순히 지리적 공간에 대한 분석이 아니라 그 공간에 존재하는 사람들의 삶에 대해 연구하는 것이며, 인간 활동으로 발생하는 정치, 문화, 역사 등의 모든 현상을 지리적 공간과 결부하여 이해하고 그 지역 특성과 인과 관계를 연구하는 학문이다.[1] 그런 차원에서 본 글은 러시아와 중앙아시아의 역사적 관계를 통해 중앙아시아의 지역학, 러시아의 중앙아시아 지역에 대한 지배 담론에 관해 규명하는 내용으로 구성되었다. 러시아는 18세기에 카자흐스탄을 정복하면서 중앙아시아에 본격적으로 진출하였다. 그러나 당시 러시아는 중앙아시아의 핵심 지대까지 나아가지 못했다. 이후 러시아가 중앙아시아를 완전히 정복했던 시기는 1860년대 중반이었다. 러시아는 중앙아시아의 핵심 도시인 현재 우즈베키스탄공화국의 수도인 타슈켄트를 1865년에 가장 먼저 정복했다. 러시아는 이어 부하라에 수도를 둔 부하라 칸국을 1868년, 사막 지대인 히바가 수도인 히바 칸국을 1873년에 점령하였다. 러시아는 이후 페르가나 분지의 코칸트 칸국을 1875년에 점령했다. 러시아는 1881년, 지금의 투르크메니스탄에 속하는 투르크멘 민족을 정복하였으며, 1890년대에는 타지키스탄의 파미르 고원을 점령함으로써, 소위 '스탄 국가'라고 불리는 중앙아시아 점령을 완결하였다. 종국적으로 본다면, 18세기 이후 중앙아시아에 있어 가장 강력한 사건은 러시아의 중앙아시아 점령이었다. 1917년 2월 혁명으로 제정러시아는 무너졌고 임시정부를 거쳐 1917년 19월 볼셰비키 혁명으로 소련 체제가 시작되었다. 소연방은 1922년에 공식 출범하였다. 18세기 중반 이후 소련이 해체된 1991년까지 거의 250년 간 러시아는 중앙아시아에 대해 지배적 권력을 지녔다.

중앙아시아 지역을 러시아어로 '스레드냐야 아지야Средняя Азия'라고 명명한

---

[1] 고상두, 『지역학의 이해와 연구방법』, 서울 : 다해, 2021, 15쪽.

3장 러시아의 중앙아시아 점령과 통치, 그리고 그 역사적 관계　87

다. 그런데 카자흐스탄의 영토가 워낙 방대하여 소련 통치 시기에는 중앙아시아 지역을 '카자흐스탄과 중앙아시아Казакстан и Средняя Азия'로 불렀다. 카자흐스탄은 중앙아시아에서 지역적으로 구분된 공간이었다. 중앙아시아에 대한 정확한 지역 구분은 매우 중요한 지역학적 요소이다. 러시아, 중앙아시아를 일반적으로 유라시아Eurasia라고 부른다. 중앙아시아는 매우 복잡한 공간 정체성을 지니고 있다. 즉 이 지역은 광의의 의미로 구소련권의 '스탄'국가인 우즈베키스탄, 카자흐스탄, 키르기스스탄, 투르크메니스탄, 타지키스탄 등을 포함하고 중국의 신장 위구르, 티베트, 아프가니스탄, 파키스탄, 이란, 인도 등을 포함하는 공간이다. 유라시아를 그저 유럽과 아시아를 합친 지역으로 구분한다면 이는 정확한 지역 구분이라고 할 수 없다. 중앙아시아를 과거에는 '투르키스탄Turkistan'으로 명명했다. 러시아가 점령한 투르키스탄은 '서 투르키스탄'이다. 동 투르키스탄은 신장 위구르지역을 일컫는 지명이다. 러시아는 서 투르키스탄을 점령했다. 이러한 지역 구분을 정확히 이해할 수 있어야 할 것이다.

중앙아시아는 원래 어떠한 지역적 특색이 있는 공간인가? 중앙아시아는 유목민족제국사의 공간이다. 많은 민족이 이 지역을 점령하거나 거주하였다. 대표적으로 페르시아 민족이 있다. 동 페르시아 계 민족은 기원전부터 중앙아시아에 들어와 이 지역의 원주민과 혼혈을 이루면서 광범위한 페르시아 문명이 이 지역에 전파되었다. 페르시아 문화가 고대와 중세 시대에 이 지역에 영향을 미쳤다고 한다면, 아랍 군사원정대는 이슬람 전파의 결정적 역할을 담당했다. 751년 중앙아시아의 탈라스에서 아랍 원정대는 중국의 고선지가 이끄는 군대와 전쟁을 벌였다. 아랍 원정대가 이 전쟁에서 승리함으로써 이슬람 문화가 중앙아시아에 전파되는 계기가 되었다.

이후에 중앙아시아에는 조로아스터교, 경교(초기 기독교) 등의 종교 문화가 흡수되어 다양한 종교 스펙트럼을 보여주었지만, 일반적으로 이슬람이 가장 강력히 이 지역에 퍼졌다. 몽골이 13세기 차가타이 칸국을 세웠는데, 14세기에 이 칸국이 쇠퇴하고 투르크 문화가 점진적으로 중앙아시아 지역 정체성으로 발전하였다. 반면에 타지크 민족은 페르시아 계통에 속한다. 타지크인은 819년에 중세국가인 사만 왕조를 창설하고 매우 높은 문화 정체성을 보여주었는데, 10세기 말인 999년에 멸망하고 이후 투르크 민족의 거주지, 특히 우즈베크 민족 거주지에서 동화되어 함께 그 삶을 영위해 나갔다. 중앙아시아에는 이후 카자흐 칸국, 코칸트 칸국, 부하라 칸국, 히바 칸국 등이 건국되었다. 이후 제정러시아가 18세기부터 중앙아시아의 카자흐스탄에 대한 정치적 지배권을 가지면서 중앙아시아에 대한 식민지 점령을 실현하였다.

러시아는 중앙아시아에 매우 강력한 통치권을 지향하였고, 러시아 및 유럽 문화를 소개하였다. 소위 '러시아 민족주의'가 19세기 이후 중앙아시아에 점진적으로 융합되기 시작했고, 러시아 민족 정체성의 다양한 특성이 전파되었다. 러시아의 철학적 이념에 '유라시아주의'가 있다. 소련 해체 이후 러시아가 소련의 공식 계승국이 되었다. 소련 해체 초창기에 러시아의 지배력은 과거보다도 급격히 감소되었다. 이런 상황에서 출현한 이념이 신 유라시아주의였다. 유라시아주의는 1920년대 처음으로 출현하였는데, 소련 해체 이후 신 유라시아주의로 명명되었다.[2]

1920년대 유라시아주의는 고전적 유라시아주의로 불렸다. 고전적 유라시아주의의 핵심은 러시아가 동양의 역사적 전통을 받았으며, 러시아에 있어 아시아적 영향력은 매우 강력하며, 러시아에서 아시아를 제외하고 국가 정체성을 설명할 수 없다는 이념이다. 즉 아시아가 러시아에 매우 중요하다는 사실이 유라시아주의를 통해 알 수 있다. 러시아가 유라시아를 정복하면서 맞닥뜨린 민족이 무슬림이었다. 그리고 불교도와 샤머니즘을 신봉하는 이들이었다. 유라시아주의는 아시아권 사람들을 포용하고 그들의 문화를 러시아 문화로 광범위하게 포함하자는 것이며, 아시아를 경시여기면 안 된다는 이념으로 해석되었다. 중앙아시아의 종교 정체성은 이슬람이다. 러시아의 정복 과

---

2 Goulnara Baltanova, "Islam and Globalization : Russian Muslim's Place in the Context", *Journal of Muslim Minority Affairs* 22/2, 2002, p. 428.

정에서 포함된 무슬림을 러시아 사회는 포용할 필요성이 있다는 것이다. 동
시에 13세기부터 15세기까지 러시아를 통치했던 몽골이 러시아에 끼친 문화
적 유산은 러시아에 결정적 영향을 주었다는 이념이었다. 유라시아주의에서
중앙아시아는 매우 중요한 역사적 함의를 지니고 있다고 하겠다.

3. 제정러시아 시기 러시아와 중앙아시아의 관계

19세기 중엽이후로 러시아는 실제적으로 중앙아시아를 정복하기 시작했다.
러시아는 정복한 지역에서 거주하던 중앙아시아의 다양한 민족을 '사르트Sart'
라고 명명했다. 그런데 공식 범주에 있어 이 용어는 논쟁의 여지가 있다. '사
르트'는 우즈베크, 타지크의 의미로 사용되었다. 그런데 보통 이 단어는 반 유
목민을 의미하기도 했으며, 이 단어는 부정적인 의미였다. 러시아의 식민지
관점에서 중앙아시아 민족을 명명하는 데 있어 공격적인 용어로 수용되었다.[3]
중앙아시아 민족명은 제정러시아시기에 구체적으로 존재하지 않았다. 제정러
시아 이후에는 중앙아시아에 대한 지배적 권한을 소련이 가지게 되었다.

러시아는 중앙아시아를 정복한 이후 이 지역에 대한 어떠한 지배 담론을
가지게 되었을까?

첫째, 러시아와 중앙아시아 이슬람과의 관계에 대한 역사적, 정치적 함의
를 이해해야한다. 중앙아시아 이슬람은 전통성이다. 이슬람은 관습적이다.
그러므로 이슬람은 중앙아시아의 역사적 정체성이며, 중앙아시아 지역을 통
치하기 시작한 러시아가 이에 대해 어떤 방식으로 접근하고자했는지를 잘 이
해한다면, 러시아의 역사적인 통치와 그 영향력에 대한 다양한 시각을 얻을
수 있을 것이다. 러시아는 전통적으로 러시아정교를 신봉하는 국가이다. 그

---

3 Christopher McDowell, "'Death to Sarts' : History, injustice and a complex insult in Central Asia",
  Anthropology Today 28/6, 2012, p.23.

러므로 식민지 국가들에 대해 러시아정교를 기본적으로 이식시키고자 노력했다. 그리고 비 슬라브 민족에 대한 차별적 정책이 가동되었다.

대부분의 중앙아시아인은 소위 러시아제국의 시민이 되었다. 그들이 비 슬라브, 비 기독교인이어서 차르 정부는 그들에게 비정교도라는 딱지를 붙여서 차별하였다. 그들은 러시아제국 내의 다른 소수 민족과 이러한 지위를 공유하였다. 칼믹, 유대인, 그리고 다른 비 슬라브 민족이 이에 속한다. 소수 민족이 이러한 지위를 받음으로써 교육 기관에 접근하는 것이 제한되었고, 군과 공무원의 지위를 받는 데 차별이 있었다. 그리고 거주지에서도 제한을 받았다. 그러나 차르 체제는 부족 및 씨족 계급의 리더와 권위자들에게는 특별한 혜택을 부여하는 식으로 타민족을 다스렸다. 통치 받는 부족이 점진적으로 주요한 민족 단위로 흡수되어가면서 중앙아시아 민족 건설에 있어서 주요한 역할을 맡게 되었다.[4]

둘째, 러시아가 중앙아시아에 대한 지배적 영향력을 유지하기 위해서 내세운 통치 방식은 소위 제국의 식민지 통치 방식의 일환인 '문명의 미션 civilization mission'에 의거해서 구성되었다. 이는 통치를 원활히 하기 위한 식민지 방식이었다. '문명의 미션'을 실현하기 위한 담론이었다. 그 어떤 행위이든 유럽 문화가 중앙아시아로 스며들어왔다. 아시아 문명의 한 복판에서 유럽 문화가 전시되고 시현되었다. 많은 러시아 엘리트들은 이 지역에 대한 문명의 미션이 정착되는 것을 자랑스러워했다. 러시아는 유럽 국가로서 유럽 문화의 전도자로 나섰다. 중앙아시아가 점진적으로 어떻게 다른 지역, 다른 국가의 문화와 접했는지를 이해한다면, 이 민족의 근대 및 현대 정체성에 대한 접근이 용이할 것으로 판단된다.

그런데 러시아와 영국의 관계도 중앙아시아의 역사적 담론 속에는 매우 중

---

4 Kamoludin Abdullaev, "Emigration Within, Across, and Beyond Central Asia in the Early Soviet Period from a Perspective of Translocality", (ed) Manja Stephan-Emmrich, Philipp Schröder, *Mobilities, Boundaries, and Travelling Ideas : Rethinking Translocality Beyond Central Asia and the Caucasus*, Cambridge : Open Book Publishers, 2018, p.71.

요한 의미를 지닌다. 양국은 중앙아시아에서 그 유명한 '거대게임Great game'을 벌였다. 그러나 양국은 상호 간에 전투를 벌이지 않았다. 1873년, 1895년 러시아와 영국은 국경 경계 조약을 맺었다. 러시아는 중앙아시아의 강인 '아무 다리야' 이남의 영토에 대한 권리를 주장하지 않았다. 즉 영국이 아프가니스탄을 포함한 중앙아시아 남부에 대한 권리를 가지는 것에 대해 반대한 입장은 아니었다. 양국은 국경 경계 과정을 통해 중앙아시아 거주민을 소외시켰다. 중앙아시아 자체의 문화적, 역사적, 경제적 전통이 훼손되었다. 엄밀하게 말한다면 영국과 러시아는 중앙아시아에서 멀리 떨어진 제국이다. 그런데 중앙아시아가 제국의 거대게임 경쟁의 대상지가 되었을 뿐이었다. 양국의 조약으로 부하라와 히바 칸국의 이익은 러시아에 의해 좌지우지되었으며, 영국은 아프가니스탄을 통제하고자 했다. 아프가니스탄 봉건 영주들은 이웃 국가의 지원을 받고자 하였는데, 투르키스탄 남부의 칸국이 자신들을 지원해주기를 원했다.

러시아는 유럽 문화를 전파하면서 식민지 통치를 이루어나갔다. 러시아 예술 종사자들, 식민주의자들은 투르키스탄의 중심도시였던 타슈켄트 등에 오늘날에도 익숙한 극장의 형태와 방식을 소개하였다. 타슈켄트는 투르키스탄의 수도였다. 러시아는 투르키스탄을 '투르키스탄 총독부'라 명명했다. 러시아는 유럽 극장을 투르키스탄의 도시에 소개하였다. 1905년 타타르 인이 코카서스 지역에서 연극을 시작하였는데, 1913년 투르키스탄에 상설 극장이 세워졌다. 타타르 인에 의해 시작되었고 카자흐스탄에서 카자흐 엘리트들이 주도한 자디드Jadid 운동이 있었는데, 이들은 사회 개혁과 부흥을 위해 극장을 활용하였다.

1차 세계대전이 진행되던 1916년, 유럽식 모델을 가진 극장들이 자디드 문화 조직체의 후원으로 대도시에서 형성되었다.[5] 도시 중심지에서 칸국의 궁

---

5   Laura L. Adams, "Modernity, Postcolonialism, and Theatrical Form in Uzbekistan", *Slavic Review* 64/2, 2005, p.338.

92   제1부 역사 속의 유라시아

정 시를 암송하는 이들, 휴일에 성인들의 삶을 이야기하는 수도사들, 순회하는 음유시인들, 순회 인형 공연단들, 풍자적이고 익살스러운 장르 연기자들, 그리고 시장에서 대중 앞에서 노래 부르고 이야기하는 어릿광대들이 극장과 관련된 종사자들이었다.[6] 이들은 일반적으로 낮은 사회적 신분을 가졌다. 극장은 상행위와 유사한 기능을 가졌고 극장 연기자들은 길드로 조직되었으며, 전문 직업적인 극장 종사자 가족들로 이루어졌다. 일반적으로 공공의 엔터테인먼트는 귀족 신분의 정숙한 부녀자들이 분리된 자신의 가문에서 음악과 춤을 즐기던 것과는 차이가 있었다.

제정러시아의 중앙아시아 정복으로 19세기 중반이후로 식민화된 중앙아시아의 가장 성공적인 지식인들, 정치가들은 러시아어를 잘 구사하거나 소비에트 문화에 잘 적응하였기 때문에 성공적인 경력을 쌓았다. 식민지 지식인들도 그런 방식으로 제정러시아, 그리고 소비에트 사회에 적응해나갔다. 그러나 러시아화된 중앙아시아인은 자신이 그 지역을 떠나서 학업을 하거나, 혹은 소비에트 군대에서 군인으로 복무하면서, 부분적으로 민족적 차별을 느낄 수밖에 없었다.

셋째, 러시아가 중앙아시아에 끼친 영향력에 대해 철도 부설은 핵심적인 사건이었다. 세계사에서 강대국은 식민지 건설을 위한 제국 통치 방식으로 철도를 활용하였다. 이는 러시아의 중앙아시아 지배적 도구로 해석될 수 있다. 중앙아시아 철도Central Asia Railway가 처음 만들어질 때는 '카스피해 횡단철도Trans-Caspian Railway, Закаспийская железная дорога'라 불렸다. 1881년 중앙아시아철도 착공이 시작되었다. 시베리아횡단철도의 기공식이 1891년이었으니 10년 정도 앞섰다. 철도의 기점은 지금 투르크메니스탄 지역인 '크라스노보드스크Kracnovodck'였다. 크라스노보드스크는 현재 '아바자Avaza' 관광 특구에 속한다. 이곳에서 시작해서 '아슈하바트' '메르브'(지금의 '마리'), 차르조를 지나 우즈베키스탄의 부하라까지 연결된 시기가 1888년이었다. 이 철도는 중앙아시

6 Ibid., p. 338.

3장 러시아의 중앙아시아 점령과 통치, 그리고 그 역사적 관계 93

아의 핵심 도시인 사마르칸트, 타슈켄트까지 건설되었다. 철도선이 타슈켄트까지 연결된 시점이 1894년이었다. 이곳까지의 거리가 약 2,000km였다.[7] 이후 중앙아시아 철도는 확장되어 우즈베키스탄 내에서는 페르가나 지역으로 연결되었다.

중앙아시아철도는 카스피해와 중앙아시아의 핵심지를 이어주었다. 철도선의 경로에 있었던 투르크메니스탄의 아슈하바트는 크라스노보드스크와 메르브 중간에 위치해있다. 아슈하바트는 현재 투르크메니스탄의 수도이다. 당시에도 큰 규모를 가진 도시였다. 철도 부설 당시 거주민은 약 25,000~30,000명 정도였다. 1881년 러시아는 투르크메니스탄을 정복하고 이 도시를 기획 도시화한 측면이 있었다. 1991년 독립 이후 아슈하바트는 국가건설의 일환으로 또다시 기획건설화 되었다. 철도 건설 당시 아슈하바트에는 러시아 인들이 많이 거주하고 있었다. 대부분 군대 관리, 군인, 그리고 군대를 따라 들어간 다양한 상공인이었다. 당시 러시아의 여러 도시들처럼, 아슈하바트에서는 넓고, 잘 포장된 거리가 조성되었고, 아름다운 나무들이 줄을 지어 서있었다. 거리 양쪽으로 우물이 만들어져있었다. 대부분의 물은 관개용수를 위해 사용되었고 농업 생산성이 높은 지역으로 발전해갔다. 중앙아시아철도는 도시와 연결되었으며, 철도가 통과하는 지역에서 경제 발전이 뒤따랐다. 즉 러시아는 철도를 통해 중앙아시아 도시를 제국의 목적에 맞게 구성하였다.

러시아는 전체적으로 식민지 도시들의 조직체를 운영하였는데, 특히 철도와 면화 재배는 언급할 만하다. 투르키스탄의 철도 시스템은 2개의 주요한 철도선으로 이루어져있다. 오렌부르크-타슈켄트 철도선은 북부-남부를 이어주는데, 오렌부르크에서 러시아의 주요한 시스템으로 연결되어 있으며, 카스피해의 크라스노보드스크에서 서-동부로 이어져 중국 국경 근처의 안디잔과 나만간 등 페르가나 분지까지 연결되는 '남카프카스 횡단철도'선이 있다.[8] 이

---

7 정세진, 「19세기 '중앙아시아철도' 건설의 역사적 의미장 : 러시아 제국의 형성과 실크로드의 상업로적 함의를 중심으로」, 『슬라브연구』 35/1, 2019, 54쪽.

2개의 중앙아시아 철도선은 체르나예보에서 만난다. 중앙아시아 철도선은 2개의 지선이 중요하다. 변방의 아프가니스탄까지 연결되는 '메르브Merv-쿠취카Kuchka' 철도선이 있는데, 이는 당시 중앙아시아에서 거대게임을 벌이고 있던 러시아와 영국 사이에 여러 마찰을 불러일으켰다. 그리고 다른 철도선은 삼소노보에서 아래로 옥서스Oxus의 테르메즈까지 연결된 철도선이다. 이는 아프가니스탄 카라반 길을 위한 출발점이 된다.

중앙아시아 철도선의 지선도 있다. 본선 이외에 192개의 지선이 메르브Merv에서 아프가니스탄 국경인 '쿠쉬카Kushka'까지 연결되었다. 지선은 주로 1899년 이후에 개통되었다. 아프가니스탄의 '헤라트Herat'에서 쿠쉬카까지의 철도선은 약 100마일이다. 1906년에 중앙아시아 철도는 페르가나까지 연결되었다. 1915년에는 '부하라철도선'이 건설되었다. 1915년 7월부터 시작해서, 부하라철도선이 부하라 시 인근의 카간Kagan 역을 기점으로 아프가니스탄의 반대쪽 옥서스Oxus 강의 남쪽까지 이어지고 테르메즈Termez의 동쪽으로 연결되었다.[9]

제정러시아 시기 중앙아시아에 대한 이해는 이슬람, 문명화 미션, 철도선까지 다양하게 규명될 필요성이 있다. 이는 러시아 제국주의의 일면을 이해하는 길이 될 것이다. 그리고 중앙아시아 국가가 독립 이후 왜 제정러시아, 소련의 유산에서 벗어나 민족주의와 민족 정체성을 강화하는지의 답변이 될 수 있다. 제국주의를 벗어나 새로운 국가건설, 민족건설의 와중에서 우즈베키스탄, 카자흐스탄 등 국가 정체성의 향방은 과거의 역사와 밀접하게 연결되어 있기 때문이다.

---

8 Lobanoff-Rostovsky, "The Soviet Muslim Republics in Central Asia", *Journal of the Royal Institute of International Affairs* 7/4, 1928, p. 243.

9 이외에 카프카스 지역에는 '남 카프카스 철도(Закавказская железная дорога, Trans-Caucasus Railways)'가 흑해의 바투미에서 트빌리시를 경유, 바쿠까지 연결되었다. 이 철도도 1880년대에 건설되었다. 바쿠에서 조지아의 바투미까지 이어진 트랜스-코카서스 철도는 500 마일에 미치지 못했는데, 이 철도선의 특성은 카스피해와 흑해를 연결한다는 것이다. 이 철도선은 카스피해에서 서유럽까지 얼어붙지 않는 루트를 생성하였다. 이 전체 거리는 약 5,500 마일 정도이다.

4. 소련 통치 시기 러시아의 중앙아시아 지배 키워드

제정러시아는 1차 세계대전에 참전하였는데, 중앙아시아 사회에 급격한 변화가 발생했다. 러시아 국력이 약화되면서 정치적 자치를 요구하던 분리 그룹들이 등장하기 시작했다. 중앙아시아 지역도 마찬가지였다. 특별히 '투르키스탄 민족해방운동Turkistan National Liberation Movement'은 제정러시아의 통치로부터 자유를 쟁취하고 러시아의 식민지 대상이 되어 상실된 자치권을 되찾기 위해 노력했는데, 1917년 '자치 투르키스탄Autonomous Turkistan'이 창출되었다. 이 단체는 볼셰비키 혁명이 일어났던 1917년 이듬해인 1918년에 '바쉬쿠르디스탄Bashkurdistan'과 '아제르바이잔Azerbaijan' 공화국의 창설로 이어졌다. 당시 중앙아시아에 새로운 투르키스탄 국가 창설이 등장할 것이라는 예측도 있었지만, 이는 가능한 일이 아니었다. 투르키스탄 국가 창설에는 여러 넘어야할 장벽들이 있었다.[10]

1917년 러시아의 볼셰비키 혁명은 과거와 결별하겠다는 강력한 의지의 발현이었다. 러시아는 소련이 되었다. 1924년부터 중앙아시아는 소련에 공식적으로 구성공화국으로 포함되었다. 1924년 국경 경계 획정으로 우즈베크, 카자흐, 투르크멘 공화국이 구성공화국이 되었으며, 1929년 타지크, 1936년 키르기즈 공화국이 포함되었다. 소련은 1922년에 러시아, 벨라루스, 우크라이나, 남코카서스 공화국 등으로 연방을 형성했다. 강제적으로 국경 경계가 획정되면서 소련은 공화국 명칭을 우즈베크, 카자흐, 투르크멘으로 결정했다. 이전에 우즈베크 민족이라고 분명히 설정되어 있지 않았는데, 이제 우즈베크 민족명이 1924년부터 창출되었다. 이를 '창조된 민족Invented Nation'이라고 부른다. 과거 사르트 명칭은 이제 사라졌다. 새로운 민족, 새로운 구성공화국이 등장했다.

---

10 Louise Forsyth, David Gould, David Lawrence, "History Didactics in the Post Cold War World : Central Asia, the Middle East, and China", *The History Teacher* 33/4, 2000, p.430.

중앙아시아는 원래는 하나의 권역권으로 문화적 공동의 공간적 의미를 지니고 있다. 그런데 이 공동성에 균열을 일으킨 주체가 소비에트 체제였다. 인위적인 정치적 요소가 발동되었다. 소련 당국은 중앙아시아를 나누기로 결정했고 이를 실행했다. 서유럽 문헌에서는 그 이유가 소련이 정치적으로 중앙아시아를 원활하게 통치하기 위해서라고 언급하는 내용이 대체적으로 많다. 중앙아시아를 편의적으로 통치하고자 했든, 중앙아시아 일부 민족의 요청에 의한 것이든, 아니면 각 민족의 주체적 결정이었든지, 중앙아시아는 쪼개졌다는 사실은 변함이 없다.

소련 당국은 1924년에 중앙아시아를 강제 획정하여 카자흐공화국, 우즈베크공화국, 투르크멘공화국을 소련에 포함시켰다. 그런데 이 과정 중 우즈베크공화국에 가장 좋은 영토를 할당해주었다. 그리고 우즈베크공화국 내에 타지크자치공화국이 창설되었다. 그런데 타지크자치공화국에 할당된 영토는 주위의 우즈베크어 사용권 지역과 상호 의존적인 그런 지역이었다. 도시로서 상대적으로 한계가 있고, 발전에 뒤떨어진 두샨베가 타지크의 수도가 되었다. 타지크 동부 산악 지역에서 페르시아어, 파미르어를 사용하는 공동체에서는 자신들이 요구하지 않았고 행정적으로 관리가 되어 있지 않은 지역을 할당받았다는 것을 알게 되었다. 이 지역에는 자격을 갖춘 공산당 간부도 극히 드물었던 지역이어서 행정적으로 거주하기가 열악한 곳이었다.[11] 이 지역에서 소련의 통치자 성립됨으로써 이질적인 부족과 지방적, 민족적 정체성을 공고히 하여 더 광범위한 정체성 그룹으로 통합하여 이후 현대 민족 국가의 골격이 형성되었다.

타지크 민족주의자들은 국경 경계 획정으로 분노의 감정을 가졌다. 주요한 도심 지역이 타지크인의 자치 지역으로 분류되어 있지 않다는 사실에 고통스러웠다. 1924년 국경 획정 이후 2년 뒤에 실시한 인구 조사 결과에서 타지크

---

11 Ryan Brasher, "Ethnic Brother or Artificial Namesake? The Construction of Tajik Identity in Afghanistan and Tajikistan", *Berkeley Journal of Sociology* 55, 2011, p.108.

민족주의자들은 우즈베크 공화국 내, 특히 페르시아어 사용 도시에 타지크 인구수가 경시되어 있다는 사실에 좌절했다. 소련 당국이 강제적으로 우즈베크 민족, 카자흐 민족, 타지크 민족이라는 민족 공동체를 새롭게 창설했다. 이 과정에서 우즈베크공화국은 부하라, 사마르칸트 등 핵심 도시를 할당받았다.

1926년 타지크 소비에트 사회주의 자치공화국TASSR 자료에 의하면, 44,000가구, 혹은 206,800명은 1926년 말까지 동부 부하라 지역을 떠났다. 이는 일반 인구의 25%, 타지크 전체 인구의 약 33%였다. 이주민의 압도적 다수는 쿠르곤테파Qurghonteppa, 쿨롭Kulob, 히소르Hisor 지역으로부터 이주한 우즈베크인과 타지크인이었다. 정부 위원회에 의해 쿠르콘테파에서는 전체 인구의 절반이 떠났다. 거주민이 떠나면서 들판, 정원, 수박밭이 무성해졌다. 집과 다른 구조물이 파괴되었다. 경계를 짓던 집의 울타리는 수평이 되어버렸다. 타지크인은 자신들의 영토를 떠났고 우즈베크의 '수르칸-다리아Surkhan-Darya' 지역도 포기했다. 1920년대 초, 4만 명의 타지크인과 우즈베크인이 수르칸-다리아에서 아프가니스탄으로 이주했다. 이런 상황이 발생했던 이유는 1924년 시행한 국경 경계 획정이 제대로 이루어지지 않았기 때문이다. 경계 획정을 위한 기준과 원칙을 결정하기가 쉽지 않았다. 즉 소련 당국은 국경 획정이 많은 문제점을 야기한다는 것을 예상할 수 있었는데 무리하게 국경을 획정하는 통치적 방식을 채택했다. 소련이 남긴 정치적 유산이었다.

그렇다면 소련 시기 러시아와 중앙아시아의 역사적 관계를 통해 러시아의 중앙아시아 지배의 키워드는 무엇일까?

첫째, 제정러시아에 이어 소련도 '문명화 미션'을 실현하고자 했다. 혁명 이후 소련 지도자들은 중앙아시아에 극장을 세우는 등, 서유럽 문화를 전파하고자 애썼다. 일종의 문화 제국주의였다. 우즈베키스탄, 카자흐스탄 등에 극장이 건립되었다. 중앙아시아 극장은 점진적으로 현대화되고 제도화되었다. 그리고 중앙아시아 지식 엘리트들은 점차 극장 공연과 레퍼토리를 주도해나갔다. 당시 문화 개혁주의자들이 있었으며, 상기에 언급했듯이 이들을 자디드Jadis 개혁주의자들이라고 불렀다. 이들은 서유럽적인 현대 이념인 교육과 계

98   제1부 역사 속의 유라시아

몽정신을 가지면서 민중의 정신세계를 고양하고자 시도했다. 이 과정에서 극장은 문화 예술의 핵심 역할을 담당하면서 발전되었다. 개혁주의자들이 문화 프로젝트를 가동하였다. 그들은 문화 발전을 자신들의 책무로 받아들였다.[12]

둘째, 중앙아시아의 '교육' 키워드이다. 소련 시기 많은 이들이 시골에서 도시로 이주했다. 가장 큰 이유는 교육 때문이었다. 도시민들과 지방 거주민들의 신분에 큰 차이가 있어, 그 간격을 줄이기 위해 시골에서 도시로 떠났다. 시골 거주민들에게는 생활상의 제한이 있었다. 예를 들면, 카자흐스탄 농촌 생활은 지방 행정가들에 의해 지속적으로 감시되었고 제한 받았다. 시골에서 도시로의 이주 현상에서 더 나아가 대도시 이주가 도시−시골의 균형을 변화시켰다.[13] 소비에트 교육은 문맹을 줄이는 영향력을 미쳤지만, 교육은 긍정적, 부정적 영향력을 가지고 있었다. 중앙화된 소비에트 모델은 점진적으로 중앙아시아의 역사, 언어, 그리고 지방의 문화 전통을 부정하였다. 도시화된 지역에서 러시아어가 공통어가 되었으며, 일부 젊은 중앙아시아인은 적극적으로 공산당원이 되었다. 그들은 그런 신분을 활용, 개인적 특혜를 받았다. 그리고 모스크바, 레닌그라드 등 대도시 대학에 진학할 수 있었다. 비교적 카자흐인이 고등 교육을 더 수월하게 받았다. 그들은 소비에트 문화에 좀 더 동화되었다.[14]

셋째, 중앙아시아인의 '자민족 의식'키워드이다. 이는 나름대로 그 정치적 의의를 가지고 있는데, 무슬림 자의식으로 표현될 수 있겠다. 10월 혁명이라는 거창한 역사의 전환, 그리고 특별한 시대사적 변환의 시기에 무슬림 대중은 저항의 기치를 내걸었다. 1917년 러시아혁명으로 집권한 볼셰비키는 러시아의 식민주의를 비판했다. 그러나 그들도 통치의 정당성으로 러시아가 행한

---

12 Ibid., p. 339.

13 В. Абилхожин, *Очерки социально економической истории Казахстана XX век*, Алматы : университет Туран, 1997, pp. 305~309.

14 Charles E. Ziegler, "Civil society, political stability, and state power in Central Asia : cooperation and contestation", *Democratization* 17/5, 2010, p. 803.

3장 러시아의 중앙아시아 점령과 통치, 그리고 그 역사적 관계　99

제국주의에서 그 해답을 찾았다. 볼세비키는 여전히 러시아제국에 속하는 지역을 통치하였으며, 지정학적-행정적 지배를 유지해 나갔다. 볼세비키는 제정러시아의 통치 방식과 그 영역을 답습하였다. 소련 통치자들은 중앙아시아국가가 공산주의 프로젝트에 자발적으로 참여하였다고 주장하였다.[15] 물론소련 시기 중앙아시아인 중에서도 가장 성공적인 인텔리겐차들은 소비에트문화에 경쟁적으로 잘 적응하였던 그룹에 속했다.

중앙아시아 엘리트들은 자신들이 거주한 농업 사회 및 유목 문화에서 탈피하는 경향을 가졌다. 그들은 농촌 사회를 떠나 도시에서의 출세의 길을 선택했다. 중앙아시아 사회는 농촌 사회였다. 이 엘리트들은 명목 민족의 일원으로 자신의 정체성을 유지하고 있었다. 명목 민족이란 그 공화국 내에서 다수를 차지하는 민족을 일컫는 용어이다. 우즈베키스탄 내에서는 우즈베크 민족이 명목 민족에 속한다. 대체적으로 명목 민족들의 민족 정체성은 강화된 측면이 있다. 중앙아시아가 고유한 문화를 지니고 있기 때문이었다. 민족 정체성 자체는 국민의 주요 관심사였다.

소련 통치자들은 중앙아시아 인의 민족의식 때문에 통치의 어려움을 겪었다. 소련은 15개의 구성공화국으로 이루어졌다. 민족 문제는 매우 어려운 난제였다. 이 민족 문제가 현대에 와서 발화한 시기는 1985년 고르바초프가 소련 서기장으로 권력을 가지면서 페레스트로이카(개혁) 정책을 가동하면서부터였다. 이 분위기에 편승하여 러시아 이외의 다른 민족들이 독립 의지를 표방하기 시작했다. 당시 소련 지도부는 중앙아시아를 정부의 가벼운 약점 정도로 받아들이고 있었다. 중앙아시아는 러시아 민족이 아닌 이민족이다. 러시아가 강제적으로 점령하였기 때문에 중앙아시아 민족은 페레스트로이카 시기이전부터 독립을 원했다. 이들은 러시아 민족과 많은 점에서 이질적이었으며, 분리주의 감정이 촉발되었다. 종국적으로 소련 해체로 이어졌다. 소련 정부

---

15 Deniz Kandiyoti, "Post-Colonialism Compared : Potentials and Limitations in the Middle East and Central Asia", *Special Issue : Nationalism and the Colonial Legacy in the Middle East and Central Asia*, International Journal of Middle East Studies 34/2, 2002, p. 286.

가 강제적으로 면화 산업을 집중시키면서 환경문제도 광범위하게 야기되었다. 중앙아시아에서는 이슬람 가치가 준수되고 있었다. 중앙아시아인은 러시아인과의 결혼을 주저하는 편이었다. 종교 정체성이 다르기 때문이었다.[16]

넷째, '공산주의'키워드이다. 소련을 몇 개의 단어로 압축해서 설명하자면, 공산주의, 사회주의, 권위주의, 전체주의 체제 등이다. 공산주의는 소련의 가장 정확하고 확실한 이념이다. 민주주의 국가들에서는 갈등의 변주곡처럼 다양한 사건들이 벌어진다. 그러한 국가들에서는 사회적 갈등이 완전히 해소되지 않고 남아있다. 그러나 소비에트 체제는 민주주의 국가와는 다른 경로를 밟아갔다. 이 체제에서도 국가의 정의는 매우 중요하였다. 목적을 달성하기 위해 경제적 행위도 일어나며, 정치화 작업 등도 전개되었다. 소비에트 사회에서는 공공과 개인의 균열을 극복하기 위한 노력으로 개인 이익과 공공 이익의 모순적이고 경쟁적인 가치들을 희석시키는 방식을 선택해왔다. 소비에트의 모델이 적용된다면, 개인 이익과 공공의 선이 동일한 접점에서 만날 때에 사회적 긴장은 해소되지 못한다. 중앙아시아의 각 구성공화국들은 효과적인 거버넌스와 국가 안정성 강화에 주력했다. 공화국끼리 분쟁이 일어나는 경우, 일정한 경쟁 체제가 유지되었다.[17]

공산주의 제국의 신화는 점차로 붕괴되어갔다. 소련은 세계 최강대국으로서의 찬란한 국가적 위용을 상실하기 시작하고 공산주의의 이상과 빛을 잃어버렸다. 굳건히 믿던 여러 전통성들, 정치의 신화와 소비에트 시민사회라는 강력한 버팀목이 허물어졌다. 고르바초프 서기장의 페레스트로이카는 역설적으로 소련이 실제적으로 해결하지 못한 국가의 난제가 많이 있다는 것을 확인해주는 사건이었다. 구체적인 해결 방안이 제대로 마련되지 못했다. 소련 내의 구성공화국에 속한 민족은 혼란에 빠졌다.

---

16 Beartice F. Manz, "Multi-ethnic Empires and the formulation of identity", *Ethnic and Racial Studies* 26/1, 2003, p.95.

17 Charles E. Ziegler, op. cit., p.796.

공산주의 통치를 받은 중앙아시아 민족은 소련 체제를 올바로 인식하고자 노력했다. 소련 해체 이전, 각 민족은 자치적으로 사회적, 정치적 결정을 내리기 위한 준비를 갖추기 시작했다. 공산주의, 전체주의, 권위주의 통치에서 벗어나고자했다. 소련 해체 전후 중앙아시아는 서유럽 국가, 이슬람 국가들과도 광범위한 소통을 시도하였다. 소련식의 비효율적인 경제 시스템은 사회적 복지 프로그램을 제대로 흡수하지 못했다. 사회주의 이데올로기 만으로는 소련 사회를 더 이상 이끌어가기 어렵다는 결론에 도달했다. 조종弔鐘의 시간이 다가왔고 소련 체제의 시간이 종료되었다.[18] 그리고 이후 중앙아시아는 새로운 국가 발전 체제로 들어가기 시작했다.

5. 소비에트 체제의 해체와 현대 중앙아시아의 자민족 인식

1) 소련 해체 이후 중앙아시아 국가의 자민족 의식

역사가들은 소련 해체의 징조가 꾸준히 진행되어왔다고 언급하고 있다. 1991년 독립 이후 중앙아시아는 국가 발전을 추진하는 가운데 과거와 결별하고 새로운 문화를 창설하는 노력을 기울였다. 20세기 초 러시아혁명이 러시아 사회를 개혁하는 시도를 보여주었듯, 21세기 초 중앙아시아 국가들은 사회 개혁을 위한 문화 정체성을 정립하고자 시도했다. 그런데 21세기가 왔지만, 중앙아시아 문화 엘리트들은 여전히 소비에트 사회주의에 의해 구성된 세계관을 가지고 있었다. 소비에트 체제의 해체로 변화가 일어났다. 중앙아시아 문화엘리트들은 더 이상 소비에트 사회주의의 영향보다는 민족의 문화

---

18 John R. Pottenger, "Civil society, religious freedom, and Islam Karimov : Uzbekistan's struggle for a decent society", *Central Asian Survey* 23/1, 2004, pp.58~59.

본질이 실체적으로 무엇과 연관되었는지를 바라보기 시작했다. 그리고 현대 민족 문화의 가치를 국제적인 눈높이로 해석하고자 했다. 라우라 아담스는 중앙아시아 문화가 국제 문화의 형태와 중앙아시아 민족 문화 내용을 혼합하고 있다고 강조하고, 이는 소비에트 국제주의의 유산이 여전히 존재하고 있다는 것을 함의한다고 주장했다.[19]

소련 해체 이후 1990년대는 소위 "근외 지역near abroad"에서 민족적, 종교적 균열이 남코카서스와 타지키스탄을 중심으로 발생했다. 조지아에서는 독립 직후 내전이 발생했다. 중앙정부와 분리 독립을 주장한 아브하지야, 남오세티야 자치공화국 간에 분쟁이 발생했다. 타지키스탄에서도 1992년부터 1997년까지 내전이 발생했다. 전쟁과 내전으로 21세기에도 여전히 구소련권에서는 지역 평화와 세계 평화를 위협하는 불안 요소가 지속적으로 나타났다. 타지키스탄 정부는 강력한 정치적 압박을 통해 야당이 성장할 수 없는 정치 체제를 창출하였다. 아제르바이잔과 아르메니아에서는 나고르노 카라바흐 지역을 놓고 독립 이후에 전쟁이 발생했다. 나고르노 카라바흐는 국제법상 아제르바이잔 영토에 속하지만, 이 지역에서는 아르메니아인이 다수를 구성하고 있어 아르메니아가 자국 영토로 선포하면서 1992-1994년 전쟁이 일어났다. 당시에는 아르메니아가 전쟁에 승리하여 나고르노 카라바흐와 인근 7개 지역을 군사적으로 점령했다. 그러나 2020년 가을에 또 다시 양국 간에 전쟁이 발생해 이번에는 아제르바이잔이 승리하여 인근 7개 지역을 회복하고 나고르노 카라바흐 영토의 40%를 탈환하고 평화 협정을 체결했다. 카렌 다위샤와 브루스 페로트는 이러한 상황을 "화산 변화volcanic changes"라는 단어로 표현하였다. 이들은 소련 해체 이후 변혁적 상황이 발생했다고 강조했고 이는 과거의 복잡한 역사적, 정치적 유산으로 기인한다고 설명했다.[20] 과거 소련

---

19 Laura L. Adams, op. cit., p.337.
20 Karen Dawisha and Bruce Parrot, *Russia and the New States of Eurasia : The Politics of Upheaval*, New York : Cambridge University Press, 1994, p.23.

시대의 유산이 지역 평화의 걸림돌이 되었다.

소련 해체 직전 몇 년간 소련 구성공화국들이 경험한 국가건설의 매우 힘든 과정에도 불구하고 정치학자 후쿠야마는 독립 국가들이 서방의 자유 민주주의와 자본주의의 과정에 있다고 언급했다. 그런데 그는 과거 공산국가들이 견고한 민주주의로 나가기 위해서 빠른 발전과 연착륙을 할 수 없을 것이라고 예견하였다. 공산주의에서 민주주의로의 체제 전환이 빠르게 정착되기는 쉽지 않은 일이다. 성공적인 민주주의가 정착하기 위해 극복해야 할 난제가 참으로 많았다.[21]

새로운 민족국가로 국가건설을 시작한 중앙아시아에서 발행한 역사책을 통해 민족 정체성 형성 과정을 살펴보면 다음과 같다. 역사책은 국가의 현재 상황과 이미지를 반영한다. 먼저 역사는 연대순으로 재현된다. 국민의 인식이 무엇이며, 국가가 내부적, 외부적으로 어떤 방식으로 "타자"를 인식하는지 역사책을 통해 엿볼 수 있다. 역사의 현재성을 분석하면서, '우리'와 '타자'를 인식하고 이를 지속하고 변화시켜 나가는 행위이다.[22]

예를 들어 쿠지오 타라스는 1992년 내전을 거치고 난 이후 새로운 국가건설에 나선 타지키스탄의 역사책을 '나'와 '타자'라는 범주를 이용하여 4가지 정도로 분류하였다.

첫째, '우리 자신'은 타지크를 의미하며, '나self'의 개념이다. 이는 민족-지역적 용어로 규정되었다.

둘째, 우즈베크 민족이 주요한 "타자other로 구성"된다. 역사책 저자들은 러시아-소련 유산을 현대화와 진보로 등식화하였다. 러시아인들은 다민족 소련 사회에서 "형님the elder brother"과 "민족 지도자"로 묘사되었다.[23] 러시아-

---

21 Francis Fukuyama, *The End of History and the Last Man*, New York : Avon Books, 1992, p.33.
22 Helge Blakkisrud, Shahnoza Nozimova, "History writing and nation building in post-independence Tajikistan", *Nationalities Papers* 38/2, 2010, p.174.
23 Taras Kuzio, "History, Memory and Nation-Building in the Post-Soviet Colonial Space", *Nationalities Papers* 30/2, 2002, p.242.

소련 문화가 중앙아시아 민족에 동화된 이후 러시아적 "타자"는 부분적으로 타지크 민족의 "나"로 국제화되었다.

셋째, 러시아인들은 현대화의 에이전트 혹은 소비에트성의 대표적 위치로 자리매김이 되었는데, 전체적으로 그들은 "외부적 나external self"로 해석되었다.

넷째, "내부적 타자" 분류이다. 예를 들면, 독립 이후 역사책 저자들은 종교, 특별히 이슬람에 대해 부정적 입장을 보였다. 타지크인의 대부분이 자신의 종교 정체성을 무슬림으로 인정하고 있지만, 역사책에는 이슬람이 부정적으로 표현되거나 단순히 무시되는 경향이 강했다. 이에 대해서는 여러 설명들이 있다. 이슬람은 국가 건설에서 결정적인 요소가 되지 않거나 마지막 범주인 내부적 타자로 상정된다는 것이다.[24] 무슬림 민족이면서 이슬람에 대한 전통성을 가지고 있는 타지크 민족에게 이슬람이 '내부적 타자'로 기능하는 현상은 이질적이다. 우리는 일반적으로 중앙아시아 무슬림이 매우 강력한 종교 정체성을 가지고 있다고 쉽사리 평가하기 쉽다.

중앙아시아인은 소련 해체 이후 민족건설을 서두르면서 과거 국가의 위대한 역사적 사건과 영웅을 추앙하면서 소비에트의 유산으로부터 탈피하고자 했다. 정치 지도자들의 정책 추진도 그러한 방향에서 진행되었다. 이는 이제 새로운 근대 국가를 최초로 형성한 중앙아시아 인이 가지고 있는 새로운 민족 국가 인식이라고 할 수 있으며, 정치, 사회, 문화의 모든 영역에서 그러한 경향의 분위기가 매우 강력히 나타났다. 그래서 소련 해체 이후 가장 강하게 나타났던 키워드가 국가건설, 민족건설과 관련된 용어였다.

2) 중앙아시아 국가와 이슬람 인식

역사의 과정 속에서 18세기 이후 강대국인 러시아를 만난 중앙아시아 거주민들은 지금까지 수용, 저항, 발전 등의 여러 과정을 거쳤다. 일부 역사가들

---

24 Helge Blakkisrud, op. cit., p.175.

은 과거 러시아 및 소련에서 발생한 갈등의 역사에 대해 역사적 논점이 무엇인가에 대해 논증하였다. 이러한 정치적 사건 등은 러시아 및 소련의 유산이라는 관점에서 해석되었다. 이들은 제국의 역사적 유산이라는 텍스트 안에서 소련 체제의 붕괴와 유라시아 지역의 변혁적 상황을 전체적으로 고려해야만 한다고 언급하였다.[25]

중앙아시아는 전통적인 이슬람 지대였다. 역사적으로 그러하다. 중앙아시아 이슬람 정체성은 중동아랍의 이슬람 정체성과 확연히 다르다. 소련 해체 이후 중앙아시아 이슬람은 어떤 양상을 보였을까? 1991년 소련이 해체되었다. 이 사건은 중앙아시아 사회에 큰 변화를 일으켰다. 중앙아시아 각 국은 신생 국가가 되었다. 각 국은 자국의 위대한 역사, 문화를 선전하기 시작했는데, 이슬람은 사회적 안정성 측면에서 매우 유용한 문화적 요소였다. 독립 이후 중앙아시아 사회의 종교 특성 중의 가장 큰 현상은 모스크가 급증하고 이슬람 부흥이 일어났다는 점이다. 이는 소련 사회주의의 붕괴로 인한 이념의 진공으로 발생한 측면도 있지만, 기본적으로 중앙아시아인의 종교 정체성이 이슬람이었기 때문이다. 독립 이후 국가건설 과정에서 중앙아시아인이 이슬람을 자연스럽게 신봉하고 종교 활동이 늘어났다. 그리고 이외에 터키에서는 투르크 민족주의를 중앙아시아에 강력히 선전하기 시작했다. 터키공화국에서는 중앙아시아로부터 유학생들을 초빙하여 대학과 대학원에서 가르치고 기술 인력 파견, 합작 투자 건립 등의 지원 정책을 추진하였다.[26]

사우디아라비아, 터키, 이집트의 외부 기금이 들어와 모스크가 대량 건설되었다. 모스크 건설에는 여러 가지 경제적 문제가 발생하였는데, 높은 실업, 사회적 침체 등으로 건설의 어려움을 겪었다. 국가는 경제적 문제로 어려움을 받고 있는데, 이슬람 사원의 급격한 증가에 부정적인 반응을 보이는 분위기도 있었다.[27] 그러나 전체적으로 모스크가 급증했다는 사실은 이슬람 부흥

---

25 Karen Dawisha, op. cit., p. 23.
26 최한우, 「중앙아시아의 민족과 종교 문제-어제와 오늘」, 『중동연구』 14, 1995, 23~24쪽.

106   제1부 역사 속의 유라시아

의 분명한 증거로 인식되었다. 종교 정체성이 이슬람이지만, 소련 시기 무신론 정책으로 이슬람 전파가 활발하게 이루어지지 않아 독립 이후 외부의 중동아랍 이슬람 국가의 선교사들이 중앙아시아로 대거 입국했다. 당시 일부 국가는 이슬람 사상을 중앙아시아에 펼칠 수 있는 기회가 왔다고 간주하였다. 소련 해체 이후로 많은 이슬람 선교사들이 파송되었다. 기독교 선교사들만이 활동한 것이 아니었다. 특히 터키 등에서 무슬림 선교사들이 입국해서 활동하였다. 중앙아시아 인이 보기에 기독교 선교사는 많은 점에서 무슬림 선교사와 비교되는 측면이 있었을 것이다.

그 이전 고르바초프 서기장이 1985년 소련의 서기장으로 집권하면서 소련이 국제사회에서 시민 사회의 재정립을 위해 페레스트로이카와 글라스노스트(공개)를 시작하였는데, 당시 공산 통치 기간에 탄압받았던 여러 종교적 행위도 가능하였다. 무신론으로 탄압받던 러시아정교회도 1988년에 러시아정교 전래 1000주년 행사를 개최하였다. 초기 이슬람 원리주의 그룹인 살라피 그룹은 소비에트시기 이미 출현하였으며, 이슬람에 기반한 최초의 정치적 정당은 이슬람 부흥당IRP : Islamic Renaissance Party이었다. IRP는 고르바초프 집권 시기에 모든 소비에트 정당의 개혁의 기간에 탄생되었다. 이미 소련 시기에 중앙아시아 내에서도 종교적 자유가 조금씩 진행되고 있었기 때문에 소련 해체 이후에 이슬람 부흥으로 연결될 수 있었다.

이슬람은 역사적, 전통적으로 중앙아시아의 강력한 종교 정체성으로 정착되었다. 이슬람 원리주의는 사우디아라비아 등 외부에서 수입된 이슬람 이념으로 원래의 중앙아시아 이슬람 특성과는 변별성이 있다. 그러나 타지키스탄에서는 내전을 통해 이슬람 원리주의 세력이 증가하였고, 우즈베키스탄에서는 1990년대 정치 체제에 반대하는 입장에서 이슬람 원리주의 세력이 증가하였다. 중앙아시아의 전통적 이슬람을 생활 이슬람Living Islam, 일상의 이슬람 Everyday Islam, 민속 이슬람Folk Islam, 병렬 이슬람Parallel Islam 등으로 부른다.

---

27 Dmitri Vertkin, "Kazakhstan and Islam", *Defense & Security Analysis* 23/4, 2007, p.439.

관습의 이슬람이라는 전통성을 지녔다. 그런 관계로 이슬람 원리주의가 정착될 가능성이 높지 않은 공간이 중앙아시아이다. 특히 독립 이후 우즈베키스탄, 타지키스탄, 카자흐스탄 등에서 정권의 안정성과 통치 방식 상 이슬람 원리주의자들은 정치적 압박을 받았다. 중앙아시아의 이슬람 부흥은 수피즘을 비롯, 전통적 이슬람과 독립 이후 급속히 전파된 원리주의 이슬람이 동시에 부흥했다는 의미를 지니고 있다. 전통의 이슬람과 원리주의 이슬람이 동시에 부흥하게 되었다.

수피 성직자들이 수피즘을 전파했다. 이들은 투르크계 유목민에 대한 이슬람 전파를 주도했다. 중앙아시아는 2개의 주요한 수피 종단이 탄생된 곳이다. 수피 종단 중 가장 중요한 종단은 '낙쉬반디야Naqshbandiyya'이다. 이 종단은 부하라에서 시작되었으며, 창시자는 '바하우딘 낙쉬반드Bahauddin Naqshband'(1317~89)이다. 다른 주요 종단은 '야사위야Yasawiyya' 종단인데, '호자 아흐메트 야사위Khoja Akhmet Yassawiyya'(1103~1166/67)가 창시자였다. 그는 선지자 무함마드 이후 2번째의 신성한 지도자로 추앙되었는데, 투르크계였다. 야사위야는 유목 부족에서 성행한 샤머니즘 예식을 많이 활용하여 이슬람 수피즘에 활용하였다.[28] 그는 카자흐스탄의 남쪽에서 이슬람 교의를 설파했다. 그가 남긴 기록인 '히크메트Hikmet'(지식)는 투르크계 언어인 차가타이어로 기술되었다. 이 저서는 모든 투르크 민족의 일반적인 영적 유산으로 남았다. 이러한 역사적 전통성을 가지고 있는 수피즘은 서서히 정착되어 오랜 역사적 시기 동안 중앙아시아 이슬람의 전통성으로 자리잡았다.

중앙아시아에는 온건한 생활 이슬람이 확산되어 있어 원리주의 이슬람이 사회를 근본적으로 무너뜨릴 수 없다는 인식이 저변에 깔려있다. 중앙아시아는 몽골의 전통, 투르크성, 그리고 생활 이슬람 등으로 공통의 역사와 연대를 가진 문화권이다. 그래서 이슬람 원리주의가 강력한 세력을 형성하기가 어렵

---

28 Olivier Roy, *The New Central Asia : The Creation of Nations*, Washington Square, New York : New York University Press, 2005, p.147.

다. 타지키스탄의 경우, 과거 이슬람 원리주의 세력이었던 'IRPT(타지키스탄 이슬람 부흥당)'은 1992~1997년 내전 이후에 점차적으로 이슬람 원리주의 이념을 포기하였다. 타지키스탄 정부는 IRPT를 2015년에 불법 단체로 규정함으로써 실제적으로 이슬람 원리주의 세력은 매우 약화되었다. 이는 우즈베키스탄의 경우에도 마찬가지이다. 2023년 현재 이슬람 원리주의는 1990년대에 비해 세력이 매우 약화되었다. 이슬람 원리주의는 중앙아시아에서 그렇게 강력한 세력을 형성하고 있지 않기 때문이다.

종교에 기반을 둔 중앙아시아 사회는 초민족적인 시민 정체성을 지니고 있다. 그러나 이러한 정체성은 중앙아시아 특유의 민족 정체성과 비교해 더 강력하지 않다.[29] 소련권 국가가 직면하고 있는 문제점을 직시해보면, 1990년대에는 소련의 지배라는 역사적 유산과 더불어 이슬람 원리주의 세력의 급증으로 평화 정착의 걸림돌이 되었다. 그리고 중앙아시아를 연결하는 단일한 힘이 존재하지 않는다는 평가가 있다. 중앙아시아 5개국은 독립되고 공통성이 없는 경로를 걸어간다는 지적이 있다. 한때 중앙아시아에서 단일한 무슬림 국가가 창설될 수 있다는 전망도 있었지만, 이는 결코 실현될 수 없는 일이다. 단일한 국가 창출 노력은 19세기 중앙아시아를 정복한 러시아에 의해 제기된 적은 있지만, 당시 이를 성취하기에는 역부족이었다.

독립이후 중앙아시아 이슬람 원리주의의 특성은 어떤 것일까? 이슬람 원리주의는 그 행동 규범이 이슬람 칼리프 시절, 초창기로 돌아가서 소위 '깨끗한 이슬람Clean Islam'을 추구하자는 것이었다. 즉 이슬람 황금시기 코란이 강조한 원칙을 회복하자는 것이었는데,[30] 18세기 사우디아라비아에서 시작되었다. 그런데 현대 시대에 이슬람 원리주의는 서구 사회를 겨냥한 테러를 자행하는 이슬람 급진주의자들을 서구에서 이슬람 원리주의자들이라고 부르는 경향이

---

29 Ronald Grigor Suny, "Provisional Stabilities : The Politics of Identities in Post-Soviet Eurasia", *International Security* 24/3, 2000, p.165.

30 정세진, 『중앙아시아 지역연구와 인문학 : 역사적 문화 요소를 중심으로』, 경제·인문사회연구회 인문정책연구총서 2014-15, 47쪽.

강하다.

독립 이후 우즈베키스탄, 타지키스탄을 중심으로 이슬람 원리주의 그룹이 등장하면서 이 지역 안보가 위협에 처했다. 원리주의는 독립 이후 공백 상태를 틈타 특히 가난한 청년들에게 보급되었다. 경제적 상황이 악화된 것이 이슬람 원리주의가 부흥한 원인으로 작용했다. 도시화도 이슬람 원리주의가 부흥한 직접적인 원인이 되었다. 청년들은 도시에서 구직에 어려움을 겪고 있었고, 신정국가 건설 목표라는 간단한 이슬람 원리주의 교의가 청년들의 마음을 사로잡았다. 이슬람 원리주의는 반국가적 성향을 보였다. 정권 담당자들은 과거 구소련 관료 출신이었다. 우즈베키스탄 이슬람 원리주의자들은 지금은 고인이 된 '이슬람 카리모프' 대통령과 집권층에 반대하면서 신정국가 창설을 목표로 국민들의 지지를 호소하였다. 이슬람 원리주의의 정치화였다. 타지키스탄에서는 내전 시기 이슬람 반군 세력이 강하게 정치적 세력을 형성했다. 이슬람 원리주의자들은 신정국가 창설을 주장하였다.

독립 이후 러시아는 옛 소련권 국가에 정치적 영향력을 가지기를 원했기 때문에 러시아는 중앙아시아와 강력한 연대 정책을 펼치고자 했다. 이러한 상황에서 무슬림 인구가 증가한다는 사실은 러시아에 유리한 정치적 환경이 아니었다. 러시아는 소련의 적통 국가로서 소련을 계승한 새로운 국가이다. 소련은 무신론을 강력히 펼친 국가였기 때문에 강력한 반 종교 정책을 가동하였다. 소련은 러시아정교, 이슬람에 대해 정치적 탄압을 가했다.[31]

소련 해체 직후 러시아는 중앙아시아 이슬람 원리주의자들에 대해서 강력한 압박 정책을 펼치지 않았다. 이는 중앙아시아 내부 문제였기 때문이다. 그리고 중앙아시아 이슬람은 전통적인 특성이 강했기 때문에 사회 내에서 그렇게 급진적인 정치적 불안정성이 있을 것이라고 간주하지 않았다. 생활 이슬

---

31 소련 해체 이후 러시아는 러시아연방 내의 자치공화국에 대해서는 경계를 늦추지 않았다. 중앙아시아 국가들은 이미 독립했다. 그런데 타타르스탄, 체첸 공화국은 러시아연방의 자치공화국이어서 러시아연방 정부는 국가 정책의 분명한 스탠스를 보여줄 필요성이 있었다. 러시아는 체첸 등에서 모험적 이슬람주의자들에 대한 정치적, 군사적 압박을 매우 강력하게 펼쳤다.

110   제1부 역사 속의 유라시아

람은 이슬람 원리주의와 완전히 다른 형태이므로, 기본적으로 이슬람 원리주의자들에 대한 압박을 강하게 추진하지 않아도 체첸의 경우처럼 분리 독립과 같은 분쟁이 일어나지 않으리라는 기대가 있었다. 중앙아시아 지도자들도 이슬람을 민족 통합성을 위한 요소로 정착시키고자했다. 지도자들은 무슬림에게도 강력하고 동등한 권리를 가지고 있다는 점을 강조함으로써 이를 극복하고자 하였다.

6. 결론

19세기 제정러시아에는 주요한 3가지 원칙들이 있었다. 이는 전제주의, 정교, 국민성이었다. 이 원칙은 러시아 보수주의 원칙을 가진 '니콜라이 1세'(재위 : 1825~1855) 시기, 러시아 사회의 개혁을 주장하던 서구주의자들에 대항해 내세운 보수 정부의 이념이었다. 그런데 이 원칙은 소련 시기 공산당 일당독재체제, 마르크스-레닌주의, 소비에트 애국주의로 대체되었다. 러시아는 중앙아시아를 정복하면서 이 지역에 러시아식의 보수주의 원칙을 심고자 했다. 이 지역을 식민지로 만들면서 러시아정교 등의 문화적 침투 전략도 구사했다. 러시아의 제국주의적 인식은 중앙아시아를 18세기 중반 이후 점령하면서 강력하게 정착되었다.

제정러시아는 중앙아시아를 정복하였다. 러시아가 타국의 영토를 점령하는 방식은 러시아 국경 근처에서 많이 이루어졌으며, 러시아는 16세기 무슬림권으로 최초로 진출하면서 타민족을 점령하기 시작했다. 이러한 제국주의적 점령 방식은 서유럽의 제국주의 방식과는 조금은 다른 측면이 있지만, 근본적으로는 동일하다고 할 수 있다. 러시아는 중앙아시아, 카프카스 지역 등을 정복하면서 유럽 제국으로 급격히 등장하게 되었으며, 유럽의 강국이 되었다. 러시아는 정치적, 문화적, 사회적 '문명화 미션'을 가동하였으며, 러시아는 중앙아시아 등을 그렇게 통치했다.

3장 러시아의 중앙아시아 점령과 통치, 그리고 그 역사적 관계   111

러시아의 중앙아시아 정복으로 이 지역은 실상 제정러시아, 소련 시기를 거쳐 포스트소비에트 시기인 현재도 러시아의 영향력이 복원되는 그런 역사적 과정 속에 있다. 각 민족에게 있어서 피할 수 없는 숙명처럼 이웃 강대국의 영향력이 남아있었고, 지금도 역사적 유산은 지속되고 있다. 러시아와 중앙아시아의 역사 속에서 배태된 중앙아시아 지역 정체성은 지속적인 속성을 지니고 있으며, 이런 관점에서 중앙아시아에 등장한 러시아의 역사적 역할이 특별하다는 점을 본 글에서는 주목하였다. 그리고 그것은 지금도 여전히 현재진행형이다.

현재 아프가니스탄에서 탈레반이 집권하고 있다. 이 지역의 안보 불안정성으로 아프가니스탄 인근의 우즈베키스탄, 타지키스탄이 국경 안보를 강화하고 있으며, 이 국가들은 미국이 아니라 러시아의 푸틴 대통령과 긴밀히 협력하면서 국경 안보를 굳건히 하고자 하는 노력을 보이고 있는 중이다. 러시아가 중앙아시아에 끼친 역사적, 정치적 영향력이 아직 굳건하다는 것을 보여주는 하나의 실례實例라고 하겠다. 중앙아시아는 앞으로도 러시아와의 정치적, 경제적, 사회적 관계가 지속될 것이다. 그런 측면에서 특정 지역, 특정 민족에 대한 역사와 문화 연구는 앞으로도 그 중요성을 띠게 될 것이라고 사료된다.

참고문헌

고상두, 『지역학의 이해와 연구방법』, 서울 : 다해, 2021.

정세진, 『중앙아시아 지역연구와 인문학 : 역사적 문화 요소를 중심으로』, 서울 : 경제·인문사회연구회 인문정책연구총서 2014-15.

_____, 「19세기 '중앙아시아철도' 건설의 역사적 의미장 : 러시아 제국의 형성과 실크로드의 상업로적 함의를 중심으로」, 『슬라브연구』 35/1, 2019, 53~80쪽.

최한우, 「중앙아시아의 민족과 종교 문제-어제와 오늘」, 『중동연구』 14, 1995, 53~87쪽.

Abdullaev, Kamoludin, "Emigration Within, Across, and Beyond Central Asia in the Early Soviet Period from a Perspective of Translocality",(ed) Stephan-Emmrich, Manja, Schröder, Philipp, *Mobilities, Boundaries, and Travelling Ideas : Rethinking Translocality Beyond Central Asia and the Caucasus*, Cambridge : Open Book Publishers, 2018.

Adams, L. Laura, "Modernity, Postcolonialism, and Theatrical Form in Uzbekistan", *Slavic Review* 64/2, 2005, pp.333~354.

Baltanova, Goulnara, "Islam and Globalization : Russian Muslim's Place in the Context", *Journal of Muslim Minority Affairs* 22/2, 2002, pp.427~433.

Blakkisrud, Helge, Nozimova, Shahnoza, "History writing and nation building in post-independence Tajikistan", *Nationalities Papers* 38/2, 2010, pp.173~189.

Brasher, Ryan, "Ethnic Brother or Artificial Namesake? The Construction of Tajik Identity in Afghanistan and Tajikistan", *Berkeley Journal of Sociology* 55, 2011, pp.97~120.

Dawisha, Karen and Parrot, Bruce, *Russia and the New States of Eurasia : The Politics of Upheaval*, New York : Cambridge University Press, 1994.

Forsyth, Louise, Gould, David, Lawrence, David, "History Didactics in the Post Cold War World : Central Asia, the Middle East, and China", *The History Teacher* 33/4, 2000, pp.1~26.

Fukuyama, Francis, *The End of History and the Last Man*, New York : Avon Books, 1992.

Kandiyoti, Deniz, "Post-Colonialism Compared : Potentials and Limitations in the Middle East and Central Asia", Special Issue : Nationalism and the Colonial Legacy in the Middle East and Central Asia, *International Journal of Middle East Studies* 34/2, 2002, pp. 279~297.

Kuzio, Taras, "History, Memory and Nation-Building in the Post-Soviet Colonial Space", *Nationalities Papers* 30/2, 2002, pp. 241~264.

Lobanoff-Rostovsky, "The Soviet Muslim Republics in Central Asia", *Journal of the Royal Institute of International Affairs* 7/4, 1928, pp. 225~240.

Manz, F. Beartice, "Multi-ethnic Empires and the formulation of identity", *Ethnic and Racial Studies* 26/1, 2003, pp. 70~101.

McDowell, Christopher, "'Death to Sarts' : History, injustice and a complex insult in Central Asia", *Anthropology Today* 28/6, 2012, pp. 22~24.

Pottenger, R. John, "Civil society, religious freedom, and Islam Karimov : Uzbekistan's struggle for a decent society", *Central Asian Survey* 23/1, 2004, pp. 55~77.

Roy, Olivier, *The New Central Asia. The Creation of Nations*, Washington Square, New York : New York University Press, 2005.

Shahrani, M. Nazif, "Islam and the political culture of "Scientific Atheism", in Post-Soviet Central Asia", ed. Michael Bourdeaux, *The Politics of Religion in Russia and the New States of Eurasia*, Armonk, NY : M.E. Sharpe, 1995.

Suny, Grigor Ronald, "Provisional Stabilities : The Politics of Identities in Post-Soviet Eurasia", *International Security* 24/3, 2000, pp. 139~178.

Vertkin, Dmitri, "Kazakhstan and Islam", *Defense & Security Analysis* 23/4, 2007, pp. 439~440.

Ziegler, E. Charles, "Civil society, political stability, and state power in Central Asia : cooperation and contestation", *Democratization* 17/5, 2010, 795~825.

Абилхожин, В., *Очерки социально economической и стории Казахстана XX век*, Алматы : университет Туран, 1997.

1 2 3 **4**

이슬람 중심 중앙아시아 정주문명 전통도시의 다종교 - 다문화구조*
- 우즈베키스탄 사마르칸트 -

‖ 김상철

국문요약

중앙아시아의 이슬람은 정주문명지대에서 특히 일상생활과 긴밀하게 연계되어 계승되고 있는데, 이슬람 유입이전의 소그드 중심 다종교 공존 구조는 소그드인 중심 아프라시압 사마르칸트 유적지로 대표된다. 이슬람 유입 후 사마르칸트는 페르시아 - 이슬람 문화의 변방 중심도시로, 오늘날 중앙아시아 정주문명지대의 전통문화가 사마르칸트, 부하라를 중심으로 형성되었다.

몽골제국 침공 이후에는 몽골 후계제국 이러한 문화유산들을 이어받은 티무르제국에 의해 이어지는데, 사마르칸트 중심 도시의 문화적인 융성으로 최전성기에 달했다. 이 시기의 중심지는 오늘날 사마르칸트 구도심의 중심으로 이어지고 있다.

제정러시아의 중앙아시아 정복 이후에는 러시아정교와 이슬람의 공존 양상이 나타났는데, 도시 구조에서도 구도시와 연결되는 러시아식 신도시가 만들어져, 오늘날에도 이어지고 있다.

중앙아시아 정주문명 지대 도시들은 이른바 이슬람 중심의 도시일 것이라는 일반적인 인식과는 달리 도시 구조내에서 명확히 구분되는 시기별 중심지가 존재하고 있으며, 오늘날에도 해당도시 공동체에서 상호 의존적인 공존의 구조를 이어가고 있으며, 이의 가장 대표적인 도시가 바로 사마르칸트이다.

1. 서론

중앙아시아는 역사적으로 정주문명과 유목문명이 공존했었고, 이는 현대 중앙아시아 국가들에서도 그러하다. 제정러시아, 소련을 거치면서 제도적으로 공통 자산들을 가지고 있지만, 독립 이후 개별국가들에서 관련 상황 전개는 차이를 보인다. 중앙아시아 국가들은 민족과 종교 모두 다원성을 기반으로 다종교적 공동체 통치권력과 구성원의 종교간 관계가 공식적인 종무제도를 통해 형성 및 발전되어 왔다. 우즈베키스탄은 역사적으로 정주민 전통이 다수인 사회여서 이슬람이 빠르게 정착된 이슬람 성향이 상대적으로 강한 중앙아시아 국가이다. 반면 카자흐스탄은 전통 공동체가 유목민이었기에, 이슬람의 정착 및 확산이 상대적으로 늦었고, 사회 다수집단 공동체가 소련 시기에 뒤바뀌면서 매우 느슨한 중앙아시아 이슬람 공동체 특성을 가지고 있다.

또한 현대 우즈베키스탄 사회는 종교적으로는 무슬림이 압도적인 다수를 점하고 있는 사회임에도, 사회 영역내에 다종교적인 요소들이 공존하고 있는 구조이기 때문에 단순히 이슬람 국가로 분류하기에는 다종교, 다문화적인 다양성이 일상생활에서 두드러지게 이어지고 있다. 특히 이는 역사적으로 중첩의 과정을 거쳐온 중앙아시아 실크로드를 구성하는 역사적인 전통 정주도시들의 구조와 외경에서도 잘 드러나고 있다.

도시 발전의 역사를 상대적으로 잘 보존하고 있는 중앙아시아 정주문명의 대표도시들 가운데 역사적으로 중심지 역할을 했던 기간이 길고, 사회 또는 공동체에서 이슬람이 중심이 되면서도, 단순히 이슬람 도시로 표현하기에는 다양한 공동체 변천의 역사, 그리고 이와 관련된 문화유산들을 보존하고 있는 현대 도시로는 사마르칸트를 꼽을 수 있다.

사마르칸트 도시에 대한 다종교, 다문화 중심의 공동체 변천에 대한 분석

---

* 오늘날 중앙아시아 정주문명지대 도시들은 이슬람이 다수인 공동체이지만, 도시 구조내에 상이한 종교 기반 시기의 중심지가 존재하고 있으며, 오늘날에도 이러한 중심지들간에 상호의존적인 공존이 계속되고 있고, 우즈베키스탄 사마르칸트가 가장 대표적인 도시 사례이다.

과 재해석은 중앙아시아 정주문명지대의 다종교, 다문화적인 유산들이 현재
는 이슬람 중심으로 형성되어 있으면서도, 다른 이슬람 국가들에서 나타나는
문화적인 이슬람의 독점적 구조가 중앙아시아 사회나 공동체내에서 압도적인
우위를 점하지 않는 양상을 이해하는데 효과적이라 할 수 있다. 아울러 중앙
아시아 정주문명지대의 통시적인 문화변천 과정에 직접적인 영향을 준 페르
시아 제국의 요소로 인해 이슬람 종교의 분파로는 수니파와 시아파로 나눠지
는 중앙아시아의 우즈베키스탄, 그리고 이란간에 특히 역사적인 이슬람 유적
또는 건물에서 나타나는 유사성, 독립 이후 이슬람의 갈래 차원에서 같은 계
열에 속하는 중동 또는 터키의 재정적인 지원을 바탕으로 세워진 이슬람 관
련 건물에서 나타나는 전통적인 이슬람 역사 관련 건물과 대비되는 차이점의
발생 배경에 대해서도 적절한 이해가 가능해진다.

　이러한 맥락에서 중앙아시아 정주문명의 대표도시 사마르칸트를 대상으로
도시 형성과 변천의 과정을 공동체 변천과정, 다종교 기반의 다문화 요소들
을 지리적인 입지의 변천과 연관시켜 살펴보았다.

2. 중앙아시아에 대한 문명사적인 이해와 이슬람

1) 정주문명지대의 발전과 이슬람 유입 - 확산

　중앙아시아는 문명사적으로 정주민 지대와 유목민 지대로 구분되는데, 이
른바 세계적으로 널리 알려져 있는 실크로드는 바로 이 정주문명 전통지대를
서에서 동으로 관통하고 있다. 중앙아시아 국가 가운데 정주문명 전통문화
유산을 대다수 이어받고 있는 우즈베키스탄에는 과거부터 정주문명 전통이
존재하고 있었다.

　BC12~9세기 사이에 이 지역에는 소그드, 박트리아, 마길란이라는 페르시
아 제국의 동쪽 변방에 해당되는 공동체들이 형성되어 있었고, 동시대의 실

크로드를 통한 교역, 및 중앙아시아 물질문명의 번성에 기여를 했으며, 특히 소그드인은 동시대의 국제상인으로 국제교역을 주도했다. BC8세기 이후에는 고대 호레즘과 박트리아 왕조로 재편되었으며, 조로아스터교가 확산되어 당시 공동체의 중심 종교로 받아들여졌으며, 이 시기의 유산들이 오늘날까지도 일부는 일상생활에서 전통 풍습의 형태로 그대로 이어지고 있다.

BC6세기 중앙아시아 정주문명 영역은 아케메네스 페르시아 제국의 지배하에 들어가 대략 150년 동안 페르시아 제국의 지배하에 있었는데, BC4세기 그리스(마케도니아) 알렉산더 대왕의 동방원정 과정에서 남부지역이 그리스문화의 영향권에 속하게 되었으며, 이후 짧은 시기나마 그레코박트리아 왕국이 형성되어 그리스문화와 그리스 혈통의 공동체가 오늘날까지 중앙아시아 정주지대 남부 지역에 과거의 유산으로 이어지는 계기가 되었다.

BC2세기에 그레코박트리아를 대신하여 현재의 아무다리야강과 스르다리야강 사이의 비옥한 농경가능 지대에 고대 투르크(돌궐계) 유목민 집단들이 유

이슬람 유입이전 고대 중앙아시아의 다종교 양상

출처 : Rafis Abazov, *The Palgrave Concise Historical Atlas of Central Asia*, Palgrave Macmillan 2008.

입되기 시작했다. 이슬람의 중앙아시아 진출 및 확산은 7세기말부터 시작되었으며, 이를 계기로 정주문명 지대에 이슬람이 확산되었다. 중앙아시아 정주문명지대에 이슬람이 전파된 것은 7세기 중반으로 아랍 이슬람 군대가 사산조 페르시아 지역을 정복하게 되면서이다. 651년 우마이야 왕조 군대는 페르시아 원정에 나서 당시는 유목민 집단인 투르크족의 지역과의 경계선이었던 현재 중앙아시아 남부 아무다리야강을 건너 사산조 페르시아 제국 영역에 진입했고, 705년 중앙아시아 정주문명지대에 대한 정복을 시작했다.

이 시기는 우마이야 칼리파조 시대 압둘 말리크, 및 아들 왈리드가 칼리파 직을 이어가면서 통치했던 기간이었는데, 중앙아시아 정주문명지대는 고대부터 정주공동체가 형성되어 동시대의 동서간 교역을 바탕으로 번성하고 있었다. 따라서 기존의 정주민공동체들이 가지고 있었던 종교 및 문화의 다원성과 다양성을 완전히 부정하고 단일한 하나의 새로운 종교, 문화체계의 수용에는 적극적이지 않았고, 새로운 집권층이 유입되면서 이루어지는 새로운 종교로의 강압적인 수용과정에서 이에 대한 거부, 기존의 종교나 토착신앙 체계를 유지하는 경향이 빈번하게 나타났다. 이슬람으로의 개종에는 집권세력의 회유와 강압적인 정책 제도화가 병행되었고, 이슬람이 처음 유입되던 시기 부하라에서는 이슬람 개종을 거부하는 사람들에게는 인두세를 부과했다.[2]

중앙아시아 정주문명지대 정복에 나섰던 우마이야 칼리프국 군대의 쿠타이바 이븐 무슬림은 현재의 중앙아시아 남서부지역 유목민 공동체 영역에 대하여 오늘날의 투르크메니스탄 지역을 점령한 후 당대 실크로드 선상의 교역 중심지들이었던 부하라, 사마르칸트를 점령하면서, 오늘날의 중앙아시아 남부지대에서 당시 당나라와의 주도권 경쟁에서 우위를 차지했고, 751년 지금의 키르기스스탄 남부 탈라스에서 벌어진 탈라스(아틀라흐) 전투에서 승리하면서 중앙아시아 정주문명지대(오늘날 중앙아시아 남부)에 대한 이슬람 지배는 확립되었다.

---

2 한국이슬람학회, 『세계의 이슬람』. 청아출판사, 2018, 117쪽.

중앙아시아 정주문명지대에 대한 정복 완료 후 사회 및 군사개혁이 시도되었는데 주민들이 소유하고 있는 주택의 절반을 이슬람군대를 따라 유입된 아랍인들에게 강제 배정하는 조치들이 취해졌고, 이슬람으로의 개종 활성화를 위해 이슬람 사원 건설, 금요일 이슬람 사원 예배에 참석하는 부하라 주민에 대한 인센티브가 주어지기도 했다. 이후 우마이야 칼리프국을 계승한 후계 압바스 왕조는 새로운 정복지인 중앙아시아 정주문명지대에 대한 통치에서 특히 개종한 토착민들에 대해 인두세의 폐지, 이슬람 선교사의 파견 등의 형태로 적극적인 이슬람 확산을 시도했다.

중앙아시아 정주문명지대를 통치 중심으로 하는 페르시아-이슬람 왕조인 사만조의 등장은 이 일대의 이슬람화에 결정적 기여를 했다. 이 시기에 파미르 서부의 오아시스 지대에서 조로아스터교나 불교를 비롯한 전대의 종교가 영향력을 상실했다. 이 시기 소그드어나 호레즘어 등 그때까지 사용된 언어를 대신해 아랍어 어휘를 수용하고 아랍 문자를 사용한 새로운 페르시아어(근세 이란어)가 나타났다. 사만조 궁정에서는 이 언어에 의한 활발한 문예활동이 전개되면서 페르시아-이슬람 문화가 꽃피었다. 이와 함께 이 일대에서는 9~11세기에 걸쳐 수학, 하디스학, 천문학, 철학, 의학을 비롯해 당대 거의 모든 학문분야에서 두각을 나타낸 학자들이 배출되었다. 사만조는 투르크계 유목민들의 이슬람화에도 크게 공헌했다. 이들은 투르크계 유목민들을 군사적 기반으로 삼았을 뿐 아니라 초원과의 경계지대에 노예시장을 개설해 투르크계 노예를 이슬람 세계로 유입시켰다. 사만조 군주들은 강력한 국력을 바탕으로 북방의 이교도에 대해 지하드(성전)를 감행하고 그곳에 모스크를 건설했다.

중앙아시아 정주문명지대는 몽골의 지배체제가 확립되면서 이슬람이 사회의 중심으로 확립되는 과정이 진행되었다. 칭기즈칸의 차남인 차가타이가 지배하는 차가타이 칸국의 중심으로 이후 토착 투르크계 유목민족 출신의 아미르 티무르가 오늘날의 사마르칸트를 중심 도시로 하는 국가 공동체인 티무르 제국을 건립하여 세력을 확장하여, 이란과 카스피해 일대, 이라크, 시리아, 터

아미르 티무르의 전성기 주요 정복활동

출처 : Rafis Abazov, *The Palgrave Concise Historical Atlas of Central Asia*,
Palgrave Macmillan, 2008.

키, 북인도에 이르는 광대한 영토를 차지하였으며, 지배 영역에 존재하는 문화와 예술을 존중 및 통합하여 티무르제국의 최대 번영기가 아들 샤루흐, 손자 울루그벡 시기에 이루어질 수 있도록 했다. 티무르는 정주사회의 일상에 동화되지 않고 유목민 생활양식을 고수했지만, 그는 도시를 중심으로 하는 정주사회의 발전에 큰 관심을 표명하고 많은 건축 활동을 했다. 그는 사마르칸트에 바자르(시장)를 건설하고 통상활동을 활성화하려고 노력했다. 이러한 노력으로 티무르제국 영내의 여러 도시가 번영을 누렸다. 이는 상인을 위시한 정주민들에게도 유리한 상황을 조성했다. 티무르의 정복활동이 점점 확대되고 지배지역도 넓어졌다. 지배영역의 확대는 상인들의 통상범위 확대로 이

4장 이슬람 중심 중앙아시아 정주문명 전통도시의 다종교 - 다문화구조 121

어졌다. 티무르는 정권을 창출할 때 이슬람의 권위도 이용했다. 티무르 시대 그의 지배하에 있었던 주민은 대부분 무슬림이었다.

아미르 티무르 사후의 제위 경쟁은 티무르의 4남으로 호라산 헤라트를 기반으로 하고 있던 샤 루흐(재위 1409~1447)에 의해 종결되었다. 샤 루흐는 장남 울루그벡 사마르칸트를 중심으로 하는 마와란나흐르의 통치를 위임하고 자신은 원래 자신의 통치영역인 호라산의 중심도시 헤라트로 돌아갔다. 그는 이슬람의 여러 학문에 관심을 기울이고 샤리아(이슬람법)를 준수하는 경건한 이슬람 군주였다. 대외적으로 명나라와 외교관계를 복원해 사절을 교환하고 상업과 농업을 진작시켰다. 그리고 문학과 예술을 보호한 결과 그의 궁정에서는 빛나는 문화발전이 이룩되었다. 40년에 걸친 샤 루흐의 통치는 티무르 일족에 의한 지배기 전체를 통해 가장 안정된 시기로, '티무르제국의 르네상스'라 불릴 만큼 문화와 예술의 황금기가 펼쳐졌다.

화려한 도시문화와 궁정문화는 이 시기 문화수준을 보여주는 대표적인 사례들로, 화려한 외양의 모스크와 마드라사(이슬람 신학교), 성묘와 궁정이 딸린 정원, 공공 숙박시설과 공중목욕탕이 건설되었으며, 정복전쟁에서 포로로 잡혀온 여러 장인들을 통해 수도 사마르칸트의 수많은 건축물들이 축조되었다.

티무르제국 말기에는 이들의 조상인 차가타이 칸국 형성기 지금의 러시아 및 카자흐스탄 북방, 우크라이나 초원을 기반으로 하고 있었던 또 다른 몽골 후예제국인 킵차크 칸국의 구성원들 가운데 일부가 유목 우즈베크라는 명칭으로 현재의 중앙아시아 정주문명지대까지 진입하여 티무르제국을 사실상 멸망시켰다. 따라서 15~16세기 무렵에는 중앙집권적인 통치체제 대신 사마르칸트와 부하라를 중심으로 하는 부하라칸국, 호레즘지방 히바를 중심으로 하는 히바칸국, 그리고 페르가나 벨리 지역을 중심으로 앞선 두 칸국보다는 늦게 형성된 정주와 유목이 공존하는 코칸드칸국 중심의 공동체 체제가 현재의 우즈베키스탄 영역에 확립되었다.[3]

---

3 티무르제국 후손들이 북인도로 이동 후 명목상 샤이바니조와 부하라 칸국의 지배하에 있었지만, 실제는

122   제1부 역사 속의 유라시아

18세기 이후 중앙아시아 정주문명지대에는 기존 티무르제국 시기까지 형성되어 온 정주문명 전통을 기반으로 우즈베크 유목민들이 세운 부하라 칸국, 히바 칸국, 코칸드 칸국이 정립했다. 삼국은 자라프샨, 아무다리야, 시르다리야의 풍부한 수자원에 의존한 농업생산과 러시아, 카자흐 초원, 인도, 신강을 연결하는 국제교역을 기반으로 번영했다. 18세기 말기부터 페르가나 분지와 호레즘에서는 관개수로가 건설되거나 복구되어 농업생산이 크게 증진되었다. 또한 세 칸국은 도시상인과 수공업자의 지지를 받아 국가체제를 중앙집권적으로 재편했다. 이러한 정주문명 공동체 구조는 19세기 중반 이후 제정러시아에 합병되는 과정에서도 외형적인 형태는 유지되었고, 소련 설립초기에도 여전히 유효한 중앙아시아 정주문명지대의 행정 및 공동체 단위로 작동하였다.

2) 제정러시아의 중앙아 진출과 이슬람 개혁운동

제정러시아는 18세기 초기부터 카자흐의 3개 쥬즈의 칸들과 외교관계를 맺고 그들에게 자국의 종주권을 승인시켰다. 그리고 19세기에 들어와서는 약화된 칸들의 권력을 대신하여 직접적인 지배정책을 추진해나갔다. 19세기 중반 이후 중앙아시아 정주문명지대 정복에 나섰다. 1864년 코칸드 칸국 공격을 시작으로 이듬해에는 타슈켄트를 점령했다. 타슈켄트가 속해 있었던 코칸드칸국은 제정러시아 침공에 이어 전개된 부하라군의 공격과 영내 키르기스 유목민의 반란으로 멸망하고, 페르가나 분지는 제정러시아령으로 편입되었다. 이후 부하라와 히바에 대한 공격으로 사마르칸트(1868년)와 히바(1873년)도 제정러시아령이 되었다.[4]

지방권력이 형성 및 유지되고 있었다. 18세기에 들어와 부하라 칸국이 사마르칸트도 통치하기 어려울 정도로 쇠락하면서 우즈베크 집단의 한 지파인 밍족 중심 코칸드 칸국(18세기 초~1876)이 형성되었다.
4 제정러시아는 1881년 괴크테페 전투에서 테케족(투르크멘의 한 씨족)의 저항을 분쇄한 다음, 1883~1884년에는 메르브 지방에 거주하던 투르크멘 부족들을 평정했다. 이를 거쳐 러시아령 투르키스탄이 완성되었다.

제정러시아의 중앙아시아 통치는 상위 행정 단위에서 러시아계 군인과 행정관이, 향·촌 단위에서 현지인이 통치를 담당하는 지배체계를 갖추고 있었다. 초기에는 관습법이나 이슬람법이 존중되었고, 투르키스탄 정주지대에서는 와크프(이슬람의 기진재산)도 인정되었다. 러시아아인들은 치안과 징세에만 전념하고, 가능하면 무슬림 사회에 대한 개입을 최소화했다. 행정관이나 재판관에 대한 선출제 도입은 때때로 혼란과 부패를 낳았고, 관습법은 변질되어 갔으며, 러시아 관리들의 부정과 비효율적인 업무처리는 이 시기의 보편적인 현상이었다.

정주지역에서 일어난 면화 재배의 확대, 유목지역에서 전개된 러시아계 농민의 이주는 중앙아시아 사회에 큰 변화를 가져왔다. 1890년대 이후 다수의 러시아계 이민자가 출현하면서부터 러시아 식민행정당국에 의해 행해진 신행정구역 설정과 이로 인한 과거 유목민이 이용하고 있던 토지가 이민자들에게 양도됨으로써 사회내 긴장 고조의 결과로 이어졌다.

제정러시아는 중앙아시아인들을 다른 비非슬라브계 민족과 마찬가지로 '이민족'으로 분류하고 갖가지 권리를 제한했다. 그러나 중앙아시아 사람들 입장에서 보면 러시아인들은 민족도 종교도 다른 단지 외래의 지배자에 불과했는데, 여러 사회적인 공식 및 비공식적인 제약 요인들이 초래한 불만이 누적되어 현지인의 저항이 시작되었다.[5] 제정러시아 통치가 가져온 모순에 대한 불만과 반감의 증대가 직접적인 원인이었고, 이러한 반란은 무슬림 사회의 정화를 제창하는 지하드 형태로 전개되었다.[6]

중앙아시아 정주문명지대 중심인 투르키스탄의 개혁운동은 이슬람 개혁운

---

5 카자흐 초원에서 전개된 케네사르 반란(카자흐의 통일을 목표로 내걸고 1837년부터 부자 2대에 40년 동안 계속됨)과 1898년 안디잔 봉기(둑치 이샨의 지휘 아래 이슬람 사회 정화와 이민자 구축을 목표로 내걸고 일으킨 봉기)는 대표적인 사례다.

6 물론 러시아 지배를 순순히 수용하거나, 아니면 그들과 대립하지 않고 러시아 통치하의 상황을 이용하려고 한 사람들도 존재했다. 후자에는 중앙아시아인의 지적·민족적 각성을 촉구하고 사회를 개혁하기 위해 먼저 러시아, 즉 유럽 문명을 수용하려고 한 지식인도 포함되어 있었는데 특히 유목문명지대에서 두드러지게 나타났다. 예컨대 카자흐에서는 카자흐 문화가 이슬람에 강하게 물드는 것을 걱정하고, 오히려 러시아 문명을 받아들여 사회발전을 도모하려는 민족운동 조류가 나타났다.

124   제1부 역사 속의 유라시아

동의 연장선상에서 중앙아시아를 이슬람 사회로 발전시키는 것을 목표로 내건 그룹이 있었다. 1880년대부터 전개된 교육개혁을 역설한 그룹이 그 대표적인 사례다. 그들은 무슬림을 문화적으로 부흥시킬 수 있는 요체는 교육개혁에 있다고 보고, 구어체 교육의 채용과 러시아어를 포함한 세속 교과목의 도입을 특징으로 하는 근대적 초등학교를 창립했다. 이러한 교육 개혁운동은 끊임없는 억압과 방해를 받았지만, 이러한 개혁운동은 제정러시아말인 1910년대에 크게 사회의 진전에 기여했다. 러시아 혁명 후 중앙아시아 정치와 문화방면에서 활동한 무슬림 활동가들은 대부분 이러한 활동에 참여했고 이를 바탕으로 사회적인 영향력을 확대했다.

3) 소련체제 이후의 중앙아시아 종교와 이슬람

18세기 소련체제에 들어와서는 공산당의 무신론 및 종교탄압 상황, 종교관련 시설의 폐쇄 또는 몰수를 통한 용도 전용으로 공식적인 일상에서 종교가 사라졌지만, 이미 개인들의 일상과 밀착되어 있는 상황에서 이른바 지하활동으로 종교활동이 이어짐에 따라 수피 이슬람 전통과 영향력이 특히 중앙아시아 정주문명지대에서는 암묵적으로 유지될 수밖에 없었다.

제2차 세계대전으로 소련이 국가적인 총동원이 필요한 상황에 처함에 따라 소련초기에 탄압 및 사실상 폐지시켰던 공식적인 종교 체계를 제정러시아 시기 여러 종교에 대한 국가의 종무제대를 되살리는 형태로 그대로 도입하여 소련 국가와 종교의 공식적인 타협이 이루어지면서 제2차 세계대전 이후 소련체제에서는 종교적인 요소들이 일부분 되살아나서 소련말기까지 유지되었으며, 소련붕괴 이후에도 국가와 종교간의 타협 양상은 여전히 이어지고 있다. 소련시기 중앙아시아의 전통종교 가운데 하나라 할 수 있는 이슬람과 공산주의간 관계는 접근하는 시각에 따라 다양하게 해석될 소지가 많다. 러시아정교회는 소련 초기 박해의 1차적 대상이었고, 이후 여기에는 이슬람도 포함되었다.

소련의 개인 및 민족들은 소련 붕괴후 각자의 전통 유산을 종교와 연관시켜서 정체성을 재정립했다. 대부분 무슬림이었던 비러시아인 집단에서는 종교와 혈통기반 근대 민족주의와 연계는 20세기 소련초기에 나타났고, 소련 붕괴후 신생독립국 형성 과정에서 다시 활성화되었다. 중앙아시아 신생국들의 공동체 형성 및 확립과정에서 가장 중심을 차지하는 정체성은 전통공동체 시기의 종교를 기반으로 했지만, 정치에 대한 영향력은 제한적이었다는 점이 중동 이슬람 국가들과는 다른 부분이었다.

소련초기 중앙아시아에서 이슬람과 공산당의 관계는 러시아정교회와 공산당의 관계보다는 덜 엄격했고, 따라서 소련시기 중앙아시아 공산당의 일부 당원들은 자신의 지위와 상관없이 시기나 상황에 따라 자신들의 무슬림 정체성을 공개적으로 드러낼 수도 있었고, 이는 소련공산당이 중앙아시아의 공산당원들에 대해 가장 우려하던 부분이었다.

소련 시기 상당수의 중앙아시아 무슬림들은 공산당의 무신론 및 종교탄압 정책에도 불구하고 이슬람 기반의 세계관과 도덕적인 가치를 비공식영역에서도 전통문화의 일부로 보존하였고, 중앙아시아 및 카프카즈 지역에서는 이슬람 수피 수도사들이 비공식적으로 존재했다. 소련은 종교별 종무제도에 의해 국가 행정체계를 통해 종교에 대한 관리를 시작했고, 이에 따라 1943년 중앙아시아 관할 이슬람 관련 종무기구 및 조직이 설립되어 이슬람 성직자 및 이슬람 관련 조직들이 일부 늘어났다.

독립 직후 중앙아시아 국가들은 국가가 후원(실제로는 감독)하는 종교 관리체제를 통해 종교 다원성을 적극 관리하는 체제를 만들었다. 이는 소련시기 국가 종무기구와 유사하게 종교에 대한 국가관리가 중앙아시아 신생국에서 외면적인 명칭은 바뀌었지만 그대로 이어짐을 의미했다. 종무기구들은 단체들에 대한 등록 거부권을 특정 종교단체가 가지는 종교특성보다는 국가안보나 사회안정을 위협 여부에 따라 행사할 수 있었다. 이러한 과정에서 기존 공동체의 순니 하나피 법학파 이슬람 및 러시아 정교회 등에 대한 국가가 부여하는 특혜 등은 정당화된 반면, 국가 종무제도를 통하지 않고 유입된 중동쪽 이

126   제1부 역사 속의 유라시아

슬람 분파, 소련말부터 선교를 하고 있었던 개신교 기독교 여러 분파들에는 명확한 탈정치적 성향 및 기존공동체 정체성에 혼란이 초래되지 않는 경우에만 공식 종교단체로 인정되었다.

이슬람 종무제도와 관련된 조직들은 독립과정에서 소련시기 중앙아시아 전체단위에서 개별 국가단위로 분할되는 형태로 계승됨에 따라 독립후에 중동이슬람 유입과정에서 이러한 종무제도와 연계가 없는 독자적 형태의 종교 관련 활동은 허용되지 않았고, 이슬람은 국가별 국가정체성 확립 과정에서 자민족민족주의와 융합되어 토착 다수민족 공동체 핵심정체성의 일부로 흡수되었다.

3. 정주문명지대 도시의 다종교 및 다문화변화

1) 사마르칸트 도시형성의 역사

중앙고대도시, 중세도시, 근대도시 및 현대도시의 특징을 모두 가지고 있는 사마르칸트는 역사적인 시기에 따라 확연하게 구분되는 도시 발전의 역사를 가지고 있으며, 해당 시기에 따른 특징적인 이해가 가능하다. 시기적으로는 사마르칸트는 역사적으로 다음과 같이 구분되는 특징을 가진다. 사마르칸트는 부하라와 더불어 중앙아시아에서 가장 오래된 정주도시들 가운데 하나에 해당되며, 중국과 유럽간의 교역루트 중간에 입지하면서 번성했던 도시로, 고고학적인 발굴에 의하면 기원전 8~7세기에 이미 사마르칸트의 도시적인 기반이 존재했던 것으로 추정하고 있다.

현재의 사마르칸트시 외곽에 해당되는 지역에서는 후기 구석기 시대에 해당되는 이미 4만년전 인류의 활동 흔적이 발견된 바 있으며, 이외에도 기원전 12세기~7세기 사이의 유적, 기원전 초기 철기 시대에 해당되는 7세기~5세기 사이의 유적들도 발견된 바 있다. 사마르칸트는 도시의 형성 초기에서부터

4장 이슬람 중심 중앙아시아 정주문명 전통도시의 다종교 · 다문화구조 127

소그드문명의 중심도시 가운데 하나였으며, 페르시아 제국의 아케메네스 왕조 시기에는 제국내 소그드 공동체의 수도로 알려지기 시작했다.[7]

사마르칸트에 서방의 외세 세력이 최초로 나타난 계기는 알렉산더 대왕의 동방원정이었다. 알렉산더 대왕은 기원전 329년 사마르칸트를 정복했는데, 당시는 그리스에 마라칸다Maracanda로 알려져 있었다. 알렉산더 대왕의 동방원정 초기에는 사마르칸트는 상당한 타격을 받았지만, 도시가 가지고 있는 상업적인 기능을 바탕으로 신속히 회복했으며 동시대의 새로운 사상이라 할 수 있는 헬레니즘의 영향하에 재번성했다.[8]

알렉산더 대왕의 사마르칸트 정복은 중앙아시아에 고전 그리스문화가 유입되는 계기가 되었고, 동시대 그리스 미학이 사마르칸트의 예술에 영향을 주었다. 헬레니즘의 유산은 알렉산더의 동방원정 이후 여전히 중앙아시아 정주문명지대에서 형성된 그리스계통의 셀레우코스 왕조, 그레코-박트리아 왕국, 쿠샨 왕조 시기에 사마르칸트에서 그 영향이 유지되었지만, 쿠샨왕조가 3세기에 소그디아나 지역에 대한 지배권을 상실하게 되면서 사마르칸트는 경제, 문화 및 정치권력에서 쇠퇴하기 시작했고, 이러한 경향은 5세기까지 이어졌다.

알렉산더 대왕 원정 이후 이어졌던 그리스의 영향이 축소된 이후로는 사마르칸트에는 원래 지배적인 영향을 주었던 페르시아 제국의 영향이 회복되었다. 페르시아제국 사산왕조에 의한 사마르칸트 지배는 260년부터 시작되었는데, 이 시기 동안 사마르칸트는 마니교의 핵심지역으로 부상되었고, 중앙아시아 정주문명지대 전체로 전파되기 시작했다.[9]

---

7 10세기 페르시아 작가인 이스타크리(Istakhri)는 현재 중앙아시아의 정주문명권에 해당되는 트랜스옥시아나 지역을 여행하고 난 뒤 '사마르칸트 소그드'로 불리는 지역의 자연환경에 대한 세세한 기록을 남겼다.
8 새로운 건축기술이라 할 수 있는 벽돌을 이용한 건축이 도입되면서 석조건축 및 석회를 이용한 건축 마감기술이 확산되었다.
9 Shichkina, G.V., "Ancient Samarkand : capital of Soghd", *Bulletin of the Asia Institute* 8 : 86, 1994, p.86.

사마르칸트 도시의 역사적 중심영역 변천
출처 : https://depts.washington.edu/silkroad/maps/cities/samarkand/samarkand.html

외부세력의 유입 또는 영향력 측면에서 변화는 4세기 중반 이후 사마르칸 트가 유목민인 서융Xionites에 의해 정복되면서 나타나기 시작했다. 유목민 공 동체의 사마르칸트 정착은 4세기로 추정되는 고고학적인 발굴 자료들에 의해 확인된 바 있는데, 스르다리야 중부 출신의 유목민 문명이 사마르칸트 지역 에 확산되었으며, 이후 유목민 공동체의 사마르칸트에 대한 영향은 지속되었 다. 이러한 과정에서 사마르칸트에는 방어용 성곽과 네 개의 성곽내 도시 출 입 성문이 건설되었다.[10]

유라시아초원에서 돌궐제국 가운데 서돌궐의 사마르칸트 지배가 이루어졌

---

10 Litvinsky, B.A. Zhang Guang-da, Shabani Samghabadi, R., *History of Civilizations of Central Asia : The crossroads of civilizations, AD 250 to 750* Vol. 3, UNESCO, 1996, p.332.

4장 이슬람 중심 중앙아시아 정주문명 전통도시의 다종교 - 다문화구조   129

던 7세기에는 사마르칸트와 서돌궐의 지배자들간에 자녀 결혼에 의한 우호관계가 형성되기도 했다.[11] 사마르칸트의 일부에는 4세기 이후 기독교 공동체들이 형성되어 있었고, 5세기에는 사마르칸트에 네스토리우스 기독교 교구가 수립되었고, 8세기에는 네스토리우스 기독교 사마르칸트 대주교좌Nestorian Metropolitante로 확대되었다.[12]

사마르칸트로의 이슬람 유입 및 확산은 우마이야 칼리프 휘하의 쿠타이바 이븐 무슬림Qutayba ibn Muslim이 이끄는 군대는 710년 투르크로부터 사마르칸트를 차지하면서부터 본격화되었는데, 이 시기에 사마르칸트에는 조로아스트교, 힌두교, 마니교, 유대교, 네스토리우스 기독교 등의 다종교 공동체가 존재하고 있었는데, 인구의 대다수는 조로아스트교 신자들이었다.

쿠타이바는 아랍인들을 중앙아시아 정주문명지대로 이주 및 정착시키지는 않았고, 그는 자신이 정복한 지역의 지배자들에게 조공을 요구했을 뿐, 원래의

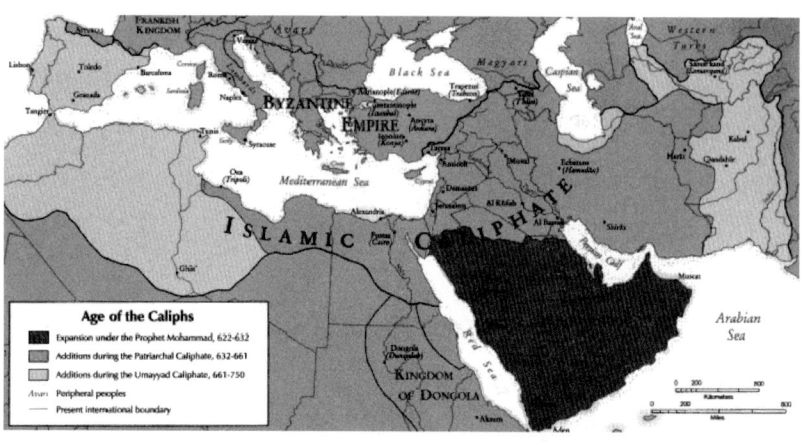

이슬람의 초기 확장과 중앙아시아
출처 : https://upload.wikimedia.org/wikipedia/commons/2/20/Age_of_Caliphs.png

---

11 서돌궐의 통 야브구 카간(Tong Yabghu Qaghan, 618~630)은 사마르칸트에 자신의 딸을 보내 혼인에 의한 동맹관계를 수립하였다.
12 Klyashtornyy S. G., Savinov D. G, *Stepnye imperii drevney Yevrazii*, Sankt-Peterburg : Filologicheskiy fakul'tet SPbGU, 2005, p.97.

130   제1부 역사 속의 유라시아

고유한 지역 단위의 통치형태에는 변화를 주지 않았지만, 이러한 정책이 적용되지 않은 예외인 경우가 바로 사마르칸트였다. 쿠타이바는 도시내에 아랍군대 주둔지와 통치행정기구를 설립했고, 조로아스터교 사원들을 파괴하고 이슬람 사원들을 건설하였으며, 도시 인구의 대부분을 이슬람으로 개종시켰다.[13]

740년대말 우마이야 왕조를 압바스 왕조가 계승하면서 아부 무슬림Abu Muslim은 중앙아시아 정주문명지대와 인접한 호라산Khorasan 지역 및 중앙아시아 정주문명지대에 해당되는 마봐란나흐르Maverannahr를 통치하는 총독으로 임명되어 750~755년 사이이 이들 지역을 통치했고 총독으로써 사마르칸트에 상주했다. 그의 통치 기간 동안 사마르칸트에 대한 압바스 칼리프의 직접 통치는 약화되어 사실상 소멸되었다. 이후 중앙아시아 정주문명지대 및 그 남부를 기반으로 하는 페르시아제국의 지방왕조로 사만 왕조(875~999)가 통치권을 이어갔지만, 사마르칸트는 명목상으로는 칼리프의 속국 지위가 이어지고 있었다.

사만 왕조 시기 사마르칸트는 수도가 되었으며, 많은 교역로들이 통과 및 교차하는 교역도시로의 중요성이 강해졌다. 이후 사만조가 999년 카라한조에 멸망하게 되면서 사마르칸트에 대한 지배는 카라한조에 이어 통치세력으로 부각된 셀주크투르크, 호레즘샤 등의 유목민 계보 지배왕조들에 의해 이후 200년 이상 이어졌다.

999년 사만 왕조가 몰락한 이후 중앙아시아 정주문명 지대에 대한 지배는 카라한 왕조 국가가 대체하였는데, 이는 중앙아시아 최초의 투르크계 지배왕조이기도 하다. 카라한 왕조가 두 지역으로 분열된 이후 사마르칸트는 서부 카라한 카간국에 속하게 되었으며, 1040~1212년 기간 동안 통치 중심지로 역할을 했다. 서부 카라한 카간국은 1040~1068년 사이에 통치한 이브라힘 탐가치 칸Ibrahim Tamgach Khan에 의해 세워졌다. 이 시기 사마르칸트에 최초로

---

13 Wellhausen, J., Weir, Margaret Graham (ed.), *The Arab Kingdom and its Fall*, University of Calcutta, 1927, pp. 437~438

4장 이슬람 중심 중앙아시아 정주문명 전통도시의 다종교 · 다문화구조   131

이슬람 신학교가 국가의 재정에 의해 세워졌고, 문화 발전이 시작되었다.

몽골의 사마르칸트 정복은 1220년 이루어졌다. 사마르칸트는 몽골의 중앙아시아 정복과정에서 저항을 선택했던 중앙아시아 정주문명 지대의 대표적인 도시였기 때문에 파괴되었고, 젊은 남자와 상당수의 수공업 인력들이 몽골에 징발되었다. 그러나 칭기즈칸 사후 사마르칸트는 차가타이 칸국의 중심도시로 상업적인 발전을 지속했으며, 13세기말 실크로드를 통해 사마르칸트를 거쳐 몽골제국을 방문했다가 다시 베네치아로 돌아간 마르코폴로는 자신의 여행기에서 사마르칸트를 매우 번성한 대도시로 묘사하기도 했다.[14] 칭기즈칸은 중앙아시아 정복 이후 외국인들을 통치 관리로 임명했는데, 중국인과 서요 출신의 인물들이 사마르칸트의 관리로 활동했으며, 무슬림들은 통치기구 참여가 허용되지 않았다. 1333년 사마르칸트를 방문한 아랍 여행가 이븐 바투타Ibn Battuta는 사마르칸트를 '가장 위대하고 세련되고 완벽한 아름다움의 도시'로 묘사하기도 했다.[15]

1370년에는 사마르칸트는 티무르제국의 지배자인 아미르 티무르에 의해 자신이 통치하는 티무르제국의 수도가 되었다. 이후 35년이 넘는 기간 동안 아미르 티무르는 도시의 대부분을 재건설했고 이와 관련되는 기술자들과 예술가들을 제국 전역에서 동원하였다. 이러한 결과로 티무르는 예술의 후원자라는 명성을 가지게 되었고, 사마르칸트는 중앙아시아 정주문명지대에서 가장 중심적인 지역으로 부각될 수 있었다. 아미르 티무르도 건물 건축을 주도했는데, 그의 비전은 빈번히 사마르칸트 당대 건축기술자들의 수준을 넘어서고 있었다.

당시 사마르칸트는 지속적으로 건축이 진행되고 있었고, 아미르 티무르는 자신의 기대를 만족시키지 못하는 건축물에 대해서는 재건축을 명령하기도 했다. 그의 명령에 의해 사마르칸트는 도로망이 정비되었고, 하천이 굴착되었

---

14 Advantour, "Marco Polo-Great Silk Road", https://www.advantour.com/silkroad/marco-polo.htm
15 Battutah, Ibn, *The Travels of Ibn Battutah*, London : Picador, 2002, p.143.

132　제1부 역사 속의 유라시아

으며, 8km 정도의 벽을 쌓아서 사마르칸트를 주변 지역들과 구분되도록 하기도 했는데, 사마르칸트의 인구는 15만명 규모였다.[16] 당시 스페인의 앙리 3세Henry III가 파견한 외교사절로 사마르칸트에 파견된 루이 곤잘레스 디 클라비오Ruy Gonzalez de Clavijo는 사마르칸트에 1403~1406년 동안 체류하였는데, 사마르칸트 도시에서 건축이 끊임없이 이어졌음을 기록으로 남겼다.[17]

티무르제국 설립자인 아미르 티무르의 손자 울루그벡은 아미르 티무르가 명나라 원정길에 사망하면서 그 이후 1417~1420 동안 아미르 티무르가 통치 및 발전시켰던 사마르칸트를 이어받았는데, 이 기간에 현재 사마르칸트 레기스탄 광장에 최초로 세워진 이슬람 신학교인 울루그벡 신학교를 건설하고, 많은 천문학자들과 수학자들을 초청하여 연구와 교육을 수행하게 함에 따라 사마르칸트는 당대의 중세 과학 세계에서 연구의 중심 역할을 수행했다. 15세기 초반에 해당되는 이 시기에 사마르칸트에는 저명한 천문학자와 수학자들이 초빙되어 울루그벡의 주요 관심 학문이었던 천문학 연구를 수행했다.[18]

1500년대에 중앙아시아 정주문명지대의 중심이었던 티무르제국 영역은 북쪽에서 남진해온 유목우즈벡 공동체의 영역이 확장되면서 사마르칸트 역시 이들의 지배하에 들어갔다. 이로 인해 중앙아시아 정주문명지대에 킵차크 칸국 영역 출신이 중심을 이루는 샤이바니 왕조가 지배세력이 되었다. 1501년 사마르칸트는 샤이바니 왕조의 무함마드 샤이바니가 정복했고, 새로이 형성되었던 부하라 칸국 영역에 속하게 되었으며, 부하라 칸국의 통치 중심도시로 발전되었다. 새로운 국가공동체의 지도자 샤이바니는 도시에 대규모 이슬람 관련 시설 건설을 명하면서, 1504년 샤이바니칸 이슬람 신학교가 설립되었지만 소련시기 파괴되어 현재는 존재하지 않는다.[19]

---

16 Wood, Frances, *The Silk Roads: two thousand ears in the heart of Asia*, Berkeley, 2002, pp.136 ~137.

17 Le Strange, Guy (trans), *Clavijo: Embassy to Tamburlaine 1403-1406*, London, 1928, p.280.

18 이러한 활동의 일환으로 1428년에 울루그벡 천문대가 건설되었는데, 동시대 세계 어느 곳에서도 존재하지 않은 대형 천문 관측 시설이었으며, 활동한 대표적인 학자들에는 Giyasiddin Jamshid Kashi, Kazizade Rumi, al-Kushchi 등이 있다.

4장 이슬람 중심 중앙아시아 정주문명 전통도시의 다종교 · 다문화구조 133

샤이바니 왕조 통치시기에도 이전 티무르제국 문명의 전성기를 이끌었던 울루그벡Ulugbek칸 증손자인 압둘라티프칸Abdulatif Khan이 당대의 문화 및 과학발전 전통을 샤이바니 왕조 체제하에서도 이어갔으며, 자신 역시 시인이며 과학자로 활동했다. 샤이바니 왕조의 권력을 이어받은 아스트라한 왕조의 이맘 쿨리칸Imam Quli Khan 통치기(1611~1642) 시기에 현재도 사마르칸트에서 유명한 건축학적인 걸작들이 세워졌다.

1612~1656시기 사마르칸트를 지배한 야랑투쉬 바하두르Yalangtush Bahadur는 자신이 통치했던 시기에 틸랴카리 신학교, 셰르도르 신학교를 건설했다. 부하라 칸국내에서 도시 지위에서 사마르칸트는 1599~1756 동안의 시기에 부하라 칸국내에서 아스트라한 왕조가 지배하는 영역의 중심지로 역할을 했다. 이후 1756~1868년 기간에 사마르칸트는 부하라의 망기트 에미르 통치를 받았으며, 도시는 망기트 우즈벡 왕조 무함마드 라힘(1756~1758) 통치기에 발전이 이어졌다.

사마르칸트는 1868년 제정러시아의 카우프만K. P. Von Kaufman 장군이 사마르칸트 요새를 점령하게 되면서 제정러시아 지배체제에 들어갔다. 현재의 사마르칸트 도시 중심가는 당시 제정러시아 도시풍의 형태로 구도시의 서쪽을 중심으로 건설되었다. 1886년 사마르칸트시는 제정러시아 지배기 투르키스탄 지역에 새로이 만들어진 사마르칸트주의 수도가 되었고 1888년 트랜스-카스피안 철도에 연결되면서 사마르칸트의 중요성은 재부각되었다. 사마르칸트는 1925-1930년 사이 소비에트 우즈베크공화국의 수도였고, 이후 수도는 타슈켄트로 이전되었다. 제2차 세계대전 시기에는 나치독일에 점령된 소련 서부지역 출신 피난민들이 사마르칸트로 유입되었으며, 당시 소비에트 우즈베크 공화국으로 유입된 피난민들을 수용하는 중심 도시 가운데 하나로 기능했다.

---

19 Mukminova R. G., *K istorii agrarnykh otnosheniy v Uzbekistane XVI veke. Po materialam* ≪Vakf-name≫, Tashkent. Nauka, 1966.

2) 도시구조에 대한 문명사, 종교사적 이해 및 변화

우즈베키스탄의 남동지역에 위치한 우즈베키스탄 제2의 도시인 사마르칸트는 중앙아시아에서 인간의 정주 역사 측면에서 가장 오래된 도시들 가운데 하나이다. 구석기 시대말부터 현재의 사마르칸트 지역에 인간 활동이 있었음을 보여주는 증거들이 존재하고 있다. 사마르칸트가 언제 세워지기 시작했는지에 대한 직접적인 증거는 존재하고 있지 않지만, 기원전 8세기 또는 7세기부터 형성된 것으로 추정되고 있다. 사마르칸트는 입지로 보면 역사상으로는 중동 및 페르시아를 거쳐 중국으로 연결되는 실크로드의 중간에 위치하고 있었기 때문이 이러한 동서간 교역으로 성장한 중앙아시아에서 가장 큰 도시들 가운데 하나가 될 수 있었다. 이 당시 공동체의 언어는 페르시아어의 타지크 방언 사용자들이 대부분을 차지하고 있으며, 중앙아시아에서 타직 공동체의 역사적인 중심 가운데 하나의 역할을 했고, 페르시아제국 시기에도 중요한 도시 가운데 하나였다. 페르시아제국 아케메네스 왕조 시기에 사마르칸트는 소그드 고대국가의 수도이기도 했으며 기원전 329년에는 알렉산더 대왕의 동방원정 과정에서 점령되기도 했는데, 이 시기에는 마르칸다로 불리었다. 이후에는 이 지역을 이어서 차지한 이란 및 투르크 지도자들의 지배를 받기도 했으며, 1220년에는 칭기스칸에 의해 정복되었다. 이후의 역사에서 사마르칸트는 오늘날 우즈베키스탄의 조상이라 할 수 있는 티무르제국의 수도로 번성하였으며, 티무르제국 이후에는 분열된 3 칸국 체제하에서 가장 강력한 세력과 넓은 영토를 차지하고 있었던 부하라 칸국의 정치 및 경제 중심지로 수도 역할을 제정러시아의 정복이 이루어지던 시기까지 해왔다.

티무르제국 시기 사마르칸트는 이슬람 신학 연구 및 학습의 중심지였고, 티무르 왕조의 문제적인 번영기가 만들어졌던 곳이다. 14세기에 티무르는 제국의 수도로 만들었으며, 당시 만들어진 역사적인 건물들 가운데 상대적으로 이슬람과 직접적인 연관 정도가 낮은 티무르 가문의 영묘인 구르에미르, 그리고 인도 원정에서 돌아와 왕비인 비비하눔을 위해 만든 비비하눔 모스크

4장 이슬람 중심 중앙아시아 정주문명 전통도시의 다종교 - 다문화구조   135

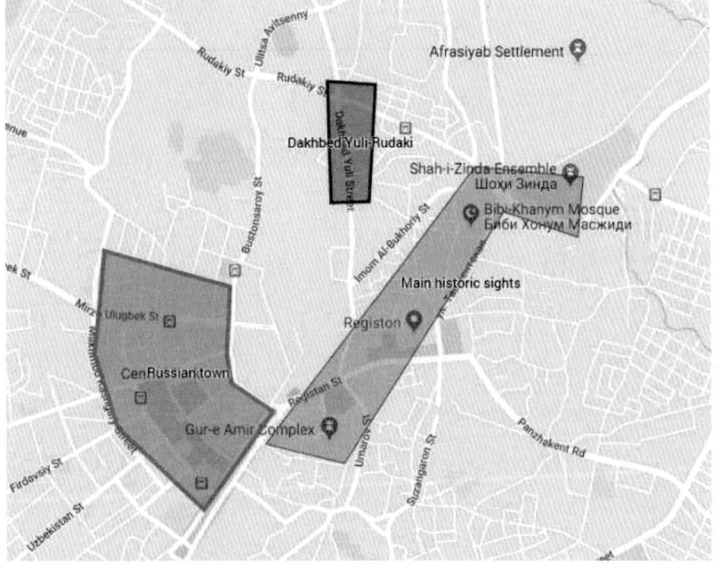

현대 사마르칸트 도시의 형성시기별 역사유적 분포지역
출처 : https://caravanistan.com/uzbekistan/center/samarkand/accommodation/

등은 소련시기에 재건되기도 했으며, 이는 소련시기 사마르칸트 구시가에서 일종의 랜드마크 역할을 했다.

사마르칸트의 레기스탄 광장은 건설 시기를 달리하는 중세 우즈베키스탄의 이슬람관련 시설이 모여있는 사마르칸트 구시가의 중심으로 이슬람적인 색채가 강했기 때문에 소련시기에는 복원이 이루어지기 어려웠고, 독립후 이슬람과 관련된 전통 복원을 위한 국가의 지원이 이루어지면서 과거 방치된 유적들이 현재와 같은 모습으로 복원될 수 있었으며, 사마르칸트가 가지고 있는 많은 역사유적으로 인해 2001년 유네스코는 사마르칸트를 세계문화유산으로 지정했다. 이러한 과정을 거치면서 사마르칸트에서 발달 및 보존되어온 고대로부터 계승되어온 수공업 장인들의 전통 공예 기술 및 제품들도 중요한 전통문화 자원으로 자리매김하게 되었다.

현재 사마르칸트시는 구시가 및 신시가지로 구분되는데, 신시가지는 제정러시아 지배기 및 소련시기에 구시가와 별도로 개발 및 확대된 지역이다. 구

136   제1부 역사 속의 유라시아

시가에는 많은 역사적인 기념비, 유적, 전통 상가, 전통 가옥 등이 중심이며, 신시가에는 각종 문화시설 및 교육기관, 행정관련 부서들이 위치하는 특징을 가지고 있다. 또한 최근에는 이러한 역사유적 기반의 관광산업 뿐만 아니라 컨벤션과 휴양 등을 위한 새로운 체험형 관광단지인 '실크로드 사마르칸트'를 사마르칸트 외곽지역에 건설하여 관광산업의 다양화 및 다각화에도 적극 나서고 있다. 이러한 도시내 중심지 영역의 변화는 문명사적으로 지배왕조의 변천과 직접적으로 연관되는데, 이는 지리적인 입지의 변천 뿐만 아니라 종교적인 배경의 변천과도 연관되어서 명확하게 구분되는 특징을 가지고 있다.

도시의 기능적인 측면에서 이미 사마르칸트는 국제적인 교역도시로 고대부터 기능하고 있었다. 따라서 이슬람이 유입되기 이전의 시기에도 소그드 왕조 중심의 조로아스트교 중심 다종교간 교류공동체가 작동하고 있었고, 지리적으로는 이른바 아프라시압 왕조 시기의 사마르칸트가 여기에 해당되는데, 현재의 사마르칸트시 동북부에 해당되는 아프라시압 지역이 중심이었다. 아프라시압 지역 중심의 사마르칸트는 이슬람의 유입과 함께 이슬람이 확산되는 과정을 거쳐 이른바 페르시아-이슬람 기반의 공동체로 페르시아 제국과 긴밀한 연계를 유지하며 발전했다.

페르시아-이슬람 기반의 이른바 아프라시압 중심 사마르칸트는 몽골의 중앙아시아 정복과정에서 파괴되었지만, 이후 몽골의 후계제국 지방통치자에서 자신의 제국을 수립한 아미르티무르에 의해 중세의 사마르칸트는 페르시아 및 투르크문명의 요소를 모두 포함한 이슬람 공동체로 재탄생하며, 이 시기에 사마르칸트의 중심은 아프라시압 지역의 서쪽 끝에 해당되는 지역으로 이동되어, 이른바 중세 페르시아 및 투르크 문화요소를 모두 포함하고 있는 이슬람 중심 다종교 및 다문화 교역도시 사마르칸트가 건설되었다. 이 시기 건설된 사마르칸트가 오늘날 사마르칸트의 중아한 역사 및 관광자원으로 이용되고 있다. 이러한 형성 과정으로 인해 사마르칸트를 중심 통치도시로 하는 부하라 칸국은 이슬람 측면에서는 수니파이지만, 이슬람 관련 시설의 건축에는 페르시아의 영향을 직접적으로 받음에 따라 현재의 역사적인 건축물들은 이란의 이슬람 관련 역사유적 및 건축물들과 매우 흡사한 양상이 나타난다. 물론 독립 이후 지어진 이슬람 관련 건축물들은 이와는 명확히 구분되는 외양을 가지고 있다.

문명사 및 종교적인 측면에서 사마르칸트의 확대는 제정러시아의 중앙아시아 진출 시기에 진행되었는데, 이는 러시아정교 기반의 종교공동체가 러시아인의 대규모 진출과 맞물려 진행되었다. 시기적으로 19세기 중반 이후에 진행된 이러한 과정은 지리적으로는 아미르티무르 시기에 형성이 시작된 중세 사마르칸트의 서쪽끝 지역을 중심으로 진행되었고, 중세 사마르칸트의 영역을 붕괴 및 침범하지 않는 바로 인접지역을 중심으로 이른바 동시대 유럽풍(사실 러시아풍)의 신도시 건설이 진행됨에 따라 러시아문화를 기반으로 하는 현대사마르칸트의 중심이 만들어졌고, 이 영역은 이후 소비에트 시기를 지나 오늘날까지 현대 사마르칸트의 중심지 역할을 하고 있다.

아울러 현재의 시점에서 아프라시압 사마르칸트는 고고학적인 발굴의 중심지로 조로아스터교 중심 다종교시대의 사마르칸트를 대표하며, 중세 사마르칸트는 역사유적의 중심지로 이슬람교 중심의 다종교 사마르칸트로 구분될 수 있다. 시기적으로 19세기 중반 이후에 형성이 시작된, 현대 사마르칸트는 러시아문화를 기반으로 조성된 현대성 중심으로 도시로 확대되었으며, 사마르칸트의 과거사에 형성된 문명사 및 종교사적인 변천의 지역들을 모두 아우르는 특징을 가지면서도 소련채재로부터 독립 이후 사회의 중심 역할을 하는 전통적인 구심점으로 이슬람이 부각되면서 중세 사마르칸트와는 다른 양상으로 이슬람 중심의 다종교공동체 구조가 형성 및 유지되고 있다.

사마르칸트에서 현재 쉽게 접할 수 있는 주요 유형 문화유산들에는 역사적인 건물들이 주로 해당되는데, 이는 대부분이 티무르제국시기의 이슬람과 관련된 건설의 결과라 할 수 있다. 따라서 주요한 역사적인 건물들은 거의 전부가 이슬람과 직간접적으로 연관되어 있다고 볼 수 있다.

여기에 해당되지 않는 것으로는 과거 고대 소그드국가 시기 아프라시압 왕조의 유적지 등이 있으며, 이는 고대 삼국시대 한반도와의 연계 측면에서도 중요한 의미를 지니고 있는 역사유적으로 평가되고 있다.

또한 제정러시아 시기 이른바 사마르칸트 신도시와 신시가지가 만들어지게 되는데, 이 시기의 건물들이 소련시기 뿐만 아니라 현재 사마르칸트의 행정 및 도시 중심지로 역할을 하고 있어서, 도시 구조 측면에서도 이슬람적인 색채가 두드러지는 지역과 그렇지 않는 지역으로 구분되는 특징을 가지고 있다.

주요 유적지들로는 아프라시압 유적 및 고분 벽화, 샤이진다 영묘(및 샤이진 다 이슬람 카리모프 초대대통령 묘역 및 모스크), 비비하눔 모스크, 구르에미르 영묘, 레기스탄 광장 및 광장 3면에 위치하고 있는 울루그벡 신학교, 틸랴코리 신학교, 셰르도르 신학교 등이 대표적이며, 이외에도 이맘 부하리 사원, 이맘 마투르디 사원, 누리딘 바시르 사원, 루하바드 영묘, 호자 다니야르 영묘 등이 있는데, 이들은 모두 이슬람과 직간접적으로 연관되는 사마르칸트의 유형문화유산에 해당된다.

종교시설로는 인구적으로 다수를 차지하는 무슬림들을 위한 이슬람 사원들이 위치하고 있고, 제정러시아 시기에 슬라브계 민족들의 대규모 유입이 이루어지면서 러시아 정교회, 아르메니아 정교회, 개신교인 침례교회, 유태교회 시나고그 등이 설립되어 현재도 유지되는 등 무슬림이 다수를 차지하고 있는 사회의 소수민족 구성원들의 종교도 존중되고 있다.

4. 결론

중앙아시아의 이슬람은 정주문명지대에서 특히 일상생활과 긴밀하게 연계되어 계승되고 있는데, 그럼에도 중앙아시아 이슬람의 양상은 중동 또는 동남아시아 또는 북아프리카 지역의 이슬람이 일상생활과 긴밀하게 결부되어 나타나는 것과는 차이를 보이고 있다.

이슬람이 중앙아시아에 유입된 것은 페르시아 제국 영역에 이슬람이 완전히 뿌리를 내리는 서기 600년대 중반 이후이지만, 확고하게 일상생활에 지배적으로 확산되는 계기는 당시 중앙아시아 정주문명지대에 대한 지배권을 사이에 두고 경쟁했던 당나라, 그리고 당시 유라시아 대륙 영역에서 적극적인 동진을 하고 있었던 이슬람 우마이야 왕조간의 직접적인 충돌이었던 751년의 탈라스 전투부터라 할 수 있다.

이 시기 중앙아시아 정주문명지대는 소그드 계열의 정주문명 지배왕조가 형성되어 있었기 때문에 소그드의 종교였던 조로아스터교가 중심을 차지하고 있었지만, 소그드 왕조의 특징이 동시대 국제교류의 중심지 역할을 하고 있었기 때문에 공동체내에 조로아스터교 이외에도 고대기독교, 불교가 확산의 방향은 달리하고 있었지만, 중앙아시아 정주문명지대 공동체의 일상에 확고하게 뿌리내리고 있었다.

이후의 역사과정에서 이슬람은 중앙아시아 정주문명지대에 뿌리내리게 되면서 이후 이들로부터 직접적인 영향을 받는 유목 공동체에도 점진적으로 영향을 주었다. 10세기에는 유목문명 공동체 가운데 현재의 중앙아시아 남부와 적극적인 교류를 하고 있었고, 이후 중앙아시아를 지배하는 최초 유목왕조가 되는 카라한 왕조시기에 유목공동체 지배층의 이슬람 수용이 적극적으로 이루어지기도 했으며, 문화적으로는 이슬람 기반 당시 세계공동체에서 과학 및 문화의 산실로 중요한 역할을 하였다.

18세기 중반 이후 제정러시아의 지배제제가 중앙아시아에 설립되면서 중앙아시아의 이슬람은 제정러시아 식민당국의 통치재도와 결부되어 제정러시아 식민지 상황을 안정적으로 통치하는데 기여하기도 했고, 이는 제정러시아가 중앙아시아 정복 이전 행했던 영토 확장과정에서 종무제도를 통한 이슬람의 국가 통치제도화라는 구조가 중앙아시아에서도 그대로 재현되었다.

제정러시아에서 소련체제로 중앙아시아가 변모하는 과정에서 이슬람 기반의 지배층에 대한 저항감이 심했고, 이슬람 기반 개혁운동 세력들은 개별 민족들의 독립 또는 자치를 보장했던 소련 설립초기의 민족차지 중심 통치구조애 참여하는 양상이 적극적으로 나타났다. 그러나 이러한 민족자결주의가 레닌 사망 이후 스탈린 집권시기에 적극적인 중앙집권체제의 확립, 그리고 이의 바탕이 되는 민족차지 구조에 대한 탄압과 긴밀하게 연결된 사상 체계들에 대해서도 폐지 및 탄압이 시작되었지만, 제2차 세계대전 기간부터 제정러시아 시기와 동일한 종교별 국가종무청 체계를 통해 개별 종교들의 전통적인 다수집단들을 준통치세력화하는 현상이 나타났다.

제2차 세계대전 이후의 소비에트 중앙아시아의 일상에서는 이슬람의 통과의례 등이 묵인되고 있었고, 따라서 소련 붕괴 이후 독립한 중앙아시아 신생 국가들에서 이데올로기 또는 문화적인 사회의 기반 이념으로 자연스레 이슬람이 부각되는 상황으로 이어졌다. 그러나 이는 소련시기를 거치면서 사회구성원의 일원으로 받아들여진 비무슬림 공동체 및 기성서세대 중심 무신론자 집단이 존재하고 있었기 때문에 종교적인 다원주의가 국가별 상황에 따라 국가별 수준은 달랐지만 오늘날까지도 이어지는 특징을 보여주고 있다.

따라서 이슬람이 매우 긴밀하게 일상생활과 결부되어 있었던 중앙아시아 정주문명 전통지대에서는 이슬람과 관련된 역사유적들의 적극적인 복원이 행해져왔으며, 현재는 전통문화 요소의 중심적인 부분으로 인식되고 있다. 이러한 문명사적 또는 종교사적인 공동체의 변천과정속애서 고대부터 공동체 및 도시 형태로 발전해 온 중앙아시아 정주문명지대에서는 이러한 다종교적인 기반의 요소들이 현재의 도시 경계내에서 지역단위로 구분되어 공존하는 양상으로 이어지고 있다.

소그드 왕조 시대 조로아스터교 중심의 다종교 구조는 현재의 사마르칸트 아프라시압지역을 중심으로 형성된 도시영역에서 형성 및 발전되었으며, 이슬람 유입이후 이슬람 중심의 다종교구조는 현재 사마르칸트의 구도심 역사유적지대를 중심으로 발전했다. 이러한 이슬람 중심 다종교체제에서는 이슬람 소수파가 공존하고 있었고, 제정러시아 유입 이후에는 러시아정교와 이슬람의 공존 및 협력 양상이 나타나났는데, 티무르제국시기의 역사도시와 연결된 인접지역에 러시아식 신도시가 만들어졌고, 이러한 구조는 오늘날까지 이어지고 있다.

이러한 다종교 공존 기반의 다문화적 현대도시구조는 대표적으로 중앙아시아 정주문명지대의 역사도시 사마르칸트에서 발견되고 있으며, 이는 문명사 및 종교적인 측면에서 다른 지역의 이슬람 공동체들과는 특히 공존이라는 측면에서 중앙아시아 이슬람 중심 공동체에서 나타나는 두드러진 특징이다.

참고문헌

김상철, 「21세기 중앙아시아 종무제도와 종교공동체」, 『한국이슬람학회보』 31-2, 2021.

이평래 역, 『중앙유라시아의 역사』, 소나무, 2005.

한국이슬람학회, 『세계의 이슬람』. 청아출판사, 2018.

Abazov, Rafis, *The Palgrave Concise Historical Atlas of Central Asia*, Palgrave Macmillan, 2008.

Battutah, Ibn, *The Travels of Ibn Battutah*, London : Picador, 2002.

Bayram, Mushfig, "Uzbekistan : Parents told not to teach Islam to their children", *Forum* 18, 13 May 2021, https://www.forum18.org/archive.php?article_id= 2658(검색 : 2023.5.2.).

Bennigsen, Alexander and Chantal Lemercier-Quelquejay, Chantal, "Muslim Religious Conservatism and Dissent in the USSR", *Studies in Comparative Religion* 13, no.1-2, 1979.

Holland, Edward C. and Derrick, Matthew, "From Private to Public : Religious Practice and Belief in Russia and Central Asia", in Questioning Post Soviet, Edward C. Holland and Matthew Derrick, eds., *Woodrow Wilson International Center for Scholars*, Washington DC, 2016.

Kemper, Michael et. al, (eds.), *Islamic Education in the Soviet Union and its Successor States*, London : Routledge, 2010.

Klyashtornyy S. G., Savinov D. G, *Stepnyye imperii drevney Yevrazii*, Sankt-Peterburg : Filologicheskiy fakul'tet SPbGU, 2005.

Le Strange, Guy (trans), *Clavijo : Embassy to Tamburlaine 1403-1406*, London, 1928.

Litvinsky, B.A. Zhang Guang-da, Shabani Samghabadi, R., *History of Civilizations of Central Asia : The crossroads of civilizations, AD 250 to 750* Vol. 3, UNESCO, 1996.

Malashenko, Aleksei, "Islam Versus Communism : The Experience of Coexistence", in Dale Eickelman (ed.), *Russia's Muslim Frontiers : New Directions in Cross-Cultural Analysis*, Bloomington : Indiana University Press, 1993.

Mukminova R. G., *K istorii agrarnykh otnosheniy v Uzbekistane XVI veke. Po materialam* ≪Vakf-name≫, Tashkent. Nauka, 1966.

On Freedom of Conscience and Religious Organization(1998년 제정 우즈베키스탄 종교법), May 1, 1998, Law Republic of Uzbekistan.

OSCE ODIHR, *OSCE Office for Democratic Institutions and Human Rights (ODIHR) Comments on the law on Countering "Extremism" of the Republic of Uzbekistan*, November 22, 2019.

Shichkina, G. V., "Ancient Samarkand : capital of Soghd", *Bulletin of the Asia Institute* 8 : 86, 1994.

Yermekbayev, Nurlan, "Kazakhstan Created the Ministry for Religious and Civil Society Affairs", *The Diplomat*, November 10, 2016.

Zelkina, Anna, "Islam and Security in the New States of Central Asia : How Genuine is the Islamic Threat?", *Religion, State, & Society* 27, no.3-4, 1999.

U.S. State Department, *2019 Report on International Religious Freedom : Uzbekistan*, 2019a, https://www.state.gov/reports/2019-report-on-international-religious-freedom/uzbekistan/(검색 : 2023.04.07).

Wellhausen, J., Weir, Margaret Graham (ed.), *The Arab Kingdom and its Fall*, University of Calcutta, 1927.

Wood, Frances, *The Silk Roads : two thousand ears in the heart of Asia*, Berkeley, 2002.

우즈베키스탄 국제 이슬람 아카데미 https://iiau.uz/en/

제2부

유라시아의 동과 서
: 경계와 해체, 수용과 통합

5장 '시네르게찌까синергетика'의 관점에서 고찰한 A. 타르코프스키의
동·서양 통합 비전과 트랜스퍼스널심리학의 포에지_ 박영은
6장 고대 러시아의 문학에 나타난 동방과 아시아_ 서선정
7장 1960년대 소비에트 실크로드 외교와 사마르칸트_ 신보람
8장 스펙타클의 도시 바쿠_ 황기은

5   6   7   8

'시네르게찌까синергетика'의 관점에서 고찰한 A. 타르코프스키의 동·서양 통합 비전과 트랜스퍼스널심리학의 포에지*

∥ 박영은

국문요약

타르코프스키에게 인간은 단순히 좁은 의미의 역사적 존재가 아니라, 인류의 구원 문제와 자신의 존재에 대한 우주사적 책임을 의식하고 있는 존재이다. 타르코프스키의 세계인식은 "시네르게찌까синергетика"의 우주관에서 발견되는 인문 사회의식과 연장선상에 있는 것이다. 또한 타르코프스키가 지구적 차원의 '외적 위기'와 에고이즘·고립·절망·광적인 탐욕과 같은 '개인적·내적인 위기'를 본질적으로는 동질의 위기로 인식하고 이를 극복하기 위한 방안을 모색했다는 점은 그의 세계관을 '트랜스퍼스널 심리학transpersonal psychology'의 정신적 토대에서 해석할 수 있는 단초가 된다. 이에 인간의 우주의식과 연결되는 시네르게찌까의 우주관과 트랜스퍼스널심리학의 입장에서 타르코프스키의 작품을 고찰하였다. 그리고 방법론으로서 타르코프스키의 작품에 내재되어 있는 현대 기술문명의 발전에 대한 인간의 윤리와 과학의 문제, 이 우주에 우리가 살아있다는 사실에 대한 심리적 응답인 신비주의, 과학과 신비를 형상으로 옮겨 육체와 영혼과 세계를 일깨우는 예술적 측면을 분석하였다. 이러한 작업을 통해, 종교의 교조주의적 종파성을 초월하는 심리학이나 정신의학 영역에서도 인류에게는 혁명적인 변화가 필요하다는 점을 타르코프스키가 선구자적으로 제시했다는 점역시 재평가할 수 있었다.

1. 서론 : 트랜스퍼스널심리학과 시네르게찌까의 관점에서 본 타르코프스키의 세계인식

감독으로서의 처녀작인 〈이반의 어린시절Иваново детство〉(1962)부터 유고작인 〈희생Offret〉(1986)에 이르기까지 불안한 인간 영혼의 세계, 그 떨림을 응시하는 문제는 안드레이 타르코프스키Андрей Тарковский(1932~1986) 영화를 관통하는 주제였다. 독일군의 침입에서 조국 러시아를 구하고자 했던 소년 이반의 고뇌로부터 핵폭탄으로 인한 세계 종말의 문제를 염두에 둔 주인공 알렉산더의 고뇌에 이르기까지, 거대 악이나 파국적 재난에 맞선 영혼의 구원에 대한 모색은 그에게 가장 큰 화두였다.[1]

타르코프스키의 영화에는 무엇보다 인류가 직면하고 있는 도덕성의 타락, 과학문명의 발달과 인간소외, 핵과 전쟁의 위협과 같은 현대문명의 위기상황이 다양하게 표출되고 있다. 이러한 위기의식의 원인을 물질주의와 이기주의에서 찾고 있는 그는 개인의 이기주의, 집단의 이기주의, 특히 국가와 민족의 이기주의가 지속되는 한 인류의 미래는 파국을 면하기가 어렵다고 인식했다.[2] 세계의 위기를 개인의 위기와 동일한 맥락에서 이해하고 있었던 그에게 세계의 위기를 극복할 수 있느냐 없느냐는 개인의 의식구조와 가능성에 달려 있는 문제였다.

타르코프스키가 지구적 차원의 '외적 위기'와 에고이즘·고립·절망·광적인 탐욕과 같은 '개인적·내적인 위기'를 본질적으로는 동질의 위기로 인식하고 이를 극복하기 위한 방안을 모색했다는 점은 그의 세계관을 '트랜스퍼스널심리학transpersonal psychology'의 정신적 토대에서 해석할 수 있는 단초가 된다.

---

* 본 내용은 『영화연구』 78(2018)에 게재된 「안드레이 타르코프스키의 영화에 반영된 동서양 신비철학과 전일성」의 논문 중 전체가 아닌 일부만 인용하였음을 밝힌다.

1 A. Tarkovsky, *Sculpting in time : reflections on the cinema*, Translated from Russian by Kitty Hunter-Blair, Austin, TX : University of Texas Press, 1987, p.193.

2 A. Tarkovsky, *Sculpting in time : reflections on the cinema*, pp.239~240.

사실상 이것은 모든 존재는 따로 떨어져 있는 고립된 객체가 아니며 서로 연결되어 있는 모든 것들의 통일체의 일부임을 잊어서는 안 된다는 관점에 기인한 것이기도 하다. '트랜스퍼스널(자아초월, 초개인) 심리학'에서는 인간의 의식에는 이기주의를 초월할 수 있는 힘이 잠재하고 있기 때문에 이 가능성을 적극적으로 신장시킬 수 있다면 인류의 미래가 결코 어둡지만은 않다고 확신하는 것이다.

인간의 마음을 이해하기 위한 학문으로 19세기 중반부터 발달해 온 심리학은 구조주의적 관점에서 마음을 바라본 빌헬름 분트Wilhelm Wundt, 기능주의적 관점에서 바라본 윌리엄 제임스William James를 시작으로 현재까지 수많은 갈래와 학파, 기법을 형성하며 발전해왔다. 그러나 이제까지의 서구 심리학은 인간의 마음작용과 그 기능을 어떻게 하면 과학적·실증적으로 증명할 것인가에 초점을 맞추어 왔다고 해도 과언이 아니다. 주류 심리학은 최근까지도 과학적으로 증명할 수 없다고 여기는 인간의 초이성적인 자아초월적 체험에 대해서는 그것이 비이성적이라는 이유로 무시하거나 논외의 대상으로 치부하고 있었다.

물론 서구 심리학의 역사 초기에도 윌리엄 제임스의 저서 『종교적 경험의 다양성The Varieties of Religious Experience』에서처럼 종교적·신비적 체험에 대한 관심을 볼 수 있지만, 1960년대에 이르러서야 이른바 뉴에이지 운동과 더불어 인간의 초이성적 체험들을 학문적으로 심도 있게 다루려는 움직임이 일어나게 되었다. 이때 본격적으로 대두되기 시작한 것이 켄 윌버Ken Wilber의 저술을 필두로 발전해 간 '트랜스퍼스널 심리학'이었다. 윌버는 1970년대 중반 『의식의 스펙트럼The Spectrum of Consciousness』(1977)이라는 책을 발간하며 이제까지 심리학 분야에서 진행되어 왔듯이 인간의 의식에 대해 어느 한 측면만 옳고 중요하게 다루는 방식에서 벗어나야 한다는 점, 그리고 무엇보다 인간의식의 발달 혹은 진화가 고려되어야 한다는 점을 주장했다. 그에 따르면 인간에게는 다차원적인 의식의 스펙트럼이 존재하며, 각 수준의 의식상태는 인간 발달이라는 총체적 측면에서 접근해야 제대로 이해할 수 있기 때문이다.

148   제2부 유라시아의 동과 서

켄 윌버가 언급한 이른바 '통합심리학Intergral Psychology'은 말 그대로 인간 의식과 의식의 행동 표현을 연구하는 심리학의 모든 갈래를 통합하고, 과연 인간의 의식이 어디까지 확대될 수 있는가를 논하는 학문이다. 윌버는 물질 −몸−마음−혼−영에 이르는 인간 발달의 총체적 측면을 다루며 고대로부터 이어져오는 지혜를 보다 정교화했다. 그리고 그 토대 위에서 심리학・사회학・진화학・생물학 등 근대의 학문이 밝혀낸 성과에 더하여 불교・베단타・요가 등 의식의 상위 차원을 논하는 동양사상의 핵심과 서구 철학자・심리학자・사회학자・인류학자들의 이론을 취합했다.[3]

이처럼 자기이해에 대한 방식에서 '인간학적 심리학'과 '트랜스퍼스널 심리학'은 그 차이점이 크다. 통상 서구적인 심리요법의 최종 목표는 끊임없이 자아와 초자아와의 갈등 등 실존적으로 불가피한 현실과 공존하면서 적응해 갈 수 있는 강한 자아의 확립에 두고 있다, 그러나 트랜스퍼스널 이론가들은 그 이상의 것이 가능하다고 보는 것이다. 즉 개인의 내면세계와 이를 초월한 지구 차원의 사상은 평형의 관계에 있다고 보아 개인을 초월하여 가족・이웃・사회 및 각종 생물・자연・지구・우주 등 모든 존재는 서로가 깊은 관련을 맺고 있다고 간주한다. 이를 기반으로 개인이 병들면 연이어서 가족이 병들고, 이웃・사회・생물・자연이 병들며, 지구가 병든다고 보는 전포괄적 접근 holistic approach의 관점을 표명하고 있는 것이다. 이로 인해 트랜스퍼스널 심리학은 트랜스퍼스널한 체험을 통해 할 수 있는 심리치료와 정신의학의 새로운 영역의 접근 가능성을 열어 놓았다고 평가받고 있다.

사실, 종래의 대부분의 심리학은 인간에 내재하고 있는 영성의 영역은 무시해 버렸고, 사회적응적인 인격형성이나 자기실현적 인간문제에만 역점을 두며, 인간을 의식・신체・영성이 결합된 전인적 존재로서는 파악하지 못했다. 트랜스퍼스널 심리학의 실증적・이론적 기반을 체계화했다고 평가받는

---

3 Ken Wilber, *Integral psychology : consciousness, spirit, psychology, therapy*, Boston, Mass. : Shambhala, 2000, pp. 33~51.

학자 로저 월시Roger Walsh가 "사상가 제이콥 니들만Jacob Needleman이 〈우주감각A sense of the Cosmos〉(1975)에서 트랜스퍼스널 이전의 심리학이 말하는 자아는 너무도 작고, 너무도 이기적이고, 너무도 지나치게 내향적이다."라고 했던 표현에 깊이 공감했던 것은 그 때문이다.[4]

결과적으로 트랜스퍼스널 심리학은 인간을 하나의 고립된 개인적 존재가 아니라, 끊임없이 진화 가능한 우주적 존재로 보는 관점을 상정하고 있다. 인간을 의식의 진화가 가능한 하나의 '소우주'로 인식한다는 점에서 트랜스퍼스널 심리학은 일반 인간학적 심리학과는 근본적인 차이가 있는 것이다. 이는 러시아의 철학자 베르쟈예프가 인간은 닫혀지고 고립된 개별적인 존재가 아니라 작은 우주малая вселенная, 즉 소우주микрокосм라는 점을 강조했던 것과 무관하지 않다.[5] 그에 따르면 인간 속에는 우주의 모든 요소, 즉 우주의 모든 힘과 성질이 있으며, 인간은 우주의 세분화된 부분이 아니라 완전한 작은 우주라는 것이다.

그렇다면 우리 인간은 어떻게 자신을 소우주로 인식하며 하나의 전체whole로서의 우주를 지각할 수 있는가? 이에 대해 소비에트의 철학자 날리모프В. Налимов는 오래 전부터 인간에게는 그것을 인식하는 다양한 지각 방식이 있었다고 본다. 그리고 이런 무의식적 사고를 프로이드는 잠재의식으로, 융은 집단 무의식으로, 제임스는 의식의 흐름으로, 베르그송은 직관으로, 화이트 헤드는 영원한 객체들의 카테고리로, 후설은 선험적 현상학으로, 그리고 플라톤은 이데아의 세계라는 용어로 표현해왔음을 언급하고 있다.[6] 사실상 자신의 '아이덴티감각'이 심신의 한정된 범위를 훨씬 초월하여 온 우주를 포

---

4   William N. Thertford and Roger Walsh, "Theories of Personality and Psychopathology : Schools derived from Psychology and Philosophy", *Comparative Textbook of Psychiatry*, 4th ed., H. I. Kaplan & B. J. Sadock, Badock, Baltimore : Williams and Ailkins, 1985, pp. 459~481.

5   Николай Бердяев, *Смысл творчества : опыт оправдания человека, Собрание сочинений* 2, Paris : YMCA-Press, 1991, c. 87.

6   В.В. Налимов и Дрогалина, Ж.А. *РЕАЛИНОСТЬ НЕРЕАЛЬНОГО : Вероятная Модель Бессознательного*, Москва : Издательство 〈МИР ИДЕЙ〉 АО АКРОН, 1995, сс. 365~366.

150   제2부 유라시아의 동과 서

응한다는 사상을 기저에 깔고 있는 이 관점을 벅크R. M. Bucke(1837~1902)는 '우주의식Cosmic Consciousness'이라고 이름 하였으며,[7] 윌버는 하나의 전체로서의 우주에 대한 이 사랑을 '통일의식Unity of Consciousness'[8]으로 표현했다.

이와 유사한 관점을 타르코프스키 역시 〈봉인된 시간Запечатленное время〉에서 언급한 바 있다. 그는 여기서 "나의 관심을 끄는 것은 마음속에 우주 삼라만상을 품고 있는 인간Меня интересует человек, в котором заключена Вселенная"[9]이라고 표현했는데 바로 이것이 그의 영화 속 주인공들이 보여주는 세계관을 통해 표출되고 있다. 타르코프스키의 작품 주인공들에게 나타나듯이 그에게 인간은 단순히 좁은 의미의 역사적 존재가 아니라 우주적 감각을 지니고 있는 존재이며, 인류의 구원 문제와 자신의 존재에 대한 우주사적 책임을 의식하고 있는 존재이다.

타르코프스키가 직접 기술한 자료에서 나타나는 이러한 세계인식은 "시네르게찌까синергетика"의 우주관에서 발견되는 인문 사회의식과 연장선상에 있다. "공동의 행위"를 의미하는 그리스어에서 번역된 '시네르게찌까',[10] 혹은 자기조직화의 이론은 오늘날 학제 간 연구를 위한 융합적인 접근법 가운데 하나이기도 하다. 하지만 이는 본래 과학이론에서 도래된 개념으로서, 1950년대 중반부터 일리야 프리고진, 헤르만 하켄 및 다른 일련의 학자들의 업적 가운데 물리학—화학 연구에서 시작된 새로운 학문 패러다임이었다.[11]

영어로는 '시너제틱스synergetics', 우리말로는 '복잡계'[12]로 번역될 수 있는 이

---

7   Bucke, Richard Maurice, *Cosmic Consciousness : A Study in the Evolution of the Human Mind*, New York : Applewood Books, 2001.

8   Ken Wilber, *No Boundary : Eastern and Western Approaches to Personal Growth*, Boston, Mass. : Shambhala, 2001, p.3.

9   A. Tarkovsky, *Sculpting in time : reflections on the cinema*, p.204.

10   Е.Н. Князева С.П. Курдюмов, *Основания синергетики : Человек, конструирующий себя и свое будущее*, Москва : Книжный дом 〈ЛИБРОКОМ〉, 2014, с.6.

11   И.А. Евин, *Искусство и синергетика*, Москва : Книжный дом 〈ЛИБРОКОМ〉, 2014, с.6.

12   '복잡계'란 영어 '콤플렉스 시스템'(complex system)의 한국말 표기다. '콤플렉스'는 '(직물을) 짜다, 뜨다, 엮다' 즉 '위브(weave)'를 뜻하는 라틴어 '플렉스(plex)'를 어근으로 하고, '함께' 즉 '투게더(together)'를 의미하는 접두사 '콤(com)'이 '플렉스(plex)'와 결합해 '서로 얽혀 복잡하게 짜여 진 것'을 뜻한다.

5장 '시네르게찌까'의 관점에서 고찰한 A. 타르코프스키의 동·서양 통합 비전과 트랜스퍼스널심리학의 포에지   151

것은 이론 물리와 수학에 기초해서 상승협동학, 물리학, 화학, 생물학, 사회학, 경제학 등 다양한 분야에서 발생하는 '자기조직화' 현상들의 통일된 이해를 연구하는 학문이다.[13] 복잡계에 대한 관점은 20세기 후반부터 서구 과학계에서 일어나는 일대 혁명과 무관하지 않다. '뉴턴의 기계론적 패러다임'[14]에 입각한 전통적인 과학은 선형관계linear relations 및 결정론적 인과관계casual relations가 관심의 대상이며, 안정, 질서, 평형 등을 강조한다. 이에 반해 복잡계는 우선 수많은 구성요소들로 이루어져 있으며, 이들 구성요소들은 독립적으로 존재하지 않고 다양한 상호작용interaction을 주고받는다. 그 결과 구성요소를 따로따로 놓고 봤을 때의 특성과는 사뭇 다른 거시적인 새로운 현상과 질서가 나타난다. 이 새로운 질서의 출현을 '창발emergence'이라고 하며, 이로 인해 나타나는 질서적인 현상을 '창발현상emergent behavior'이라고 한다.

복잡성이론은 작은 입력으로 막대한 효과를 유발시킬 수 있는 비선형관계 nonlinear relations 및 되먹임고리(순환고리)적 상호관계feedback loops reciprocal relations, 그리고 시간의 흐름에 민감한 일시성에 관심을 갖는다. 이러한 유형의 체제는 불안정성, 위기, 혼돈이 주기적으로 반복되면서 발전하고, 임계점

다시 말해 복잡계에서 이야기하는 '복잡'이란 구성요소가 함께 엮임으로써 외관상으로는 혼란스러워 보이지만 질서정연한 상황, 서로 다양하게 얽혀 있어 겉보기에는 쉽사리 그 구조가 눈에 들어오지 않지만 나름대로 질서를 가지고 있는 것을 의미한다. 복잡계는 무수한 요소가 상호 간섭해서 어떤 패턴을 형성하거나, 예상외의 성질을 나타내거나, 각 패턴이 각 요소 자체에 되먹임(feedback) 되는 시스템이다. 복잡계는 각 구성요소의 행동이 다른 요소들의 행동에 좌우되는 시스템이다. 조현일, 『1000, 드란다 / 들뢰즈 / 복잡계 / 비선형 역사관』, 도서출판 접힘 / 펼침, 2008, 36쪽; Murray Gell-Mann, *The Quark and the Jaguar : Adventures in the Simple and the Complex*, New York : Owl Books, 1995; Herbert A. Simon, Near Decomposability and Complexity : How a Mind Resides in a Brain, *The Mind, The Brain, and Complex Adaptive Systems*, Morowitz, H. J. and Singer, J. L. ed., Reading, MA : Addison-Wesley. 1995.

13 윤영수·채승병, 『복잡계개론』, 삼성경제연구소, 2011, 545쪽.

14 현대인들은 기존과학(환원론)에 너무나 매달려 왔다. 그러나 환원론은 자연을 보는 시각 자체에서부터 문제가 있었다. 자연을 너무 단순하고 분석적으로 규명하려고 시도해 왔기 때문이다. 과거 200여년 간 자연과학뿐만 아니라, 사회과학의 지배적인 사고방식이었던 뉴턴의 기계론적 세계관에 입각한 선형적 인과관계 법칙은 원인과 결과 간에 직접적인 관계가 있다고 믿어 왔다. 마치 시계를 최소단위로 분해하고 이를 다시 결합할 수 있듯이, 모든 물질은 최소의 단위였던 원자로 쪼개질 수 있고 이는 다시 결합될 수 있다는 원자론 및 기계론을 근간으로 단순하고 질서정연한 세계관을 갖는 뉴턴의 기계론적 패러다임이 그것이다. 최창현, 『신과학 복잡계 이야기』, 경기 안성 : 종이거울, 2010, 19~20쪽.

152　제2부 유라시아의 동과 서

(혹은 분기점)에서 자기조직화적으로 선택하여 새로운 방향이나 새로운 질서의 형태를 만들어나간다. 즉, 그동안 데카르트와 뉴턴에 의해서 확립된 기계론과 분해 위주로 치닫던 환원론 등의 전통적인 단순성과학science of simplicity에서 전일론적인 복잡성과학science of complexity으로 패러다임의 대전환이 일어난 것이다.

'과학계의 엄청난 변화의 물결'[15]이라고 불리는 이 복잡계의 개념은 단순히 물리학이나 경제학에서의 변화를 넘어서 사회전반에 걸친 변화된 관점으로 확대되고 있다. 노벨 경제학상 수상자인 에로우Arrow와 물리학상을 받은 앤더슨Anderson, 겔만Gell-Mann 등이 1984년 미국 산타페Santa Fe 연구소에 모여 시작한 신과학 운동이었던 복잡계 이론이 이후 사회과학, 그리고 인문학을 망라하는 융합학문의 요람이 되었다. 러시아에서도 '시네르게찌까'로 통칭되는 이것은 서로 다른 분야 전문가들이 협력할 때 필요한 접근법을 지칭하는 용어로 확장되었다. 이러한 학제 간 연구의 융합적인 접근법은 인류가 당면한 글로벌한 문제를 탐색하는 과정과 그 분석 과정 속에서, 전략적인 계획에 보다 광범위하게 활용되고 있는 것이다.[16] 오늘날 다양한 학문 영역에서는 무엇보다 일치единство와 통합синтез을 향한 도정, 즉 자연과학과 인문학의 통섭을 포함한 과학과 예술의 융합을 위한 다양한 탐색이 필요한데, 바로 시네르게찌까가 복잡하게 조직화된 전체성을 지닌 학문의 기틀을 갖추고 여기에 생명력을 부여하는데 기여하고 있는 것이다.[17]

시네르게찌까의 이러한 통합 기능은 인간과 문화에 관한 학문과 자연에 관한 학문 사이의 가교를 놓는 것을 넘어서서, 세계를 바라보는 동양적인(통합적인) 비전과 서양적인(분석적인) 비전의 결합으로도 확대되고 있다.[18] 이러한

---

15 James Gleick, *Chaos : Making a New Science*, 2nd ed, New York : Penguin Books, 2008, p.3.
16 Е.Н. Князева С.П. Курдюмов, *Основания синергетики : Человек, конструирующий себя и свое будущее*, с.6.
17 Е.Н. Князева С.П. Курдюмов, там же, с.137.
18 Е.Н. Князева С.П. Курдюмов, там же, сс.144~145.

5장 '시네르게찌까'의 관점에서 고찰한 A. 타르코프스키의 동·서양 통합 비전과 트랜스퍼스널심리학의 포에지   153

전일론holism적 관점은 질서와 혼돈이 뒤섞인 높은 수준의 복잡계를 이해하려는 시도이기도 하다. 시스템과 네트워크에 대한 문제를 분석하는 미국 작가 돈 드릴로가 강조하고 있듯이, 우리는 "결국 모든 것은 다 연결되어 있는 세계",[19] 즉 과학과 인문, 그리고 사회의 여러 요소가 서로 밀접하게 연결되어 있는 복잡한 세상에 살고 있기 때문이다.

과학의 개념을 넘어서서 오늘날 인문사회학에서 다양하게 활용되는 시네르게찌까의 개념은 본고에서 연구 대상으로 삼은 안드레이 타르코프스키가 자신의 영화를 구상할 때 염두에 둔 주요한 단서를 이해하는 열쇠가 된다. 비록 그가 학문으로서의 '시네르게찌까'라는 개념을 인지하고 있었던 것은 아니었지만, 세계를 인식하는 그의 시선에는 이러한 통섭의 토대위에 서사의 휴머니즘과 영화 미학을 염두에 둔 작품을 창조했기 때문이다. 그리고 무엇보다 타르코프스키 작품에 등장하는 인물들의 세계인식과 사상 속에 감독 자신의 시네르게찌까에 입각한 우주관이 투영되어 있기 때문이다.

실제로 타르코프스키 영화 연구자, 관객, 비평가들은 그의 작품에 등장하는 주인공들을 감독의 분신이자 그의 그림자로 인식해왔다.[20] 이는 그의 작품 주인공들이 감독과 함께 나이를 더하며 성장할 뿐만 아니라 그의 정신의 궤적을 대변하는 인물이기 때문이다. 주인공 대부분이 무언가를 창조하거나 자신의 본질에 대해 깊이 사색하는 인물이며, 그들의 직업이 대부분 화가·음악가·배우·작가와 같은 예술인이거나 과학자·철학자·심리학자 등으로 설정되어 있는 것은 이에 연유한다. 여기서 주인공들은 인간으로서의 존재 의미와 본질을 묻고 있으며, 이런 탐색 과정 속에서 감독은 관객들에게 끊임없이 자기 성찰의 메시지를 던지고 있는 것이다.

상기 관점에 입각해 본고에서는 인간의 우주의식과 연결되는 시네르게찌까

---

19 Don DeLillo, *Underworld*, New York : Scribner Paperback Fiction, 1997, p.825, Don DeLillo, *White Noise*, New York : Penguin, 1985, p.217.
20 Паола Волкова, *Цена Nostos — жизнь*, Москва : Зебра Е, 2013, с.7.

154　제2부 유라시아의 동과 서

의 우주관과 트랜스퍼스널심리학의 입장에서 타르코프스키의 작품을 고찰해 볼 것이다. 특히 종교와 과학을 상반된 관계가 아니라 동일한 지평을 향해 접근해 가는 상보적 관계에 있다고 보는 이 개념들의 주된 특성에 입각해, 과학적 '지식'과 종교적 '지혜'의 융합을 도모하는 타르코프스키의 관점을 살펴볼 것이다. 그리고 그 방법론으로서 타르코프스키의 작품에 내재되어 있는 현대 기술문명의 발전에 대한 인간의 윤리와 과학의 문제, 이 우주에 우리가 살아 있다는 사실에 대한 심리적 응답인 신비주의, 과학과 신비를 형상으로 옮겨 육체와 영혼과 세계를 일깨우는 예술적 측면을 분석할 것이다. 하나의 우주론이 참으로 살아있기 위해서는 이러한 세 요소를 함께 포용할 수 있어야 한다. 그것은 이 우주에 살아있다는 경이로운 사실(과학)에 대한 우리의 기쁨에 넘친 응답(신비주의)과, 우리의 삶과 우주 시민의 자격으로 그 응답을 표현하는 것(예술)이기 때문이다. 이런 의식을 토대로 타르코프스키의 과학·종교·예술에 대한 관점과 함께 이를 통해 그가 관객들에게 제시하고자 했던 인간구원과 인류구원의 메시지를 조명해 보기로 한다.

2. 타르코프스키의 영화에 반영된 '과학'과 '영성'의 융화

과학적 소재에 대한 타르코프스키의 관심은 SF 판타지소설을 바탕으로 영화를 제작한 그의 면모에서도 잘 드러난다. 이와 관련된 대표적인 영화 〈솔라리스Солярис〉(1972)는 폴란드의 공상과학 소설가 스타니슬라프 렘Stanislaw Lem에게 세계적인 명성을 안겨 준 소설 『솔라리스Solaris』를 원작으로 한 작품이며, 〈잠입자Сталкер〉(1979)는 아르카지 스트루가츠키Аркадий Стругацкий와 보리스 스트루가츠키Борис Стругацкий 형제의 소설 『길가의 피크닉Пикник на обочине』을 토대로 제작된 영화이다. 감독으로 정식 데뷔한 이후 평생동안 일곱 편의 작품을 제작했던 타르코프스키가 두 편의 SF소설을 영화로 제작할 정도라면

5장 '시네르게찌까'의 관점에서 고찰한 A. 타르코프스키의 동·서양 통합 비전과 트랜스퍼스널심리학의 포에지   155

그가 SF소설 마니아일 것이라 짐작할 수도 있다. 하지만 그가 어떤 이유로 SF소설에 관심을 가졌는지에 대해서는 그 어떤 기록이나 자료도 찾아볼 수 없다. 그는 일기에서 이들 작품이 흥미롭다는 언급 외에는 어떠한 상세한 설명도 하지 않았다.

물론, 타르코프스키의 이러한 침묵에 대해서는 여러 각도에서 설명이 가능할 것이다. 무엇보다 당시 소비에트 체제에서 'SF소설의 영상화', 특히 지구인이 우주와 소통하고 우주를 정복하는 인상을 주는 테마를 국가가 가장 선호했다는 사실은 타르코프스키가 이런 종류의 영화를 제작했던 주요한 단서가 될 수 있을 것이다. 특히 소련국가영화위원회 '고스키노Goskino'가 과학-판타지 영화 제작을 선호했다는 점[21]은 최소한의 영화제작 기회라도 잡기 위해 정책에 부합하려 했던 타르코프스키의 몸부림이었는지도 모른다.

타르코프스키가 〈솔라리스〉를 구상했을 당시 '모스필름'측에 제출했던 신청서에는 훌륭한 SF영화 제작을 위해 최첨단 과학기술을 전시하고 있던 일본의 엑스포에서 촬영을 하겠다는 계획이 기록되어 있다(1970년 9월 5일 일기).[22] 하지만 당시 당 중앙위원회에서 촬영 팀을 위한 비자발급을 서두르지 않으면서 타르코프스키 촬영팀은 오사카 박람회에 참여하지 못한다(1970년 9월 14일).[23] 그로 인해 〈솔라리스〉의 주 공간은 첨단 과학 기술 장비로 채워진 곳이 아니라, 이곳이 과연 우주정거장일까 하는 의문이 들 정도의 조야한 공간으로 변형된다. 이는 감독이 영화에서 과학기술의 화려한 성과 제시를 의도적으로 차단하는 방향으로 선회했기 때문이었다. 타르코프스키는 『봉인된 시간』에서 다음과 같이 밝히고 있다.

---

21 Симонетта Сальвестрони, *Фильмы Андрея Тарковского и русская духовная культура*, М. : Библейско-богословский институт св. апостола Андрея, 2007. с.102.

22 А. Тарковский, *Мартиролог. 1970-1986.* [Электронный ресурс]; Медиа-архив ≪Андрей Тарковский≫, http://www.tarkovskiy.su/texty/martirolog/martirolog.html : с.19.

23 А. Тарковский, *Мартиролог. 1970-1986.* [Электронный ресурс]; Медиа-архив ≪Андрей Тарковский≫, http://www.tarkovskiy.su/texty/martirolog/martirolog.html : с.25.

〈잠입자〉와 〈솔라리스〉에서 내게 중요했던 것은 결단코 공상과학영화가 아니었다. 그럼에도 불구하고 〈솔라리스〉에는 본질적인 문제로부터 관객을 오도하는 공상과학 영화적 속성들이 유감스럽게도 많이 있었다. 원작자인 렘의 소설에 나오는 우주선들과 우주 정거장들은 확실히 매우 흥미로웠다. 그러나 오늘날 생각해보면 만일 이 우주선과 우주 정거장 같은 과학 영화적 속성들을 모조리 포기하였더라면 영화에서 이야기하고자 했던 것이 훨씬 더 분명해졌을 것이 틀림없을 것으로 여겨진다.[24]

오히려 영화 속의 과학기술적인 속성을 전부 포기하는 것이 더 나았을 것이라는 타르코프스키의 표현은 원래 이 영화를 제작할 당시의 계획과는 결과적으로 변경된 부분이 많다는 것을 의미한다. 그럼에도 불구하고, 타르코프스키는 솔라리스 바다가 의식을 가지고 있다는 렘의 소설의 주요 소재를 원용함으로써 물질과 마음의 관계에 대한 작가의 성찰을 계승하고 있다. 소설에 등장하는 솔라리스 행성의 기이한 '손님' 방문 역시 영화에서 반복되는 소재이다.

〈솔라리스〉는 크리스 켈빈의 집으로 은하계 저편에 있는 혹성 솔라리스에 있는 우주정거장에서 일어난 '이상한 일'을 담은 비디오테이프가 전달되면서 시작된다. '이상한 일'이란 우주 정거장에서 솔라리스의 바다에 방사선을 투사한 이래로 일어나기 시작했는데, 인간의 정신 안에 있는 기억이나 상상 곧 정신적인 것들이 물질화되어 우주정거장 안에 현실적으로 나타난다는 것이다. 이 영화는 우주를 배경으로 하고 있지만, 이해할 수 없는 미스테리한 현상으로 인해 우주정거장이 하나의 정신병원으로 설정되고 있다고 해도 과언이 아니다. 영화에서는 표면상으로는 잊고 있었던 대상이 갑자기 나타나 등장인물의 감추어져 있던 무의식을 일깨우고 있다. 우주정거장에 있는 스나우트, 사르토리우스, 기바리얀 모두에게 나타난 '손님' 역시 그들의 무의식 깊숙

24 A. Tarkovsky, *Sculpting in time : reflections on the cinema*, p. 199.

5장 '시네르게찌까'의 관점에서 고찰한 A. 타르코프스키의 동 · 서양 통합 비전과 트랜스퍼스널심리학의 포에지   157

이 비밀스럽게 은폐되어 있던 '환영'에 다름 아니라는 점에서 이 영화는 정신 병리학적이고 심리학적인 부분과 관련이 많다.

우주정거장에 도착한 이후 켈빈 역시 과거 자살한 아내 하리의 현시를 목격하게 된다. 이 사건을 통해 켈빈은 자신이 아내의 죽음에 책임이 있으며, 결국 그가 자살로까지 아내를 몰고 간 장본인이었다는 것을 깨닫는다. 가정생활에 그다지 관심이 없었던 그는 아내에게 소홀했고, 그로 인한 말다툼 이후에 그가 문을 박차고 나가자 홀로 남겨진 아내가 독약을 마셨다는 사실을 상기하게 된 것이다.[25] 영화 서두에서도 나타나듯이 무정하고 사무적인 켈빈은 결과적으로 그들에게 상처를 주는 이기적인 행동으로 아내 하리를 자살로까지 몰고 갔던 것이다. 아내에 대한 간절한 '그리움'이 강조되는 스타니슬라프 렘의 소설과는 달리 영화에서는 결과적으로 켈빈의 내면에 잠재해 있던 아내에 대한 '죄의식'이 부각된다.

소설과 영화에 공통적으로 제시되어 있는 솔라리스 행성의 기이한 손님 방문은 우주 정거장에 남겨진 세 과학자 모두를 절망으로 빠뜨릴 정도로 고통스러운 일이었다. 하지만 이 현상에 그들이 대처하는 방식에는 큰 차이가 있다. 특히 과학자 사르토리우스와 켈빈의 대립적인 인식은 과학과 윤리의 긴장감을 고조시킨다. 어떤 목적을 위해서는 대상 자체를 파괴할 수 있다는 극단적인 기술 중심주의적 태도와, 어떠한 경우에도 인간을 위한 고결한 인식이 강조되어야 한다는 휴머니즘적인 태도가 그들의 상반된 행위를 통해 나타난다.[26]

과학에 대한 의무를 그 어떤 정신적인 이상보다도 고귀한 것으로 간주하는 사르토리우스는 솔라리스에 나타난 기이한 '손님'에 대한 연구만 계속할 수 있다면 어떤 행동도 감행할 준비가 되어 있다. 이에 사르토리우스는 중성미

---

25 Владимир Гурболиков, Солярис Тарковского (с послесловием об американском ремейке) http://www.proza.ru/texts/2004/06/29-69.html (검색일 : 2022.07.30)

26 Э. Араб-Оглы, "Диалоги с будущим", с.18; Станислав Лем, Солярис, Москва : Радуга, 1987, cc.5 ~18.

158 제2부 유라시아의 동과 서

자 구조의 안정을 깨뜨릴 수 있는 특정한 형태의 에너지를 발견하여 하리에게 적용시키자는 제안을 한다. 하지만 하리와 같은 '손님'들에게 실험을 감행하려는 그에게 켈빈은 이 실험에 동참하지 않겠다고 당당하게 말한다. 켈빈이 보여준 태도의 변화는 복제인간 하리가 점차 인성을 갖춘 독립체가 되어간다는 점을 분명하게 인식했기 때문이었다. 이것은 그가 하리의 존재를 하나의 '자연 현상научный феномен'이 아니라 인간처럼 행복, 고통, 사랑을 느낄 권리가 있는 '살아있는 존재живое существо'로 받아들이게 되었기 때문이다. 그리고 하리에 대한 켈빈의 완전한 태도 변화가 뜨거운 피가 흐르는 인간성을 갖춘 존재로 하리를 점차 변화시키는 것이다.

사르토리우스는 하리에게 그녀는 단지 허상일 따름이라고 주장하지만, 하리는 고통스러운 목소리로 자신은 인간이 되어가고 있다며 눈물로 호소한다. 그 순간 하리의 고통과 덕성을 이해하지 못하는 인간을 용서해 달라는 무언의 요청으로 켈빈은 하리에게 무릎을 꿇는다. 켈빈과 하리가 서로를 완전히 이해하게 된 도서관 장면 이후, 그들은 상대방을 위한 최선의 선택이 무엇인가를 적극적으로 모색한다. 이제 하리는 자기희생을 결심하는 진정한 인간의 면모를 보이며, 사랑하는 켈빈이 절망적인 상황에서 벗어나 지구로 귀환할 수 있도록 액체 산소를 마셔 자살을 기도한다.

하리의 죽음 이후 소설과 영화는 완전히 다른 관점으로 종결된다. 영화 <솔라리스>와 소설 『솔라리스』의 마지막에 나타나는 차이점은 새로운 우주 시대를 인식하는 작가와 감독의 가치관의 차이이기도 하다. 스타니슬라프 렘은 『솔라리스』의 마지막 부분에서 우주로 향한다는 것은 기존의 세계관과 우리에게 오랜 시간 익숙했던 관념들을 뒤흔드는 문제이기에, 이 과정에서 직면할 수 있는 미지의 현상은 결과적으로 인류 과학 기술의 진보에 강력한 자극이 될 수 있다는 것을 피력한다. 이로 인해 렘의 소설은 생각하는 바다의 비밀을 캐기 위해 켈빈이 솔라리스 혹성에 남아 있는 것으로 종결된다.[27]

---

27 Э. Араб-Оглы, "Диалоги с будущим", сс. 17~18; Станислав Лем, *Солярис*, перевод с польского

이에 반해 타르코프스키는 미래의 우주시대가 현재와 얼마나 다른지, 미래의 과학기술이 현재에 비해 얼마나 진보되어 있는지를 보여주는 것은 자신의 목적이 아니었음을 분명히 한다. 때문에 솔라리스 혹성에 남아있는 켈빈의 소설 속 모습과는 달리 영화의 엔딩 부분은 첫 장면인 아버지 집으로 켈빈이 회귀하는 모습을 제시하고 있다. 하리의 행동으로 변화된 켈빈의 의식은 바다에 자신의 내면세계를 투사한다. 그 순간 그의 가장 비밀스럽고 내밀한, 상실의 아픔과 슬픔에 대한 무의식의 투영으로 바다에 기이한 변화가 나타나기 시작한다. 그리고 솔라리스 바다는 켈빈의 의식이 향하는 그 지구를 받아들인다.

물풀들이 춤추는 호수를 지나 집에 도착한 켈빈은 창문 너머로 아버지를 바라본다. 그리고 켈빈은 하리에게 그러했듯이 밖으로 걸어 나온 아버지 앞에 무릎을 꿇는다. 마치 성서 속 '돌아온 탕자' 이미지와 같이 아버지 앞에 무릎을 꿇는 장면은 그가 다른 과학자들과는 달리, '하리'로 형상화되었던 자신의 과거에 대해 속죄하고 인간성을 회복했기에 가능한 행위였다. 시골집과 두 남자를 잡은 카메라의 고도가 높아지면서 켈빈의 집은 점점 작아지고 시야는 넓어진다. 그리고 이 집 주위로 생각하는 바다가 둘러싸고 그 집은 솔라리스 바다 한가운데 놓이게 된다. 켈빈은 인간과 인간의 조화, 인간과 세계의 조화, 인간과 우주의 조화와 같이 모든 것이 완벽하게 조화를 이루는 새로운 세계를 창조하게 된 것이다. 영화 속 크리스 켈빈의 직업이 '심리학자'로 설정되어 있듯이 그가 우주의식, 즉 트랜스퍼스널 심리학의 영역에서 세상을 통찰하게 되었다는 점을 감독은 부각시키고 있는 것이다.

이 마지막 장면을 통해 영화 〈솔라리스〉는 인간은 광활한 우주를 탐사하고 있지만 마지막 미개척지는 '우주'가 아니라 '마음'이며, 인간에게 더 중요한 것은 결국 인간에 대한 사랑이라는 것을 깨닫게 해 주는 작품으로 승화된다. 솔라리스로 나아갔다가 아버지 집으로 되돌아온 주인공 켈빈의 도정은 확장

Г. Гудимовой и В. Перельман, Москва : Радуга, 1987, с. 5~18.

되었다가 수렴되는 원운동으로 영화의 구조를 형성하게 되는 것이다. 켈빈에게 나타나듯이, 원심력과 구심력이 상충하지 않고 바다의 밀물과 썰물처럼 조화로운 궤적을 그릴 때 중심인 자기 자신과 우주 사이의 차이도 무화될 수밖에 없다. 몰입과 해탈이 일체화된 우주적 열림을 체험하는 순간을 감독은 무한소에서 무한대로 넘나드는 영화적 상상력으로 표출한 것이다. 이러한 변형으로 〈솔라리스〉는 단순한 SF 영화가 아니라 우주와 인간의 상응에 주목하는 감독의 자연철학을 담은 철학적 명상으로 변형된다. 결과적으로 영화에서 켈빈이 솔라리스로 떠난 여행은 화려한 우주시대의 서막을 위해 우주로 향하는 여행이라기보다는 잃어버린 자신을 되찾는 내면으로의 여행인 셈이었다.

하지만 소설과 영화의 이러한 이질감은 원작소설가 스타니슬라프 렘이 타르코프스키의 시나리오 개작 방식에 불만을 가질 수밖에 없는 요소이기도 했다.[28] 그럼에도 불구하고 소설을 의도적으로 변형시켰던 감독의 노력을 재해석할 때, 영상으로 표출된 타르코프스키의 세계관을 보다 분명히 규정할 수 있는 것이 사실이다. 〈잠입자〉의 경우 역시 영화를 통해 전달하고자 했던 감독의 메시지는 시나리오가 변형되면서 소설과는 달리 영화에 새롭게 삽입된 플롯이나 장면에서 잘 드러난다. 타르코프스키는 〈잠입자〉를 준비할 때는 '고스키노' 측으로부터 공식적인 촬영 허가를 받기 전부터 스트루가츠키 형제를 찾아가 『길가의 피크닉』을 영상화하고 싶다는 의사를 전달했다. 감독의 이런 발 빠른 움직임은 〈솔라리스〉에 대해 렘의 애독자들이 소설 내용을 자의적으로 개작했다며 항의했던 일이 다시 되풀이되지 않도록 사전에 원작자의 협조를 구한 것으로도 이해할 수 있다.

타르코프스키가 스트루가츠키 형제를 찾아가 공조 작업을 요청했을 때 그들은 흔쾌히 이를 받아들였다(1975년 3월 27일).[29] 원작소설가들이 직접 시나리

---

28 Станислав Лем, "Вступление к роману Станислава Лема ≪Солярис≫" Станислав Лем – русский сайт. Материал по жизни и творчеству Лема. (archive.org)

29 А. Тарковский, *Мартиролог. 1970-1986.* [Электронный ресурс]; Медиа-архив ≪Андрей Тарковский≫, http://www.tarkovskiy.su/texty/martirolog/martirolog.html : c. 89.

오 작업에 동참하긴 했지만 그 개작 작업은 그야말로 고난의 행군이었다. 타르코프스키 사망 이후, 아르카지 스트루가츠키는 당시 작업 과정에 대해 회상하며 자신들은 감독의 요구에 따라 무려 18개 버전의 시나리오를 써야 했다고 밝힌 바 있다.[30] 스트루가츠키 형제는 힘겨운 시나리오 변형 과정에서 자신들이 쓴 판타지 소설과 감독이 요구하는 시나리오 사이에는 커다란 간극이 존재한다는 사실을 발견한다. 급기야 작가는 타르코프스키에게 차라리 판타지적 속성을 모두 포기하는 건 어떠냐고 되물었고, 이에 그는 웃음을 지으며 "이건 바로, 당신 자신이 제안한 겁니다! 내가 제안한 것이 아니구요! 나는 오래전부터 그렇게 하기를 원했습니다. 다만 당신에게 그렇게 제안하는 것이 염려되었던 거지요."[31]라고 이야기했다는 것이다. 그리고 이를 기점으로 타르코프스키는 녹초가 된 작가의 완전한 동의를 받고 시나리오에서 판타지 속성을 벗어던지게 된다.

1970년대 러시아에서 가장 유명한 판타지 작가였던 스트루가츠키 형제의 『길가의 피크닉』은 외계인이 방문했던 지역에서 발생하게 된 기이한 일들이 서술된 소설이다. 하르몽이라는 상상의 도시를 그 배경으로 하는 이 소설에서는 실제 서사가 진행되기 약 13년 전에 우연히 외계인이 이 지역을 방문한 후 이곳이 비밀스런 법칙이 작용하는 공간으로 변형되었다고 설정되어 있다. 소설의 기본서사를 바탕으로 하는 영화의 메인타이틀 시퀀스에서는 이 '구역'이 어떻게 설정되었는가에 대한 노벨상 수상자 월러스 교수의 인터뷰가 소개된다. 그에 따르면 20년 전 이곳에 운석이 떨어져 폐허가 되었는데 언제부터인가 사람들이 사라지는 변칙적인 현상이 발생하기 시작했다는 것이다. 소설에서 외계인이 지구를 방문한 이후에 생겼다는 '구역'은 영화에서는 운석이 떨어져 생긴 것으로 변경되는 것이다.

---

30 재인용, Александр Гордон, *Не утоливший жажды : об Андрее Тарковском*, cc. 264~265.

31 А. Стругацкий, "Каким я его знал", Источник : Огонек. 1987. № 29 (первопубликация). Печатается с сокращениями. http://www.rusf.ru/abs/books/publ28.htm

비밀스런 '구역'은 인간에게 위험한 기이한 현상들을 숨기고 있기 때문에, 이 곳은 사람들이 거주할 수 없는 곳으로 선포된다. 소설에서는 이곳이 주민 철수와 함께 순찰병들의 삼엄한 경비를 받는 모습, 경비를 담당하는 순찰병 들조차 생명을 잃을 수 있는 이곳을 두려워하는 모습이 묘사되어 있다.[32] 또 한 소설에서는 이 '구역'에 지구를 방문한 외계인이 남기고 간 것으로 추정되 는 '아르떼팍띠артефакты'라는 물체가 등장한다. 아르떼팍띠는 단순한 장난감 에 불과하다고 평가되거나 혹은 위험한 무기로도 간주되었지만, 또 어떤 것 은 병을 낫게 하는데 효험이 있는 치료제로도 사용되었다. 이것을 몰래 가져 다 파는 금지된 일을 하는 '잠입자'들이 소설 서사에 등장하게 된 것은 이 때 문이다.

결과적으로 타르코프스키가 적극적으로 변형시킨 것이 주인공 '잠입자'의 성격이었다. 1977년 7월 21일 일기에서 그는 "시나리오에서는 주인공의 개념 이 완전히 바뀌었기 때문에 스트루가츠키 형제가 각본을 완전히 새로 쓰고 있다. 새 시나리오에서 잠입자는 더 이상 마약 중개인이나 밀렵꾼이 아니라 믿음이 돈독한 '금지구역' 신봉자이다"[33]라고 기술하고 있다. 그리고 영화의 제목 역시 인물에 무게중심을 두고 〈잠입자〉로 확정한다.

소설과 마찬가지로 영화에서도 이 '구역'에 잠입하는 길은 아주 복잡해서 왔던 길로 다시 돌아갈 수도 없다. 이 길에서는 매 순간 모든 것이 변화하며 갑자기 중력이 높은 장소를 만나 생명을 잃을 수도 있기 때문에 이곳을 통과 할 때는 자신의 직관만을 신뢰해야 한다. 그 '구역'이 위험하지 않다고 자신의 고객들을 속였던 스트루가츠키 소설의 '잠입자'와 달리, 타르코프스키의 영화 의 '잠입자'는 이 구역에서는 함정들이 복잡하게 얽혀 있기에 매순간 조심해 야 한다는 점을 강조한다.[34] '스트루가츠키 형제의 잠입자'가 금지구역의 수수

32 Аркадийи Борис Стругацкие, *Пикник на обочине*, Москва : АСТ, 2012, c. 59.
33 А. Тарковский, *Мартиролог, 1970-1986*, [Электронный ресурс]; Медиа-архив ≪Андрей Тарковский≫, http://www.tarkovskiy.su/texty/martirolog/martirolog.html : c. 117.
34 Вера Шитова, "Путешествие к центру души", *Неизвестный Тарковский : Сталкер мирового кино*,

께끼 같은 물건을 판매하는 일종의 약탈자였다면, '타르코프스키의 잠입자'는 길 잃은 불행한 영혼들의 소망을 실현해 주기 위해 지성소로 안내하는 사제의 역할을 하고 있다. 영화에서 공상 과학적 요소는 완전히 사라지고, 잠입자는 오랜 변형 과정을 통해 '강도'에서 일종의 '사도'로 변화하게 된 것이다.

특히 타르코프스키는 최종 시나리오에서 이 '구역'을 하나의 성스러운 공간으로까지 변형시킨다. 이로 인해 잠입자가 사람들을 이끌고 소망을 이루어주는 '방'으로 가는 과정 자체가 하나의 의례를 연상시킨다. 이 '구역'으로는 여자도, 술도, 무기도 가져가서는 안 된다는 것을 강조하며 잠입자가 되는 것을 신神이 주신 일종의 소명으로 인식한다는 점은 이 도정 속에서 종교적 의식을 연상하도록 설정한 것에 다름 아니다.[35] 이로서 '구역'을 향해 가는 등장인물들의 '길'은 바로 '자신에 대한 탐색'이자 '삶의 소명을 찾아가는 과정'과 동일시되며, 영화는 하나의 철학적 명상으로 변형되는 것이다.

타르코프스키의 물질에 대한 관점, 즉 '정신적 물질주의духовный материализм'에 대한 이해는 〈솔라리스〉에서와 마찬가지로 〈잠입자〉에서도 반복된다. 〈잠입자〉에 등장하는 '비밀의 방' 역시 인간 무의식에서 나온 그 무엇을 물질화한 것이다. 그것은 영화에서 세 명의 주인공이 어려운 고비를 넘겨 간신히 '비밀의 방' 앞에 도착하지만, 감독은 그들에게 또 한번의 시험을 제기하는 것과 맞물린다. 잠입자는 이 방 앞에서 자신의 스승이었던 전설적인 디코브라스의 이야기를 그들에게 들려준다.

디코브라스라는 인물은 오랫동안 동경해왔던 이 방으로 오면서 자기 때문에 죽은 형을 소생시켰으면 하는 소원을 지니고 있었다. 그러나 그가 방을 나와 다시 집으로 돌아왔을 때 그는 엄청난 부자가 되어 있었다. 그 '방'은 바로 그가 실제로 원했던, 가장 비밀스런 소원을 성취시킨 것이었다. 이를 깨달은 디코브라스는 수치심에 목을 매어 자살했다는 것이 잠입자가 들려준 이야기

с. 199.

35 Виктор Филимонов, *Андрей Тарковский : сны и явь о доме*, Москва : Молодая гвардия, 2011, с. 315.

164　제2부 유라시아의 동과 서

였다. 영화에서 '비밀의 방'은 인간의 무의식에서 나온 그 무엇을 물질화했던 것이며, 의식적인 소원과는 달리 마음 깊숙이 내재된 원초적 소원만을 들어준 것이다.

때문에 작가와 과학자는 죽을 고비를 넘기며 이 비밀스런 소망의 방 앞까지 왔지만 선뜻 이곳에 발을 들여놓지 못한다. 자신들의 가장 은밀하고 비밀스러운 욕망에 대한 확신이 없었던 것이다. 이런 맥락에서 볼 때 영화 도입부에서 세 명의 주인공이 구역으로 잠입하는 과정은 그들이 스스로의 내면을 성찰하는 여행으로 해석할 수 있다. 여기서 온갖 쓰레기와 금속더미들이 장벽처럼 쌓여있는 구역의 '올가미' 역시 물리적인 벽이라기보다는 인간 내면의 정신적이고 심리적인 벽으로 확장될 수 있을 것이다.[36]

살펴본 바와 같이, 타르코프스키가 궁핍했던 생활에 대한 하나의 현실 타협안으로 SF소설 『길가의 피크닉』을 영화의 소재로 선택했다고는 하더라도,[37] 그가 이 소설에서 인간의 변형 가능성을 포착했던 것은 분명해 보인다. 소비에트 체제에서 인간의 삶이 그 본연의 가치를 상실해가고 있다는 것을 민감하게 느꼈던 그는『길가의 피크닉』에서 영혼의 소망을 실현하는 소재를 포착했으며,[38] 이것을 개인의 자아를 넘어서서 초월하는 트랜스퍼스널한 체험으로 확장하고 있는 것이다. 이를 통해 타르코프스키는 앞으로, 미래로, 우주로 힘차게 전진하는 소비에트의 정책과는 달리, 오히려 과거로, 그리고 인간 마음에 대한 탐색으로 침잠하며 인간심리에 대한 성찰을 도모하고 있다할 것이다.[39]

---

36 С. Л. Шумаков, *В поисках утраченного слова*, О проблеме визуального и вербального в эстетике Тарковского на примере фильма ≪Сталкер≫; Киноведческие записки : Историко-теоретический журнал, 1989. № 3, сс. 163~175.

37 П.Д. Волкова는 영화 <잠입자>는 1975년 타르코프스키가 어려운 상황 때문에 돈이 궁핍해 고안해 낸 작품이라 언급하기도 한다. П.Д. Волкова, *Арсений и Андрей Тарковские*, сс. 230~231.

38 Александр Гордон, *Не утоливший жажды : об Андрее Тарковском*, Москва : Вагриус, с. 260~261.

39 А. Тарковский, Встать на путь, в *Искусство кино*, No 4, 1989, с. 112.

3. 타르코프스키 영화에 반영된 '서양 신비주의'와 '동양 정신세계'의 통합비전

안드레이 타르코프스키 영화를 규정하는 성찰과 구원의 프레임, 즉 〈이반의 어린시절〉부터 〈안드레이 루블료프Андрей Рублёв〉(1966), 〈솔라리스〉, 〈거울Зеркало〉(1975), 〈잠입자〉, 〈노스탤지어Nostalghia〉(1983), 〈희생〉에 이르기까지 감독이 일관되게 펼친 이 주제는 여러 연구자들이 그의 작품을 동방정교적 관점에서 이해하는 토대가 되었다. 기실, 믿음과 사랑으로 인간이 변화되고, 그것으로 구원의 가능성을 제시하는 기독교적 관점에 타르코프스키 작품은 온전히 상응하기 때문이다.

하지만 타르코프스키의 작품을 단순히 기독교 정신에 온전히 상응한다고 볼 수는 없다. 그의 작품에서는 정통 기독교 관점에서는 이교異教적으로 볼 수 있는 신비적 요소들뿐만 아니라 불교의 윤회에 대한 관점 역시 내재되어 있다. 또한 타르코프스키가 독일의 신비사상가 루돌프 슈타이너Rudolf Steiner (1861~1925)의 저술이나 인도철학에 심취했다는 자료도 적지 않게 존재한다.[40] 일반적으로 서로 상충된다고 여겨지는 동서양의 다양한 종교와 철학에 대한 이해와 혼종의 특성들은 타르코프스키가 트랜스퍼스널 심리학의 토대가 되는 정신세계에 공감했기 때문이라고 이해할 때 자연스럽게 연결될 수 있다. 트랜스퍼스널 심리학의 관점에서는 한 종교에 대한 신봉이 아니라 여러 종교의 근간에 대한 깊은 믿음과 초월체험에 대한 이해가 중시되기 때문이다.

트랜스퍼스널 심리학이 종래의 서구심리학의 주류와 결정적으로 차이가 있는 점은 인간의 의식에 있어서 지금까지 신비체험·회심·각성과 같은 용어로 불리었던 체험을 단순한 환상이나 이상심리로 치부하지 않는다는 점이다. 오히려 이것을 인류의 미래를 결정하는 중요한 변인이자 초월적 심리현상으로 인정하며, 이와 같은 초월체험의 근거가 되는 '의식'의 영역을 확장하고 있

---

40 Виктор Филимонов, *Андрей Тарковский : сны и явь о доме*, Москва : Молодая гвардия, 2011, c. 289.

다. 트랜스퍼스널 심리학에서는 인간의 마음이란 단계를 밟아서 발달하게 된 다고 보고, 깨닫고 각성할 수 있고 신비체험도 할 수 있는 가능성을 가지고 있는 것으로 보고 있기 때문이다. 이런 맥락에서 타르코프스키는 어떤 특정 종교가 아니라 다양한 신비철학에 내재된 종교성을 체험함으로써 깨우침을 통한 참 지혜에 도달하는 '영성'의 가치에 주목했다고 평가할 수 있겠다.

트랜스퍼스널 심리학의 대표적인 이론가 켄 윌버가 〈의식의 스펙트럼〉을 통해 화두로 던진, "이 세상에서 종교는 왜 이렇게 복잡하고, 혼란스럽고, 대립하는 세력이 되었는가?"라는 문제에서도 드러나듯이 '종교Religion'와 '영성 Spirituality'은 큰 차이가 있다. 그의 관점에 의하면 '종교'는 제도적이고 경직되어 있으며 권위주의적인데 비해, '영성'은 살아있고, 생동감 있으며 체험적이고 개인적인 특성을 지니고 있다. 즉 켄 윌버 역시 '종교'의 제도화된 형태와는 변별되는 내면의 실재이자 확장으로서의 '영성'의 중요성에 주목했다.[41] 따라서 기성 종교가 '영성'을 자기 종파성 안에다만 가두어 두고, 여기서 종교적 의미를 말하려고 한다면, 트랜스퍼스널은 '영성'을 완전히 개방된 자리에 갖다 놓고 누구에게나 열린 영적인 체험의 장에서 그 의미를 찾으려 했다고 평가할 수 있겠다.

트랜스퍼스널 심리학자 프린시스 본Frances Vaughan이 '영성'을 성스러운 주관적 체험의 소산이자 종교적 전통 안에도 있고 밖에도 있으며 모든 사람들의 마음 안에도 있다고 본 것이나,[42] 켄 윌버가 영성을 발달론적 수준의식의 파동, 의식의 흐름, 의식상태, 자기 시스템이라고 하는 개념을 포괄시킨 통합적인 관점에서 이해한 것도 이를 잘 말해주고 있다.[43]

---

41 Ken Wilber, *The eye of spirit : an integral vision for a world gone slightly mad*, Boston, Mass. : Shambhala, 2001, pp.129~130.

42 Frances Vaughan, *Shadows of the Sacred : Seeing Through Spiritual Illusions*, Wheaton, III : Quest Books, 1995.

43 Ken Wilber, *The Marriage of Sense and Soul*, New York : Random House, 1998; Ken Wilber, *The eye of spirit : an integral vision for a world gone slightly mad*, Boston, Mass. : Shambhala, 2001, pp.271~273; Ken Wilber, *Integral psychology : consciousness, spirit, psychology, therapy*, Boston, Mass. : Shambhala, 2000, pp.129~157.

트랜스퍼스널 심리학의 정신세계에 타르코프스키가 깊은 관심을 두고 있었다는 것은 미국의 트랜스퍼스널 심리학 토대에 큰 영향을 주었던 게오르기 구르지예프Георгий Гурджиев(1866~1949)에 대한 타르코프스키의 관심에서도 입증된다. 오늘날 트랜스퍼스널 심리학의 아버지로까지 추앙받고 있는 구르지예프의 사상은 새로운 영적 탐구를 시도하는 그룹들에게 깊이 계승되었다. 그의 사상이 확산되면서 오늘날 트랜스퍼스널 심리학의 기초 이론서인 켄 윌버의 <의식의 스펙트럼>의 토대가 되기도 했다. 20세기 위대한 영적 세계의 개척자로 칭송받는 구르지예프의 가르침들은 새로운 종교의 태동이나 심리치료 및 다양한 예술 영역에서 인간 의식 연구에 관한 새로운 문을 열었다고 할 수 있다.[44] 구르지예프의 사상을 통해 각성·신비체험·초의식·우주의식과 같은 체험을 병리 모델에서 보지 않고 성장모델에서 이해할 수 있는 분위기가 조성되었을 뿐만 아니라 이러한 체험을 극히 한정된 사람들만의 체험이 아니라 보편적인 체험으로 일반화시킴으로써 이것이 심리학의 연구대상으로서도 무시할 수 없는 영역이 되도록 초석을 놓은 것이다.

타르코프스키의 자신의 일기에서는 실제 그가 구르지예프의 저술에 깊이 탐닉했을 뿐만 아니라 다양한 신비체험과 명성에 몰두했다는 점이 드러나고 있다. 그는 1979년 7월 31일 일기에서 자신이 첫 번째 명상수업을 받았다고 기술하고 있으며, 1979년 8월 4일 일기에서는 명상의 8단계를 '깨어남, 수면, 최면, 초월적 상태, 우주의식, 통일, 신적인 상태, 절대경지'로 서술하며 이 모든 상태는 명상을 통해 도달할 수 있다고 기술하기도 한다.[45] 더 나아가 1981년 4월 5일 일기에서 그는 "한 편의 매혹적인 책에 빠져 있다. 우스펜스키가 구르지예프의 가르침에 대해 쓴 『기적적인 것을 찾아서In search of the Miraculous』라는 책이다. 구르지예프가 쓴 <우주의 새로운 모델>도 마찬가지

---

44 Sophia Wellbeloved, "Introduction", *Gurdjieff : The Key Concepts*, London and New York : Routledge, 2003, pp. xxiii.

45 А. Тарковский, *Мартиролог. 1970-1986.* http://www.e-reading.club/bookreader.php/1036891/Tarkovskiy_-_Martirolog._Dnevniki.html : cc. 147~148.

168　제2부 유라시아의 동과 서

다"[46] 라며 구체적으로 구르지예프에 대해 언급하기도 했다.

동양의 정신수행을 서양인들이 효과적으로 접근할 수 있는 체계를 세웠던 구르지예프는 '비교秘)의 지혜esoteric wisdom'를 전파하며 의식을 일깨워주는 여러 명상법을 통해 인간 내적변형의 가능성을 보여주었던 선각자였다. 그의 제자 우스펜스키는 인간이 당면하고 있는 모든 문제의 근본원인은 인간이 잠들어 있기 때문이라는 구르지예프의 관점을 전파했다. 그에 의하면, 모든 인간은 의식의 계발을 통해 내면의 성장을 이룰 수 있는 권리와 잠재력을 가지고 태어나지만 자신의 영적 잠재력을 구체화시키지 못한 채 삶의 대부분을 의식의 수면 상태에서 보내다가 생을 마감한다는 것이다.[47]

"인간은 감옥에서 살고 있다"고 했던 구르지예프에 의하면, 인간이 이런 감옥에서 나오고 싶다면 보다 높은 의식상태로 깨어나야 했다.[48] 더 나아가 그는 인간의 의식 상태와 수준을 잠에 빗대어 다음과 같은 네 단계로 구분했다. 태어날 때부터 형성된 성격에 맞춰진 기계적 삶을 살아가는 '수면sleep상태', 선잠을 깬 정도의 상태라 할 수 있는 '통상적인 각성상태ordinary walking state', 자신을 의식할 수 있는 '자기의식self-consciousness상태', 존재하는 것들을 꿰뚫어 볼 수 있는 '객관의식objective consciousness상태'가 그것이다.

구르지예프에 의하면 인류는 우주 속에 있는 '기계적 법칙' 때문에 자기실현이 어렵지만, 우리를 구속하고 있는 기계적 법칙으로부터 서서히 자기를 해방시키면서 '절대의 세계'를 향해 나아가는 노력이 자기실현의 길이라는 점을 주장했다. 기계로서의 인간 상태에서 벗어나기 위해서는, 잠에서 완전히 깨어나 스스로를 각성하는 객관적인 단계로까지 발달시켜야 한다는 것이 그의 주장이었으며, 이것이 많은 사람들을 명상의 길로 인도하였던 그를 '영적

---

46 A. Тарковский, *Мартиролог. 1970-1986*. http://www.e-reading.club/bookreader.php/1036891/Tar kovskiy_-_Martirolog_Dnevniki.html : c.320

47 P.D. Ouspensky, *In search of the miraculous : fragments of an unknown teaching*, San Diego : Harcourt, 2001, p.19.

48 Jeanne de Salzmann, "foreword" G. I. Gurdieff, *Life is real only then, when 'I am'*, London; New York : Arkana, 1999, pp.ix~xii.

5장 '시네르게찌까'의 관점에서 고찰한 A. 타르코프스키의 동·서양 통합 비전과 트랜스퍼스널심리학의 포에지   169

세계의 개척자'라 부르는 이유이다. 동양의 수행법을 서양 사회에 전파했던 구르지예프의 영적 유산은 감옥에 갇힌 자아를 해방하고 고차원적 인식세계에 도달하고자 했던 이들에게 새로운 문을 열어 주었던 것이다.

트랜스퍼스널 심리학의 정신적 토대로서 동양의 선禪 사상과 이에 대한 타르코프스키의 관심에 대해서도 주목할 필요가 있다. 선禪은 존재 자체의 본질에 대한 깨우침이나 직관을 통해 자신의 참 본성을 자각하는 것이다. 이 깨달음의 선체험이란 자신과 타인, 자신과 자연, 자신과 우주가 본래 하나Oneness였던 경지, 자기와 대상이 일체화된 상태를 깨닫는 순수경험이다. 이것이 바로 트랜스퍼스널 심리학에서 말하는 자기초월이라고 할 수 있다. 이 자기초월을 통해서 자신의 성장·변혁·창조를 가져오게 되는 동시에 정신의 통일상태와 명상상태에 이르게 된다는 것이다.

하지만 트랜스퍼스널 심리학은 트랜스퍼스널 심리학자들도 시인하고 있는 것처럼 결코 새로운 발견은 아니다. 오히려 이것은 새로운 심리학이라고 보기보다는 고대의 예지의 재발견이라 할 수 있다. 유사한 이론은 이슬람 신비주의인 수피즘Sufisim의 문헌, 유대교 신비주의인 카발라의 문헌, 『우파니샤드』 경전 등에도 존재한다. 동양사상의 사유형태란 일반적으로 주·객subject/object을 초월한 통합적인 신비적 직관에 근거하고 있기 때문이다. 이에 반해 서양사상의 사유형태는 주·객의 분리에 의한 분석적이고 개념적인 추론에 근거하고 있다. 따라서 서구의 의학이나 심리학은 신체와 의식을 대립적으로 보는 경향이 있는 반면, 동양의 의학과 심리학은 심신일원론의 관점에서 존재를 통합적으로 이해하려는 경향을 보이는 것이다.

여하튼 동양철학, 특히 선불교에도 심취했던 타르코프스키는 영화 〈희생〉에서 주인공 알렉산더의 모습을 통해 불교의 선 수행 방법에서 나타나는 명상·침묵·관조·마음 비우기 등의 과정을 보여준다. 핵전쟁의 위협을 느낀 후 행한 마지막 기도에서 알렉산더는 앞으로 영원히 침묵할 것을 맹세한다. 그리고 자신의 생명과도 같은 집을 불사르는 의식을 행하기 전에 선 수행자들처럼 전통 의상인 기모노를 차려입는다. 기실, 타르코프스키가 일본의 선시

'하이쿠'를 흠모해 왔고, 또 시를 통해 영화적 이미지를 창출하는 선결조건을 찾아냈다는 것은 널리 알려진 사실이다. 이는 실질적으로, "복잡계의 접근으로 깨달음의 문제를 인식할 때 옛 선사들이 수행자들에게 준 간단하고도 짧은 경구가 그대로 적용된다"[49]는 관점에서도 유추할 수 있듯이, 타르코프스키 역시 하이쿠를 통해 의식의 각성이 가능한 시네르게찌까의 우주관을 지니고 있었음을 대변하는 것이기도 하다. 선불교에서 수행과정의 한 방법으로 사용해 온 하이쿠의 목적은 사물의 즉각적인 관찰을 통해 직관에 도달하는 것이었듯이, 하이쿠는 단순히 문학의 한 형태로서의 시詩라기 보다는 선불교에서 말하는 도道, 즉 자기 본연으로 들어서기 위한 명상의 방법이기 때문이다.

선불교 철학에 대한 타르코프스키의 관심에 대해서는 그의 영화음악 작곡가였던 아르테미예프 역시 증명하고 있다. 그는 타르코프스키가 영화 〈거울〉을 제작할 당시부터 초심리학парапсихология, 동양철학, 형이상학 및 신비주의적 현상에 관심을 갖고 있었으며, 이것이 타르코프스키가 〈잠입자〉를 준비하면서 자신에게 동양과 서양을 결합시키는 음악이 필요하다는 것을 주문했던 이유라고 증언한다.[50] 알렉산드르 고르돈 역시 타르코프스키가 이 무렵부터 특히 동양철학에 대한 관심과 동양적 색채의 소리와 음악에 대한 관심이 증대되었으며, 그가 도道의 모티프들을 친숙하게 인식하기 시작했다고 주장했다.[51]

타르코프스키의 영화음악에는 '동양'과 '서양'의 분위기를 결합시키고자 했던 감독의 의도가 그대로 반영되어 있다는 사실은 이미 연구자들에 의해 지적된 바가 있다. 〈잠입자〉에서는 등장인물들이 세계와 진정으로 소통하는 동시에 자기 자신과도 실존적인 접촉이 가능한 '구역'을 둘러싼 공간에서 동·서양의 모티프가 결합된 신비로운 음악이 전달되고 있다.[52] 감독은 〈노스텔

49 우희종, 「복잡계 이론으로 본 생명과 깨달음의 구조」, 『한국정신과학학회지』 제11권 제2호, 2007, 60쪽.
50 Эдуард Артемьев, "Он давал мне полную свободу", *Неизвестный Тарковский : Сталкер мирового кино*, сс. 47~58.
51 Александр Гордон, *Не утоливший жажды : об Андрее Тарковском*, Москва : Вагриус, 2007, с. 261.

지어>에서는 호텔의 중국인 투숙객이 부르는 노래를 삽입하거나, <희생>에서는 화재 전후의 시퀀스에서 플롯으로 연주되는 일본음악을 통해 주인공이 동양의 명상세계로 진입하도록 시도하기도 한다.

타르코프스키는 동서양의 종교와 철학을 아우르며 그 속에 내재된 순환적 세계관에도 깊은 관심을 표명했다. <희생>에서 알렉산더에게 하녀 마리아와 동침하면 세상을 구원할 수 있다는 비법을 제시한 우편배달부 오토는 니체의 영혼회귀설에 심취되어 있다. 니체사상에 깊은 관심을 갖고 있는 그는 자신은 윤회를 믿는다며, 인간은 전생의 삶을 반복한다는 주장을 피력한다. 그는 알렉산더와의 대화에서 자신은 다시 태어나고 싶다는 의지를 표명하기도 한다.

더 나아가 타르코프스키는 동양사상인 노자 도덕경에 대한 관심 역시 작품에서 표출하고 있다. 영화 <잠입자>에서는 "인간이 태어날 때, 인간은 연약하고 유연하다. 나무가 성장할 때 나무는 부드럽고 유연하지만 나무가 죽어갈 때 그것은 건조하고 거칠다. 굳어짐과 힘은 죽음으로 가는 단계이다. 유연함과 연약함은 존재의 신선함을 표현하는 것이다."[53]라는 잠입자의 중심 독백에 도덕경 제76번째의 패러그래프를 인용하기도 한다.

신비철학과 동양의 정신세계에 큰 관심을 가지고 있었던 타르코프스키는 자신의 영화를 통해 끊임없이 우리의 신비주의적 영혼에 문을 두드린다. 러시아정교를 깊이 사랑했던 그의 영화에는 다양한 종교의 모티프가 등장하지만 결과적으로 그는 그 속에 흐르는 '근원의 큰 강'을 응시한다. 사실상 신비주의에 대한 이해 없이는 심층적 종교일치도 있을 수 없고, 세계의 다양한 종교 전통으로부터 지혜의 힘을 얻어내는 일도 불가능하다. 종교간의 이해와 협력을 도모하는 종교다원주의religious pluralism'의 모토와 마찬가지로 타르코프스키는 종교의 상대성을 인정하며 타종교의 가치도 동등한 수준에서 인정

---

52 Наталия Кононенко, *Андрей Тарковский : звучащий мир фильма*, Москва : Прогресс-Традиция, 2011, с. 72.

53 Александр Гордон, *Не утоливший жажды : об Андрее Тарковском*, с. 261.

하는 것이다. 즉 그가 염원했던 것은 특정 종교의 설파나 가르침이 아니라, 전 지구적 차원의 종교 일치와 영성을 통한 '인류의 하나됨'인 것이다.

타르코프스키가 자신의 영화를 통해 표출하는 신비주의와 영성의 세계가 전형적인 복잡계적 구조를 나타내는 깨달음과, 복잡계 현상의 특징인 자기조직적 창발 현상self-organized emergence을 나타내는 것이다. 깨달음이라는 인식 전환의 새로운 창발적 상태를 불가의 전통적 표현을 사용하자면 그것은 깨어 있음이다.[54] 또한 종래의 인식을 넘어서는 보편적 글로벌 영성으로서 종교적·탈종교적·세계종교적·초종교적 영성을 모두 포괄하는 통합적 영성은 켄 윌버의 통합영성과 맥을 같이하는 것이기도 하다.[55] 인간의식의 연구와 트랜스퍼스널 심리학, 통합철학 분야의 이론가인 윌버의 철학·심리학·과학·종교·문화·예술 등의 사상의 맥이 타르코프스키의 세계관과 연결되는 것이다.

살펴본 바와 같이, 켄 윌버의 통합사상의 배경은 동서양의 전통지혜, 신비사상, 전통 관념철학에다 현대의 심리학·철학·신과학 사상까지 모두 망라하고 있다. 특히 그중에 주요사상을 보면, 플로티노스Plotinus의 신플라톤주의, 헤겔Hegel의 절대관념론과 신헤겔주의, 동양의 전통종교(베단타사상, 중도공관·화엄학·유식학, 선불교 등)와 서양종교(기독교, 유대교, 이슬람교)의 신비사상, 서양의 발달심리학, 그리고 합리적 신비사상에 따르는 트랜스퍼스널 사상 등을 배경으로 하고 있다.[56] 때문에 시네르게찌까 이론과 트랜스퍼스널 사상의 접근법에서 나타나듯이, 복잡계 구조속에서 일단 인간의 의식이 열리게 되면 과학과 종교는 상호대립이 아닌 상호보완적이라는 것을 양쪽 모두 깨닫게 된다. 따라서 세계의 다양한 종교사상을 전일적 관점으로 포용하며 참종교의 모습을

---

54 우희종, 「복잡계 이론으로 본 생명과 깨달음의 구조」, 56쪽.
55 조효남, 「통합이론과 영성 : 영성에 대한 통전적 접근」, 『영성과 사회복지』 제1권 제2호, 2013, 2~3쪽.
56 특히 그의 사상에서 가장 중요한 비중을 차지하는 '홀라키적 온우주론(Holarchic Kosmology)'은 화이트헤드(Whitehead)의 과정철학, 힌두의 베단타사상, 티베트의 금강승불교, 대승불교의 유식학(唯識學)·공(空)사상·선(禪)사상·화엄사상 등에 뿌리를 두고 있다. 조효남, 「통합이론과 영성 : 영성에 대한 통전적 접근」, 23쪽.

5장 '시네르게찌까'의 관점에서 고찰한 A. 타르코프스키의 동·서양 통합 비전과 트랜스퍼스널심리학의 포에지 173

회복하고, 과학은 육안만이 아닌 육안·심안·영안 모두에 의한 과학적 체험을 심층과학으로 온전하게 수용하는 참과학의 모습으로 돌아가게 되는 것이다. 이렇게 되면 참종교성과 현대적 영성에 대한 올바른 이해와 함께 인간을 심오한 영적존재로 이해하는 신영성의 시대가 도래할 수 있다는 믿음을 지닐 수 있는 것이다.

때문에 영상을 통해 펼쳐지는 타르코프스키의 세계관은 극심한 종교분쟁과 이로 인한 트라우마에 시달리는 현 시대의 모습에 비추어도 시사하는 바가 크다. 종교에 대한 이러한 개방된 인식이 확장될 때에만 인류의 보편적 연대는 더욱 공고해질 것이기 때문이다. 그 경우 철학자 알란 왓츠Alan Watts의 말처럼 실존수준에서는 "피부 안에만 들어가 있는 자아skin-encapsulated ego"[57]의 모습으로 보잘 것 없는 공간적 한계의식에 머무르는 공허한 존재였던 것이, 심혼心魂의 가장 깊은 곳에 이르게 되면 이웃-인류-모든 생명-지구-우주와 하나Oneness되는 것을 마음 속 깊이 실감하게 되기 때문이다. 이처럼 인류의 공동체 의식과 자연스럽게 연결되는 트랜스퍼스널한 체험으로 우리의 심리가 확장될 때, 타르코프스키가 지향하는 '인류 영성의 보편적 연대'나 '인류 구원'의 이슈 역시 보다 진일보할 수 있는 것이다.

4. 타르코프스키의 영화에 반영된 '이상을 향한 예술'과 '인류 구원'의 문제

트랜스퍼스널 심리학의 토대가 되는 우주의식에서는 '인류의 이상'을 지향하는 개인의 의식이 중시되고 있는데, 이는 사실상 타르코프스키의 예술관을 대변하는 것이기도 하다. 타르코프스키는 '인류의 이상'이란 사회·정치적 행

---

57 Alan Watts, *The Joyous Cosmology : Adventures in the Chemistry of Consciousness*, Navato, California : New World Library, 2013, p.72.

동에 의해 이룰 수 있는 것이 아니라, 오직 진정한 예술 곧 '이상을 향한 동경으로서의 예술'을 통해서만 가능하다는 점을 강조한 바 있다. 그는 인류의 이상은 사상가들에 의해서도 혁명가들에 의해서도 심지어는 교회에 의해서도 성공적으로 성취되지 못한다고 보았다. 그러나 이 일을 예술가들만은 진정한 예술, 즉 '이상을 향한 동경으로서의 예술'을 통해 이룰 수 있다고 믿었다. 이에 대해 그는 다음과 같이 언급했다.

예술은 인간이 할 수 있는 최선, 그러니까 희망, 믿음, 사랑, 아름다움, 기도 또는 인간이 꿈꾸고 바라는 것들을 강화시킨다. 헤엄칠 줄 모르는 사람이 물에 빠지면, 그러니까 그 자신이 아니라 그의 육체가 살아나기 위한 본능적 움직임을 시작한다. 예술 역시 이처럼 물에 빠진 인간의 육체가 하는 것과 비슷한 일을 수행한다. 예술은 정신적 의미에서 인류를 익사시키지 않으려면 본능으로서 존재한다. 인류의 정신적 본능은 예술가에게서 확인되는 것이다.[58]

타르코프스키에게 예술은 언제나 인간의 정신을 삼켜버리려고 위협하는 물질에 저항하는 인간의 투쟁무기이자 동시에 인류를 위한 구원의 마지막 가능성이었다. 때문에 그의 작품 주인공들은 언제나 현실세계에 좌절하고 이상세계를 동경한다는 점에서 한결 같이 이상주의자들인 것이다. 예술에 대한 타르코프스키의 관점은 그의 초기작품에서부터 나타나 있다.

감독으로서의 데뷔작인 영화 <이반의 어린 시절>의 제목이기도 한 이반의 어린 시절은 여름, 따뜻함, 나비, 대지, 평화, 행복, 사랑, 자유, 유희 등이 꿈으로 나타나는 이반의 '이상을 향한 동경'을 의미한다. 그보다 이전 작품인 <증기기관차와 바이올린>에서도 증기기관차와 바이올린은 각각 노동과 예술이라는 전혀 다른 계급적 성격을 상징함에도 불구하고 그것들 모두 이상세계를 추구한다는 점에서 일치한다. 따라서 <증기기관차와 바이올린>에서의 이

---

58 A. Tarkovsky, *Sculpting in time : reflections on the cinema*, p. 239.

5장 '시네르게찌까'의 관점에서 고찰한 A. 타르코프스키의 동·서양 통합 비전과 트랜스퍼스널심리학의 포에지 175

상주의적 요소는 어린 사샤가 불량소년들에게 매를 맞고 난 후 한갓 노동자일 뿐인 세르게이를 앞에 두고 바이올린을 연주하는 장면에 집약되어 있다. 이 장면은 노동과 예술, 현실세계와 이상세계, 어둠과 빛이라는 이질적 대립을 하나로 통합하려는, 그럼으로써 현실세계의 어둠을 극복하려는 사샤의 소망을 잘 나타내 보이고 있다.

이상을 향한 동경을 표현하는 것이 '예술'의 힘이라고 확신했던 타르코프스키는 〈안드레이 루블료프〉부터 본격적으로 이에 대한 자신의 믿음을 극대화한다. 이 영화에서는 권력, 비정신성, 에고이즘에 대한 투쟁이 지배하던 세상에서 예술가의 겸손과 희생을 통해 선과 진리와 아름다움에 대한 찬미를 묘사한다. 타르코프스키에게 '예술'은 그 본질상 거의 종교적인 것이며 고매한 정신적 의무를 신성하게 의식하는 것이 예술의 사명이기 때문이다. 그는 예술의 사명에 대해 다음과 같이 언급한 바 있다.

진정한 예술가는 항상 영원한 생명력을 창조해야 하는 임무를 지녀야 한다. 예술가는 이 세상과 이 세상에 살고 있는 인간들이 생명력이 넘치도록 만들고자 노력하는 사람이기 때문이다. 만일 예술가가 이에 반해 절대적인 진실을 추구하지 않고, 인류 공동의 목표를 하찮은 것들과 바꾸어 버린다면 그는 다만 하루살이 예술가로 전락하기 마련이다.[59]

타르코프스키가 생각하는 예술가의 사명은 예술작품을 창작하는 행위를 신神과 합일을 이루는 신비체험으로 간주하는 〈안드레이 루블료프〉의 주인공인 이콘화가 루블료프에게서 잘 나타난다. 타르코프스키가 예술가로서의 사명을 강조하는 것은 예술창조가 단순히 예술가의 개인적인 체험으로 끝나는 것이 아니라 그것을 통해 세계를 변형시킬 수 있다는 보다 확대된 이념을 상정하고 있기 때문이다. 이는 블라지미르 솔로비요프나 뱌체슬라프 이바노프가 제

---

59 A. Tarkovsky, *Sculpting in time : reflections on the cinema*, p. 168.

기한 '마술로서의 예술,' 즉 '테우르기야Теургия'로서의 예술과도 유사한 맥락이다. 베르쟈예프 역시 '테우르기야'로서의 예술에 대해 언급하면서, 이것이 우리 인류가 새롭게 지향해야 할 미래 예술의 한 모델이 되어야 한다고 주장한 바 있다. 그에게 신神과 함께 하는 인간의 행위, 즉 신인神人적인 창조행위 богочеловеческое творчество인 테우르기야는 단순한 문화가 아닌, 새로운 존재新な bытие를 창조하는 것이기에, 테우르그는 미美 속에서 삶을 창조하는 것теург творит жизнь в красоте이라고 표현하기도 했다.[60]

예술을 인간과 자연, 사회와 우주를 변형시키는 차원에서 이해했던 뱌체슬라프 이바노프의 관점에서 부각되듯이, 그는 예술작품을 신神적인 제작의 결과물과 동일한 차원으로 인식했다. 예술이라는 활동을 인류의 고대 시기에 인간이 황홀경의 상태에서 신과의 신비적 합일에 도달하고자 시도하던 신비 의식과 동일한 것으로, 예술가는 그러한 신비의식의 사제 역할을 수행하는 것으로 간주했던 것이다. 여기서 '상승'은 예술가가 신비한 내적 체험을 통해 디오니소스적 황홀경에 도달하는 과정이며, '하강'은 상승에서 체험한 신적 비전을 구체적 예술 형식을 통해 형상화하는 과정을 의미한다.[61]

타르코프스키의 작품에서도 예술가들의 창작과정은 뱌체슬라프 이바노프의 논의와 동일한 과정을 겪는다. 예술가들은 신비가들이 신과의 합일을 이루는 것과 같은 동일한 내면의 상승과정을 창조과정에서 드러낸다. 반면, 하강의 과정에 있는 예술가는 끊임없이 죽음이나 고통과 같은 디오니소스 체험의 수난적 측면들과 연결된다. 예술창조의 심리적 과정 중 하강의 과정은 타르코프스키의 작품에서도 하나의 희생 제의적 측면으로 표현되고 있다. 그 대표적 예가 수난과 고통과 시련을 극복하고 최고 예술의 경지에 이르는 안드레이 루블료프의 모습이다. 특히 그가 예술의 의미 자체에 대해 회의를 품

---

60 Н. Бердяев, *Смысл творчества : опыт оправдания человека*, там же, cc. 283~286.

61 Вячеслав Иванов, "две стихии в современном символизме", II. cc. 630~640; *Собрание Сочинений I-IV*, II, Bruxelles : Foyer Oriental Chtetien, 1971~1987.

고 고통스러워한 시기는 타타르족이 한 러시아 영주와 내통하여 블라지미르 시를 폐허로 만들고 주민을 살해하는 참상을 겪던 때였다. 그 중 타타르 군이 백치 소녀를 강간하려 할 때 안드레이는 소녀를 구하기 위해 살인을 저지르고 이에 대한 속죄의 의미로 침묵서원을 하게 된다.

이에 타르코프스키는 살인으로 인한 양심의 가책을 통해 결국 성스러움에 이르는 길을 발견하게 되는 안드레이가 오랜 세월 동안 루시를 방랑하며 민중의 고통을 목격하면서 믿음과 창조적 영감의 경지에 도달하는 모습을 제시한다. 그러한 신神과의 일치를 보여주는 영화의 중심이 〈1423년, 종〉 에피소드이다. 당시 붕괴된 수즈달에서는 교회를 재건하면서 새로운 종을 주조해야 했기에 공후의 하인들은 종을 제작할 거장을 물색하러 다닌다. 하지만 몽골군의 습격과 유행병 창궐 이후에 살아있는 사람은 거의 없었고 유일하게 그 일을 해 보겠다고 나선 사람이 종 제조업자의 아들인 보리스이다. 타르코프스키는 아버지 임종시에 종을 만드는 비법을 전수받았다는 거짓말로 종 만드는 작업을 떠맡게 된 보리스를 통해 안드레이 루블료프가 생각한 예술의 본질을 투사한다.

이 과정에서 루블료프는 종을 만드는 소년의 절대적 고독과 두려움을 처음부터 끝까지 지켜보게 된다. 마침내 종이 완성되고 그 타종을 위해 대공을 비롯한 모든 마을 사람들이 모여드는 상황에서 소년의 두려움은 절대적 정점에 다다라 거의 실신할 지경에까지 이른다. 하지만 그 순간 종은 신기하게도 맑고 우렁차게 울렸고, 군중들은 환호한다. 기적이 일어난 것이다. 타종이 끝나고 신명난 군중들이 물러난 자리, 소년이 진흙 위에 주저앉아 그제야 온몸으로 전율하며 울고 있다. 그의 곁으로 다가간 루블료프가 아무 말 없이 바라보자 소년이 "나는 아버지에게 아무것도 배운 것이 없어요. 그 늙은이는 비밀을 안고 무덤으로 들어갔어요."라고 입을 연다. 여기서 루블료프는 소년을 감싸 안으며, "가자, 가서 나는 그림을 그리고 너는 종을 만들자"며 15년간의 침묵을 드디어 깨뜨리고 입을 연다.

땅에서 만들어져 하늘로 올라가는 소년 보리스의 종은 '믿음과 신념'이 이

178 제2부 유라시아의 동과 서

루어낸 위대한 기적이었다. 루블료프는 세속적인 것들의 처참함 때문에 성스러운 것을 더 이상 볼 수 없었던 그의 눈으로 이 기적을 지켜보았다. 그리고 그는 믿음과 신념이 인간과 세계를 어떻게 변화시킬 수 있는지를 목도했다. '세속적인 것'이 어떻게 '천상의 것'이 되는가를 그는 분명히 인식했다. 그리고 또 그것을 통해 황무지가 된 자신의 내면에서 어떻게 다시 숭고한 아름다움이 꽃필 수 있는지, 증오와 폭력으로 황폐한 이 세계에서 어떻게 다시 형제애·사랑·화해가 이루어질 수 있는지, 궁극적으로 신神과 세계가 어떻게 다시 화해할 수 있는가를 분명히 깨달았던 것이다.

이에 화면은 그 칙칙하고 어둡던 세계를 벗어나 순간 색채로 변하며, 숯덩이들이 타다 남은 성화상 조각이 보이기 시작한다. 잿더미 속에서 부활하기 위해 현실의 삶 속에서 일단 불태워질 수밖에 없었던 한 불사조의 '신비롭고도 아름다운 비상'이 시작된 것이다. 이것은 타르코프스키가 예술의 창조를 통해 잉태된 생명과 미美를 통해 세상을 변화시킬 수 있다는 테우르기야적인 믿음을 표출한 것이라 할 수 있다. 나아가 이것은 타르코프스키가 솔로비요프, 뱌체슬라프 이바노프, 베르쟈예프의 예술철학을 내면화하며, 진정한 예술의 가치를 응시할 수 있는 트랜스퍼스널한 체험을 이미지화한 것으로 간주할 수 있다.

그런데 여기서 예술이 인류를 위해 봉사할 수 있는 기적의 힘을 발휘하기 위한 선행조건이 바로 '희생'의 정신이었다. 즉 진정한 예술을 위한 자기희생, 바로 이것이 〈안드레이 루블료프〉에서 극대화되고 있는 것이다. 원래 기독교적 의미로서의 '희생'이란 인간과 세계 구원을 위한 그리스도의 헌신, 곧 예수의 십자가에 못 박힘을 뜻한다. 그런데 타르코프스키는 이 용어를 '모든 이기주의적인 관계에 대한 전면적인 포기' 또는 '물질세계와 물질세계의 법칙의 굴레를 벗어남'이라는 의미로서 사용하고 있다.[62] 그는 현대문명에서 만연하고 있는 물질주의와 그 안에서 독버섯처럼 자라나는 이기주의에 병든 우리의

---

62 A. Tarkovsky, *Sculpting in time : reflections on the cinema*, p. 217.

5장 '시네르게찌까'의 관점에서 고찰한 A. 타르코프스키의 동·서양 통합 비전과 트랜스퍼스널심리학의 포에지   179

삶에 새로운 목표와 지향을 형성함으로써 희망과 믿음을 정립하려 했다. 그리고 이기주의를 극복해야만 인간 개개인이 세계의 공동선에 헌신할 수 있는 정신세계로 진입할 수 있다는 점을 강조하고자 했던 것이다.

무엇보다 타르코프스키는 자신의 작품을 통해 인간 존재의 가장 깊은 내면 속에 있는 '전체'의 중요성에 관한 느낌을 전달하고자 했다. 그에게 참 세계는 하나의 통일된 세계이며, 궁극적인 가치를 지니는 것은 부분이 아니라 '전체'이며, 그 '전체' 속에서만 인간은 이기주의를 벗어던지고 일치와 하나됨이 이루어 질 수 있다고 생각했던 것이다. 이처럼 타르코프스키는 인간 존재의 자아실현은 '하나됨'을 통해서 가능하다고 보는 트랜스퍼스널 심리학에 정신적 기반을 두는 대표적 예술인이었다. 이러한 맥락에서 타르코프스키의 영화에서는 하나됨을 지향하는 그의 민족관·국가관·인류관이 선명히 부각될 뿐 아니라, 인간이 하나됨을 회복하는 문제는 그의 작품에서 구원의 문제와 연결되기도 한다. 단편적인 기억의 편린을 연결한 기억 회복을 통해 삶의 연속성을 회복하고 이를 통해 자신의 정체성을 찾아가는 과정이나 분열된 인류의 의식을 하나로 통합하는 인식의 문제가 그의 영화를 관통하는 큰 주제이기 때문이다.

영화 〈안드레이 루블료프〉에서는 형제살육이 벌어지던 시대에 안드레이 루블료프로 하여금 '삼위일체'라는, 즉 형제애를 갈구하는 민족적 동경이 어떻게 일어나게 되었는가를 제시하고 있다. 시나리오의 사상적·미학적 구상의 근거를 제시하기 위해 영화는 안드레이, 다닐, 키릴의 충돌에서 시작하지만, 결국 초반부에 등장했던 안드레이에 대한 키릴의 시기와 질투는 마지막에 그가 안드레이에게 죄를 고백하고 용서를 구하는 모습으로 환치된다. 러시아 민족의 형제애로 부각되는 〈안드레이 루블료프〉를 비롯한 '하나됨'의 테마는 이후 제작된 작품에도 그대로 적용된다.

타르코프스키가 자신에게 중요했던 것은 인간을 하나로 결합시키는 연결고리의 창조라고 했던 만큼, 그는 영화 〈솔라리스〉나 〈거울〉에서도 자기 존재의 뿌리, 아버지의 집, 어린 시절, 조국, 지구와 관련된 테마를 중시했다. 더 나아가 타르코프스키는 자신의 영화를 통해 인간은 공허한 세계에 내던져진 외로운 존재가 아니라, 과거와 미래로 연결된 수많은 끈들과 이어진 존재라는 점을 강조하고 있다.[63] 이러한 관점은 그의 작품에 등장하는 인간들이 자신의 운명을 인류의 운명과 관련짓는 세계관의 토대이자 인류를 '하나의 전체,' '하나의 공동체'로 인식하는 모태가 된다.

한 걸음 더 들어가, 타르코프스키는 자신이 영화에서 제기하고자 하는 화두를 특정인의 문제가 아니라 인류 보편의 문제로 환치하기 위해 노력했다는 점에도 관심을 기울일 필요가 있다. 한 예로 영화 〈잠입자〉에서 감독은 세 주인공에게 구체적 이름을 부여하지 않고 이들을 '작가', '교수', '잠입자'라고만 부르는데, 이는 보편적 인간을 대변하는 세 유형의 지식인을 제시하기 위함이라 할 수 있다. 일반명사를 고유명사처럼 사용하여 인간 유형의 보편성 확보에 주안점을 둔 것이다. 여기서 '과학자인 교수'는 과학적 물질론을, '작가'는 냉소주의로 퇴화한 예술가의 세계관을 고수하는 인간 유형을 대변한다.

또한 타르코프스키의 관심이 영화 〈거울〉을 제작했을 당시까지 개인 구원의 문제에 보다 치중해 있었던 것에 비해, 이후 제작된 〈노스탤지어〉와 〈희생〉에서는 세계 구원쪽으로 이동하고 있는 점 역시 전초 인류적 보편성을 향한 도정에 다름 아니다. 특히 타르코프스키가 본격적으로 '인류 구원'을 염두에 두는 이정표가 되는 대표 작품이 〈노스탤지어〉인데, 여기서 깊은 고통을 거쳐 형성된 도메니코의 신념은 현대 문명의 광기와 냉혹으로부터 지켜야 할 보편적 차원에서의 인간 구원을 지향하고 있다. 인간 개개인의 영혼 구원을 넘어서는 세계 구원에 대한 필연적 인식은 타르코프스키 역시 생태계 파괴, 핵전쟁의 위협, 과학문명의 발달과 인간 소외, 도덕성의 타락과 인명경시 등과 같은 위기상황에 직면한 전 지구적 차원의 문제에 타르코프스키 역시 커다란 위기의식을 느꼈기 때문일 것이다. 그가 인류의 문제와 개인의 문제를 동일시하게 된 것은 〈희생〉의 첫 구상에서는 알렉산더라는 한 개인이 시한부

---

63 A. Tarkovsky, *Sculpting in time : reflections on the cinema*, pp. 205~206.

5장 '시네르게찌까'의 관점에서 고찰한 A. 타르코프스키의 동·서양 통합 비전과 트랜스퍼스널심리학의 포에지   181

선고를 받는 것이었지만,[64] 인류 문제를 영화의 주축으로 설정하면서 이런 '불치병'이 '원폭 전쟁'으로 바뀌게 되고, 개인적 위기상황을 인류의 위기상황으로 변경시킨 것에서도 드러나고 있다.

특히, 〈노스탤지어〉의 분신 장면은 인류가 하나되어야 한다는 타르코프스키의 관점을 잘 대변한다. 분신자살 장면에서 도메니코는 세상을 향한 애타는 호소를 펼치는데, 여기서 도메니코의 연설은 인류가 직면한 위험을 설파하는 타르코프스키의 목소리에 다름 아니다. 그 주요 내용은 다음과 같다.

> 우리의 눈과 귀에 원대한 꿈들이 보여지고 들려지는 것이 좋지 않으냐. 피라미드를 짓자고 누군가 외쳐야 해! 실현되고 안 되고는 중요치 않아. 중요한 것은 꿈을 꾸고 우리의 영혼이 모든 곳에 끝없이 펼쳐질 수 있도록 해주는 것이란 말이다. 세계가 진보하길 바란다면, 손에 손을 잡고 모두 함께 어울려야 해. 모든 정상인도 모든 병든 사람도! 너희가 말하는 정상이란 도대체 뭐란 말인가? 지금 인류는 낭떠러지 앞에 왔어. 아슬아슬한 낭떠러지 앞에. 자유가 무슨 소용이 있어. 본래의 모습으로 돌아가야 해. 모두 함께 길을 잘못 든 지점까지 돌아가는 거야. 돌아가지 않으면 안 된단 말이야.

도메니코는 계속해서 "우리는 일치единство로 회귀해야 한다. 분열된 상태로 남겨져 있어서는 안 된다. 생명의 근원으로 되돌아가 그 물을 더럽히지 않도록 노력해야 한다"[65]고 강변한다. 더 나아가 도메니코는 인간과 인간, 인간의 자연의 유대 회복을 주장하기도 하는데, 타르코프스키의 관점에서는 인간 영혼이 돌아가야 하는 본향이 바로 이것이기 때문이다. 이런 연설이 진행되는 가운데 로마의 카피톨리 계단에 서 있는 단역배우들은 서로에게 무관심하고 외로운 인류의 모습을 대변한다. 그 앞에서 도메니코는 마르크스 아우렐리우

---

64 A. Tarkovsky, *Sculpting in time : reflections on the cinema*, pp. 219~220.
65 Паола Волкова, *Цена Nostos—жизнь*, с. 208.

스Marcuc Aurelius(121~180)가 말을 타고 있는 모습의 동상으로 올라가 자기 몸에 기름을 붓고 불을 지르는 행위를 한다. 고르챠코프가 옮긴 촛불이 자신을 태워 세상을 밝히듯이, 도메니코는 세상 사람들에게 세계구원을 위한 자신의 염원을 분하며 분신을 시도한다.

여기서 감독이 도메니코의 분신 자살 장소로 마르크스 아우렐리우스의 동상을 택했던 것은 로마의 황제이자 문학가였던 아우렐리우스가 분열된 영혼의 조화와 결합을 요구했던 인물이었기 때문이다.[66] 이것은 마르쿠스 아우렐리우스가 명상록에서 "오! 우주여, 모든 것이 나하고 조화를 이루며, 나는 그대와 조화를 이룬다. […] 만물이 그대에게서 연유하며, 모두가 그대 안에서 존재하고, 모두가 그대에게로 돌아간다."[67]고 했던 것에서도 그대로 드러난다. 아우렐리우스의 이 표현에는 개인의 의식을 넘어서서 우주의 품 안에서 모든 존재들과 더불어 호흡하고자 하는 자기초월의 우주의식이 내재되어 있는 것이다.

살펴본 바와 같이 타르코프스키는 그리스도교의 관점과 불교적 관점을 아우르고, 기독교의 정통 교의적 관점과 이교적 관점을 아우르는 신비철학을 염두에 두며 서양철학과 동양 사상을 통합하는 힘을 간파하고 이를 영상으로 재현하고자 했다. 이것은 그가 모든 종교의 '초월적인 신비적 일체성transcendental mystical unity'을 인정하는 트랜스퍼스널한 지혜와 동서의 위대한 정신적 업적의 통합을 위한 관조의 눈을 자연스럽게 습득했기 때문일 것이다. 그는 열린 세계의식과 지구의식을 통해 '연대성', '공동성', '사랑', '조화', '평화', '공존'의 가치를 영화를 통해 체현하며, '하나됨'의 거시적 패러다임으로 인류와 세계상을 응시했던 것이다.

---

66 Паола Волкова, *Цена Nostos —жизнь*, сс. 10~11.

67 Marcus Aurelius, *Meditations*, London : Penguin books, 1997, p. 34.

5장 '시네르게찌까'의 관점에서 고찰한 A. 타르코프스키의 동·서양 통합 비전과 트랜스퍼스널심리학의 포에지　183

5. 결론

한 인간의 개체성은 보편적인 우주적 삶 속에서만 그 충만함을 발견할 수 있다는 베르쟈예프의 표현처럼 타르코프스키의 주인공들은 현실의 틀 속에 갇혀 있지 않고, 끊임없이 우주로 눈을 돌리고 그 속에서 자신을 재발견하고 있다. 우주를 품은 동심원이 줄어들어 중심에 이를 때 그들의 시선은 그 깊은 심연에 이르고, 그것이 밖으로 확산될 때 타르코프스키는 우주로 눈을 돌린다. '수렴과 확산의 변증법'이라는 것은 미시적 대상과 거시적 세계의 상호 소통을 형상화하는 또 다른 이름이기도 하다.

인간은 우주의 부분이다. 그러나 그것은 전체에 상응하는 부분이며, 이것이 인간이 지닌 우주적 목적의 실현 가능성을 부여한다. 소우주와 대우주, 다시 말해 인간과 우주의 합일이 던져 주는 진정한 의미는 여기서 도출되는 것이다. 타르코프스키는 기본적으로 인간을 대우주의 속성과 특징을 지니고 있는 소우주로, 또한 우주를 거대한 인간макроантропос으로 이해하며 작품을 통해 그 관념을 표출한다. 즉 그의 의식 속에서는 인간과 우주가 서로를 담아내고, 포용하는 동등한 실체인 것이다.

이런 의식을 토대로 본 논문에서는 과학·종교·예술, 그리고 인간을 분리될 수 없는 하나의 전체로 보는 시네르게찌까의 우주관에 입각해 타르코프스키의 세계인식에 대한 규명을 시도하였다. 시네르게찌까는 진화적이고, 비선형적이고, 전일적이고, 통합적인 사유의 방식을 삶에 부여한다. 이는 제한된 학문의 경계를 넘는 것이자, 더 확장되는 학제 간 연구의 공간으로 자신을 초월해가는 것이기도 하다.[68] 이것이, 제4차 산업혁명 시대를 맞이한 오늘날 우리가 복잡계에 주목해야 하는 이유이기도 하다. 부분과 파편에 몰입을 했던 시대가 다시 그것의 합이 만들어 내는 또 다른 결과에 주목하고 있다. 각각의

---

68 Е.Н. Князева С.П. Курдюмов, *Основания синергетики : Человек, конструирующий себя и свое будущее*, сс. 173~174.

184 제2부 유라시아의 동과 서

부분들이 그 부분들의 합과는 다른 전혀 새로운 질서를 만들어 내고 있음을 인지하였을 뿐 아니라, 그것의 중요성을 깨달은 것이다. 복잡성의 패러다임은 새로운 원리의 등장이 아니라, 세계를 다른 시각으로 바라보는 새로운 인식의 등장인 것이다.

그리고 여기서 점차 그 역할이 강조되는 것이 바로 '예술'이다. 실제 시네르게찌까적인 접근법에서 두뇌는 복잡한 구조로 간주되는데, 여기서 예술이 이런 두뇌의 작업을 지탱하는 가장 중요한 도구로 평가받고 있기 때문이다. 두뇌 작업의 원칙은 예술작품의 구조를 결정해 줄 뿐만 아니라 예술 자체가 의식의 진화에 영향을 주며, 예술의 발전과 진화의 논리는 복잡계의 자기조직화의 법칙에 의거하고 있다는 연구 역시 이를 대변한다.[69] 이는 시네르게찌까적인 세계관의 근본적인 원칙 가운데 하나는 인간의 창조활동, 즉 새로운 것을 만들어내는 인간의 능력은 두뇌가 비판적인 상태에 있을 때에 가능하기 때문에,[70] 향후 시네르게찌까의 토대에서 예술작품을 재해석할 가능성이 점차 확대된다는 것이다.

이러한 인식을 갈무리하며, 본고에서는 인간을 하나의 소우주로 보는 관점에 입각해 그의 영화에 나타난 자연에 대한 지식으로 인간 존재를 성찰하는 우주의식, 이 세계에 우리가 존재하게 된 신비를 체험하는 우주의식, 그리고 이 신비를 삶과 예술로 표현하는 우주의식의 양상을 구체적으로 규명해보았다. 나아가 인간에게 내재된 자기초월의 가능성에 대한 믿음과 함께 인간의 운명과 우주의 운명이 분리될 수 없다고 본 타르코프스키의 확신이 트랜스퍼스널심리학의 지향점에 상응한다는 점을 강조하고자 했다. 무엇보다 이는 타르코프스키가 인간의 성장을 자아의 확립·실존의 자각·자기실현의 단계에서 끝나는 것으로 보지 않고, 인간을 이웃·공동체·인류·우주와 일체하는 자기초월의 수준에까지 이를 수 있는 존재로 보고 있다는 점에 근거한 것이다.

---

69 И.А. Евин, *Искусство и синергетика*, сс.7~8.
70 И.А. Евин, *Искусство и синергетика*, с.127.

트랜스퍼스널심리학의 관점에서 타르코프스키의 영화 세계를 분석한 주된 방법론은, 일차적으로 SF소설을 배경으로 한 그의 영화에 내재된 과학과 영성의 융화에 대한 발견에 기인하고 있다. 과학주의에 중독된 현대인은 인생의 근원적 물음이나 실존적 욕구 불만에 직면했을 때, '이성과 과학'을 택하여 인생의 물음을 무시하거나 억압해 버리는 사람도 있고, '종교'를 택하여 이성과 과학을 적당히 무시하거나 억압해 버리는 사람도 있다. 하지만 트랜스퍼스널심리학에서는 실존적 공허감을 해소시켜 주고 인생문제에 해결을 제시하는 길은 '과학'과 '종교'를 융합시킨 전체통합적인 인지방식임을 강조한다. 트랜스퍼스널의 사상적 흐름은 과학과 종교를 융화시켜서 현대인의 정신적 공허감과 심층적 욕구 불만을 치유할 수 있는 새로운 시각의 패러다임이기 때문이다. 물론 여기서 말하는 종교란 특정한 교조나 교의를 절대시하는 식의 종교는 아니기에, 종교와 과학의 융화라고 하는 표현보다 '영성과 과학의 융합'이라고 표현하는 편이 적절할 것이다.

트랜스퍼스널 심리학은 개인성의 확립인 퍼스널personal의 단계를 거쳐서 자기초월의 트랜스퍼스널transpersonal의 단계에까지 이르는 인간발달의 과정이 중시되는 만큼, 트랜스퍼스널심리학의 골격은 고립된 개인성의 의식을 초월함과 동시에 만물과의 일체감을 회복한다고 하는 의미에서 종교적이면서도 배타적이지 않은 심리학인 것이며, 이는 타르코프스키가 영화를 통해 구현하는 정신이기도 하다. 나아가 타르코프스키는 종교의 교조주의적 종파성을 초월하는 의식의 바탕 위에서 심리학이나 정신의학 등 의식세계에 관한 영역에서 혁명적인 변화가 필요하다는 점을 선구자적으로 제시했다고도 해석할 수 있다.

살펴본 바와 같이, 인간을 초월한 존재와 인간과의 관계를 중시하는 트랜스퍼스널심리학의 기저에는 개인주의의 한계를 초극하지 않으면 안 되며, 또한 초극할 수 있다고 보는 긍정적인 희망과 인간관이 내재하고 있다. 무엇보다 타르코프스키는 인류의 미래에 비전을 제시하고 인간을 각성시킬 수 있는 '이상으로서의 예술'과 '인류의 하나됨'을 중시했기 때문이다. 이런 측면에서 타르코프스키는 오늘날 트랜스퍼스널심리학에서 견지하는 정신을 자신의 세계관으로 구축하고 이를 영상예술에 접목시킴으로써, 오늘날에도 끊임없이 새롭게 재해석될 수 있는 예술적 유산을 남긴, 정신문화의 보고寶庫인 것이다.

참고문헌

우희종, 「복잡계 이론으로 본 생명과 깨달음의 구조」, 『한국정신과학학회지』 제11권 제
2호, 2007.

윤영수·채승병, 『복잡계개론』, 삼성경제연구소, 2011.

조현일, 『1000, 드란다 / 들뢰즈 / 복잡계 / 비선형 역사관』. 도서출판 접힘 / 펼침, 2008.

조효남, 「통합이론과 영성 : 영성에 대한 통전적 접근」, 『영성과 사회복지』 제1권 제2호,
2013.

최창현, 『신과학 복잡계 이야기』, 경기 안성 : 종이거울, 2010.

Араб-Оглы. Э., "Диалоги с будущим",/ Станислав Лем, *Солярис*, перевод с польского
Г.Гудимовой и В.Перельман, Москва : Радуга, 1987, cc. 5~18.

Артемьев, Эдуард, "Он давал мне полную свободу", *Неизвестный Тарковский : Сталкер
мирового кино*, М. : Эксмо-Алгоритм, 2012.

Бердяев, Николай, *Смысл творчества : опыт оправдания человека*, Собрание сочинений
2, Paris : YMCA-Press, 1991.

Волкова, Паола, *Цена Nostos — жизнь*, Москва : Зебра Е, 2013.

Гордон, Александр, *Не утоливший жажды : об Андрее Тарковском*, Москва : Вагриус,
2007.

Гурболиков, Владимир, *Солярис Тарковского* (с послесловием об американском ремейке)
http://www.proza.ru/texts/2004/06/29-69.html (검색일 : 2022.07.30)

Евин, И.А., *Искусство и синергетика*, Москва : Книжный дом ⟨ЛИБРОКОМ⟩, 2014.

Иванов, Вячеслав, "две стихии в современном символизме", II. cc.630~640/ *Собрание
Сочинений I-IV*, II, Bruxelles : Foyer Oriental Chtetien, 1971~1987.

Князева, Е.Н. и С.П. Курдюмов, *Основания синергетики : Человек, конструирующий
себя и свое будущее*, Москва : Книжный дом ⟨ЛИБРОКОМ⟩, 2014.

Кононенко, Наталия, *Андрей Тарковский : звучащий мир фильма*, Москва : Прогресс-Тр
адиция, 2011.

Лем, Станислав, "Вступление к роману Станислава Лема ≪Солярис≫"

Станислав Лем — русский сайт. Материал по жизни и творчеству Лема. (archive.org)

Налимов В. В. и Дрогалина, Ж. А., *РЕАЛИНОСТЬ НЕРЕАЛЬНОГО : Вероятная Модель Бессознательного*, Москва : Издательство ⟨МИР ИДЕЙ⟩ АО АКРОН, 1995.

Сальвестрони, Симонетта, *Фильмы Андрея Тарковского и русская духовная культура*, М. : Библейско-богословский институт св. апостола Андрея, 2007.

Стругацкий, А., "Каким я его знал", *Источник : Огонек*, 1987. № 29 (первопубликация), Печатается с сокращениями. http://www.rusf.ru/abs/books/publ28.htm

Стругацкие, Аркадийи · Борис, *Пикник на обочине*, Москва : АСТ, 2012.

Тарковский, А., *Мартиролог. 1970-1986.* [Электронный ресурс] / Медиа-архив ≪Андрей Тарковский≫, http://www.tarkovskiy.su/texty/martirolog/martirolog.html

Тарковский, А., "Встать на путь", в *Искусство кино*, No 4, 1989.

Филимонов, Виктор, *Андрей Тарковский : сны и явь о доме*, Москва : Молодая гвардия, 2011.

Шитова, Вера, "Путешествие к центру души", *Неизвестный Тарковский : Сталкер мирового кино*, М. : Эксмо-Алгоритм, 2012.

Шумаков, С.Л., "В поисках утраченного слова. О проблеме визуального и вербального в эстетике Тарковского на примере фильма ≪Сталкер≫" / *Киноведческие записки : Историко-теоретический журнал*, 1989. № 3. сс.163~175.

Aurelius, Marcus, *Meditations*, London : Penguin books, 1997.

Bucke, Richard Maurice, *Cosmic Consciousness : A Study in the Evolution of the Human Mind*, New York : Applewood Books, 2001.

DeLillo, Don, *White Noise*, New York : Penguin, 1985.

_____, *Underworld*, New York : Scribner Paperback Fiction, 1997.

Gell-Mann, Murray, *The Quark and the Jaguar : Adventures in the Simple and the Complex*, New York : Owl Books, 1995.

Gleick, James, *Chaos : Making a New Science.* 2nd ed, New York : Penguin Books, 2008, p.3.

Ouspensky, P.D., *In search of the miraculous : fragments of an unknown teaching*, San Diego : Harcourt, 2001.

Salzmann, Jeanne de, "foreword" G. I. Gurdieff, *Life is real only then, when 'I am*, London; New York : Arkana, 1999, pp. ix~xii.

Simon, Herbert A., Near Decomposability and Complexity : How a Mind Resides in a Brain, *The Mind, The Brain, and Complex Adaptive Systems*, Morowitz, H. J. and Singer, J. L. ed., Reading, MA : Addison-Wesley. 1995.

Tarkovsky, A., *Sculpting in time : reflections on the cinema*, Translated from Russian by Kitty Hunter-Blair. Austin. TX : University of Texas Press, 1987.

Vaughan, Frances, *Shadows of the Sacred : Seeing Through Spiritual Illusions*, Wheaton, III : Quest Books, 1995.

Watts, Alan, *The Joyous Cosmology : Adventures in the Chemistry of Consciousness*, Navato, California : New World Library, 2013.

Wellbeloved, Sophia, "Introduction", *Gurdjieff : The Key Concepts*, London and New York : Routledge, 2003, pp. xxiii.

Wilber, Ken, *The Marriage of Sense and Soul*, New York : Random House, 1998.

_____, *Integral psychology : consciousness, spirit, psychology, therapy*, Boston, Mass. : Shambhala, 2000.

_____, *No Boundary : Eastern and Western Approaches to Personal Growth*, Boston, Mass. : Shambhala, 2001.

_____, *The eye of spirit : an integral vision for a world gone slightly mad*, Boston, Mass. : Shambhala, 2001.

William N. Thertford and Roger Walsh, "Theories of Personality and Psychopathology : Schools derived from Psychology and Philosophy", *Comparative Textbook of Psychiatry*, 4th ed., H. I. Kaplan & B. J. Sadock, Badock, Baltimore : Williams and Ailkins, 1985, pp. 459~481.

고대 러시아의 문학에 나타난 동방과 아시아*
- 11~15세기 여행 문학을 중심으로 -

‖ 서선정

국문요약

본 연구는 동과 서의 중간에 위치한 러시아의 경계적 특성에 주목하여 러시아 문화에 존속해온 동의 관념을 살펴보고자 하였다. 10세기 말 기독교로 개종한 후 정교 종교관을 수용한 고대 러시아 세계는 모방과 창작을 통해 교회문학체계를 완성하여 그 틀을 가급적 공고하게 지키려 하였다. 형식적으로 다소 폐쇄적이라 할 수 있는 그러한 문학텍스트 속에 시대정황에 따른 동과 아시아에 대한 관념 및 인식 변화가 어떻게 반영되었는지를 추적하려 하였는데, 다양한 텍스트 가운데에서도 타 공간으로의 이동을 다루는 여행 문학을 11~15세기 텍스트로 제한하여 분석하였다. 우선 고대 러시아 초기에 유입된 수많은 기독교 문헌을 통해 러시아인들에게 형성된 세계 구성에 대한 관념을 살펴보면서 동방에 대한 종교적 표상에 집중하였다. 그 후 12세기~15세기까지의 대표적인 러시아 여행 문학을 분석하면서 점진적으로 일어나는 세계 지리에 대한 인식 및 공간적 표상에 나타난 변화를 관찰하였다. 마지막으로는 기독교 문화에서 이상화되어온 아시아의 대표적 공간인 인도가 11~15세기 러시아 문학에서 어떻게 나타났는지를 종합적으로 살펴보는 동시에 15세기 러시아에 나타난 동방에 대한 혁신적인 새로운 인식변화를 「아파나시 니키틴의 세 바다 너머 여행기」를 분석하며 서술하였다.

1. 들어가며

러시아에 대해 논의할 때 항상 고려되는 점 중 하나가 유럽이기도 하면서 아시아적이기도 한 러시아의 문화적 정체성이 갖는 경계적 특성이다. 즉, 러시아 문화는 유럽에 비해서는 매우 아시아적이지만 아시아의 관점에서는 매우 유럽적이라는 것이다. 예컨대 러시아 문화사에 대한 저작인『나타냐 댄스』의 저자 올랜도 파이지스,[1] 현재의 러시아−우크라이나 전쟁으로 인해 좀 더 확연하게 드러나게 된 러시아에 대한 혐오의 정서, 즉 루소포비아의 역사에 대해 연구한 기 메탕[2]이 모두 완벽히 서, 혹은 동에 속하지 않는 러시아의 경계적 특성에 주목하고 있는 것은 우연한 일이 아니다.

러시아 문화에 대해 이러한 판단을 할 때 자연스럽고 타당한 근거로서 우리는 매우 손쉽게 유럽과 아시아를 아우르는 러시아의 광활한 영토를 꼽는다. 물론 러시아가 시베리아 지역에 관심을 갖기 시작하여 동쪽으로 영토 확장을 시작하던 16세기 이후, 특히 현재와 같이 아시아 지역으로 매우 넓게 펼쳐진 영토를 지배했던 18-19세기 러시아에 대해서라면 이러한 추론이 옳다고 할 수 있다. 그러나 러시아 역사를 거슬러 그 근원을 향해 가보면, 그 최초의 국체는 노브고로드 땅을 중심으로 한 매우 작은 지역을 중심으로 형성된 것이었다.

한편 러시아어나 문화 속에서 쉽게 접할 수 있는 몇몇 사실들로부터 우리는 러시아 문화의 아시아적 특성의 발생이 그보다 훨씬 더 근원적일 것이라는 점을 감지하게 된다. 예를 들어, 러시아어 명사는 그 자체로 변별적인 단수 주격형의 어미에 따라 남성, 중성, 여성으로 나누어지지만, -ъ의 어미를 갖

---

* 이 글은『러시아연구』제25권 제1호(서울대 러시연구소, 2015)에 게재된 논문「고대 러시아 문학의 공간 표상과 여행자 : 12세기『러시아땅의 수도원장 다니일의 여행기』를 중심으로」와『노어노문학』35권 4호(한국노어노문학회, 2023)에 게재된 논문「고대 러시아의 여행 문학에 나타난 동방과 아시아 : 11~15세기 텍스트를 중심으로」를 차용하여 작성되었음을 밝힌다.

1 올랜도 파이지스,『나타냐 댄스』, 서울, 2005.
2 기 메탕,『루소포비아』, 고양, 2022.

는 단어들의 경우에는 어미가 성을 분별하는 요소로 작동하지 않기 때문에 문법적 성이 관념적으로 결정된다. 이 중에서 -ь의 어미를 가지면서 상반된 의미와 문법적 성을 지니는 두 단어가 매우 흥미로운데, 낮을 의미하는 단어인 день과 밤을 의미하는 단어인 ночь가 그것이다. '날 일日'처럼 낮 또는 날(하루)를 의미하는 день은 문법적으로 남성이며, 밤을 의미하는 ночь는 문법적으로 여성인데, 이러한 의미 영역의 대립구도는 동양적인 음양사상적 개념과 매우 흡사하다. 심지어 이러한 관념은 러시아의 민속 정령에서도 관찰된다. 예컨대 새싹이 움트는 봄의 맹렬한 생장, 낮, 태양과 연관된 민속신인 야릴로 Ярило는 남성적 신격이라면, 밤, 여성의 노동, 출산, 나아가 수확, 밤의 시간, 축축한 공간 등과 연관된 민속신 모꼬시Мокошь는 여성적 신격으로 간주된다.[3] 그 외에도 인도, 이란 등 아시아 지역의 신격과 연관되었다고 추정되는 동슬라브의 신격들이 존재한다.[4]

이러한 특성들, 그러니까 그 발생 시점을 추정하기 어려울 만큼 오랜 역사적 근원을 가질 뿐 아니라 서서히 형성되어 러시아 문화 속에서 깊이 자리 잡은 일련의 특성들과 함께 러시아의 영토가 아시아 지역으로 본격적으로 확장되기 시작한 것이 고작 16세기경의 일이라는 사실을 마주하고 있노라면, 러시아와 주변 국가들 특히 아시아, 동과의 교류사에 대해 자연스럽게 관심을 갖게 된다. 이러한 주제에 대해서는 10세기 이후 기독교로 개종했던 러시아와 그 주변 아시아 민족들의 주요 종교였던 이슬람 민족들과의 교류에 대한 일련의 연구들에서 찾아볼 수 있는데, 이에 따르면 러시아는 10세기 이전부터 이미 페르시아, 이란, 자카프카지예 등 아시아 지역과 교류하고 있었다고 한다.[5] 이러한 연구들에서는 비러시아 세계에 속한, 그것도 매우 드물게

---

3 М. Семёнова, *Мы-славяне. Популярная энциклопедия*, СПб., 2005.

4 Roman Jakoson 1) "Slavic Gods and Demon", *Selected writings Vol. 7(Contributions to Comparative Mythology. Studies in Linguistics and Philology, 1972~1982)*, Berlin · New York · Amsterdam, 1985. pp.3~11; 2) "Linguistic Evidence in Comparative Mythology", 같은 책, pp.12~32.

5 М.А. Батунский, *Россия и ислам*, М., 2003; Дамир Мухетдинов, *История ислама в России*, М., 2019, cc.8~26.

6장 고대 러시아의 문학에 나타난 동방과 아시아 193

남아 있는 기록의 단편들을 근거로 사용한다.

그렇다면 10세기 이전 고대 러시아 문화에서 기록문화가 발달하지 못한 시기에 이루어진 교류의 역사는 그렇다 치더라도, 고대 러시아의 기록문화가 발달한 이후에는 문학 텍스트 속에서 러시아와 아시아의 교류에 대한 근거를 선명하게 찾아낼 수 있을까? 고대 러시아 문화와 문학 분야의 연구자인 리하쵸프는 러시아의 조형예술이나 건축, 문학에서는 아시아 국가로부터의 영향력을 거의 발견할 수 없었다고 지적한다. 특히 그는 고대 러시아의 문학에는 터키, 타타르, 중앙아시아나 카프카즈의 언어로부터 번역된 텍스트가 단 한편도 없었다고 확언하며, 이처럼 아시아와의 문학적 교류가 없었던 것은 고대 러시아 문학의 특성 때문인데 이 특성은 고대 루시Древняя Русь가 아시아에 대해 지닌 일종의 저항적 관계резистентность와 연관되어 있다고 말한다. 그에 따르면, 고대 러시아 문학은 스페인, 이탈리아, 프랑스같은 유럽 문학 가운데서는 가장, 심지어는 서슬라브, 남슬라브보다도 더 동과의 문학적 교류가 드물었다는 것이다.[6] 그러므로 리하쵸프는 고대 러시아 문학이 매우 유럽적이었으며 고대 러시아 문학을 동과 서의 중간에 놓인 것으로 이해해서는 안 된다고 말한다.[7]

고대 러시아 문학은 기독교 개종을 계기로 교회 문헌의 유입과 함께 발달한 만큼 고대 러시아 문학이 기독교 지향적이며 유럽적이라는 주장에 대해서 공감하기는 어렵지 않다. 실제로 고대 러시아 문학에서 아시아와의 실제적인 교류 관계를 직접적으로 드러내어줄 만한 완전한 텍스트를 찾는 것은 불가능하다. 그러나 『원초연대기Повесть временных лет』나 『이고리 원정기Слово о полку Игореве』같은 초기 고대 러시아 문학 텍스트에서 키예프 루시Киевская Русь 밖의 사람들, 특히 비기독교도들을 지칭하기 위해 유목민들кочевники, 불결한 자들

---

6   Д. С. Лихачёв Поэтика древнерусской литературы. Избранные работы в трех томах. Т. 1, Л., 1987. с. 267.
7   리하쵸프는 18세기에 이르러서야 러시아 문학에 아시아적 주제와 모티브가 나타났다고 평가한다.

194   제2부 유라시아의 동과 서

поганые, 이교도들язычники, иноверные 등의 부정적인 어휘가 사용된 사례들을 찾기란 어려운 일이 아니며,[8] 이러한 단편적인 정보들을 담은 텍스트들은 매우 많다. 게다가 아시아로부터 직접 번역된 것은 아니고 다른 언어로의 번역을 중간 매개로 삼긴 했으나, 붓다의 일생을 고스란히 기독교 성자로 바꿔 놓은 12세기의 『바를람과 요아사프 이야기Повесть о Варлааме и Иоасафе』,[9] 아랍 우화를 번역한 『스테파니트와 이흐닐라트Стефанит и Ихнилат』[10] 등의 문헌이 존재한다. 이러한 자료들은 그것이 매우 단편적이거나, 복잡한 경로로 인해 직접적인 자료로 사용하긴 어렵다 하더라도 그것을 총체적으로 살펴보면, 아시아 등의 외부 세계에 대한 러시아인들의 가치평가적 태도와 인식을 밝히는데 중요한 자료가 될 수 있다. 이 글에서는 고대 러시아 문학의 다양한 텍스트 중에서도 다른 공간으로의 이동, 즉 여행을 주제로 한 문학 텍스트들을 중심으로 고대 러시아인들의 세계구도 및 동에 대한 관념 나아가 아시아에 대한 태도를 살펴보려 한다.

2. 고대 러시아인의 세계 지형도

13세기 초 몽골족의 침입 이후 '타타르의 공포'로 움츠러들었던 유럽세계가 13세기 중반 이후 동방과의 교류를 시도하게 된 것은 '사제왕 요한'에 대한 전설 때문이었다. 사제왕 요한은 태양이 뜨는 동쪽에서부터 수평선 끝까지 세계를 정복하여 거대한 기독교 왕국을 건설했다고 알려진 전설 속 인물이었는

---

8   이러한 어휘들은 페체네그, 폴로베츠 등 아시아의 초원으로부터 온 유목민 외에 루시를 공격하는 다양한 타 세계 민족들을 지칭하는데 사용되었다. 그 외에도 이슬람교도들을 지칭하기 위해 사용된 하가의 자손들(агаряне), 이즈마일의 자손들(измаилтяне), 불경한(безбожные) 등의 형용사들도 그 예이다.

9   ≪Повесть о Варлааме и Иоасафе≫, *Словарь книжников и книжности Древней Руси*, 11-пер. пол. 14в., Л., 1987. сс. 349~352.

10 ≪Стефанит и Ихнилат≫, *Словарь книжников и книжности Древней Руси*, втор. пол. 14-16в. Л., Ч. 2, 1989. ссю 417~418.

6장 고대 러시아의 문학에 나타난 동방과 아시아   195

데, 십자군 원정으로 이슬람 세력과 대립하고 있던 유럽은 이슬람 너머에 존재하는 사제왕 요한의 왕국과 협력하여 이슬람 세계를 무너뜨릴 수 있으리라 기대하게 된다.[11] 사제왕 요한의 전설은 당시 유럽 기독교에서는 이단으로 간주했던 네스토리우스파로부터 전해진 것이었으나, 유럽이 머나먼 동방으로 지리적 관심을 확장시키는 데 크게 기여했다. 유럽 최초로 동방에 대한 여행기를 남긴 수도사 플라노 디 카르피니Plano de Carpini가 몽골인들에게 기독교로 개종할 것을 권하는 내용을 담은 교황 이노켄티우스 4세의 친서를 전달하기 위해 1245~1247년 카라코룸의 구유크 칸에게 다녀온 것은 유럽이 지닌 이러한 기대감과 연관이 있었다.[12] 특히 기독교 신앙의 유럽이 동방에 대해 지녔던 상상적 인식은 중세 유럽의 종교적 관념을 옮겨 놓은 'T-O'지도 속에서도 잘 드러나는데, 이 지도의 동쪽에 아시아가 표기되어 있고 아시아 방향의 끝에는 인도가 있다.[13] 이렇듯 설령 비실제적이고 관념적이더라도 종교적 세계 인식은 당시 사회가 다른 세계를 향해 나아가는 계기로 작용하기도 하였다. 따라서 고대 러시아의 여행 문학을 살펴보기에 앞서 기독교 개종 이후 러시아인들이 지녔던 종교적 세계 모델에 대해 살펴볼 필요가 있다.

새로운 종교의 교리와 새로운 세계인식을 재빨리 알리기 위해서 개종 이후의 키예프 루시는 비잔티움으로부터 직접 번역하거나, 불가리아 등의 남슬라브를 통해 교회 정전 텍스트들을 폭넓게 들여왔다. 특히 이 시기 맹렬하게 번역되었던 '우주론'에 관한 문헌들은 고대 러시아인들의 인식적 변화를 견인하였는데, 세계창조의 6일을 기록한 『6일기Шестоднев』나 코지마 인디코플로프 Козьма Индикоплов의 『기독교적 지형Христианская топография』 등이 그것이다.[14] 창

---

11 박용진, 「중세 말 유럽인들의 아시아에 대한 이미지와 그 변화」, 『서양중세사연구』 제33호, 2014, 354쪽.
12 성백용, 「'몽골의 평화' 시대의 여행기들을 통해서 본 『맨드빌 여행기』의 새로움」, 『서양중세사연구』 제28호, 2011, 197~198쪽.
13 박용진, 「중세 말 유럽인들의 아시아에 대한 이미지와 그 변화」, 『서양중세사연구』 제33호, 2014, 362~364쪽.
14 초기 번역본들이 대부분 당대 러시아 필사본으로 전해지지 않는 탓에 어떠한 문헌들이 최초의 러시아에 번역되었는지의 여부가 추정되고 있는 만큼 늦어도 14세기 무렵까지 고대 러시아에 번역되어 들어왔을 것이라 추정되는 원전들 중에서 그 대상 텍스트를 선별하였다.

세기를 근거로 신에 의한 세계 창조를 논의의 출발점으로 삼으며 세계 구조, 자연현상에서 신의 섭리와 그 상징적인 본질을 찾는 이들 문헌들은 비록 표면적으로는 물리적, 지리적, 천문과학적 지식을 전달하는 "우주론적, 존재론적 문헌"들로 분류되지만, 본질적으로는 명백히 종교 철학 사상서들에 다름 아니다. 우주와 지구의 형성, 인간과 동식물의 발생에 관한 문제들이 신학적 관점에서 포괄적으로 제시되는 만큼 구체적인 현실의 공간이나 실제적 현상들이 그 논의의 대상이 되지 못하는 만큼 더욱 그러하다. 그러나 그럼에도 불구하고 이 문헌들에는 기독교 문화가 세계와 그 공간을 해석하고 이해한 방식이 드러나 있다. 성서의 창세기를 통해 전해지는 세계 창조의 6일에 대한 주해서인 『6일기』는 여러 교부 철학자들에 의해 작성되었으나 고대 러시아 세계에서 가장 영향력 있게 파급되었던 것은 불가리아의 요한 엑자르흐Иоанн Экзарх Болгарский의 것이었다.[15] 비잔티움의 교부 학자들의 주해 외에도 우주 창조와 세계 구성에 대한 고대 그리스 철학자들-피타고라스, 아리스토텔레스 등-의 학설에 대해 소개하며 반대하고 있으며, 땅은 움직이지 않으나 하늘과 천체를 포함하여 땅을 둘러싼 주변 환경들이 움직이는 것이라는 천동설과 그렇게 지구를 둘러싼 환경들로 인해 지구가 둥글게 보인다는 지구 원형설을 주장하는가하면, 지구를 비롯한 신의 섭리로 인해 창조된 모든 세계 구성소들은 그 어떠한 것으로도 지지될 필요가 없다고 확언한다.[16] 이러한 요한 엑자르흐의 『6일기』의 핵심은 4일째 주해에 있다 : "그 누구도 (빛이) 어떻게 어디로 하나로 합쳐져 사라졌는지 묻지 말라. 이는 ≪신이 어떻게 그 이전에는 없었던, 그것이 없을 때는 구별되지 않았던 하늘과 땅을 창조했는가≫ 라고

---

15 현존하는 필사본의 수가 50여본에 이를 만큼 고대러시아에서 매우 인기 있었던 요한 엑자르흐의 『6일기』는 저명한 그리스 교부학자들의 『6일기』들의 단편들을 조합하고 그 과정에서 자신의 주해를 덧붙인 편집본으로 평가된다. 또한 이러한 현재 남아 있는 필사본의 수를 통해 판단하건대, 이 문헌의 내용들이 고대 러시아 초기 기독교적 세계 인식을 동시대 러시아인들에게 전파하는데 기여했으리라 추정할 수 있다.

16 검토된 불가리아의 요한 엑자르흐의 『6일기』 텍스트는 다음의 출판본을 따랐다 : Г. С. Баранкова & В. В. Мильков, *Шестоднев Иоанна Экзарха болгарского*, СПб., 2001, cc. 301~651(древнерусский текст); 655~824(перевод).

6장 고대 러시아의 문학에 나타난 동방과 아시아   197

말하며 묻지 말아야하는 것과 같다. 왜냐하면 이러한 물음으로 불가해한 신의 섭리를 인간의 생각으로 이해하고자 애쓰는 것은 크나큰 어리석음이자 실수이기 때문이다. 그 누구도 그것을 이해할 수 없다."[17] 그것은 신에 의해 창조된 세계의 구성을 인간의 시선과 두뇌로 판단하지 말고 그저 받아들이고 수용하도록 독자들에게 주문한 것으로서, 인간이 공간에 대해 객관적으로 판단할 가능성을 원천적으로 봉쇄한 원칙이라 할 수 있다.

공간의 관점에서 조금 더 흥미로운 텍스트는 6세기 중엽 창작된 기독교적 지형학서인 코지마 인디코플로프의 『기독교적 지형』이다.[18] 고대 러시아에는 빠르게는 12세기 말~13세기 초 무렵, 늦게는 14세기에 이르러 번역된 것으로 여겨지는데, 전해지는 필사본의 수가 90여본에 이를 만큼 즐겨 읽혔다. 과학적 뉘앙스의 '지형학топография'이라는 표제에도 불구하고 이 텍스트는 교리에 대한 깊은 이해, 특히 성서를 축어적으로 이해하는 경향이 강했던 안티오흐 학파의 영향을 반영한 종교적 저서이다. 특히 안티오흐 학파는 지구가 사각형의 형태를 띠고 있다고 주장한 것으로 유명한데, 텍스트에서 지구가 둥글다고 주장한 타 교파의 주장에 대해 강력하게 반발하고 있는 부분도 매우 흥미롭다. 한편, 노년에 이르러 종교에로 귀의하기 전에 상인으로서 여러 바다를 누볐던 저자의 경험담이 거의 제시되어 있지 않다는 것이 일반적 평가이지만 다른 나라에 대한 서술들에서 이러한 경험이 간간히 녹아들어 있는 것으로 판단된다. 일련의 연구 자료들에서는 그가 상인으로서 페르시아, 소말리아, 이집트, 인도에 이르기까지 여행을 했다고 기록되어있지만, 또 다른 연구서에서는 그가 지중해, 홍해와 페르시아만을 거쳐 여행하였으나 인도에 이르

---

17 ≪Но пусть никто по недомыслию не вопрошает, говоря, как или куда исчез[свет], собравшись [воедино]. Подобно тому, как не подобает спрашивать, говоря : ≪Каким образом Бог сотворил небо и землю, которые прежде не существовали, и что представляли собой то и другое, когда их еще не было≫. Ибо большой глупостью и ошибкой было бы спрашивать об этом и пытаться понять человеческими мыслями непостижимые божьи мысли, их ведь никто не может постичь. ≫ Г. С. Баранкова & В. В. Мильков, *Шестоднев Иоанна Экзарха болгарского*, СПб., 2001, c.726.
18 원문 텍스트는 *Книга нарицаема Козьма Индикоплов*, Изд. подгот. В. С. Голышенко, В. Ф. Дубровина. М., 1997.

198   제2부 유라시아의 동과 서

지는 않았다고 판단하기도 한다.[19] 즉, 후자의 관점에 따르면 인도Индик를 항해한плов 자라는 의미로 붙여진 그의 별칭인 인디코플로프Индикоплов는 명백한 오류라는 것이다. 이렇듯 그의 이력에 대한 상반된 논의가 가능한 것은 텍스트 속에 그의 세계여행의 경험이 구체적인 지명과 더불어 직접적으로 제시되고 있지 않기 때문이기도 하다. 그러나 다른 나라에 대한 묘사에서는 그 곳에서 그가 자신의 눈으로 직접 본 이색적인 동식물에 대해 서술하고 있어, 그의 실제 항해 경험이 은연중에 녹아들어 있다. 기린이나 코뿔소들은 실제 그가 본 형상대로 비교적 사실적으로 묘사되는데, 예를 들어 기린을 야생과 왕궁에서 길러지는 것으로 나누고, 왕궁에서 길러지는 기린이 물을 마실 때 어떻게 마시는가를 자세하게 설명하기도 한다. 저자가 직접 에티오피아에서 먼발치에서 봤던 코뿔소에 대해서는 땅에서 나무를 뿌리째 뽑을 수 있을 만큼 힘이 세고 거칠며 마치 코끼리의 것과 같이 두꺼운 피부를 지녔다고 묘사했고, 유니콘에 대해서는 직접 보지는 못했으나 여행 중 유니콘을 직접 보았다고 주장하는 사람들로부터 들은 것을 옮겨 서술하고 있다. 머나먼 땅, 특히 동쪽 땅의 신비한 동물에 대한 묘사는 성서적으로 신성한 방향인 동쪽에 위치한 미지의 나라에 대한 환상적 상상력을 부추겼을 것이다.

여러 교부철학자들의 『6일기』로부터의 인용을 토대로 구성되어 있을 뿐 아니라, 코지마 스스로 "성서의 교리적 서술들을 알리고 세계의 구성(형상)을 밝히는 것поведаа христианскаа изложениа божественнаго писаниа и хотениа являя всего мира образъ", 그리고 "기독교인이라면, 성서 외의 다른 관념의 영향 하에 있어서는 안 된다는 점을 보여주는 것яко не мощно есть христианьствовати хотящему быти в повиновение внешних прельсти, ина кроме божественнаго писаниа полагающе"을 저술의 목적으로 지시하고 있는 만큼, 세계 구성에 대한 이해의 양상에 있어 『기독교적 지형』 역시 요한 엑자르흐의 『6일기』와 큰 차이를 보이지 않으나, 창세기를

---

19 А. В. Григорьев "Космополические и онтологические идеи в ≪Христианская топография≫ Козьмы Индикоплова как отражение взглядов антиохийской богословской школы", *Идейные течения древнерусской мысли*, (Громов, М. Н. & В. В. Мильков) СПб., 2001, с.904.

6장 고대 러시아의 문학에 나타난 동방과 아시아　199

바탕으로 하늘과 땅, 바다와 육지, 동서남북 등 조금 더 변별된 공간들에 대한 상징적 해석을 시도하고 있다는 점에서 조금 더 구체화된 관념을 보여준다. 그에 따르면, '신이 창조한 첫 번째 하늘은 영원한 빛으로서의 세계를 의미하고 두 번째 하늘은 인간이 눈으로 볼 수 있는 창공을 의미하는데, 이렇게 형성된 두 개의 하늘과 하나의 땅이 우주를 구성하고 있다. 이 때 땅으로부터 분리됨으로써 땅을 둘러싸고 있는 물을 대양이라고 부르는데, 이 대양에는 인간이 항해를 하는 네 개의 거대한 심해가 있고, 그 사이에 있는 세 개의 땅을 각각 유럽과 아시아 아프리카라 부른다.'라는 것이다. 이는 앞서 언급한 T-O지도의 지형과 흡사한데, T-O 지도 자체가 러시아에 유입되었는지에 대해서는 알 수 없으나 적어도 이미 고대 러시아의 초기에 이러한 기독교적 지형이 널리 알려져 있었을 것이라는 것을 짐작하게 한다. 실제로 『기독교적 지형』의 수많은 그리스 필사본과 러시아 필사본들에는 삽화들이 포함되어 있는데, 이 삽화들은 코지마 인디코플로프가 직접 그려 넣은 전통을 그대로 따른 것이라고 간주된다.[20] 이 삽화들 속에는 성서 속 인물들과 예수의 재림 등과 같은 성서 속 주요 사건들과 기독교적 상징적 공간, 당대의 우주론적 공간 관념이 고스란히 반영되어 있다.[21] 이처럼 "우주론적, 존재론적" 번역서들은 구체적인 세계의 공간을 어떻게 인식해야하는지에 대해 알려주었고, 이제 고대 러시아인들은 세계를 더 이상 인간의 지각과 감각으로 인지한 실제 공간이 아니라 성서와 교부철학적 정전 텍스트를 통해 제시된 신의 섭리로서의 공간으로 수용하도록 요청받게 되었다.

두 번역서 외에도 공간의 구성에 대한 고대 러시아인들의 관념에 지대한 영향을 끼친 번역서들로서 알렉산더 대왕의 생애와 다양한 전설과 설화들이 결합된 이야기인 『알렉산드리아Александрия; Сербская Александрия』[22]와 페르시아

---

20 *Словарь книжников и книжности Древней Руси*, 11-пер. пол. 14в., Л. : 《Наука》, 1987, cc. 465~467.

21 앙드레 그라바, 박성은 옮김, 『기독교 도상학의 이해』, 서울 : 이화여자대학교 출판부, 2007, 277~279, 435쪽.

땅에 있었던 기적에 대한 이야기인『아프로디티안의 이야기Сказание Афродитиана』
등을 꼽을 수 있다. 이러한 텍스트들은 본래 비잔티움에서 흥미를 위주의 독
서를 위해 창작된 허구문학이었으나, 비잔티움을 종교적 근본의 땅으로 간주
하고 그로부터 유래한 모든 텍스트들을 종교적인 것으로 받아들였던 고대 러
시아에서는 신성한 종교 텍스트로 인식되었다. 특히『알렉산드리아』에는 동
쪽(восток, восточный) 방향이 선명하고 반복적으로 지시되어 있는데, 이 때 동은
세계의 끝인 동시에 천국인 에덴동산이 존재하는 곳으로서 동방의 왕국들은
기적과 환상의 세계로 묘사된다. 이는『알렉산드리아』에서도 T-O지도와 같
은 종교 상징적 세계모델이 적용되고 있다는 것을 드러내 준다.[23]

3. 고대 러시아 여행 문학 속에 나타난 동과 아시아

타세계로의 이동을 기록한 문학을 폭넓게 여행 문학으로 간주한다면, 고대
러시아의 여행문학은 크게 종교적 순례 여행기와 상업 등 실용적 목적을 위
해 떠난 여행의 기록인 세속 여행기로 나눌 수 있다.

중세 유럽의 여행기 역시 이러한 방식으로 분류할 수 있는데, 각각의 특성
이 러시아의 경우와 흡사하다. 예컨대, 수도사인 카르피니가 남긴『몽골의 역
사』가 몽골의 습속을 기록하였으나 기독교 세계의 우월성을 강조하고 몽골의
문화를 야만적인 것으로 폄하하여 종교적 관점에 의해 왜곡된 몽골의 실상을
전달했다면, 베네치아의 상인이었던 마르코 폴로Marco Polo의『세계 경이의 서

---

22 ≪Александрия≫, Библиотека литературы Древней Руси. Том 8 (XIV–первая половина XVI века),
СПб., 2003, cc.14~150.

23 다른 한편으로 동쪽과 함께 아시아라는 지명이 구체적으로 드러나기도 하는데, 흥미로운 것은 이와 함
께 아시아가 야만으로 규정된다는 점이다("к востоку, в Азию к варварам"). 이는 이 텍스트의 창작이
매우 오래 되었으나, 러시아로 넘어온 것은 14세기 이전으로 추정되지만, 본 연구자가 참조한 텍스트
가 17세기의 판본을 토대로 출판한 것이라는 점을 고려하면 이러한 표현이 사용된 시기와 그것에 대한
해석을 자제하게 된다.

(동방견문록)』는 실제의 경험을 반영한 사실적인 서술로 가득하다. 한편 카르피니보다 조금 더 늦은 1258년에 루이 9세의 친서를 지니고 몽골의 뭉케 칸에게 사절로 파견되었던 수도사 기욤 드 루브루크Guillaume de Rubrouck는 몽골의 습속을 관찰하고 기록하여 왕에게 보고하였는데, 그가 쓴 이 사실적인『여행기』가 그 후 300여 년 동안 유럽에서 은밀히 감춰져 있었다는 사실은 중세 유럽 기독교 문화가 지니는 종교적 폐쇄성을 잘 보여준다.[24]

이러한 종교적 폐쇄성은 고대 러시아의 여행 문학에서도 드러나는데, 고대 러시아의 순례 여행기 화자는 종교적 의미와 상징성에 초점을 맞춰 공간을 서술하였고, 반면 세속적 여행기의 화자는 실제 공간을 실용적으로 묘사하면서도 종교적 공간 표상으로부터 완전히 자유롭지 못한 모습을 보여준다. 그러나 그럼에도 불구하고 다른 세계로의 여행이 주는 신비로움과 흥미로움은 특별한 것이었던 것으로 짐작되는데, 당시 여행 문학의 인기가 이를 증명하고 있다. 필사본의 규모가 방대할 수밖에 없는 교회 전례를 위한 정전 텍스트를 제외하고 일반적인 문학 텍스트의 종류와 판본수를 기준으로 볼 때, 11-17세기까지 보존된 여행 문학 텍스트가 70여종, 그 중에 러시아 고유 창작 텍스트의 수는 50여종이며, 인기 있는 여행기의 경우에는 보존된 필사본의 수가 100여본을 상회했다고 하니 실로 놀랍다. 기독교적 세계 인식의 관점에서 규정되지 않은 미지의 땅은 공포의 대상임에도 불구하고, 미지의 땅에 대한 여행기는 고대 러시아인들에게 새로운 세계를 엿보는 기회로서 흥미를 끌었을 것으로 짐작된다.

고대 러시아 문학 체계에서 공간 이동, 여행의 모티브가 텍스트의 중심 구조를 이루는 '여행 문학хождение' 중[25]『원초연대기』속의 개별 이야기 「사도

---

24 성백용 「'몽골의 평화' 시대의 여행기들을 통해서 본『맨드빌 여행기』의 새로움」, 『서양중세사연구』제 28호, 2011, 198~199쪽.

25 11-15세기 여행기 중 시기별로 대표성을 지니는 텍스트를 꼽아보면 다음과 같다 :『원초연대기』로부터 발췌된 「사도 안드레이가 키예프와 노브고로드를 여행한 이야기(Летописное сказание о легендарном путешествии апостола Андрея в Киев и Новгород)」와 「올가가 차리그라드를 여행한 이야기(Летописное сказание о путешествии княгини Ольги в Царьград)」, 12세기 초 「러시아땅 수도원장 다니일의 여행

안드레이가 키예프와 노브고로드를 여행한 이야기」는 여행기라기보다는 연대기 텍스트에 삽입된 짧은 여행 기록이다. 이 텍스트는 동과 아시아에 대한 공간 관념을 내포하고 있지는 않지만, 『원초연대기』가 창작되던 11세기 고대 러시아 문학의 상징적 공간 표상을 직접적으로 드러낸다는 점에서 충분히 주목할 만하다.[26]

뿔랴네 인들은 산맥 주의에 흩어져 살았다. 그 주변엔 바랴그에서 그리스로 가는 길이 있었다. 드네쁘르 강을 따라 그리스로 가는 길도 있었으며, 드네프르 상류에서 로보찌 강까지의 연수 육로가 있었고, 로보찌 강을 따라 큰 호수인 일멘호로 들어갈 수도 있었다. 이 호수와 연결된 볼호프 강은 큰 호수인 네보호(라도가)로 유입된다. 그리고 이 호수의 하구는 바랴그해(발틱해)로 유입된다. 그 네보호를 따라 로마까지 갈 수 있고, 로마에서 바랴그해를 따라 차리그라드로 갈 수도 있으며, 차리그라드에서 드네프르 강이 유입되는 폰트해(흑해)에 도착할수도 있다. 드네프르 강은 고지의 숲에서 흘러나와 남쪽으로 흐르고, 드비나 강은 이 숲에서 흘러나와 북쪽으로 흘러 바랴그해로 유입된다. 볼가 강은 이 숲에서 동쪽으로 70개의 하구를 통해 흐발리스해(카스피해)로 유입된다. 이렇게 루시에서도 볼가강을 따라 불가리아와 흐발리스해로 행해해갈 수 있고, 더 멀리는 동쪽 셈의 영지로 갈 수도 있고, 드비나 강을 따라서는 바랴그에 이를 수도 있고, 바랴그에서 로마까지, 로마에서 함족이 사는 곳까지 갈 수도 있다. 드네프르 강은 하구를 따라 폰트해로 유입된다. 이 해안주의에서 표트르(베드로)의 형제인 성 안드레이가

기(Хождение Даниила, игумена Русской земли)」, 13세기 말~14세기 초의 작품으로 추정되는 「차리그라드로의 무명씨의 여행기(Анонимное хождение в Царьград)」, 14세기 말 「이그나티 스몰냐닌의 차리그라드 여행기(Хождение Игнатия Смольнянина в Царьград)」, 15세기 초 「조시마의 차리그라드, 아테네, 팔레스타인 여행기(Хождение Зосимы в Царьград, Афон и Палестину)」 15세기 중엽의 「바르소노피의 이집트, 시나이와 팔레스타인 여행기(Хождение Варсонофия в Египет, на Синай и в Палестину)」 와 「바실리의 소아시아, 이집트, 팔레스타인 여행기(Хождение гостя Василия в Малую Азию, Египет и Палестину)」, 15세기 후반의 「아파나시 니키틴의 세 바다 너머 여행기(Хождение за три моря Афанасия Никитина)」.

26 ≪Повесть временных лет≫, *Библиотека литературы Древней Руси. Т. 1*, СПб : ≪Наука≫, 1997, cc. 64~67.

러시아인들에게 설파하였기 때문에, 폰트해는 러시아해로 불려진다.

상기 텍스트에서는 공간이 마치 지형도를 그려내듯 상세히 서술되고 있는데 특히 연대기 저자가 전 세계적인 공간의 느낌을 잃지 않는 점이 인상적이다.[27] 우선 거대한 세계 공간을 조망하고 그 가운데 구체적인 공간들이 언급되어 세계가 마치 조감도처럼 펼쳐지는 형상은 특정한 공간의 의미를 세계 구조 속에 위치시킴으로써 의미화하려는 것으로 볼 수 있다. 이처럼 땅을 내려다보는 듯한 서술자의 시선은 고대 러시아 문학의 작가가 개별 주체로서의 자아가 아니라 신의 은총을 내림받아 그 섭리를 대신 기술하는 붓과 같은 존재로서 스스로를 인식했던 만큼, 그 시선이 세계를 내려다보는 신의 시선을 닮아 있는 것으로 볼 수 있다. 이러한 시선은 인간존재와 삼라만상을 신이 창조한 무한한 공간 속의 한 지점으로 변화시키는데, 결국 이것이 인간과 인간 사의 모든 사건의 의미를 신의 섭리 속에서 찾아야만 하는 서술자의 정당한 관점이 된다.

한편, 거대한 구도를 그리는 가운데에서도 특히 드네프르로부터 출발된 강물의 흐름이 로마를 거쳐 차리그라드로, 다시 차리그라드로부터 쉽게 드네프르에로 연결된다는 점에 주목하고 있는데, 이것이 바로 뒤이어 서술되는 사도 안드레이의 이동 경로가 되는 것은 흥미롭다. 이처럼 텍스트에서 서술된 구체적인 공간들이 사건의 발생지, 혹은 주인공의 이동 경로가 되는 것은 고대 러시아 문학에서는 비교적 자주 발견되는 현상인데, 이는 마치 구체적인 공간의 의미가 거대한 세계 구도 속에서야 획득되듯, 주인공의 구체적 행위, 경로의 이동은 거대한 역사적 흐름 속에서 그 의미를 갖게 되는 것과 연관된다고 볼 수 있다. 그 결과 안드레이의 여행은 신성한 땅인 차리그라드와 물길로 연결된 드네프르 강과 루시땅에 신성성을 옮기는 행위가 된다. 특히 물의

---

27 Д. С. Лихачев, *Поэтика древнерусской литературы*, Избранные работы в трех томах, Т.1, Л., 1987, сс.642~645.

204   제2부 유라시아의 동과 서

흐름이 차리그라드로부터 드네프르로 흘러내려올 뿐만 아니라 다시 드네프르로부터 차리그라드에 이르는 과정을 되짚어 가고 있다는 점은 눈여겨볼 필요가 있는데, 이 부분은 비잔티움의 신성성과 루시 땅의 신성성을 동등한 것으로 견주기 위한 역사의식의 발현이라 해석해도 좋을 것이다. 이후 드네프르 강의 지류가 전 슬라브땅에 어떻게 펼쳐지는가를 서술하고 있는데, 이는 이러한 강물이 스며든 루시 땅 전체의 성스러움을 의미하며, 이후 그리스로부터 러시아에 이르러 신의 섭리인 키예프 땅을 축복하고 노브고로드로 향하는 사도 안드레이의 등장은 역시 동일한 맥락으로 해석될 수 있다. 이때 신성한 사도의 여행은, 일반적인 순례 여행이 신성한 공간 속으로의 이동을 통해 그 스스로 신성한 의미와 섭리의 일부가 되는 것과는 달리, 신성성을 지닌 사도의 행보로 인해 공간이 신성성을 담지하게 된다는 측면에서, 일반적인 종교 문학 텍스트의 공간적 표상 방식이 역전되어 나타난 양상이라고도 볼 수 있다. 즉 종교적 표상성을 지니는 공간으로의 이동이 행위자의 운명을 결정하는 것이 아니라, 성스러운 인간의 신성함이 그가 발 딛는 땅의 성스러움을 담보하게 되는 것이다. 사도 안드레이의 여행이라는 행위는 신의 창조행위를 통해 신성한 공간이 된 창세기 속의 세계에서처럼, 신성한 루시 땅을 일깨우기 위한 유사창조의 행위에 다름 아니며, 사도 안드레이는 신의 대리자가 되는 셈이다. 비록 역전된 형태이기는 하지만, 이 역시 신의 섭리로서의 행위와 공간의 신성성을 연결시키는 종교적 공간 표상의 기본적인 기제 위에 놓여 있다. 다만 이러한 일련의 과정은 『원초연대기』가 루시 땅의 신성성을 종교적 관점에서 정당화하고자 시도한 러시아 최초의 역사서임을 재환기시켜 줄 뿐이다.

고대 러시아 문학에 나타난 여행기들의 목록을 살펴보면, 특히 15세기 초 「조시마의 차리그라드, 아테네, 팔레스타인 여행기」가 나타나기 전까지 아시아 지역을 목적지로 삼은 여행기는 발견되지 않는다. 심지어는 팔레스타인 지역이 언급된 이 여행기조차도 서아시아 지역 그 자체에 대한 관심은 거의 나타나 있지 않다. 이는 당시 창작된 여행기들이 모두 기독교 성지로 향하는 순례 여행기라는 사실과 연관되어 있는데, 특히 12세기 초 「러시아땅 수도원 장 다니일의 여행기」는 고대 러시아인에 의해 창작된 최초의 본격 순례 여행 기이면서 이들 고대 러시아 순례 여행기들의 원형적 모델이다. 다니일은 여 행기의 서두에서 부족한 자신이 순례를 글로 적어 남기는 것은 성지순례를 자랑하기 위해서가 아니라, 정교를 믿는 자들의 종교적 교화를 위해서임을 적시한다("뭔가 좋은 것을 한 것처럼 여행을 자랑하기 위해서가 아니며, 스스로 아무런 좋은 일을 하지 않았으나 신으로부터 받은 달란트를 숨긴 채 불리지 않았던 게으른 종이 되지 않기 위해서, 다시 말해 믿음이 있는 자들을 위한 것으로서, 이 성스러운 장소들에 대해 읽고 이를 통해 영혼과 상상력으로 이 장소들을 여행하려고 애쓰면 신이 그들을 여행한 자들과 똑같이 간 주하실 것이기 때문이다."). [28] 대중교화라는 종교적 목적을 위해 집필된 이 텍스트 는 명백히 종교 텍스트였던 만큼, 당대의 문학적 에티켓литературный этикет에 충실한 서두와 종결부를 지니고 있다. 자신의 지혜가 부족하다는 점을 토로하 고 독자들이 이를 이해해줄 것을 호소하거나 오로지 신의 은총에 따라 여행이 가능했다는 점을 반복적으로 언급하고 있는 도입부와 루시 땅과 공후들과 성 직자들을 위한 기도문으로 맺어진 종결부이 그러하다. 여기에는 성스러운 장 소святые места, 선한 땅добрая земля, 성스러운 도시 예루살렘святой город Иерусалим 등과 같이 공간에 종교−윤리적 가치를 부여한 전형적인 기독교적 공간 관념 을 드러내고 있다. 그러나 여행기의 본문에 이르면, 작가의 어조는 사뭇 달라 진다. 관념적인 수식어들과 지나친 디테일들에 대한 묘사는 사라진다. 순례 의 여정에 등장하는 모든 성지의 명칭들, 새로운 장소로의 이동에 필요한 거 리가 매우 구체적이고도 선명하게 서술되어 있다. 또한 성지에 대한 서술에 서는 추상−관념성이 배제된 사건의 짧은 개요가 나타나기도 하고, 그곳에서 생장하는 동식물에 대한 설명이 덧붙여지기도 한다. 이러한 묘사들이 소돔적 인 장소라거나 성스러운 십자나무가 허공중에 떠있는 모습을 직접 두 눈으로 보았다던가 하는, 다소 종교적 신비주의와 상징적인 공간 관념과 얽혀 있는

---

[28] 《Хождение》 игумена Даниила в Святую землю в начале XII в, СПб., 2007, сс.14~17.

206   제2부 유라시아의 동과 서

경우도 있지만, 본문 텍스트의 대부분은 상징적 서술보다는 요약적이면서도 사실적인 자료들의 열거로 구성된다.

한편 다니일이 예루살렘을 여행하던 12세기는 1차 십자군 전쟁 중이었던 만큼 폐허가 된 장소들에 대한 서술과 함께 곳곳에서 사라센인сарацины이나 강도떼에 대한 서술이 나타난다. 예상대로, 성지를 파괴한 이슬람교도, 그러한 이슬람교도들을 대표하는 민족으로서의 사라센인들에 대한 묘사에는 부정적 태도를 담은 형용사들('부정한, 이교도의поганые')이 사용된다. 그러나 사라센인에 대한 서술자 다니일의 태도는 다면적이다. 다니일 일행은 사라센 대장의 안내 덕분에 위험한 지역을 무사히 벗어나는가 하면, 사라센인과 기독교도들이 한 마을에 같이 살아가는 모습을 서술하거나, 사라센 점령지의 풍요로움을 묘사하기도 한다.[29] 이슬람교도들에 대한 평온한 서술들, 특히 종교적 측면에서는 신의 섭리가 발현된 결과로 이해되어온 풍요로움에 대한 서술이 성지 순례의 여행기에서 나타난다는 사실은 분명 예외적이다. 이처럼 「다니일의 여행기」의 서술자는 종교 텍스트의 작가로 자처하면서도 기독교 중심적 시각에만 의존하지 않고 객관적 관찰자로서의 시선을 아주 살짝 드러낸다. 특히 10세기 말 기독교로 개종한 이후 종교 중심의 세계가 시대의 중심적인 지배소였던 12세기의 여행 문학에서 이슬람교도에 대한 이러한 태도가 표현되었다는 것은 매우 특징적이다.

이후 13-14세기의 여행기 역시 성지 순례와 연관된 종교적 여행기로서 동과 아시아에 대한 고대 러시아인들의 관찰적 시점을 드러내지 않는다. 예컨대 13세기 말~14세기 초의 작품으로 추정되는 「차리그라드로의 무명씨의 여행기」[30]가 그러하다. 이 작품은 「다니일의 여행기」 속에 나타난 종교적 여행기의 전형적 패턴을 따르고 있다. 종결부의 기도문은 사라졌지만, 자신의 능

---

29 《Хождение》 игумена Даниила в Святую землю в начале XII в, СПб., 2007, с.83.
30 《Анонимное хождение в Царьград》, Книга хождений. Записки русских путешественников 11-15вв, М., 1984. сс.80~91.

력을 한탄하는 표현들과 글의 종교적 효용성을 드러내는 서두가 유지되고 있으며, 차리그라드의 여러 성소들－성 소피아 성당과 유적, 수도원들과 보스포르 해안의 성소들－에 대한 간결하고 사실적인 묘사가 중심을 이루는 가운데 때로 연관 종교전설이 첨언되는 방식의 서술이 이어진다. 다만 자신이 독자들에게 이들 성소들에 대해 안내하고 있다는 태도를 강조하여 주체의식을 보다 명확하게 드러낸다는 점에서 자신의 경험을 보다 조심스레 써내려 간 다니일과는 차이를 보인다. 여행기에서 아시아에 대한 서술은 성 소피아 성당에 세워진 유스티니아누스 황제의 청동상, 그리고 그 맞은편에 무릎을 꿇은 채 앉아 있는 세 이슬람 왕들의 동상들을 설명하는 과정에서 나타난다. 이 때 세 이슬람 왕들은 '부정한поганые'왕들로 표현되고, 이슬람 땅은 '소로친의 땅(사라센의 땅; Сорочинска земля)'으로 서술된다. 그러나 '소로친의'는 표현은 지역을 지칭하는, 상대적으로 중립적인 표현이며, '부정한поганые'이라는 어휘를 사용했음에도 불구하고 그 전후 맥락에서 서술자의 감정적인 분노나 동요는 그다지 느껴지지 않는다.

14세기 말 「이그나티 스몰냐닌의 차리그라드 여행기」[31]의 창작자는 당시 연대기 집필에도 참여할 만큼 작가로서 저명한 인물이었다. 이 여행기는 「다니일의 여행기」의 전형성으로부터 다소 벗어나 있는데, 우선 익숙한 서두 대신 순례 여행의 동행자와 목적지를 밝히는 것으로 글이 시작되며 흔히 종결부에서 나타나는 전형적 표현들이 모두 생략되어 있다. 그러나 성직자들이 여행의 주체인 만큼 날마다 해당하는 종교적 기념일이 명명되는가하면, 성지에 대한 기대와 이슬람 땅에 대한 공포감 등을 전통적인 종교적 공간관념을 반영하고 있다. 특히 모스크바에서 차리그라드로 이르는 여정 중, 타타르인들을 만나기도 하고 한동안 이슬람 땅을 지나가게 되는데, 타타르인들을 만난 것에 대해서는 짧게 서술하지만, "이즈마일 민족의 땅земля языка измальскаго"로

---

31 ≪Хождение Игнатия Смольянина в Царыград≫, *Книга хождений. Записки русских путешественников 11-15вв*, М., 1984, сс.99~107.

208　제2부 유라시아의 동과 서

지칭된 이슬람 땅으로 접어드는 것에 대한 공포는 상대적으로 선명하게 드러낸다. 특히 상술된 여행기들에서는 성소에 이르는 동안의 구체적인 여정을 생략하였을 뿐 아니라 여행 중에 순례자가 겪는 고난에 대해서 결코 서술하지 않았으며 모든 서술들은 성스러운 장소들 간의 연결로 이루어졌던 것과 달리, 이그나티 스몰냐닌은 성소 뿐 아니라 짧더라도 모든 여정을 요약하여 기록함으로써 성지 외의 공간을 여행기 속으로 편입시키는 동시에 낯선 곳, 음모와 악천후 등으로 인한 고난과 실패, 공포와 기쁨의 감정을 여과없이 서술하고 있다. 그런 의미에서 이즈마일 민족의 땅이라는 전형적 표현을 사용하면서도 그러한 지역의 구체적인 지명을 모두 열거하여 표기한 점으로부터 이 시기에는 아시아의 땅이 여행자에게 단순히 종교상징적 공간에 머무르지 않고 실제적인 공간으로 다가오기 시작했음을 감지할 수 있다.

15세기 초 창작된 「조시마의 차리그라드, 아테네, 팔레스타인 여행기」[32]는 투르크인들에 의해 점령되기 전 콘스탄티노플(차리그라드)의 모습을 마지막으로 전하고 있는 순례기이다. 이 여행기는 「다니일의 차리그라드 여행기」에 비견될 만큼 전형적인 형식의 종교적 여행기이며, 성지들에 대한 간결한 묘사가 주를 이루었던 다니일의 텍스트보다 훨씬 더 미적이고 수사적이다.[33] 조시마는 깊은 종교적 지식과 섬세한 묘사를 펼치며 여행기를 웅장하고도 화려한 텍스트로 만들어내고 있지만, 다니일과는 달리 각각의 성지들에서 행한 자신의 행위를 "나"를 주어로 삼아 표현하거나 성지를 순례하는 동안에도 자신과 루시 땅, 루시의 공후들을 위한 기도하는 등, 자의식과 자신의 정체성을 끊임없이 드러낸다. 공간에 대한 인식에서도 흥미로운 부분을 찾아볼 수 있는데, 예를 들면, 도시 차리그라드의 두 면은 바다와 접해있고, 세 번째 면은

---

32 《Хождение Зосимы в Царьград, Афон и Палестину》, *Книга хождений. Записки русских путешественников 11-15вв,* М., 1984, сc. 120~136. 필사본의 원제목에는 아테나와 팔레스타인의 지명이 등장하지 않지만, 필사본의 원제목과 내용을 모두 참조하여 고대 문학의 연구가들이 규정하여 통용되고 있는 제목인 만큼 그대로 사용한다.

33 차리그라드에서 조시마가 방문하는 성지들은 「다니일의 여행기」의 성지들의 목록과 겹치는데, 이를 비교해보면 그러한 특성이 잘 드러난다.

서쪽을 향하고 있는 관찰을 통해 도시의 전체 윤곽을 마치 지도를 보듯 파악한 후, 각각의 면에 위치한 장소들을 차례로 언급한다. 지금까지의 여행기에서는 순례의 일정이 평면으로의 이동이었다면, 자신의 순례 여정을 총체적으로 조감하듯 파악한 것이다. 이는 서술자가 좀 더 구체적이면서 과학적인 인식으로 공간에 대해 접근한 것이라 볼 수 있으며, 이는 신의 섭리에 의해 주어진 세계를 오가던 수동성에서 탈피하고 주체적인 자기인식으로 발을 내디딘 결과라고도 볼 수 있다. 더욱 흥미로운 것은 작품 곳곳에서 드러나는 이슬람을 포함한 타 세계에 대한 서술이다. 트로이체─세르기예프 수도원의 부제 дьякон였던 조시마는 텍스트 곳곳에 종교적 관념과 문학적 표현을 충실하게 따르며 아랍, 이슬람에 대해 다소 격렬한 뉘앙스로 '악한злый, 잔혹하고 사나운лютый' 등의 형용사를 사용한다. 그러나 여정의 마지막에 팔레스타인 땅에 이른 그는 야곱의 묘지 위에 세워진 이슬람 사원, 사라센인들이 지배한지 400년이 된 예루살렘에 대해 담담하게 서술할 뿐 아니라, 자신이 그곳에 당도한 1420(6928)년을 당시 이집트 술탄과 다마스쿠스 통치자의 이름을 병기하여 기록한다. 이는 기독교 중심에서 벗어나 세계를 다원적으로 파악한 새로운 인식 방식이다. 마치 이를 증명하듯, 필사본의 가장 끝에는 이집트 술탄의 통치하에 있는 도시들과 함께 정교 전례에서 추모되는 총주교와 수도원장들의 이름이 나열되고 있고, 그리스와 아랍의 숫자들이 10까지 기록되어 있으며, 유대교, 이슬람, 고대 그리스와 로마, 아르메니아와 타타르 인들의 핵심 신격 명칭이 러시아어 'Бог'와 함께 병기되어 있다. 이러한 기록들은 여행기 본 텍스트에는 포함되지 않지만, 기독교 부제였던 조시마의 공간적 인식이 이미 동쪽과 아시아, 타 종교의 세계로 확장되어 있음을 여실히 드러내어 준다.

15세기 중엽에 창작된 여행기 「바르소노피의 이집트, 시나이와 팔레스타인 여행기」[34]와 「바실리의 소아시아, 이집트, 팔레스타인 여행기」[35]는 동시대 세

---

34 ≪Хождение Варсонофия в Египец, на Синай и в Палестину≫, *Книга хождений. Записки русских путешественников 11-15вв*, М., 1984, cc. 162~169.

계정세를 반영한다. 1453년 투르크인에게 함락된 콘스탄티노플이 더 이상 성
지로서의 기능을 상실하게 되자, 이집트와 팔레스타인이 새로운 성지로 떠오
른 것이다. 이러한 상황이 고대 러시아인들의 지리적 시야를 확장시키며 동
쪽으로 향하게 한 것이다. 바로소노피는 일생동안 동방으로 두 번 여행을 떠
나는데, 이집트, 시나이, 팔레스타인 여행기는 두 번째 여행(1461~1462년)의 기
록으로서 러시아에서 이집트와 시나이에 대해 기록한 첫 번째 여행기다.[36] 「바
르소노피의 여행기」에서 이집트와 시나이, 팔레스타인은 이상적이고 아름답
게 묘사된다. 그곳에는 천국으로부터 흘러나온 강과 같은 황금물결의 나일강
이 흐르고 사방에 향기가 가득하며 온갖 진귀한 식물들이 자란다. 또한 바르
소포니의 여행기는 동일하게 팔레스타인을 여행했던 조시마의 여행기와도 대
조가 되는데, 조시마가 이슬람인들의 점령지로 더 이상 나아갈 수 없어 답답
해했던 것과 달리, 바르소포니는 아무런 제약 없이 이러한 장소들을 드나들
었으며, 오히려 도시 카이라에서는 환대를 받기도 한다. 즉, 바르소포니의 여
행기는 동쪽을 향한 러시아인들의 공간 인식의 확장, 그리고 세계 교류사에
일어난 변화를 반영하고 있다.

　한편, 바르소포니와 비슷한 시기에 비슷한 지역을 이동한 바실리의 여행은
그 목적이 본격적인 의미에서 성지 순례라고 보긴 어렵다. 그의 텍스트에는
각 지역이 도시와 마을을 중심으로 서술되어 있는데, 특히 도시가 어떻게 구
성되어 있는지 외견상 두드러지는 도시의 특징들이 요약적으로 제시된다. 여
정 중 성당이나 성소가 언급되지만 자세히 묘사되는 법이 없고, 장소와 연관
된 성경 속 이야기나 종교 전설이 다루어지지도 않는다. 그러나 매우 간결하
고 딱딱한 이동 기록이라고 여겨지는 「바실리의 여행기」는 공간을 인지하는

---

35 《Хождение гостя Василия в Малую Азию, Египец и Палестину》, *Книга хождений. Записки русских путешественников 11-15вв*, М., 1984, cc.169~177.

36 1456년에 이뤄진 것으로 추정되는 그의 첫 여행은 이미 함락된 콘스탄티노플을 제외하고, 팔레스타인과 예루살렘으로 떠난 것이었는데, 그 기록은 성지 예루살렘을 다룬 이전의 여행기와 상대적으로 유사하여 여기서는 다루지 않는다.

6장 고대 러시아의 문학에 나타난 동방과 아시아　211

방식에서 주목할 만한 점이 있는데, 화자가 직접 방문하지 않은 성지의 목록
이 열거된다는 점이다. 일관적이지만 않지만 여행기 속의 날짜들이 축일들과
연계하여 기록되어 있는 것으로부터 짐작해 보건대, 바실리는 정교에 대해서
대단치 않은 약간의 지식을 가진 자로서 종교 문학적 관례로부터 자유롭지
못한 인물인 듯하다. 그러므로 마치 날짜들에서 드러나듯, 일종의 종교적 강
박처럼 여정 속에서 성지들을 찾아 서술한 것으로 보인다. 또한 그의 텍스트
에서는 낯선 공간이건 성지건 간에 모든 공간들이 거의 동등한 비중으로 서
술되고 있는데, 이는 여러 도시들의 거주민 중 기독교도들과 이슬람교도들의
비중을 다루면서 전혀 감정적 동요가 없이 객관적 자료를 제시하듯 서술하고
있는 부분은 매우 흥미롭다. 이는 15세기 이후 고대 러시아인들이 기독교 중
심의 세계 인식으로부터 차츰 벗어나 타 세계, 특히 이슬람을 포함한 비기독
교도들의 세계, 아시아에 대해 마치 하나의 객관적인 지역으로서 매우 실제
적으로 이해하기 시작했음을 드러낸다.

그런 의미에서 15세기 후반인 1475년에 창작된 「아파나시 니키틴의 세 바
다 너머 여행기」[37]와 같은 텍스트가 등장한 것은 자연스러운 전개라고도 볼
수 있다.

4. 고대 러시아 문학 속에 나타난
동방으로서의 인도와 아파나시 니키틴의 인도

인도는 고대 러시아 문학 초기부터 널리 알려져 있었다. 13세기 이전에 러
시아 땅에 번역되어 들어온 것으로 알려진 알렉산더 마케도니아의 행적을 기
록한 『알렉산드리아』나, 13~14세기경에 러시아로 번역되어 들어온 비잔티움

---

37 ≪Хождение за три моря Афанасия Никитина≫, *Библиотека литературы Древней Руси. Т. 7,* СПб
: ≪Наука≫, 2000, cc. 348~379.

212   제2부 유라시아의 동과 서

의 『인도 왕국 이야기Сказание об Индийском царстве』[38]와 같은 텍스트들을 통해 인도는 고대 러시아 문화 속에 일찍부터 존재해왔다. 특히 고대 러시아 초기, 기독교 국가들로부터 번역되어 들어온 외래 문학 텍스트들은 개종 직후 왕성하게 종교 문학을 수용하고 있던 당시 러시아의 상황에 따라 본래적 특성과는 관계없이 모두 종교적이고 신성한 의미를 지닌 것으로 간주되었다. 이러한 까닭에 『알렉산드리아』류의 텍스트에서 읽는 이의 세속적 재미를 위해 더욱 환상적이고 화려하게 묘사된 허구적 인도의 모습은 그것이 충격적이고 흥미로웠던 만큼 고대 러시아인들에게는 절대적인 종교적 이상향으로 받아들여졌다. 참나무 열다섯 그루 위에 둥지를 튼 거대한 새, 말린 생선을 던져 넣으면 생명을 얻어 움직이게 되는 호수, 항해하는 배의 못들을 모조리 뽑아버릴 만큼 강력한 자석 덩어리인 거대한 산, 해가 저물 때면 인간의 운명을 예언하는 말하는 나무, 뿔을 지녔거나 세 다리 혹은 네 개의 팔을 지닌 사람, 거인, 난장이, 새, 늑대, 말, 산양 등 다양한 반인반수의 형상 등, 텍스트들에 묘사된 인도는 갖가지 기적적이고도 환상적인 것들로 가득한 공간이었다. 그런데 세속적 문헌들을 통해 전달된 이러한 인도 이미지가 더욱 빠르게 종교적 공간에 대한 표상으로 귀속된 데에는 일찍부터 러시아에 널리 알려져 이미 12세기경에는 필사되어 다양한 종교정전 문집들에 포함되었던 『바를람과 요아사프의 이야기』[39]의 영향을 부정할 수 없다. 부처의 일생을 담은 이 이야기는 당시 전 세계적인 인기를 누려 여러 민족들 사이에 회자되었는데, 그렇게 확산을 거듭하는 과정에서 어느덧 기독교의 색채를 덧입은 채 기독교 성자의 생애전이라는 종교적 정전 텍스트가 되어 있었다. 특히 바를람과 요아사프가 나누는 일련의 대화에서 드러나는 철학적 깊이, 왕자로서 누릴 수 있는 세속적 영광을 거부하고 고행을 선택한 요아사프가 던지는 심오한 종교적 질문들과 고뇌

38 ≪Сказание об Индийском царстве≫, *Библиотека литературы Древней Руси. Т. 5*, СПб : ≪Наука≫, 1997, cc. 396~401.
39 *Повесть о Варлааме и Иоасафе*, Л., 1985.

6장 고대 러시아의 문학에 나타난 동방과 아시아   213

는 이 이야기를 예수 그리스도의 성스러움에 비견되는 현명한 종교적 고행자
—성자의 기록으로 읽는데 주저함이 없게 했던 것이다. 현자들의 대화가 이루
어지는 곳으로서 인도는 종교적 신성성과 영혼성의 공간으로 각인되었고, 이
러한 공간의 관념은 이후 인도와 동방을 배경으로 한 교훈적 이야기들, 예를
들어 15세기에 나타난 우화집 『스테파니트와 이흐닐라트Степанит и Ихнилат』[40]
나 『라흐만과 그들의 놀라운 생애이야기Слово о рахманех и о предивном их житии』
등을 통해 반복됨으로써 고대 러시아 문학에 고착되었다.

그런데 앞에서 이미 상술한 바 있듯, 인도에 대한 이러한 묘사는 코지마 인
디코플로프의 『기독교적 지형』에 등장한 낙원의 공간으로서의 동방이라는 관
념과 일치하는 것이었다. 특히 코지마 인디코플로프의 『기독교적 지형』에 나
타난 낯설고도 환상적인 동물들에 대한 묘사들은 그것이 인도, 낙원, 공간의
신성성의 지표로 자리 잡는 근거가 되었을 것이다. 게다가 인도는 실제 여행
하기에 너무나 먼 땅이었던 만큼 그것에 덧입혀진 환상성은 더욱 강화되었
다. 예를 들어, 고대 러시아의 여행기에서 유독 문맥을 벗어나 성지 주변의
낯선 자연환경에 대한 묘사가 두드러지게 강조되는 경우를 발견하게 되는 까
닭도 고대 러시아 문학 속에서 굳어진 신성성의 이러한 표상 때문이라 할 수
있다.

그런데 비러시아의 폭넓은 사료를 근거로 한 일련의 연구들은 러시아인들
과 인도의 관계가 매우 오래 전부터 이루어졌다고 밝히고 있다. 이미 9-10세
기경 루시 밖에서 교역을 하던 고대 러시아의 상인들이 인도 상인의 존재를
알고 있었을 것으로 추정되며, 12세기경에는 인도 땅에 나타난 루시인들에
대한 기록이 존재한다.[41] 이처럼 고대 러시아인에게 인도 여행은 이미 고대

---

40 *Стефанит и Ихнилат*, Л., 1979.
41 1) В. К. Шохин, *Древняя Индия в культуре Руси*, М., 1988. сс.3~9; 2) Л. И. Розенберг, "Контакты
средневековой Руси с народами и государствами средней Азии и их отражение в исторической литературе",
*Социальные и гуманитарные науки. Отечественная и зарубежная литература. Реферативный
журнал*, сер.5. М., 1996, сс.30~31.

214   제2부 유라시아의 동과 서

러시아 초기부터 완전히 불가능한 일이 아니었던 것으로 판단되지만, 인도라는 공간에 대한 객관적이고 실제적인 인식은 고대 러시아의 문화적 전통으로 인해 발전하지 못하고 있었다.

그러던 중 15세기 후반에 창작된 「아파나시 니키틴의 세 바다 너머 여행기」[42]는 인도라는 공간에 대한 새로운 태도를 드러내며 인도에 대한 표상에 혁신적인 변화가 나타났음을 알렸다. 앞서 언급한 바 있듯, 15세기 중엽에 이르면 비잔티움 제국의 몰락으로 인해 고대 러시아인들의 관심이 더욱 동방, 아시아로 향하게 되고, 그러한 과정에서 조금씩 세계 지형에 대해 다원적인 인식이 형성되어 가고 있음을 추정하게 하는 미미한 근거들이 여행기 속에서 관찰되기 시작하였다. 특히 상인이었던 아파나시의 여행이 성지 순례가 아니라 상업이라는 실용적 목적이었으므로, 무역 대상에 대한 실용적인 인지와 판단이 매우 중요했을 것이다. 또한 성직자들과 달리 그는 상대적으로 종교 문학적 전통으로부터 자유로웠을 것이므로 인도에 대한 전통적 표상에도 얽매이지 않을 수 있었을 것이다. 물론 아파나시 역시 정교인으로서의 자신의 정체성을 유지하고 있는데, 여행기 도입부, 이슬람교도로 개종하도록 요구받은 후 등등 신을 향한 기도를 자주 올리며 기독교 축일을 언급하여 날짜를 대신 지시할 뿐 아니라, 자신을 속인 타타르인들을 묘사할 때 관습적인 수식어("поганые татарове")[43]를 사용한다.

그런데 아파나시 니키틴이 볼가강 유역에서 타타르인들을 만나고, 아스트라한 옆을 지나면서 칸의 병사들에게 자신이 가진 물건을 약탈당하여 곤궁에 처하지만, 모든 타타르인들과의 관계가 적대적이지만은 않다. 그는 러시아 땅인 니즈니 노브고로드에서 만나 함께 여행을 하게 된 타타르 쉬르반의 황제

42　1) ≪Хождение за три моря Афанасия Никитина≫, *Библиотека литературы Древней Руси. Т. 7*, СПб : ≪Наука≫, 2000, cc. 348~379; 2) *Хождение за три моря Афанасия Никитина*, Л., 1986.

43　아파나시는 볼가강을 따라 배를 타고 가다가 만난 타타르인들에 대해 이러한 표현을 사용한다. ≪Хождение за три моря Афанасия Никитина≫, *Библиотека литературы Древней Руси. Т. 7*, СПб., 2000, c. 351.

6장 고대 러시아의 문학에 나타난 동방과 아시아　215

가 보낸 대사 하산-베크Хасан-бек에게 도움을 받는다. 아스트라한 타타르인들에게 물건을 빼앗기고 러시아인들이 포로로 잡혀가자, 아파나시는 동행했던 타타르인 대사 하산-베크에게 이를 돌려받게 해달라고 부탁하고 하산-베크는 불라트-베크Булат-бек라는 인물에게 가서 이를 청한다. 이 청원은 쉬르반의 황제에게까지 전달되었고, 결국 그의 중재로 잡혀갔던 러시아인들이 되돌아오게 된다. 이처럼 아파나시에게는 이슬람교도 등 모든 이교도들은 무조건 부정하다거나, 타타르인들은 모두 루시 땅의 침략자라는 원칙적 인식이 더 이상 성립하지 않았던 것으로 보인다. 심지어는 그는 기독교와 이슬람교의 윤리적 가치를 동등하게 인정하며, 석상에 기도하는 어리석은 이교도들을 비난한다. 한편 그는 각 지역을 통과하기 위해 세금을 내고 행정적 허가를 받아야만 했던 것으로 짐작되는데, 러시아 땅에서나 이국의 땅에서도 모두 동등하게 이러한 절차가 진행된다. 즉, 아파나시에게는 여행 동안 거쳐 가는 모든 지역은 그저 객관적인 공간일 뿐, 그러한 공간 자체가 상징적인 표상을 지니지는 않는다.

그렇게 우여곡절 끝에 아파나시는 인도에 이르게 된다. 아파나시의 눈에 비친 인도는 모든 사람들이 벌거벗고 다니는 낯선 풍경으로부터 시작하여 온갖 이상한 관습들과 낯선 자연 풍경으로 가득하다. 동시에 몹시 부유하고 자유로운 공간으로 묘사되지만, 이것은 고대 러시아 문학에서 형성된 인도에 대한 환상성과는 차이점을 지닌다. 넉넉하고 산물과 가축, 화려한 장신구, 술탄의 거대한 궁전과 많은 수의 군사들 등 실질적인 풍요로움이 다채롭게 묘사되며, 기이하고 신비로운 환상적 요소는 더 이상 나타나지 않는다. 또한 인도의 풍속은 일상의 습속과 사회 계층 분리, 상인이 묵는 여인숙에서 일어나는 매춘, 84개교에 이르는 다신주의 등 다양한 측면에서 매우 적나라하고 사실적으로 묘사된다.

그러나 인도를 종교적 이상향으로 받아들이지 않았으면서도 새로운 환경에 매료되어가는 자신의 모습을 발견한 아파나시는 기독교인으로서의 정체성을 잃어가는 것이라 판단하며 끊임없는 고통을 호소한다. 이와 같은 호소, 끊임

216　제2부 유라시아의 동과 서

없이 정교 축일에 대한 기념과 기도로 되돌아가고자 하는 그의 시도들은 그에게 정교도로서의 자의식이 있었음을 보여주지만, 다른 한편으로는 그럼에도 불구하고 인도의 풍경을 객관적으로 묘사하는 가운데 감지되는, 매혹된 관찰자의 신선한 시선은 그의 이러한 정교도로의 자의식이 지니는 진정성을 의심하게 한다. 그러한 호소들이 종교적 자의식을 가장하는 일종의 문학적 제스처일 가능성도 배제할 수 없기 때문이다.

아파나시의 여행기를 통해 인도는 더 이상 환상 속의 공간이 아니라, 타문화의 시선을 통해 신선하게 묘사된, 종교-윤리적인 판단을 뛰어넘은 현실의 공간으로 러시아 문학 속에 등장할 수 있었다. 이는 아파나시가 상인이었다는 사실도 영향을 끼쳤겠으나, 무엇보다 그가 정교인으로서의 정체성을 소유하고 있으면서도, 동시에 기독교 중심의 폐쇄적 사고를 탈피할 수 있었기 때문이었다. 그러나 17세기에 이르기까지 인도를 태양의 동쪽으로, 낙원의 공간으로 묘사하는 종교적 지구물리학космография 텍스트들은 지속적으로 관찰되었고, 낙원, 신성성, 영혼성, 기인한 환상성의 표지를 통해 종교적으로 표상되었던 인도의 공간성은 여전히 러시아 문화 속에 전통의 이름으로 공존하였다.

그러나 아파나시 니키틴의 여행기가 작성된 15세기 말에 이르러서야 러시아 문화 속에 객관적인 지리적 인식이 발현되었다고 단정지을 수는 없다. 고대 러시아 문학에 얼마나 공고하게 종교문학적 에티켓과 관습 속에 머물러 있었던가를 고려한다면, 문학 속에 이러한 변화가 나타나기 훨씬 전에 현실 속에서는 인식적 변화가 일어났을 것이라고 짐작하는 것이 더욱 합당하다. 그런 의미에서, 「아파나시 니키틴의 세 바다 너머 여행기」를 계기로 포착된 고대 러시아의 문학 속의 인식적 변화는 더욱 높은 의의를 지닌다.

5. 나가며

12세기 러시아 여행자들이 전적으로 순례자들이었다면, 13세기 중반 이후

14세기에 이르러서는 공무로 여행을 떠나는 사절들이나 상인들과 같은 새로운 유형의 여행자들이 서서히 등장하기 시작한다. 이들을 통해 동쪽 이슬람교도나 서유럽에 대한 기록, 인도에 대한 기록 등 과거에는 알지 못했던 기록들이 서서히 등장하는데, 이 시기는 고대 러시아가 몽골의 침입을 통해 그 지리학적 지평을 넓히게 되는 시점과 맞물린다.

중세 유럽에서도 인도나 중국 등 아시아를 향한 여행기는 유라시아 대륙의 중심을 몽골 제국이 점령한 13세기 이후에서야 나타났다.[44] 몽골이 유라시아 대륙에 형성한 역참제도와 대항해 시대의 해상 교역로의 개척 덕분에 14세기까지 유럽에서 아시아로 비교적 원활한 여행이 가능해졌기 때문이다. 킵차크 칸국의 속령 시대를 버텨야했던 루시인들은 유럽인들보다 더욱 직접적으로 몽골의 영향을 받았다. 머나먼 몽골 제국의 수도로 여행하고 돌아오던 길에 알렉산드르 넵스키 공후를 잃어야 했던 루시인들은 비통한 한탄, 몽골에 대한 강한 적개심과 함께 넓게 펼쳐진 아시아 땅에 눈뜨지 않을 수 없었을 것이다. 이러한 시대적 상황은 기독교 중심적 사고를 지니고 있었던 루시인들로 하여금 이슬람교를 신봉했던 유목민들의 문화를 다르게 바라볼 것을, 나아가 타문화와 공간을 새롭게 인식할 것을 요청하였다. 13세기~14세기 까지 몽골 침략에 대한 분노와 침탈당한 아름다운 러시아 땅에 대한 애도가 몽골과 연관하여 창작된 고대 러시아 문학 텍스트의 중심 주제였다면, 15세기에 이르러서는 몽골의 여러 지명들이 텍스트 속에 드물지 않게 등장한다. 특히 15세기에 이르면 고대 러시아 문학, 특히 여행 문학의 장르들에서 공간은 서서히 과거의 윤리적 의미화의 굴레를 벗고 평등하고 객관적인 서술 대상으로 변화되어 나타난다. 러시아 문학의 이러한 흐름 속에서 동방과 아시아에 대한 러시아인들의 인식도 서서히 바뀌어 표출된 것이다.

---

44 박용진 「중세 여행기의 새로운 정보 서술 : 요르다누스 인도 여행기의 사례」, 『이화사학연구』 제57집, 64쪽.

참고문헌

기 메탕, 『루소포비아』, 고양, 2022.

박용진, 「중세 말 유럽인들의 아시아에 대한 이미지와 그 변화」, 『서양중세사연구』 제33
호, 2014.

_____, 「중세 여행기의 새로운 정보 서술 : 요르다누스 인도 여행기의 사례」, 『이화사학
연구』 제57집, 2018.

성백용, 「'몽골의 평화' 시대의 여행기들을 통해서 본 『맨드빌 여행기』의 새로움」, 『서양
중세사연구』 제28호, 2011.

앙드레 그라바, 박성은 옮김, 『기독교 도상학의 이해』, 서울 : 이화여자대학교 출판부,
2007.

올랜도 파이지스, 『나타냐 댄스』, 서울, 2005.

Баранкова, Г. С. & В. В. Мильков, *Шестоднев Иоанна Экзарха болгарского*, СПб.,
2001.

Батунский, М. А., *Россия и ислам*, М., 2003.

Библиотека литературы Древней Руси. Т. 1, СПб., 1997.

Библиотека литературы Древней Руси. Т. 4, СПб., 1997.

Библиотека литературы Древней Руси. Т. 5, СПб., 1997.

Библиотека литературы Древней Руси. Т. 7, СПб., 2000

Библиотека литературы Древней Руси. Т. 8, СПб., 2003.

Громов, М. Н. & В. В. Мильков, *Идейные течения древнерусской мысли*, СПб., 2001.

Гудзий, Н. К., *История древней русской литературы*, М. : Учпедгиз, 1938

Данилов, В. В., "О жанровых особенностях древнерусских ≪хождений≫", *Труды отдела
древнерусской литературы*, Т. 18, М. ; Л., 1962.

Книга нарицаема Козьма Индикоплов, Изд. подгот. В. С. Голышенко, В. Ф. Дубровина,
М., 1997.

Книга хождений. Записки русских путешественников 11-15вв, М., 1984.

Лихачев, Д. С., *Поэтика древнерусской литературы*, Избранные работы в трех томах.
Т. 1, Л., 1987.

Лотман, Ю. М., "О понятии географического пространства в русских средневековых текстах", *Избранные статьи*, т. 1, Таллинн, 1992, сс. 407~412.

Малето, Е. И., "Маршруты путешествий в страны востока и запада", *Антология хождений русских путешественников 12-15вв*, М. : Наука, 2005, сс. 84~127.

_____, "Достопримечательности иноземных стран в путевых записках руских путешественников 12-15вв.", *Антология хождений русских путешественников 12-15вв*, М. : Наука, 2005, сс. 128~160.

Мухетдинов, *Дамир История ислама в России*, М., 2019.

Повесть о Варлааме и Иоасафе, Л., 1985.

Прокофьев, Н. И., "Хождение : путешествие и литературный жанр", *Книга хождений*.

Розенберг, Л. И., "Контакты средневековой Руси с народами и государствами средней Азии и их отражение в исторической литературе", *Социальные и гумарнитарные науки. Отечественная и зарубежная литература. Реферативный журнал*, сер. 5. М., 1996, сс. 26~60.

Словарь книжников и книжности Древней Руси, 11-пер. пол. 14в., Л., 1987.

Словарь книжников и книжности Древней Руси, втор. пол. 14–16в. Л., Ч. 1, 1988; Ч. 2, 1989.

Словарь книжников и книжности Древней Руси, 17в. СПб., Ч. 1, 1992; Ч. 2, 1993; Ч. 3, 1998; Ч. 4, 2004.

Семёнова, М., *Мы-славяне. Популярная энциклопедия*, СПб., 2005.

Стефанит и Ихнилат, Л., 1979.

В. К. Шохин, *Древняя Индия в культуре Руси*, М., 1988.

Хождение за три моря Афанасия Никитина, Л., 1986.

Jakoson, Roman, "Slavic Gods and Demon", *Selected writings Vol. 7(Contributions to Comparative Mythology. Studies in Linguistics and Philology, 1972~1982)*, Berlin · New York · Amsterdam, 1985, pp. 3~11.

_____, "Linguistic Evidence in Comparative Mythology", *Selected writings, Vol. 7(Contributions to Comparative Mythology. Studies in Linguistics and Philology, 1972~1982)*, Berlin · New York · Amsterdam, 1985, pp. 12~32.

5 6 **7** 8

1960년대 소비에트 실크로드 외교와 사마르칸트

∥ 신보람

국문요약

20세기 초, 우즈베키스탄의 역사도시 사마르칸트는 서구인들에게 문명의 전파로 이자 낭만적인 모험의 길 실크로드로 이어진 이국적 동양 도시로 상상되었다. 1920~ 30년대 소비에트 정부는 사마르칸트에게 덧씌워진 상상된(혹은 왜곡된) 이미지를 활용 하여 러시아 혁명이 아시아에 가져온 사회주의 현대성modernity을 과시하는 데에 활용 하고자 했다. 그리고 1960년대에 유네스코UNESCO가 중앙아시아 문명에 대한 국제학 술사업인 Project on the Civilizations of Central Asia에 착수하자, 소비에트 정부 는 다시금 실크로드 도시 사마르칸트의 역사적 그리고 문화적 국제성globality을 부각 함으로써 사회주의 아시아와 인도, 파키스탄, 이란 등과 같은 아시아의 신생 독립국 가 간의 연대를 더욱 견고히 하고자 했다. 본 글에서는 소비에트 정부가 사마르칸트 도시의 상징성을 활용하여 대외적으로 투영하고자 했던 사회주의 아시아의 이미지와 실크로드 나레티브를 분석함으로써 소비에트 연방의 실크로드 문화외교를 살펴본다.

1. 서론

'실크로드'는 그 용어가 처음 만들어지고 대중적인 호응을 얻기 시작한 20세기 초부터 강대국의 유라시아 대륙 통합 전략을 위한 정치적 수단이자 외교 담론으로 사용되었다.[1] 타마라 친Tamara Chin의 연구에 따르면 '실크로드'라는 용어를 최초로 사용한 독일의 지리학자 페르디난트 폰 리히트호펜Ferdinand von Richthofen은 유라시아에 존재했던 수많은 갈래의 교역로 중 중국 북부지역에서 타클라마칸 사막을 가로질러 로마로 이어지는 지선을 특정지어 '실크로드'라고 명명했다. 이후 유럽제국의 아시아 식민지배를 정당화하고 학술적으로 지원하기 위해 유럽의 지식인들이 초기 지리학자의 연구에 새로운 지식과 상상력으로 살을 붙이면서 오늘날 우리가 알고 있는 동서 문명의 교차로 실크로드의 개념이 탄생했다는 것이다.[2] 실크로드 담론은 유럽 혹은 서구의 전유물은 아니었다. 2차 세계대전 종전 이후 중국과 인도, 일본 등의 지식인 집단을 중심으로 유럽 제국주의에 저항하고 범아시아적 연대를 강조하는 '아시아 문명Asian Civilization' 담론이 등장했으며, 탈식민 아시아의 지식인 또한 동양 문명과 서양 문명의 충돌과 화합을 상징하는 실크로드에 주목하였다. 한편 교육과 과학, 문화를 통해 세계 평화 구축에 이바지한다는 취지로 1945년 설립된 유네스코UNESCO(United Nations Educational, Scientific and Cultural Organization)는 냉전으로 이분화된 자본주의 진영과 사회주의 진영 그리고 전前 제국과 신생 독립국가 모두가 참여할 수 있는 주제로 동양과 서양 문명의 교류와 공존을 채택한다. 1950년대에 동양에 서양의 문화적 가치에 대한 비교연구를 통해 상호존중의 가치를 증진한다는 취지로 추진된 유네스코의 동서문명 교류 프로젝트Major Project for Mutual Appreciation of Eastern and Western

---

1 Tim Winter, "Silk Road Diplomacy : Geopolitics and Histories of Connectivity", *International Journal of Cultural Policy* 26 : 7, 2020, pp. 898~912.
2 Tamara Chin, "The Invention of the Silk Road, 1877", *Critical Inquiry* vol. 40-1, 2013, pp. 194~219.

Cultural Values("East-West Major Project")를 시작으로 1960년대부터 1990년대까지 중앙아시아를 포함하여 다양한 동양 문명에 대한 포괄적인 장기 연구 프로젝트가 진행됐다. 1988년에는 "세계를 아우르며 유무형의 문화적 요소를 연결시키고 통합"하기 위한 프로젝트로 유네스코 실크로드 프로젝트UNESCO Silk Roads Program이 발족된다.[3] 이처럼 1950년대부터 장기적으로 진행된 유네스코의 동서문명 교류 프로젝트를 통해 '실크로드'는 "평화와 화합, 세계주의cosmopolitan, 문화교류와 문화적 상호영향을 통해 더 나은 세상을 만들 수 있다는 비전"을 상징하게 되었으며 오늘날에는 "미디어, 헤리티지, 예술, 박물관 그리고 다각적 정치 활동이 요구되는 현대 외교에 유용한 담론"으로 진화하게 되었다.[4]

이러한 진화의 과정에서 '실크로드'는 국익 증진을 목표로 하는 외교 수단 혹은 전략으로도 활용되어왔다. 1960년대부터 실크로드 연구에 지속적인 관심을 가져온 일본은 중국에서 로마로 이어지는 '사막길'로 이해됐던 실크로드를 유라시아 초원을 가로지르는 '초원길,' 히말라야 산지로 연결된 '산악길,' 그리고 지중해에서 인도양을 거쳐 중국에 이르는 '바다길' 등으로 확장시킴으로써 세계적인 연구가 이뤄질 수 있는 토대를 마련하는 데에 매우 중요한 역할을 하게되었다.[5] 당시 일본은 패전국으로서의 불명예를 씻어내고 국제적 영향력을 확대하기 위해 비정치적 협력에 주력하고 있었다. '평화'라는 외교 슬로건을 표방했던 일본은 문화교류를 통한 세계 평화 구축이라는 목표로 추진된 유네스코의 실크로드 프로젝트를 적극적으로 지원했다.[6] 실크로드를 자국의 역사 범위 속으로 환원시키는 동시에 대외 진출 선전 도구로 이용하려 했던 일본의 시도는 중국의 대외정책에도 영향을 주었다. Asia Society가 2019년에 발표한 실크로드 외교 현황 보고서는 중국이 일대일로를 추진하며

---

3   정재훈, 「개혁개방 이후 중국의 신장 실크로드사 연구」, 『동북아역사논총』 65, 2019, 51~102쪽.
4   Winter, op. cit., 2020, p.900.
5   정재훈, 앞의 글, 2019, 56쪽.
6   위의 글.

실크로드를 공공외교의 주요 담론을 활용하고 있다며, 그 이유는 중국의 경제력 확대와 더불어 정치적 영향력이 확장되는 것을 경계하는 동남아시아와 중앙아시아 국가들의 부정적인 시각을 희석시키기 위해서라고 분석하기도 하였다.[7]

이 장에서는 1930년대부터 1960년대까지 소비에트 문화외교에 등장하는 소위 '실크로드 도시' 사마르칸트의 대외적 이미지가 어떻게 변화해왔는지 분석한다. 오늘날 우즈베키스탄에 위치한 사마르칸트는 알렉산더 대왕이 아름다운 박트리아 공주 록산나와 사랑에 빠졌다는 전설의 도시이며, 중세 실크로드 교역을 주도했던 소그드인들의 거점이자, 14세기부터 16세기까지 중앙아시아를 주름잡았던 티무르제국의 수도였다. 소비에트 연방이 출범한 이후부터 1930년까지는 우즈벡 사회주의 공화국의 수도이기도 했다. 사마르칸트가 소비에트 문화외교에 본격적으로 활용된 것은 1960년대에 유네스코가 중앙아시아 문명연구 프로젝트에 착수하면서였다. 오늘날 외교 담론으로 진화된 '실크로드'의 개념의 시초가 된 유네스코의 동서문명 교류 프로젝트 후속으로 유네스코의 중앙아시아 문명연구 프로젝트Project on the Civilizations of Central Asia가 발족된 것이다. 유네스코 프로젝트에 참여한 소비에트 정부는 티무르제국의 수도였던 사마르칸트의 역사적 상징성과 국제성을 강조함으로써 사회주의 국가로서의 국제적 역할과 소비에트 연방의 대외적 이미지를 제고하고자 했다. 본 글에서는 1969년 유네스코의 Project on the Civilizations of Central Asia의 일환으로 사마르칸트에서 개최된 「티무르 시대의 중앙아시아 예술 국제 심포지엄International Symposium on the Art of Central Asia during the Timurid Period」과 1970년으로 지정된 사마르칸트 도시 탄생 2500주년 기념의 해를 계기로 소비에트 정부가 대외적으로 투영하고자 했던 사마르칸트 도시 이미지를 분석함으로써 오늘날 '실크로드 도시 사마르칸트'가 탄생하게 된 배경을 되짚어보고

---

7   Asia Society Policy Institute, *Silk Road Diplomacy : Deconstructing Beijing's Toolkit to Influence South and Central Asia*, December 2019, https://asiasociety.org/sites/default/files/2019-12/Silk%20 Road%20Diplomacy%20-%20FULL%20 REPORT.pdf (검색일 : 2022.01.01).

자 한다. 본격적인 논의에 앞서 논문의 배경이 되는 사마르칸트 도시의 역사를 간략하게 살펴보고자 한다.

2. 사마르칸트 : 도시의 간추린 역사

사마르칸트는 우즈베키스탄 중동부 자라프샨 강 유역에 위치한 도시이다. 사마르칸트의 역사는 기원전 7세기 무렵 오늘날 아프라시압Afrasiab이라 불리는 사마르칸트 동부 지역에 페르시아 아케메네스 왕국의 요새도시가 형성되면서 시작되었다. 기원전 3세기, 당시 그리스인들에게 마라칸다Maracanda로 알려져있던 아프라시압은 알렉산더 대왕에게 정복됐으며, 이를 계기로 중앙아시아와 북인도를 아울렀던 헬레니즘 문화의 영향을 받은 박트리아 문명의 중심지로 부상했다. 사마르칸트는 기원 전후부터 기원후 3세기까지 인도 북서부와 중앙아시아 일대를 지배했던 쿠샨 왕조 시기에 쇠약의 길을 걷기도 했지만, 5세기 전후로 중국과 인도, 비잔틴 등지를 오가며 실크로드 중개 무역을 주도했던 소그드 상인들의 거점으로 다시금 중앙아시아 실크로드 교역의 중심지로서 위상을 회복했다. 7세기, 실크로드 교역로를 따라 인도로 구법 여행을 떠났던 현장법사의 서역 여행기인 『대당서역기大唐西域記』에 등장하는 사마르칸트("삽말건국颯秣建國")는 "여러 나라에서 나는 보배와 화폐들이 많이 모이는 나라", 즉 상업이 활발하게 발전한 나라로 묘사되어 있다.[8] 세계적 무역도시로써의 위상은 오늘날 '아프라시압 벽화'라 불리는 소그드인들의 궁전벽화 작품에도 드러난다.[9] 약 7세기경에 제작된 것으로 추정되는 이 벽화에는

---

8   현장, 『대당서역기(大唐西域記)』 https://abc.dongguk.edu/ebti/c2/sub2_pop_ls.jsp (검색일 : 2022.01.02).
9   아프라시압 관련 연구는 국내외에서 활발하게 진행 중이다. 관련 연구는 권영필, 「아프라시압 궁전지 벽화의 '고구려 사절'에 관한 연구」, 『중앙아시아속의 고구려인 발자취』, 동북아역사재단, 2008; 『동서문명의 십자로 우즈베키스탄의 고대문화』, 국립중앙박물관, 2009 등 참고. 연구의 주요 논점의 현황은 이승희, 「사마르칸트 아프라시압 벽화, 그리고 한반도와 소그드의 교류」, 『숭실사학』 44, 2020, 189~221쪽 참고.

어느 특별한 명절을 기념하기 위해 사마르칸트를 방문한 비잔티움, 페르시아, 인도, 티베트, 그리고 한반도(고구려) 등 유라시아 각지에서 온 사절단의 행렬을 묘사하고 있다. 이웃 문명에 전파된 소그드인들의 문화적 영향력을 추적한 마테오 콤파레티는 벽화에 등장하는 이민족들이 소그디아의 신민臣民이 아님에도 불구하고 소그디아의 통치자에게 경의를 표하는 모습은 당시 소그드인들이 무역의 원활한 흐름을 위해 주변 국가들과 원만한 유대관계를 구축했음을 증명한다고 주장했다. 당시 소그드인들은 '진정한 의미에서 세계의 중심'을 차지하고 있었던 것이다.[10]

7세기 중엽에 아랍군의 침공을 받은 사마르칸트는 8세기 중엽에 이르러 아바스 칼리프의 영향권에 복속됐다. 9세기에서 13세기까지 이란계 이슬람 왕조인 사만 왕조와 중앙아시아 최초의 이슬람계 투르크 왕조인 카라한 왕조, 그리고 호레즘 샤조의 지배를 받은 사마르칸트는 부하라, 발흐, 메르브 등과 같은 트란스옥시아나Transoxiana 지역의 도시들과 더불어 중앙아시아 이슬람 문화의 꽃을 피워냈다. 실크로드 육로가 교차하는 지리적 조건을 활용하여 상업적 풍요를 누린 사마르칸트는 다양한 유라시아 문명의 예술과 지식과 사상과 종교의 교류를 촉진하는 장forum으로 번창하였다. 그러나 1220년 칭기즈칸은 몽골군에 저항한 사마르칸트의 성벽을 부수고 도시를 약탈했다. 그로부터 100년이 지난 1330년대에 사마르칸트를 방문한 모로코 출신의 탐험가 이븐 바투타Ibn Battuta는 사마르칸트가 "대단히 크고 아름다운 도시"라고 칭송하는 한편, "이곳 사람들의 높은 기개를 말해주는 웅장한 궁전과 건물들이 있었으나 지금은 그 대부분이 파괴되어버렸으며", "도시도 마찬가지로 대부분 파괴되어 성벽이나 성문은 남은 것이 없다"고 기록했다.[11]

14세기 말, 중앙아시아와 이란, 아프가니스탄을 호령했던 몽골─투르크계

---

10 마테오 콤파레티, 「아프라시압 벽화를 통해 본 소그드인의 세계관과 미술」, 『인문과학연구』 33, 2021, 198쪽.
11 이븐 바투타, 『이븐 바투타의 여행기』 1권, 서울 : 창비, 2001, 542~543쪽.

티무르 왕조가 들어서면서 몽골군에 의해 파괴된 아프라시압의 남서쪽에 오늘날의 사마르칸트가 건설됐다. 티무르 왕조의 창시자 티무르 대제는 사마르칸트를 제국의 수도로 정한 티무르 대제는 인도, 호라산, 아제르바이잔, 이란 등의 정복지에서 유능한 장인들을 징집하여 찬란한 청록색 돔과 화려한 모자이크 변화로 장식된 웅장한 수도를 짓게 했다. 따라서 티무르 대제와 그의 후손들의 시대에 지어진 건축물은 당대 중앙아시아와 서아시아의 최고의 기술과 예술적 요소들이 녹아있다.[12] 티무르 대제의 후손들은 도시의 수로시설과 도로를 대대적으로 정비하였으며, 광장과 정원, 과수원을 조성하고, 웅장한 마드라사와 모스크를 건축했다. 티무르 대체가 가장 총애하는 비妃의 이름을 따온 비비하눔 모스크(1399~1404), 티무르 대제가 안치된 구르-이-아미르 사원(1403~1404), 사마르칸트를 대표하는 레기스탄 광장에 세워진 울르그벡 마드라사(1417~1420) 등이 티무르 왕조 시대에 지어졌다. 티무르 왕조의 황금시대를 이룩한 티무르 대제의 손자 울루그벡은 당대 가장 앞서나갔던 천문기술을 기반으로 천문대를 세우고 이슬람권 학자들을 초청하여 교류하며 천문표를 편찬한다. 이처럼 티무르 왕조 시대의 사마르칸트는 유라시아 곳곳을 연결하는 상업 요충지이자 예술과 학문의 교류가 활발하게 이뤄지는 문화 중심지로 눈부신 번영기를 누렸다.

티무르제국이 무너지고 16세기부터 18세기까지 부하라 칸국(향후 부하라 에미르국)의 지배를 받은 사마르칸트는 1868년 러시아제국에 흡수된다. 1888년, 카스피해 횡단철도가 사마르칸트까지 확장되었으며, 이를 계기로 사마르칸트의 산업화가 시작되었다.[13] 철도와 함께 러시아 문화가 도시로 유입되기 시작했다. 사마르칸트에는 러시아 이주민들을 위한 극장, 음악클럽, 도서관, 레스토랑, 카페, 공원 등이 들어섰으며, 시내에 문을 연 바에서는 이주민들과 현

---

12 정수일, 『사마르칸트 도시 유적』, 『실크로드 사전』, 창비, 2013, ttps://terms.naver.com/entry.naver?hdocId=2782884&cid=62093&categoryId=62093 (검색일 : 2022.01.02).

13 정세진, 「19세기 '중앙아시아철도' 건설의 역사적 의미장 : 러시아 제국의 형성과 실크로드의 상업로적 함의를 중심으로」, 『슬라브연구』 35-1, 2019, 53~80쪽 참고.

지에는 생산된 맥주와 와인을 즐겼다. 철도는 마르크스 사상과 혁명 또한 불러왔다. 20세기 초 사마르칸트로 이주한 러시아 철도 노동자들 중심으로 사회주의 열기가 불기 시작한 것이다. 이들은 사마르칸트 내 러시아 이주민들에게 마르크스주의를 전파하기 위해 『사마르칸트Самарканд』라는 신문을 발간하기도 했으며, 다양한 문화수단을 통해 혁명의 메시지를 전파시켰다.[14] 그리고 1917년 러시아 혁명으로 차르의 제국이 몰락하자, 중앙아시아는 소비에트 연방에 흡수되었다. 사마르칸트는 1925년부터 1930년까지 우즈벡 사회주의 공화국의 초대 수도가 되었으나, 1930년에 우즈베키스탄의 수도가 타슈켄트로 이전된다. 1929년 타직 독립 자치구Таджикская Автономная Социалистическая Советская Республика가 공화국으로 승격되며 우즈벡 공화국에서 분리되면서 타직인들이 다수 거주하는 사마르칸트가 어느 민족의 도시인지에 대한 문제가 제기되었기 때문이다.[15] 또한 수도 이전은 당시 스탈린의 지지를 받고 있던 타슈켄트-페르가나 기반의 현지 볼셰비키 세력과 대립하던 사마르칸트-부하라 기반의 자디드 세력을 약화시키기 위한 정치전략이기도 했다.[16] 타슈켄트가 우즈베키스탄의 수도가 된 이후 사마르칸트의 정치적 중요성은 다소 희석되었다. 그러나 인구와 경제적 측면에서 사마르칸트를 타슈켄트에 다음가는 우즈베키스탄 제2의 도시로 성장했으며, 역사와 문화의 측면에서는 중앙아시아 최고의 도시로 그 위상을 높여왔다.

1920년대부터 1930년대 후반까지 소비에트 정부는 중앙아시아에 민족 nationality 단위로 구성된 공화국 체제를 구축하고 이에 부합하는 민족 정체성 형성을 적극적으로 추진했다. 볼셰비키 정부는 중앙아시아에 민족-국가 nation-staten 체제를 이식함으로써 중앙아시아에 남아있는 식민지배의 잔재들

14　Alexander Morrison, *Russian Rule in Samarkand 1868-1910 : A Comparison with British India*, Oxford : Oxford University Press, 2008, p.28.

15　Oliver Roy, *The New Central Asia : The Creation of Nations*, New York : New York University Press, 2000, pp.61~62.

16　Yaacov Ro'i, *Muslim Eurasia : Conflicting Legacies*, London : Frank Cass, 1995, p.77.

을 씻어내고, 중앙아시아를 식민통치했던 러시아제국과 진정한 인민들의 해방자 볼셰비키 러시아를 차별화하는 한편, 낙후된 중앙아시아의 현대화와 산업화 그리고 사회주의로의 전환을 가속화할 수 있다고 보았다. 이를 위해 1920년대 중엽부터 1930년대 초반까지 볼셰비키 정부는 중앙아시아의 소수민족을 사회주의 건설에 끌어들이기 위한 방안으로 교육, 취업, 정치 참여 등의 영역에서 공화국 대표 민족을 우대하는 토착화коренизация 정책을 채택하기도 했다. 이러한 민족정책을 통해 볼셰비키 정부는 궁극적으로 중앙아시아의 정치적 독립을 억제하고 사회주의 연방 체제에 종속시킬 수 있었다. 1930년대 중엽부터는 민족문화national culture를 통해 공화국 단위를 구분되고 정형화된 민족 정체성을 고착화하는 작업이 진행되었다. 공화국을 대표하는 각각의 민족이 타민족과는 구분되는 고유의 민족문화와 민족 역사를 형성하게 된 것이다. 그 과정에서 다원적이며 범지역적이었던 중앙아시아의 문화는 민족문화 단위로 재분류되고 범주화된다. 수 세기 동안 다양한 민족이 공존하며 문화와 문명의 융합이 이뤄졌던 사마르칸트 또한 이러한 민족문화 정책 아래 우즈벡 민족의 도시로 전환되었다.

1930년대 후반부터 1950년까지 소비에트 중앙아시아는 방문객의 출입이 금지된 미지의 땅이었으며 중앙아시아에 대한 정보 접근 또한 제한적이었기 때문이다. 중앙아시아의 역사 유적을 방치하고 있다는 불명예는 소비에트 정부가 과시하고자 했던 사회주의 중앙아시아의 현대적이고 '개화된' 모습을 깎아내리며 소비에트 정부에 대한 부정적인 시각을 확산시키는 데에 기여했다. 사마르칸트와 중앙아시아의 역사·문화유산과 그것이 가지는 상징성이 소비에트 문화외교에 다시 동원된 것은 제2차 세계대전 이후 유럽제국으로부터 소비에트 정부가 독립을 쟁취한 신생국가들과의 외교 관계 형성에 주력했던 1950년대에 들어서였다. 당시 소련은 유네스코와 같은 유엔 산하 국제기구 참여를 통해 자본주의 국가들을 경계하고 자국의 국제적 영향력 확대를 꾀하고 있었다.

3. 유네스코의 중앙아시아 문명연구 프로젝트와 국제도시 사마르칸트

1957년대부터 1966년까지 유네스코는 동양과 서양의 문화와 가치에 대한 상호적 존중과 이해를 증진하기 위한 노력으로 Major Project for Mutual Appreciation of Eastern and Western Cultural Values(이하 East-West Major Project)를 발족시켰다. 유네스코는 프로젝트의 배경과 취지를 아래와 같이 설명했다.

> 역사의 행진은 물리적 거리를 좁히고 민족 간의 교류와 유용한 소통의 기회를 확대했지만, 비극적인 오해의 위험 또한 증가시켰다. 동양인과 서양인은 이제 같은 세계에 속하며 이러한 진화는 이들의 연대로 이어져야 한다.
>
> 그러나 서양은 아직 동양을 알지 못한다. 수세기에 걸쳐 학자들이 생산한 동양 문명에 대한 연구는 대중의 관심을 끌지 못했다……[따라서 동양에 대한] 오해와 편견이 난무하다.
>
> 한편 서구의 존재감을 매일 당면하는 동양은 서양의 불완전하고 왜곡된 모습에만 노출되어 있다. 영화, 언론, 그리고 라디오가 전하는 서양의 모습은 무역과 식민주의의 잔재로 구성된 서양의 이미지를 계속 덧칠할 뿐이다.[17]

2차 세계대전 이후 유럽제국의 식민지배에 놓여있던 아시아와 아프리카 민족들이 독립을 쟁취하며 신생국가들이 탄생했다. 자본주의 진영과 사회주의 진영이 경쟁하는 냉전 구도 속에서 이들 신생국가와 기존 제국 간의 경쟁은 세계 평화를 위협하는 하나의 요소로 여겨졌다. 유네스코 초대 지도부는 아시아의 신생독립 국가들 사이에서 확산되고 있는 반서구주의와 배타적 민족

---

17 Jacque Havet, "UNESCO's East-West Major Project", *The UNESCO Courier* XI. 12, 1958, pp. 20~22(p. 20).

230 제2부 유라시아의 동과 서

주의가 인류 평화와 연대를 가로막는 "정치적이며 심리적인 장애물"이 될 수 있다고 보았으며, 이를 동양과 서양의 문명적 충돌로 개념화시켰다.[18] 한편 1950년대에 들어 탈식민 국가들의 유네스코에 가입이 증가하였으며, 이에 비례하여 유네스코 내에서 이들 국가의 발언권 또한 점차 확대됐다. 이들 국가는 서구중심적인 유네스코의 활동에 불만을 제기했으며, 그간 상대적으로 소외됐던 아시아와 아프리카 지역에 대한 관심을 촉구했다. 유네스코 또한 기구 내에서 '동양'과 '서양'의 경쟁이 일어나는 것을 방지하고, 신입 가입국의 참여를 유도함으로써 국제기구로서의 영향력을 확대하고자 했다. 이러한 맥락에서 탈식민 국가들의 입장과 요구가 반영된 East-West Major Project가 추진된 것이다. East-West Major Project를 통해 유네스코는 동양 문명에 대한 학술 연구와 박물관·연구기관 간의 교류 활동을 지원했으며, 각국의 역사 교과서를 교환하고 검토함으로써 동양과 서양에 대한 보다 균형 잡힌 시각을 정립하고자 시도했다.[19]

한편 국제기구에서 서구 자본주의 진영의 영향력이 확대되는 것을 견제하기 위해 1954년 유네스코에 가입한 소련은 East-West Major Project를 통해 제국주의적 서구와는 근본적으로 구분되는 소비에트 러시아 문명을 선전하는 한편, 중앙아시아를 소비에트 체제 아래 민족국가와 현대화를 달성한 새로운 동양의 표본으로 제시하고자 했다. 유네스코 소비에트 위원회는 East-West Major Project에 참여한 목적을 중앙아시아와 같이 독립이 쟁취했거나 쟁취하기 위한 투쟁 중에 있는 동양 국가들을 지지하기 위해서라고 밝히기도 했다.[20] 1965년 유네스코 소비에트 위원회National Commission for UNESCO of the

---

18 재인용. Laura Wong, "Relocating East and West : UNESCO's Major Project on the Mutual Appreciation of Eastern and Western Cultural Values", *Journal of World History* vol. 19-3, 2008, pp. 349~374(p. 359).

19 한편 Laura Wong의 연구에 따르면 "East-West Major Project"의 일환으로 진행된 교과서 상호교환 프로젝트는 유럽 제국의 식민지배와 폭력, 수탈의 역사는 다소 축소하는 한편 서양에 대한 동양의 부정적인 시각을 과거에 집착하여 미래의 화합을 가로막는 장애물로 해석하는 편파적인 결과를 초래했다. Wong, Ibid 참고.

20 재인용. Corinne Geering, *Building a Common Past. World Heritage in Russia under Transformation, 1965-2000*, Göttingen : V&R Unipress, 2019, p. 77.

USSR는 East-West Major Project 추진 위원회의 요청으로 슬라브족과 동양의 관계사를 포괄적으로 다룬 『슬라브인과 동양The Slavs and the East』라는 제목의 보고서를 출간했다. 보고서의 제목이 암시하듯, 소비에트 러시아는 스스로를 '서양'의 위치에 놓았으며, 소비에트 연방에 속한 카프카스와 중앙아시아를 '그들의 동양'("own Orient")로 정의한다.[21] 보고서는 슬라브족이 동양과 가까운 지리적 여건으로 인해 "수세기에 걸쳐 유럽과 아시아의 문화를 풍요롭게 만든 역사적 접촉에 크고 작은 기여를 해왔으며", 슬라브족의 땅이 "중세 이래 고대 문명의 폐허와 잿더미에서 부상한 봉건적 유럽과 당시 눈부신 번영을 이룬 아시아의 문명을 연결하는 매우 중요한 교역로"가 가로지르는 동서 교류의 주요 무대가 되었다고 설명한다.[22] 그리고 19세기에 들어서 슬라브족 중 러시아는 10월 혁명을 통해 식민지배와 문명의 퇴보로 고통 받고있는 동양 민족들에게 혁명적 사상을 전파하고 민족 독립의 정신을 일깨워 주었다고 주장했다.[23] 특히 중앙아시아 민족들에게는 "정치적 자유"를 가져다주었으며, 이를 지켜낼 수 있도록 "경제 현대화"와 문맹 퇴치와 고등교육기관 설립 등을 포함한 문화적 개혁을 불러왔다고 덧붙였다.[24] 그 결과 "과거 노예였던" 중앙아시아가 "러시아와 소비에트 연방의 타민족들의 도움으로 스스로의 미래를 결정짓는 완전히 독립적인 주체master"로 전환되었으며, 중앙아시아 민족들은 소비에트 인민들과 어울려 "사회주의를 건설하는 역사적 과업에 당당하게 임하고 있다"고 주장했다.[25] 보고서의 저자들은 동서 문명의 충돌과 화합의 역사를 정의할 때에는 마르크스주의 역사관을 차용했다. 그들은 현재 문화적 차이를 보이는 동양과 서양이 궁극적으로는 동일한 역사적 진화 과정을 걷고 있으며 이러한 사실은 문화교류를 토대로 세계 평화와 인류의 발전 그리고

21 Ibid., p.76.
22 Mikhail Tikhomirov and Babadjan Gafurov (eds), *The Slavs and the East*, Paris : UNESCO, 1965, p.11.
23 Ibid., pp.64~65.
24 Ibid., pp.68~69.
25 Ibid., p.70.

사회주의를 이룩하기 위해 형성된 동과 서의 연대에서도 분명히 드러난다며 프로젝트의 취지를 자의적으로 해석하기도 했다.[26]

East-West Major Project의 성과를 평가하고 후속 사업의 방향성을 논의하는 자리에서 유네스코 소비에트 위원회는 프로젝트에서 소외된 지역, 특히 중앙아시아에 대한 연구가 보완되어야 한다고 주장한다.[27] 이를 받아드려 1966년 11월, 유네스코는 동양 문명 관련 연구를 보완하는 차원에서 소비에트 중앙아시아와 아프가니스탄, 인도와 파키스탄의 서북부 지역, 그리고 이란의 동북부 지역을 대상으로 하는 Project on the Civilizations of Central Asia를 추진했다.[28] 이 사업에는 연구가 진행되는 4년간(1967~1970) 약 4만5천 달러의 예산이 투입됐다.[29] 사업의 취지를 검토한 각국의 유네스코 대표단은 Project on the Civilizations of Central Asia가 동양 문명에 대한 "학술 연구의 공백을 메우고 대중에게 필요한 정보를 제공"할 뿐만 아니라 냉전 진영을 가로질러 "국제협력을 이끌어낼 수 있는 유네스코의 프레임 안에서 최고의 성과를 낼 수 있는 사업"이라고 평가하며 해당 지역 정부의 긴밀한 공조를 요청했다.[30] 이에 부응하여 프로젝트에 참여하는 국가 소속 유네스코 위원회는 산하에 중앙아시아 연구를 위한 전문단을 결성했으며, 1) 쿠샨 시대의 중앙아시아의 역사와 고고학, 3) 티무르 시대의 중앙아시아 민족들의 예술, 3) 중앙아시아 민족들의 과학발전에 대한 기여, 4) 중앙아시아 민족들의 문학, 그리고 5) 중앙아시아의 사상과 철학사 등 5가지 주요 연구주제를 제시했다. 유네스코는 이를 토대로 아래의 국제회의를 개최했다.

---

26 Ibid., p.11

27 Ibid.

28 사업이 시작된 직후 1967년, 몽골 프로젝트 대상 지역에 몽골을 추가할 것을 요청했으며 이는 1968년에 승인되었다. 향후 Central Asia Project가 종결되고 후속사업 격인 1981년에 History of Civilizations of Central Asia Project가 추진되자 그 과정에서 중국의 서북 지역이 연구 대상에 포함되었다.

29 UNESCO, *Records of the General Conference, 14th session, Paris, 1966, v. 1 : Resolution* 14 C/Resolutions, CFS.67/VII.4/A/F/S/R, p.55.

30 UNESCO, *Records of the General Conference, 15th session, Paris, 1968, v. 1 : Resolutions* 15 C/Resolutions, 15 C/Index, p.236.

7장 1960년대 소비에트 실크로드 외교와 사마르칸트   233

회의명	일시	장소
중앙아시아 문명 연구 전문가 국제회의 (International Meeting of Experts on the Study of Civilizations of Central Asia)	1967년 4월 24일~28일	유네스코 본부, 프랑스
중앙아시아의 동양문서 연구 전문가 국제회의 (International Meeting of Experts on Oriental Manuscripts in Central Asia)	1967년 7월 31일~8월 4일	카불, 아프가니스탄
쿠샨시대 중앙아시아의 고고학과 역사, 미술 국제학술대회 (International Conference on the Archeology, History and Arts of Central Asia in the Kushan Period)	1968년 9월 27일~10월 6일	두샨베, 타지키스탄
중앙아시아 국가 간의 민족과 사상의 이동에 대한 국제회의 (International Conference on the Movements of Peoples and Ideas between the Countries of Central Asia)	1969년 2월 11일~15일	뉴델리, 인도
티무르 시대의 중앙아시아 예술 국제 심포지엄 (International Symposium on the Art of Central Asia during the Timurid Period)	1969년 9월 23일~27일	사마르칸트, 우즈베키스탄
쿠샨시대 연구와 중앙아시아 고고학 연구 협력을 위한 국제회의 (International Meeting on the Co-ordination of Kushan Studies and Archaeological Research in Central Asia)	1970년 5월 12일~18일	카불, 아프가니스탄
9~13세기 과학발전에 대한 중앙아시아 민족의 기여 관련 국제 심포지엄 (International Symposium on the Contribution of the Peoples of Central Asia to the Development of Science during the 9th to 13th Centuries)	1970년 9월 23일~30일	이슬라마바드, 파키스탄
중앙아시아 전문가 국제회의 (International Meeting of Experts on Central Asia)	1971년 4월 26일~5월 5일	유네스코 본부, 프랑스

Project on the Civilizations of Central Asia를 수행하기 위해 유네스코 소비에트 위원회는 보보존 가푸로프Б. Гафуров가 지휘하는 중앙아시아 문명연구 위원회Committee on the Study of Civilizations of Central Asia를 구성했다.[31] 중앙아시아 문명연구 위원회는 중앙아시아 공화국과 협조하여 위의 국제회의를 개최하였으며, 소비에트 연방 내의 유관 연구기관들과 협력하여 중앙아시아의 역사와 예술, 과학에 대한 연구를 진행했으며, 해외 연구자들과 소비에트 연

---

31 Ibid., Annex, pp. 2~3.

구자들을 이어주는 가교 역할을 수행했다. 연구위원회의 수장인 가푸로프는 타지키스탄 출신 언론인이자 사학가였으며, 흐루쇼프 시대에 타지키스탄 공산당 제1서기관을 지낸 바 있는 인물이었다. 그는 1956년 공산당 지도부 직을 사임한 이후에는 모스크바에 위치한 소비에트 학술원 동양학연구소Институт Востоковедения Российской Академии Наук СССР의 연구장을 역임하고 있었다. 따라서 유네스코 소비에트 위원회의 East-West Project 활동에도 긴밀히 관여했으며, 소비에트의 대對아시아 외교에도 핵심적인 역할을 수행했다. 유네스코가 정의한 중앙아시아의 지리적 핵심부를 차지하고 있던 소련은 Project on the Civilizations of Central Asia와 연관된 유네스코의 활동에 상당한 영향력을 행사할 수 있었다. 그리고 중앙아시아 문명 연구위원회의 수장이자 모스크바 지도부에 상당한 입지를 확보한 노련한 정치가이기도 했던 가푸로프는 소련의 Project on the Civilizations of Central Asia 활동에 상당한 영향력을 행사했다. 한 예로 "유네스코가 정한 중앙아시아 지역 전체를 아무르며", "광대한 제국의 국경에서 다양한 민족문화의 밀접한 접촉과 교류가 행해졌던 약 5세기에 달하는 공존의 역사"를 다룬다는 이유로 유네스코가 가장 큰 비중을 두었던 연구주제인 쿠샨 문명 국제학술대회의 개최지가 가푸로프의 입김으로 인해 타지키스탄으로 결정된 것이다.[32] 우즈베키스탄은 티무르 시대 예술을 다루는 국제학술대회를 사마르칸트에서 개최할 것을 주장했다. 그리고 1970년을 사마르칸트 탄생 2500주년 기념의 해로 지정한다.

1967년, 사마르칸트 2500주년 기념 행사와 유네스코의 티무르 시대 예술 국제심포지엄이 동시에 추진되었다. 우즈베키스탄 정부는 사마르칸트의 역사 유적을 탐방하고자 공화국을 방문할 국내외 학자들과 방문객을 위해 티무르 시대의 유적과 아프라시압 지역에서 새롭게 발굴된 소그디아나 유적을 정비했으며, 우즈베키스탄 학술원 산하 동양학연구소와 알리쉐르 나보이 문학 박물관 등 유관기관을 동원하여 티무르 시대의 유물, 필사본, 세밀화 전시회를

32 Ibid., p.236.

계획했다. 유네스코 심포지엄에 앞서 사마르칸트 2500주년 기념 학술대회가 개최되었으며, 이 대회에서 발표된 논문을 토대로 석기시대부터 소비에트 시대까지 도시의 역사를 정리한 2권의 『사마르칸트의 역사История Самарканда』 총서가 출판되었다. 1970년에는 모스크바에서 사마르칸트 2500주년 기념 학술대회가 개최되기도 했다. 사마르칸트 소재 극장들은 티무르 왕조 시대에서 모티브를 따온 작품을 대중들에게 선보였다. 소비에트 정부는 사마르칸트 탄생 2500주년을 계기로 대내외적으로 중앙아시아의 현대적인 면모를 부각시키고 사회주의 개혁의 성과를 과시하고자 했다.

1969년에 열린 사마르칸트 2500주년 기념 학술대회에서 기조연설을 맡은 우즈베키스탄 학술원 부원장이자 동양학자인 이브라힘 무미노프И. Муминов는 사마르칸트를 "50개의 산업체와 수많은 산업단지, 그리고 공장들에서 일하는 노동자들, 엔지니어들과 기술자들, 그리고 6개의 대학과 수많은 고등교육 기관에 종사하는 교수들과 교사들"의 도시로 소개한다.[33] 그는 사마르칸트를 "쾌적한 마르크스 거리와 아름다운 레닌 거리", "향나무와 키 큰 포플러 나무와, 오래된 떡갈나무가 우거진 고르키대학 대로" 그리고 "세련된 사마르칸트 국립 발레·오페라 극장"과 "시민들이 가장 사랑하는 [레기스탄] 광장"이 자리한 산업과 학술 그리고 문화가 공존하는 현대적인 사회주의 도시로 묘사했다.[34] 이와 더불어 사마르칸트 도시 탄생 2500주년 학술대회는 사마르칸트가 국제적인 도시임 거듭 강조한다. 「사마르칸트가 우즈베키스탄의 국제 관계가 갖는 함의Значение Самарканда в Международных Связях Советского Узбекистана」라는 제목의 논문을 발표한 멜리 아후노바М. Ахунова는 "우즈베키스탄의 문화와 과학의 중심"인 사마르칸트가 "사회주의 국가와의 경제협력, 개발도상국에 대한 경제지원, 소련의 대외무역 관계, 대외문화교류, 국제학술교류, 관광산업" 등

---

33 И. М. Муминов, Самарканду 2500 Лет. Объединенная Научная Сессия Посвячщенная 2500-летию Самарканда, Ташкент : Фан. 1969. с.1.
34 Там же.

의 분야에서 소비에트 대외관계에 유의미한 기여를 하고 있다고 평가한다.[35] 그리고 이러한 사실 자체가 "소비에트 체제의 우수함을 드러낼 뿐만 아니라, 소비에트 조국과 사회주의 진영 전체의 힘과 권위를 강화하고, 민족 간의 상호적 신뢰와 평화를 증진시킨다"며 자부심을 드러냈다.[36] 그녀는 사마르칸트의 역사 유적을 보기 위해 도시를 찾는 해외 관광객이 꾸준히 늘어나고 있다며 1955년에 30개의 국가에서 온 550명이 사마르칸트를 방문했다면 1966년에는 75개국에서 온 7250명의 관광객이 사마르칸트를 방문했다고 보고했으며, 사마르칸트에서 수학하는 유학생의 수와 사마르칸트를 중심으로 형성된 국제 문화·학술 연대 또한 확대되고 있다고 설명했다.[37]

소비에트 정부는 중앙아시아가 인접 지역과 공유한 역사와 문화유산을 부각함으로써 중앙아시아와 아시아 간의 유대관계를 강화하고, 이를 통해 소련과 신생독립 국가 간의 협력관계를 확대하고자 했다. 이미 1950년대 후반부터 인도의 수상 자와할랄 네루Jawaharlal Nehru와 유고슬라비아 대통령 요시프 브로즈 티토Josip Broz Tito를 포함하여 소련을 방문한 비동맹 국가 지도자들과 아시아의 지식인들이 중앙아시아의 역사 유적을 탐방하기 위해 사마르칸트를 방문하곤 했다. 1960년 사마르칸트를 방문한 파키스탄의 대통령 줄피카르 알리 부토Zulfizar Ali Butto는 사마르칸트에 대해 아래와 같은 감상을 남기기도 했다.

우리는 사마르칸트의 유명한 역사유적과 모스크를 방문하며 잊을 수 없는 사루를 보냈다. 위대한 티무르와 그의 후손들의 성채에서 너무나도 화려하게 드러나는 이슬람 건축과 문화의 웅장함은 참으로 인상적이었다. 그것은 우리가 [사마르칸트의] 역사와 인종, 종교의 일부라는 사실에 자부심을 느끼게 했다. 사마르칸트의 과거와 파키스탄의 현재는 시간과 정치적 그리고 물리적 변화로 인해 분리되었지만

---

35 М. Ахуновна, Значение Самарканда в Международных Связях Советского Узбекистана, Объединенная Научная Сессия Посвячшенная 2500-летию Самарканда, Ташкент : Фан, 1969, с.61.

36 Там же.

37 Там же.

7장 1960년대 소비에트 실크로드 외교와 사마르칸트 237

저 높은 산이나 언어 장벽 혹은 이데올로기의 차이로도 끊을 수 없는 불분명하지만 영원한 유대로 연결되어 있다. 이러한 격차 가운데서도 틀림없는 친밀감을 느낄 수 있다는 것은 이슬람 유산의 얼마나 지속적인지를 일깨워준다.[38]

따라서 1960년대를 계기로 1930년까지만 해도 암흑과 단절로 점철되어 있던 러시아 혁명 이전의 중앙아시아 역사와 문화가 부분적으로 재평가됐다. 우즈베키스탄 공산당 기관지인 『프라우다 보스토카Правда Востока』의 사마르칸트 2500주년 기념 특집기사의 말을 인용하자면 어두운 봉건주의 야만의 과거가 "영광스러운 과거"로 탈바꿈한 것이다.[39] 사마르칸트 2500주년 기념 학술대회에 모인 우즈베키스탄 출신 학자들은 고대 아프라시압 시대부터 "사마르칸트의 흥망성쇠는 소그드와 트란스옥시아나, 그리고 중앙아시아 전체에 발생한 정치, 경제 환경 변화에 따라 결정되었으며", 그 이유는 "사마르칸트가 지중해와 중동에서 이란을 거쳐 동아시아 국가들, 중부 아시아와 인도에서 시르다리야강 하역 도시들, 그리고 시베리아부터 동유럽 국가들을 연결하는 외교와 무역 그리고 문화교류의 핵심 노선들이 관통하는 세계의 중심이었기 때문"이라는 데에 의견을 모았다.[40] 울르그벡 시대의 천문학에 대해 발표한 한 학자는 사마르칸트가 중세부터 이슬람 세계와 연결되어 있던 중앙아시아 예술과 학술의 중심지였으며, "우즈베키스탄의 뛰어난 학자들이" 바그다드, 다마스커스, 이스파한, 메르브 천문대의 관측 활동에 참여했으며 이러한 전통을 양분 삼아 울루그벡 시대에 사마르칸트 천문대가 세워졌다고 설명했다. 그는 "울르그벡의 지도력과 조직력으로 인해 그가 설립한 천문학교는 위대한 성과를 거두었으며, 오늘날까지도 우리 조국 과학의 자랑гордостью нашей отечественной науки이다"라고 결론지었다.[41] 티무르 왕조의 멸망한 이후의

---

38 Zulfikar Ali Bhutto, *Politics of the People : A Collection of Articles, Statements and Speeches* vol. 1, Islamabad : Pakistan Publications, 1973, p. 131.

39 재인용- Shaw, op. cit., 2011, p. 60.

40 И. М. Муминов, История Самарканда В 2-х томах, 1-ый том, Ташкент : Фан. 1969, с. 33.

238 제2부 유라시아의 동과 서

시기를 다룬 발표논문에서는 사마르칸트는 역사적으로 국제무역의 중심지였음을 강조하며 해상무역이 육로무역을 대체하기 시작한 16세기 이후에도 특히 18세기부터 19세기까지 사마르칸트가 우즈벡 한국과 러시아, 인도, 아프가니스칸, 이란을 연결하는 상업 중심지였다고 주장했다.[42] 사마르칸트 2500주년 기념 학술대회를 통해 사마르칸트는 2500년이라는 유구한 역사 속에서 국제무역과 외교의 중심지이자 다양한 문명의 접속과 결합 속에서 특유의 예술과 학문을 꽃피운 국제적인 도시로 그려졌다. 그리고 중앙아시아의 역사와 문화가 과거뿐만 아니라 현재에도 세계 문명 발전에 지대한 영향을 미치고 있다는 점이 거듭 강조됐다.

1969년 9월 유네스코의 「티무르 시대의 중앙아시아 예술 국제 심포지엄 International Symposium on the Art of Central Asia during the Timurid Period」이 개최된다. 국제 심포지엄을 위한 준비는 유네스코 본부와 중앙아시아 문명 연구위원회의 지원을 받아 우즈베키스탄 정부와 우즈베키스탄 학술원이 주도했다. 유네스코 사무총장이 자리한 사마르칸트 심포지엄에는 소련과 중앙아시아 인접 국가뿐만 아니라 시리아, 터키, 프랑스, 이태리, 영국, 미국 등을 포함한 14여 개국에서 백여 명의 학자들이 참석했다.[43] 사마르칸트 심포지엄에서 개회사를 맡은 유네스코 사무국 소비에트 대표단의 동양학자 레프 미로슈니코프 Л. Мирошников는 사마르칸트 도시 탄생 2500주년을 앞둔 시점에 열리는 유네스코 국제학술대회가 가지는 함의가 매우 크다고 평가한다.[44] 기초연설을 맡은 우즈베키스탄 학술원 부원장 이브라힘 무미노프И. Муминов는 특히 티무르 시대의 사마르칸트는 "트란스옥시아나 지역의 정치적, 경제적, 문화적 그

---

41 Т. Н. Кары-Ньязов, Мировое Значение Астрономической Школы Улугбека в Самарканде, Объединенная Научная Сессия Посвячшенная 2500-летию Самарканда, Ташкент : Фан. 1969. c.6.

42 М. М. Абрамов, Из Истории Самарканда Конца XVIII-Начала XIX в, Объединенная Научная Сессия Посвячшенная 2500-летию Самарканда, Ташкент : Фан. 1969. c.32.

43 Gustav Glaesser, "The Work of the Committee on the Study of the Civilizations of Central Asia of the USSR Commission for UNESCO", *East and West* vol.23. no.3/4, 1973, pp.363~370(p.368).

44 Б. И. Кнопов, Международный Симпозиум по Изучению Искусства Эпохи Тимуридов, Узбекистонда Ижтимоий Фанлар 11, 1969. сc.75~76.

리고 학술적 중심지"로 "인도, 중국, 이란과 같은 동양의 국가들과 비잔티움, 프랑스, 영국과 같은 서양의 국가들과 무역 관계를 확대해 나갔으며", 도시를 가로질렀던 "세계적으로 잘 알려진 '실크' 교역로'шелковый торговый путь는 중앙아시아의 생산성 증진에 핵심적인 영향력을 행사했다"고 주장했다.[45] 그는 당대 중동과 중앙아시아 예술의 정점을 보여주는 사마르칸트의 티무르 시대 건축양식은 중앙아시아와 아프가니스탄, 이란, 그리고 아랍 문화의 상호적 영향이 드러난다며 티무르 시대 사마르칸트가 문명교류가 활발히 이뤄졌던 국제적인 도시였음을 거듭 부각시켰다.[46] 그리고 중앙아시아의 역사와 문화가 과거뿐만 아니라 현재에도 세계 문명 발전에 지대한 영향을 미치고 있다고 강조했다.[47]

심포지엄은 14세기부터 16세기까지 티무르 시대의 예술 양식의 시대적 그리고 지역적 범주와 같은 학술적 논의와 함께 티무르 시대 문화예술 유산 관련 출판물 발행을 위한 국제 공조 방안과 같은 실질적인 논의를 진행했다.[48] 참석한 학자들은 티무르 예술Timurid art의 시기적 범주를 티무르 대제와 그의 후예들이 제국을 지배했던 시대에서 왕조의 영향을 받은 무굴왕조의 시대까지 확장해야 한다고 주장했으며, 지역적 범위 또한 티무르 왕조의 영토로 한정 지을 것이 아니라 티무르제국과의 교류와 접촉을 통해 유사한 문화를 발전시킨 지역을 포괄해야 한다고 주장했다. 한편 이 시기를 "티무르 시기"로 명명하는 것 자체를 반대하는 의견이 소비에트 중앙아시아 출신의 학자들은 중심으로 제기되었다. 이들은 잔인한 정복자인 "철의 절름발이" 티무르의 이름을 따 이 시대를 구분하는 것은 이 시대에 대한 "부정적인 기억"을 심어줄 수 있다고 주장했다.[49] 이제는 소련이라는 하나의 국가를 형성한 중앙아시아

---

45 И. М. Муминов, Об Исторических Условиях Развития Искусства Средней Азии Эпохи Тимуридов, Узбекистонда Ижтимоий Фанлар 8-9, 1969, с.6.

46 Там же.

47 Там же.

48 Б. Г. Гафуров и Л. И. Мирошников, Изучение цивилизаций Центральной Азии, Москва : Наука, 1976, сс.65~66.

240   제2부 유라시아의 동과 서

이웃 민족들을 잔인하게 학살하고 지배한 봉건주의 정복자의 기억을 소환함으로서 '사회주의 민족들의 우애'를 훼손시킬 수 있다는 시각이 반영된 것이다. 소비에트 중앙아시아가 아닌 다른 국가 출신 학자들이 이러한 의견에 반발하자, 최종적으로 유네스코가 기획하고 있는 티무르 시대의 예술 도록이 간행되기 전까지 적절한 명칭을 찾아보는 선에서 합의가 이뤄졌다.[50]

유네스코 국제 심포지엄을 통해 사마르칸트 도시의 국제적 위상을 제고하고자 했던 소비에트 정부의 시도로 인해 사마르칸트의 대외적 이미지를 두고 중앙정부와 지방정부 간의 충돌하는 상황 또한 발생했다. 사마르칸트 2500주년을 기념하기 위해 사마르칸트 국립 오페라·발레 극장은 사마르칸트의 위대한 역사를 단편적으로 보여줄 작품으로 티무르 대제의 비妃 비비하눔에 대한 오페라를 창작한다. 당시 소련은 오페라와 발레를 이야기와 음악 그리고 춤이 결합된 종합예술이자 가장 높은 수준의 고급예술로 여겼다. 따라서 사마르칸트 도시를 대표하는 예술 기관이었던 사마르칸트 국립 오페라·발레 극장이 어떤 작품을 공연할 것인가는 기념행사에 매우 중요한 요소라고 할 수 있었다. 사마르칸트 국립 오페라·발레 극장이 준비한 작품은 비비하눔 모스크에 얽힌 비극적인 사랑 이야기로 우즈베키스탄 민족 시인으로 추앙받는 알리쉐르 나보이의 거작 『파르하드와 쉬린Farhad va Shirin』에서 모티브를 빌려온 작품이기도 했다. 공연에 앞서 타슈켄트에 위치한 우즈베키스탄 공화국 문화부 관계자들 앞에서 시연을 펼친 사마르칸트 국립 오페라·발레 극장과 사마르칸트 지방정부는 이 작품에 등장하는 티무르 대제를 "인본주의와 역사적 형평성, 그리고 이상주의에 반대되는" "잔혹한 전사이자 궁중 암투에 능통한" 지배자로 그렸다고 주장했다.[51] 그러나 우즈베키스탄 문화부 관계자들은 티무르 대제라는 인물이 다소 온건적으로 그려졌을 뿐만 아니라 그가

49 Там же, с.67.
50 Там же.
51 재인용. Laura Adams, *The Spectacular State : Culture and National Identity in Uzbekistan*, Durham : Duke University Press, 2010, p.42.

7장 1960년대 소비에트 실크로드 외교와 사마르칸트   241

무대에 등장하는 것 자체가 부적절하다는 판정을 내린다. 사마르칸트 지방정부는 이에 항의하여 오페라의 모티브를 제공한 이야기가 "사마르칸트를 방문하는 모든 외국 관광객에게 알려주는 전설"이며 "전 세계가 알고 있는" 이야기를 토대로 작품을 구상했다고 해명했다.[52] 그러나 우즈베키스탄 문화부는 사마르칸트의 유적들이 티무르의 손에 세워진 것은 맞으나 "이제는 소비에트 인민들의 소유"이며 따라서 "작품은 [유적을] 복원하기 위한 우리의 현재의 노력을 기념해야 한다"라고 결론 내리고는 오페라 공연을 취소시킨다.[53] 사마르칸트는 티무르 시대의 중앙아시아 문화와 예술의 중심지로서 국제적인 위상을 쌓을 수 있었으나 이러한 사마르칸트의 대외적 이미지가 티무르와 티무르 왕조에 대한 소비에트 문화예술계의 해석에까지 영향을 미치지는 못했던 것이다.

1968년 두샨베 국제학술대회와 1969년 사마르칸트 국제 심포지엄을 통해 소비에트 중앙아시아는 유럽과 아시아를 연결해온 실크로드의 유산과 유라시아 중심부를 호령했던 티무르제국의 유산을 계승한 역사적인 동서 문명교류의 핵심 지역으로 자리매김할 수 있었다. 여기서 나아가 중앙아시아를 중심으로 확장된 과거의 네트워크가 오늘날 소비에트 연방의 외교적 노력으로 재건되고 있으며 동양에 사회주의라는 선진 사상과 문명을 전파하는 루트로 기능하고 있다는 주장을 펼치고자 했다. 따라서 유네스코 소비에트 위원회는 Project on the Civilizations of Central Asia가 공식적으로 시작된 직후부터 프로젝트가 중앙아시아의 역사에만 치중되어 있다는 점에 이의를 제기하며 현재의 중앙아시아에 대한 연구 또한 프로젝트에 포함되어야 한다고 지속해서 건의했다. 그리고 소비에트 정부는 현대 중앙아시아의 "사회문화적 발전, 정치사상과 철학, 그리고 중앙아시아 민족들의 현대문학, 예술적 성과와 문화협력"이라는 주제를 다루는 유네스코 국제회의를 1972년에 투르크멘 사회주

---

52 Ibid.
53 Ibid.

242 제2부 유라시아의 동과 서

의 공화국의 수도 아슈하바트에서 개최하는 것을 제안한다.[54] 이를 받아드린 유네스코는 유네스코 소비에트 위원회와 투르크멘 공화국 정부와 협력하여 1972년 9월 「19세기~20세기 중앙아시아 국가들의 사회와 문화적 발전Social and Cultural Development of Central Asian Countries in the 19th and 20th Centuries」이라는 주제로 국제학술대회를 개최한다. 본 회의의 기조연설을 맡은 소비에트 최고간부회의 의장 니콜라이 포드고르니H. Подгорный는 불과 1세기만에 봉건주의 식민사회에서 사회주의 민족국가를 이룩한 "소비에트 중앙아시아 공화국들이 가진 사회경제 전환과 문화 건설에 대한 풍부한 경험은 아시아 민족들의 사회문화적 발전에 기여할 것"이라는 메시지를 전달했다.[55]

유네스코의 국제 심포지엄과 사마르칸트 2500주년 기념의 해를 통해 사마르칸트의 역사적 국제성을 강조하고 소비에트식 사회주의의 성과를 과시하고자 했던 소비에트 정부는 서방국가의 여행자들의 관심을 끌기 위해 경계의 대상이었던 서구 오리엔탈리즘적 시각을 부분적으로 차용하게 된다. 소비에트 공공외교 전담기관인 국제문화친선사회연합Союз советских обществ дружбы и культурной связи с зарубежными странами, ССОД의 대외 영문 홍보잡지엔 『소비에트 라이프Soviet Life』는 모스크바에서 중앙아시아를 거쳐 시베리아까지 소련을 횡단하는 단체여행에 나선 미국인 관광객들에 관한 기사에 사마르칸트를 아래와 같이 묘사했다.

소련의 중앙아시아 얼굴은 관광객들에게 더 많은 즐거움을 선사한다. […] 특히 [2000년의 역사를 가진 타슈켄트보다] 500년 더 오래된 도시인 사마르칸트는 알래스카 에어라인의 역사를 좋아하는 방문객들과 특히 사진작가들에게 매우 매력적이 도시이다. [소련이라는] 만화경에서 사마르칸트는 하늘과 도시의 악명높은 지배자 티무르가 사랑한 그 특유의 터키색의 푸른빛이다. 많은이들이 지나갔으며,

---

54 UNESCO, *Collective Consultation on the Study of Civilizations of Central Asia*, Parisa, 1971, CLT/1732/19.7.
55 Б. Г. Гафуров и Л. И. Мирошников, 1976, с.84.

7장 1960년대 소비에트 실크로드 외교와 사마르칸트 243

논쟁과 피를 불러온 실크로드에 위치한 사마르칸트는 알렉산더 대왕과 징기스칸와 같은 지배자로 인한 침략과 공격 그리고 정권의 변화를 견뎌왔다. '절름발이 티무르'로 알려진 티무르 대제는 14세기 후반에 거대한 제국을 건설하는데 평생을 받쳤다. 사마르칸트는 그의 수도였으며, 그는 이 도시를 아름답게 만들기 위해 최선을 다했다. […] 오늘날, 푸른 돔은 사마르칸트가 한때 "푸른 도시"로 불렸던 것을 상기시킨다. 형형색색의 모자이크로 장식된 청탑들, 아치들, 무덤들, 티무르의 학구적 손자인 울루그벡이 지은 놀라운 천문대의 유적, 그리고 활기찬 재래시장이 태양에 흠뻑 젖은 이 고대 도시의 하이라이트라 할 수 있다.[56]

소비에트 국제문화친선사회연합이 1979년에 발간한 『문화와 생활Culture and Life』에도 사마르칸트에 대한 이와 유사한 묘사가 등장한다. 『문화와 생활 Culture and Life』는 "사마르칸트를 우즈베키스탄의 문화와 과학의 발생지로 보는 것은 매우 타당하다"며 "사마르칸트의 거리를 걸으며 아름다운 건축 앙상블을 만끽하노라면, 바빌론, 아테나, 그리고 로마와 동시대를 살았던 그리고 저명한 과학자들과 시인들, 건축가와 예술가들이 작업이며 숨 쉬었던 이 도시의 역사 속으로 빠져드는 느낌을 받을 것"이라며 도시에 대해 낭만적인 인상을 심어주었다.[57]

4. 나가며

오늘날 유라시아에 중국의 일대일로, 러시아의 유라시아 경제연합, 그리고 미국의 뉴실크로드 이니셔티브 등 강대국 중심의 지역통합 구상이 등장하며 '실크로드'가 문화외교의 주요 담론으로 부상하고 있다. 본 논문은 다양한 문

---

56 Norma Spring, "New Approach to the USSR", *Soviet Life*, December 1970, pp. 32~47(p. 37).
57 Anianas Sutkus, "Photo Studio", *Culture and Life* vol. 4, 1979, pp. 42~45(p. 42).

화의 평화로운 공존과 교류를 통한 공동번영을 상징하는 '실크로드'라는 외교 개념이 형성되기 시작한 1960년대에 소비에트 정부가 사마르칸트의 역사와 문화를 활용하여 대외적으로 투사하고자 했던 사회주의 중앙아시아의 이미지를 살펴보았다. 당시 유네스코는 '동양 문명'과 '서양 문명'의 충돌을 방지하고 상호이해와 존중을 통한 세계 평화 구축을 목적으로 East-West Major Project를 수행했으며, 그 후속 사업으로 중앙아시아 문명에 대한 국제적 연구사업을 진행했다. 여기에 참여한 소비에트 정부는 유네스코와 공동으로 주최한 1969년 국제심포지엄과 1970년 사마르칸트 도시 탄생 2500주년 기념의 해를 통해 문명과 문명을 연결했던 국제도시 사마르칸트의 역사와 문화를 부각하는 한편, 사마르칸트를 통해 사회주의 중앙아시아의 현대적 모습을 과시하고자 했다. 국제적인 무역도시이자 문화와 예술, 종교와 사상의 교차로였던 중앙아시아를 사회주의 사상과 소비에트식 발전 모델을 아시아 전파하는 교두보로 활용하고자 한 것이다.

1987년, 유네스코는 문화 개발을 위한 세계 10년World Decade for Cultural Development 1987-1997 프로그램의 핵심 프로젝트로 Integral Study of the Silk Roads : Roads of Dialogue를 추진한다. 그리고 프로젝트의 원활한 운영을 위해 사마르칸트에 국제 중앙아시아 연구 센터IICAS(International Institute for Central Asian Studies)를 설립되었다. 연구센터는 1967년부터 장기적으로 진행된 중앙아시아 문명연구 프로젝트를 통해 축적된 네트워크를 활용하여 중앙아시아의 연구자들과 세계 연구자들의 학술교류 활동을 지원했다. 그리고 소비에트 붕괴 이후 독립 국가로서 새로운 국가 이미지를 구축해야 했던 우즈베키스탄이 실크로드를 중심으로 문화외교를 전개할 수 있도록 기여했다. 오늘날 사마르칸트는 "세계 문화의 교차로이며 용광로"로 알려져 있다. 우즈베키스탄은 사마르칸트의 티무르 시대의 유적과 실크로드 역사를 강조하며 새로운 국가 브랜드를 형성하고 있다. 그러나 현재 진행되고 있는 실크로드 외교 담론 연구는 중앙아시아 지역을 자원개발 혹은 시장진출 대상으로 여기는 외부 국가들의 시각에서 파생된 외교 담론에 초점을 맞춰왔으며, 정작 실크로드 교역의 중심지라고 할 수 있는 중앙아시아의 시각에서 실크로드 외교 담론을 분석한 연구는 드물다. 따라서, 중앙아시아가 냉전 시대와 탈-소비에트 시대에 '실크로드 외교' 담론의 진화와 논의 과정에 어떠한 영향을 미쳤는지에 대한 연구가 보완되어야 할 것이다.

참고문헌

마테오 콤파레티, 「아프라시압 벽화를 통해 본 소그드인의 세계관과 미술」, 『인문과학연구』 33, 2021, 173~203쪽.

이븐 바투타, 『이븐 바투타의 여행기』 1권, 서울 : 창비, 2001.

정세진, 「19세기 '중앙아시아철도' 건설의 역사적 의미장 : 러시아 제국의 형성과 실크로드의 상업로적 함의를 중심으로」, 『슬라브연구』 35-1, 2019, 53~80쪽.

정수일, 「사마르칸트 도시 유적」, 『실크로드 사전』, 서울 : 창비, 2013, https://terms. naver.com/entry.naver?docId=2782884&cid=62093&categoryId=62093

정재훈, 「개혁개방 이후 중국의 신장 실크로드사 연구」, 『동북아역사논총』 65, 2019, 51-102쪽.

현장, 『대당서역기(大唐西域記)』, https://abc.dongguk.edu/ebti/c2/sub2_pop_ls.jsp

Asia Society Policy Institute, *Silk Road Diplomacy : Deconstructing Beijing's Toolkit to Influence South and Central Asia*, December 2019, https://asiasociety.org/ sites/default/files/2019-12/Silk%20Road%20Diplomacy%20-%20FULL%20REP ORT.pdf

Adams, Laura, *The Spectacular State : Culture and National Identity in Uzbekistan*, Durham : Duke University Press, 2010.

Bhutto, Zulfikar Ali, *Politics of the People : A Collection of Articles, Statements and Speeches* vol.1, Islamabad : Pakistan Publications, 1973.

Chin, Tamara, "The Invention of the Silk Road, 1877", *Critical Inquiry* vol.40-1, 2013, pp.194~219.

David-Fox, Michael, *Showcasing the Great Experiment : Cultural Diplomacy and Western Visitors to Soviet Union in 1921-1941*, Oxford : Oxford University Press, 2012.

Geering, Corinne, *Building a Common Past. World Heritage in Russia under Transformation*, Gottingen : V&R Unipress, 2019.

Glaesser, Gustav, "Reviewed Work : Mavzolej Ishratkhana (The Ishratkhana Mausoleum) by M. E. Masson, G. A. Pugatshenkova, B. N. Vyatkin, V. N. Kononov,

S. A. Kudrina", *East and West* no.16. 3/4, 1966, pp.336~338

_____, "The Work of the Committee on the Study of the Civilizations of Central Asia of the USSR Commission for UNESCO", *East and West* vol.23. no.3/4, 1973, pp.363~370

Havet, Jacque, "UNESCO's East-West Major Project", *The UNESCO Courier* XI. 12, 1958, pp.20~22

Morrison, Alexander, *Russian Rule in Samarkand 1868-1910 : A Comparison with British India*, Oxford : Oxford University Press, 2008.

Ro'i, Yaacov, *Muslim Eurasia : Conflicting Legacies*, London : Frank Cass, 1995.

Roy, Oliver, *The New Central Asia : The Creation of Nations*, New York : New York University Press, 2000.

Shaw, Charles, "The Gur-i Amir Mausoleum and the Soviet Politics of Preservation", *Future Anterior : Journal of Historic Preservation, History, Theory, and Criticism* vol.8-1, 2011, pp.43~63.

Shin, Boram, "Inventing a National Writer : The Soviet Celebrationof the 1949 Alisher Navoi Jubilee and the Writing of Uzbek History", *Journal of Asian Studies* vol.14-2, 2017, pp.117~142.

Spring, Norma, "New Approach to the USSR", *Soviet Life*, December 1970, pp.32~47.

Sutkus, Anianas, "Photo Studio", *Culture and Life* vol.4, 1979, pp.42~45,

Tikhomirov, Mikhail, and Babadjan Gafurov (eds), *The Slavs and the East*, Paris : UNESCO, 1965.

UNESCO, *Records of the General Conference, 14th session, Paris, 1966*, v. 1 : Resolution 14 C/Resolutions, CFS.67/VII.4/A/F/S/R.

_____, *Records of the General Conference, 15th session, Paris, 1968*, v. 1 : Resolutions 15 C/Resolutions, 15 C/Index.

_____, Collective Consultation on the Study of Civilizations of Central Asia, Paris, 1971, CLT/1732/19.7.

Winter, Tim, "Silk Road Diplomacy : Geopolitics and Histories of Connectivity", *International Journal of Cultural Policy* 26 : 7, 2020, pp.898~912.

Wong, Laura, "Relocating East and West : UNESCO's Major Project on the Mutual

Appreciation of Eastern and Western Cultural Values", *Journal of World History* vol. 19-3, 2008, pp. 349~374

Абрамов, М. М., Из Истории Самарканда Конца XVIII-Начала XIX в, Объединенная Научная Сессия Посвячшенная 2500-летию Самарканда, Ташкент : Фан, 1969.

Ахуновна, М., Значение Самарканда в Международных Связях Советского Узбекистана. Объединенная Научная Сессия Посвячшенная 2500-летию Самарканда, Ташкент : Фан, 1969.

Гафуров, Б. Г., и Л. И. Мирошников, Изучение цивилизаций Центральной Азии, Москва : Наука, 1976.

Карьг-Ньязов, Т. Н., Мировое Значение Астрономической Школы Улугбека в Самарканде, Объединенная Научная Сессия Посвячшенная 2500-летию, Самарканда, Ташкент : Фан. 1969.

Кнопов, Б. И., Международный Симпозиум по Изучению Искусства Эпохи Тимуридов, Узбекистонда Ижтимоий Фанлар 11, 1969.

Муминов, И. М., История Самарканда В 2-х томах, 1-ый том, Ташкент : Фан, 1969.

_____, Об Исторических Условиях Развития Искусства Средней Азии Эпохи Тимуридов, Узбекистонда Ижтимоий Фанлар 8-9, 1969.

_____, Самарканду 2500 Лет. Объединенная Научная Сессия Посвячшенная 2500-летию Самарканда, Ташкент : Фан, 1969.

Герасимов, Михаил, Основы Восстановления Лица По Черепу, Москва : Гос. изд-во Советская наука, 1949, http://e-heritage.ru/Book/10079108

5 6 7 8

스펙타클의 도시 바쿠*
- 불의 땅과 카스피해의 두바이 -

∥ 황기은

국문요약

　이 글은 아제르바이잔의 수도 바쿠의 21세기 도시 풍경의 변화를 조망하는데 목표를 두고 있다. 21세기 바쿠 재건 사업을 러시아제국 및 소비에트 시기와의 바쿠와 다른 새로운 정체성을 모색하는 과정으로 해석하며, 이를 국가 브랜드 마케팅과의 관계 속에서 고찰한다. 바쿠는 복잡한 민족성과 짧은 역사에서 발생하는 딜레마를 '카스피해의 두바이'와 '불의 땅'이라는 두 가지 스펙터클 기반 브랜드를 통해 해소하고자 했다. 그리고 두 브랜드 이미지는 현대적 랜드마크 건축과 도시 공간의 새로운 해석, 그리고 이러한 도시 스펙타클의 무한한 복제 이미지를 통해 형성되고 확산된다. 21세기 바쿠가 겪는 역사성과 국제성에 대한 콤플렉스는 현대적 건물들의 콤플렉스로 상쇄하고 극복하고자 한다. 그러나 이미지와 외관만을 중시한 바쿠의 풍경은 다양한 삶이 공존할 때 드러나는 균열과 모순을, 도시의 현실을 외면한다. 권위주의적 정부와 도시 개발자 및 계획가들은 자신들이 원하는 단일한 스펙타클을 위해 다채로운 삶의 공간을 파사드로 감추고 상징적인 랜드마크와 복제된 이미지로 도시를 채우면서, 거주자와 방문객 모두를 수동적인 관찰자로 전락시킨다. 따라서 이 글은 21세기 바쿠를 스펙타클의 도시로 규정하며, 이 스펙타클에 내재된 이데올로기와 작동 방식, 그리고 문제점을 다각도로 고찰한다.

1. 들어가는 말

아제르바이잔의 수도 바쿠는 오일 산업에 기반한 지정학적 특수성 덕분에 독특한 도시풍경을 형성해왔다. 소비에트 해체 이후 러시아와 터키 두 국가에 인접해있는 산유국이라는 지정학적 이점을 활용하여 빠르게 탈소비에트화를 추진했고 독립 국가로서의 정체성을 새로이 확립하고자 하였는데, 이때 도시풍경은 새로운 정체성을 보여주는 국가 정책의 수단이자 목표이며, 결과가 된다.

아제르바이잔은 소비에트 해체 이후 가장 먼저 탈소비에트 및 탈러시아화를 추진한 독립국 중 하나였다. 도시 공간에서 소비에트 및 러시아의 흔적을 지우고자 하는 노력은 키릴 문자의 축출과 소비에트 지명 변경, 기념비 해체 등으로 이어졌다. 소비에트 지명 변경 및 레닌을 비롯한 소비에트 지도자들의 동상의 철거는 러시아의 모스크바를 비롯한 구舊 소비에트 도시 전반에 걸쳐 행해졌지만, 특히 1992년 1월 바쿠 키로프 동상의 철거는 바쿠의 도시풍경에 큰 영향을 미쳤다.[1] 키로프 동상은 바쿠 도심을 한눈에 내려다볼 수 있는 전망대인 다구스투 공원에 위치해 있었다.[2] 따라서 관광책자 및 엽서에서 바쿠는 늘 언덕 위 키로프 동상을 전경前景에 내세우고 후경後景에 바쿠 시내와 카스피해가 위치한 구도로 표현되었는데, 해당 랜드마크의 철거는 그 자체로도 함의하는 바가 크지만 도시를 보는 관점과 이에 따른 구도를 변화시켰다는 점에서 중요한 의미를 가진다. 현재 키로프 동상 대신 이곳은 다른 소비에트 흔적을 간직하고 있는데, 바로 '순례자의 길'과 '꺼지지 않는 불꽃'이다. 이곳은 1991년 12월 검은 1월로 사망한 시민들과 1차 나고르노-카라바

---

* 이 논문은 2018년 대한민국 교육부와 한국연구재단의 지원을 받아 수행된 연구임(NRF-2018S1A6A3 A02024971).
1 세르게이 키로프는 1927년에서 1934년까지 레닌그라드 당서기를 지내다가 살해당한 것으로 잘 알려져 있는데, 레닌그라드 당서기로 취임하기 전인 1921년부터 1926년까지 아제르바이잔 당서기를 역임했다.
2 다쿠스투는 고지대(高地帶)란 뜻으로, 영어 및 한국어로 된 바쿠 관광정보에서 종종 하이랜드 공원으로 소개한다. 소비에트 해체 이전에는 키로프 공원이라고 불렸다.

8장 스펙타클의 도시 바쿠   251

흐 전쟁 사망자들을 추모하는 공간이다.[3] 즉, 소비에트 지도자를 기리는 공원은 이제 소비에트의 압제와 폭력의 기억을 기리는 공간으로 변모했다. 이외에도 도시 공간의 반소비에트화는 안내판에서 키릴문자가 사라진 것에서도 찾아볼 수 있다. 1991년 12월 25일 소비에트 해체 직후 아제르바이잔 의회가 처음 통과발의한 법안 중 하나가 공공 공간 및 공식 서류에서 키릴 문자를 라틴 문자로 변경하는 법안이었다.[4] 그러나 바쿠 풍경이 본격적으로 변화하기 시작한 것은 2000년대 이후 아제르바이잔의 경제가 회복되면서부터이다.[5] 약 스무 해 동안 바쿠는 글로벌 양식의 현대적 건물들이 들어선 도시로 탈바꿈한다. 이러한 역동적인 도시 변화에도 불구하고 아직 국내에는 바쿠에 대한 도시학 논문이 전무하다. 희림과 같은 한국 건축설계사무소가 아제르바이잔에서 활발한 활동을 하고 있고 현재 카프카스 지역에서 아제르바이잔의 영향력을 고려할 때, 바쿠에 대한 연구가 없는 것은 매우 안타까운 상황이다. 게다가 1994년 이후 알리예프 대통령 부자父子의 세습통치는 바쿠의 개발 및 통제가 일관성 있게 이루어졌음을 보여주는데, 이는 바쿠 도시연구가 지니는

---

3   1990년 1월 서기장이었던 고르바초프는 반아르메니아 정서로 촉발된 바쿠의 시위를 국가 비상사태로 정의하고 소비에트 군대를 파견한다. 군대는 바쿠에 진주하여 시위대와 충돌했고 그 결과 백여 명이 넘는 아제르바이잔 민간인이 사망하였다. 이를 검은 1월이라고 부른다. 한편 순교자의 길이 시작되는 지점에는 세계 제2차 대전에 복무하여 소비에트 영웅이 된 하지 아슬라노프의 추모비가 남아있는데, H. 드한은 이를 소비에트에 대한 긍정적인 기념비가 아니라, 아르메니아와의 분쟁이 지속되는 시기 "전쟁 시대의 희생정신"에 대한 국가 신화로 해석한다. Heather D. DeHaan, "Remembering our worth : commemorating the Azerbaijani nation through cultural exchange", *Canadian Slavonic Papers* 63, 1-2, 2021, pp.173~174.

4   1991년 이후에도 키릴문자와 로마자를 병기하는 것이 가능했지만, 2001년 8월을 기점으로는 도시 광고판, 신문, 공식 문서 등에 키릴 문자 사용이 완전히 금지되었다. 이는 당시 키릴문자가 더 익숙한 세대들에게는 큰 혼란으로 다가왔으며, 신문 구독률과 문해율이 추락할 것이라는 우려를 낳기도 했다. Jean-Christophe Peuch, "Azerbaijan : Cyrillic Alphabet Replaced By Latin One", RadioFreeEurope, https://www.rferl.org/a/1097070.html (검색일 : 2023.05.15).

5   90년대 아제르바이잔은 구(舊) 소비에트의 다른 독립국들과 마찬가지로 자본주의 및 민주주의로 이행해가는 과도기 속의 정치적, 사회적, 경제적 혼란기를 겪는다. 게다가 소비에트 영토를 중심으로 설계된 석유 수출 구도와 낙후된 설비, 나고르노-카라바흐 지역을 둘러싼 아르메니아와의 분쟁으로 인해 석유 산업은 위기를 맞는다. 하지만 전(前) 알리예프 대통령이 1994년 일곱 개의 국외 석유 회사들과 계약을 맺고 2006년 조지아를 통해 원유를 수출하는 BTC파이프라인이 건설되면서 바쿠는 세 번째 오일붐을 맞이했다. 이때부터 2014년 유가가 하락하기 전까지, 아제르바이잔, 정확하게 바쿠는 그 부를 발판으로 급격하게 개발되기 시작한다.

또다른 이점이다. 독재 정권이 도시에 미친 부정적인 영향은 따로 서술하겠지만, 이와 상관없이 다양한 시장 자본의 영향이 적고 도시개발의 방향과 의도가 정권이 교체될 때마다 바뀌지 않으므로, 도시개발을 일종의 연속성을 갖고 추적해볼 수 있다는 점은 바쿠 연구가 지니는 이점이다.[6]

따라서 이 글은 21세기 바쿠 도시 풍경의 변화를 전반적으로 조망하고 그 함의를 분석하는데 목표를 둔다. 영미권에서는 2010년 초중반, 바쿠에 대한 논문들이 집중적으로 출간되었다. B. 그랜트, M. 크렙스, T. 다리예바, A. 발리예프 등은 인류학 및 사회학적 방법을 적용하여 주로 급격한 도시 발전과 새로운 정체성 모색의 과정에서 드러나는 문제점과 사회 갈등을 다루고 있다면, 2019년 독일 DAM 건축도서상을 수상한 E. 블라우의 책 *Oil and Urbanism*은 말 그대로 석유 산업이 약 이백 년에 걸쳐 바쿠에 미친 영향과 그 결과를 정리한 건축사 책이다. 위에 언급된 자료들과 2023년 바쿠에서의 현지 조사 결과를 종합하여 최근 동향을 반영한 바쿠 연구를 선보이면서, 바쿠의 건축과 도시계획을 도시 및 국가 브랜드 마케팅과의 관계 속에서 분석한다.[7] 바쿠 도시개발을 정부가 국가 및 도시의 새로운 정체성을 확립하는 과정이자 정부 주도 브랜드 마케팅의 일부로 이해하며, 기 드보르의 개념을 빌려 도시풍경을 아제르바이잔 정부가 생산하는 스펙타클로 해석한다. 여기서 스펙타클은 미디어로 재현되는 이미지들의 집합이자, 과잉의 이미지가 지배하는 일상을 가리키는 동시에, 더 나아가 "이미지들에 의해 매개되는 사람들 간의 사회적 관계"를 의미한다.[8] 즉, 스펙타클은 생산양식의 결과이자 기획이며, 이데올로

---

6 1993년 권력을 잡은 헤이다르 알리예프 대통령이 2003년 사망하자 그의 아들인 일함 알리예프가 대통령직을 이어받아 현재까지 통치하고 있다.

7 장소 브랜드는 기업 브랜드에서 영향을 받아 발전한 개념으로, 투자 및 관광객 유치를 늘리고 지역적 정체성을 강화하기 위해 경쟁우위를 확보하는 수단으로 정의된다. 도시 브랜드 개념을 처음 학술적으로 소개한 M. 카바라치스는 거주민들이 함께 만들어가는 도시 브랜드의 중요성을 역설했지만, 바쿠의 도시 브랜드는 정부 및 엘리트 주도로 이루어졌다. Michalis Kavaratzis, "From City Marketing to City Branding : Towards a Theoretical Framework for Developing City Brands", *Place Brand Public Diplomacy* 1, 2004, pp.58~73.

8 기 드보르, 유재홍 옮김, 『스펙타클의 사회』, 서울 : 울력, 2014, 10쪽.

8장 스펙타클의 도시 바쿠   253

기적 지배 장치로, 현실과 가상세계의 경계를 흔들고 관조하는 사람들을 수동적 존재로 전락시킨다는 점에서 비판받는다. 따라서 바쿠 도시개발은 신생 독립국의 수도 바쿠의 이미지를 재편하고 재생산하는 과정으로, 기획이자 그 결과인 21세기 바쿠 풍경은 아제르바이잔 정부가 발전시킨 이데올로기적 지배 장치로 독해함으로써, 21세기 바쿠 도시개발의 성공과 실패, 그리고 내재된 문제점을 고찰하고자 한다.

2. 21세기 바쿠의 딜레마

수도인 바쿠는 정치, 경제, 사회의 중심지인 동시에, 국가 및 민족 정체성의 재현 공간이다. 바쿠는 국가 경쟁력 제고를 위해 현대화 및 국제화된 도시 이미지를 확립하고자 하는 동시에, 바쿠만의 정체성을 강화하려는 노력을 지속해왔다. 그러나 두 가지의 전혀 다른 목표를 향한 도시 개발은 딜레마를 수반한다. 무엇보다 아제르바이잔은 다양한 문화유산의 영향을 받아 복잡한 민족성을 가지고 있으며, 도시 공간에도 그 다양한 문화유산이 혼재되어 있다. 소비에트식 지역 명칭과 키로프 동상은 제거했지만 아직 곳곳에 러시아제국과 소비에트의 흔적이 남아있다. 그리고 소비에트 해체 이후 바쿠는 카스피해와 유전으로 정체성이 규정된 과거의 바쿠에서 더 나아간 새로운 민족적 정체성에 기반한 이미지가 필요했다. 또한 바쿠의 국제성을 홍보하면서도, 21세기 바쿠는 국제적이었던 러시아제국 및 소비에트 시기의 바쿠를 의식할 수밖에 없다. 즉, 바쿠의 딜레마는 여러 노력에도 불구하고 러시아제국 및 소비에트 시기의 역사가 도시에 깊이 뿌리내리고 있으며, 21세기 새로운 도시 이미지를 구축하는 데 있어서 끊임없이 과거의 바쿠와 비교될 수밖에 없는 운명이라는 점에 있다. 본 챕터에서는 이러한 딜레마가 아제르바이잔 사회에 어떻게 노정되어 있는지 살펴본다.

아제르바이잔의 민족적 정체성은 복잡미묘한 성격을 지닌다. 현재 아제르바이잔 문화는 이란과 터키, 러시아의 영향을 받은 문화적·역사적·종교적 유산이 혼재된 형태를 띠고 있다. 게다가 구성원들 간에 공유하는 단일한 역사, 즉 집단기억이 적으며, 민족주의 운동이 실질적으로 1991년 독립 이후에야 이루어졌다는 점에서 단일한 아제르바이잔 정체성을 규정하는 것은 쉽지 않은 과제이다.[9]

따라서 독립 이후 탈소비에트 정책과 아르메니아와의 갈등은 아제르바이잔 민족주의의 가장 큰 동력이었다. 탈소비에트 정책은 키릴 문자의 완전한 배제와 이슬람교 강조, 그리고 친-뒤르키예 행보와 궤를 같이 한다. 이와 동시에 소비에트 정책과 문화의 영향은 깊게 뿌리 내려 다층적 문화 체계를 형성한다. 이는 종교적인 면에서도 드러난다. 독립 이후 정부는 이슬람교를 국가 근간으로 삼아, 소비에트 시기 철거되거나 다른 용도로 사용되었던 모스크를 재건하였다. 하지만 정치와 교육 및 문화에서 종교를 분리하는 이슬람 세속주의의 길을 택하고 있는 데, 이는 소비에트의 영향으로 볼 수 있다. 예를 들어 다구스투 공원의 순례자의 길에 안치된 묘지나 비비 헤이밧 모스크 건너편 공동묘지에는 고인의 얼굴이 새겨진 묘비들이 세워져 있는데, 고인의 얼굴을 새기는 것은 이슬람교에서는 금지된 행위로 이러한 묘비 문화는 소비에트의 영향으로 볼 수 있다(<그림 1>).[10] 이렇듯 바쿠에서 러시아제국과 소비에트의 흔적은 곳곳에 뿌리깊게 남아있다.

한편 러시아 및 소비에트 점령 이전의, 그리고 이후의 역사를 강조하는 것은 정체성 확립에 꼭 필요한 정책이기는 하나 민족적 이데올로기에 기반한 역사 해석을 강화하는 결과를 낳기도 했다. 2000년 유네스코 세계문화유산으로 지정된 구시가지 이셰리셰허는 바쿠 고유의 역사를 보여주는 중요한 문화

9 아제르바이잔 역사에 있어서 집단기억의 부재에 대해서는 P. 카라게조프의 책을 참고하시오. Рауф Карагезов, *Метаморфозы коллективной памяти в России и на централь ном Кавказе*, Баку : Нурлан, 2005.

10 비비 헤이밧 모스크는 1936년 도로를 건설하기 위해 해체되었고 현재 모스크는 도로 옆 원래 위치에서 살짝 벗어난 곳에 1997년 복원한 것이다. 2023년 1월 필자가 바쿠를 방문했을 때 가이드의 설명에 따르면 모스크의 상징성 때문에 도로 건너편의 공동묘지는 현지인들 사이에서 인기가 많다고 한다.

8장 스펙타클의 도시 바쿠 255

〈그림 1〉 순례자의 길에 놓인
고인의 얼굴이 들어간 비석.
* 자료 : 필자 촬영

유적이다. 구시가지 내부 12세기에 설립된 시르반샤 궁전과 메이든타워와 같은 건축 유적은 짧은 역사와 집단기억의 부재를 보완하고 바쿠 역사를 해석하고 서술하는 주요한 기준점이 된다. 이에 따라 모종의 정치적 이유로 바쿠의 역사성을 재창조하고자 하는 시도가 이어지기도 한다. 메이든타워와 시르반샤 궁전 부분을 제외하고는 대부분 19세기 건물들로 구성된 이셰리셰허를 중세로 소개하는 관광책자나, 옛 바쿠의 상징이자 위대한 축조술의 대표작인 메이든타워를 12세기 이전으로 확장시키고자 하는 연구를 대표적 사례로 들 수 있다. 메이든타워가 12세기보다 오래되었다는 주장은 소비에트 때부터 있었지만, 대부분 건축 연대를 다시 12세기로 확정하는 것으로 귀결되었다. 2010년대에 들어 메이든타워의 시초를 기원전 8세기로 명시하는 주장이 다시 등장했는데, 유네스코 웹사이트도 이 의견을 그대로 인용하고 있다.[11] 해당 논란의 진위는 이 글에서 다룰 사안은 아니나, 진위 여부와 상관없이 도시 공간에 대한 이 새로운 해석이 정치적 의도와 밀접하게 연결되어 있음은 주지해야 하는 사실이다. 크렙스는 이를 아르메니아의 수도 예레반에서 기원전 팔백 년 전으로 거슬러 올라가는 새로운 유적지가 발견된 데에서 영향을 받았으리라 추정한다.[12]

11　https://en.unesco.org/silkroad/silk-road-themes/world-heritage-sites/walled-city-baku-shirvanshahs-palace-and-maiden-tower (검색일 : 2023.05.15).

12　Melanie Krebs, "From Cosmopolitan Baku to Tolerant Azerbaijan–Branding 'Land of Fire'", *Identity Studies in the Caucasus and the Black Sea Region* 6, 2015, p.124. 이는 카프카스 알바니아에 대한 논쟁과도 그 결을 같이 한다. 아제르바이잔과 아르메니아 모두 약 4세기에서 8세기에 걸쳐 존재했던 기독교 국가 카프카스 알바니아를 자신들의 역사라고 주장한다. 아제르바이잔의 주장은 우선 나고르노-카라바흐 지역의 아르메니아 교회 유적의 소유권을 주장하기 위함이기도 하지만, 동시에 아제르바이잔이 러시아 점령 이전에 이미 기독교 문화를 수용한 다종교적·다문화적 국가임을 보여주고자

이렇듯 아르메니아와의 경쟁 관계는 유적 연구 및 홍보를 포함 아제르바이잔 정체성에 매우 큰 영향을 미치고 있다. 카라게조프는 2005년 책에서 아제르바이잔 민족성과 정체성을 추구하는 과정에서 가장 큰 걸림돌로 집단기억의 부재를 손꼽지만, 80년대 후반부터 지속된 아르메니아와의 전쟁은 아제르인들의 집단기억을 생성하며, 국민들을 하나로 결집시키는 요인이 된다. 2023년 1월 바쿠는 여전히 나고르노-카라바흐 전쟁 희생자에 대한 추모와 실질적인 승리를 기리는 기념물, 그리고 반反아르메니아 정서가 TV와 빌보드, 박물관 등으로 만연해 있었다.[13]

이러한 과정을 통해 2020년 해변대로 동쪽에 설립된 전쟁 트로피 공원은 아제르바이잔의 새로운 집단기억의 저장소이자 민족주의적 공간으로 자리 잡았다. 그러나 죽어가는 아르메니아군의 마네킹 등을 전시하는 등 지나치게 고조된 민족주의와 사려 깊지 못한 행정, 그리고 국내 정치적 상황을 위한 전쟁의 활용은 국제적 논란으로 이어지기도 한다.[14] 이렇듯 민족 주적을 규명하는 방식으로 수행되는 민족주의, 권위주의적 대통령의 주도하에 이루어지는 도시 행정, 복잡한 민족문화는 역사 왜곡과 국제 기준 및 정서에 맞지 않는 결과물을 만들어냈다. 이는 집단기억을 형성하고 정체성을 확고히 하는데 기

하는 의도이기도 하다. 카프카스 알바니아 왕국에 대한 논란에 대해서는 J. 아가의 글을 참고하시오. Javid Agha, "Who were the Caucasian Albanians?", Eurasianet. https://eurasianet.org/perspectives-who-were-the-caucasian-albanians (검색일 : 2023.05.15).

13 오랜 전쟁으로 인해 반아르메니아 감정이 매우 팽배해 있는데, 이는 필자가 2023년 1월 방문했던 박물관에서도 잘 드러났다. 국립역사박물관은 슈샤 지역 전시회를 하고 있었는데, 지역의 역사뿐 아니라 나고르노-카라바흐 전쟁에 사용된 무기와 전투 사진, 그리고 심지어 전사자들의 사진까지 전시하고 있었다. 아제르바이잔 독립박물관에서 가이드는 독립 국가를 일찍 이루지 못한 아제르바이잔의 역사는 러시아와 아르메니아의 탄압의 역사로 설명한다.

14 아제르바이잔 외교부는 이러한 비판에 대해 외국 박물관에서도 사용하는 일반적인 전시방식이라고 반박했으나, 2021년 논란이 된 마네킹은 조용히 철거되었다. https://www.mfa.gov.az/en/news/no131 21-commentary-of-the-press-service-department-of-the-ministry-of-foreign-affairs-of-the-republicof-az erbaijan-on-the-statement-of-the-armenian-foreign-ministry-on-the-opening-of-the-military-trophy-par k-in-baku (검색일 : 2023.05.15). 이러한 전시는 행정 절차의 문제기이기도 하지만 정치적 활용을 위해 지나치게 민족주의를 강조하고 자극적인 이미지를 추구하기 때문이기도 하다.
또한 아제르바이잔과 아르메니아 양 국가 모두 국내 문제를 은폐하려는 의도로 나고르노-카라바흐 전쟁을 이용하기도 했다. 김영진, 「아제르바이잔 정체성의 복합적 성격과 대외 정책에의 함의」, 『유라시아 지역의 국가 민족 정체성』, 서울 : 한울 아카데미, 2010, 312~347쪽.

8장 스펙타클의 도시 바쿠   257

여한 바가 있지만, 바쿠의 현대화 및 국제화된 이미지를 창조하는데 부정적 영향을 끼친다.

이처럼 바쿠 및 아제르바이잔이 도시 및 국가 경쟁력 강화를 위해 국제화된 이미지를 추구하는 데 있어서 나타나는 딜레마는 바로 민족적 정체성의 추구라는 목표와 종종 대립되는 결과를 산출한다는 점이다. 또한 민족주의적 바쿠라는 도시 이미지를 추구하는 데 있어서 당연히 러시아제국 및 소비에트 시기의 바쿠는 극복 대상으로 생각될 수밖에 없는데, 이 또한 바쿠 도시 브랜드 구축의 두 번째 딜레마이다. 현 정부가 추진하는 현대화 및 국제화 정책과 달리, 아이러니하게도 21세기 바쿠는 바쿠 도시 역사에서 가장 덜 국제화된 도시이다.

19세기 말 오일붐으로 발전한 바쿠는 러시아인, 아르메니아인, 유대인, 아제르인 등이 모여 살던 국제 도시였다. 1897년 당시 바쿠 인구는 약 18만 명이었는데 아제르인이 약 34%, 러시아인이 약 25%, 아르메니아인이 약 12%를 구성하고 있었다.[15] 노벨 가문과 로스차일드 가문도 이 시기 바쿠에서 활발한 사업 활동을 했고 다양한 종교의 건물들과 동서양의 양식이 혼합된 다채로운 건축물들이 지어지면서, 바쿠는 "동양의 파리"라고도 불렸다.[16]

다민족성과 다문화성을 의미하는 '코스모폴리탄 바쿠'는 세계 제2차대전 이후 바쿠의 비공식 수식어였다. 코스모폴리탄 바쿠는 바쿠인bakinets이라고 하는 단어와도 밀접하게 연결되는데, 이때 바쿠인은 아제르인이나 러시아인, 아르메니아인, 유대인 등 민족과 상관없이 바쿠에 거주하고 러시아어가 유창한 엘리트라는 의미를 내포하고 있었다. 실질적으로 바쿠인은 특정 사회 계급을 의미하는 단어이기도 했지만, 동시에 바쿠에 소속감을 느끼는 다양한 민족과

---

15 해당 백분율은 크렙스의 논문에 인용된 수치에 기반하여 계산한 것이다.
16 아르메니아 정교 성당(1881), 러시아 알렉산드르 넵스키 정교 성당(1889), 독일 프로테스탄트 교회(1908)가 설립되었고 오일 재벌의 초청을 받은 폴란드, 독일, 러시아 출신의 건축가들이 사파비드, 페르시아, 카이로, 오토만, 마그렙 양식이 녹아있는 비잔틴, 신고전주의, 절충주의, 신르네상스, 프랑스 고딕 양식의 건물을 건축하였다.

인종을 모두 포괄하는 단어였다. 또한 60년대와 70년대 바쿠는 재즈의 메카로 명성을 날렸는데, 이때 소비에트 각 지역에서 모여든 음악인들의 재즈 공연이 펼쳐졌으며, 바쿠는 '카스피해의 뉴올리언즈'라는 별칭을 얻기도 했다.[17]

다민족이 모여 살던 국제 도시였던 바쿠는 1980년대 후반 극적인 변화를 겪는다. 소비에트 해체와 아르메니아와의 전쟁으로 인해 러시아인들과 아르메니아인들이 바쿠를 떠나고 나고르노-카라바흐 지역의 난민들과 지방의 아제르인들이 일자리를 찾아 대거 수도로 이동하면서 바쿠는 아제르인들이 주류를 이루는 도시가 되었다. 2009년 유엔해비타트 통계에 따르면 바쿠 인구는 아제르인이 91%, 러시아인이 5%, 그리고 기타가 4%로 아제르인들이 절대다수를 차지한다.[18] 기존 바쿠인들은 인구 구성의 변화를 바쿠의 질서가 무너지고 바쿠가 시골화되었다고 개탄하기도 했다.[19]

기존 바쿠인들과 지방 출신들의 갈등 속에서 끊임없이 과거의 바쿠와 현재의 바쿠가 비교되는 가운데, 국제화되고자 하는 도시 바쿠가 경계해야 하는 적수는 이웃 나라인 아르메니아나 이란, 조지아의 수도가 아니라, 바로 러시아제국 및 소비에트 시기의 바쿠가 된다. 국제화를 추구하지만 가장 덜 국제화된 도시가 된 이 딜레마를 극복하기 위해 바쿠는 소비에트 시기와 차별화된 새로운 글로벌 이미지가 필요했다. 두 슬로건인 '불의 땅'과 '카스피해의 두바이'는 이러한 바쿠의 딜레마를 해소하고 21세기 바쿠의 새로운 정체성을

---

17 소비에트 후기 바쿠에서 발전한 무감 재즈와 그 문화적 현상에 대해서는 S. 루만체프와 S. 후세이노바의 논문을 참고하시오. Sergey Rumyansev and Sevil Huseynova, "Between the Center of Jazz and the Capital of Muslim Culture", in *Urban Space after Socialism : Ethnographies of Public Places in Eurasian Cities*, eds. Tsypylma Darieva, Wolfgang Kaschuba, Melanie Krebs, Frankfurt am Main : Campus, 2011, pp.107~129.

18 UN-Habitat, *The State of European Cities in Transition*, Krakow : Institute of Urban Development, 2013, p.208.

19 소비에트 시기 코스모폴리탄 바쿠와 바쿠의 변화, 이에 대한 바쿠인들의 태도에 대해서는 크렙스와 그랜트 다리예바의 논문을 참고하시오. 특히 다리예바의 논문은 해변대로 재건을 중심으로 바쿠 도시의 정체성 변화를 살펴보고 있다. Bruce Grant, "Cosmopolitan Baku", *Ethnos* 75, 2, 2010, pp.123~147; Tsypylma Darieva, "Sterilizing the Public Space? The Baku Waterfront as History's Promenade", *Russian Studies in History* 55, 2, 2016, pp.163~179.

8장 스펙타클의 도시 바쿠　259

확립하기 위한 국가 브랜드이자, 도시개발의 지향점이 된다.[20]

3. 바쿠와 브랜드 : '불의 땅'과 '카스피해의 두바이'

'불의 땅'은 아제르바이잔 정부의 국가 공식 브랜드로, 2012년 유로비전에서도 꽃의 형태를 띤 불의 형상과 "너의 불꽃을 피워라"는 슬로건이 사용되었다 (〈그림 2〉). 기억하기 쉬운 단순한 단어의 조합에 조로아스터교의 역사와 국가 경제를 떠받치는 석유 및 천연가스 즉, 지리적·경제적 특징을 포함한다는 점에서 해당 브랜드는 성공적이다.[21]

'불의 땅'이라는 브랜드를 대표할 수 있는 건축물은 바로 아테쉬가 사원인데, 이 사원은 21세기 바쿠의 비非국제성이라는 딜레마와 역사가 짧은 도시라는 콤플렉스를 상쇄할 수 있는 유적지이다. 바쿠 교외에 위치한 사원은 천연가스 매립지 위에 건축된 불의 사원으로 17세기와 18세기에 걸쳐 축조되었으며, 조로아스터교, 힌두교, 시크교를 포함한 불을 숭배하는 다양한 종교인들의 순례지였다. 해당 건축물은 러시아

〈그림 2〉 2012년 바쿠 유로비전 로고
*자료 : https://upload.wikimedia.org/wiki pedia/en/thumb/1/1c/Eurovision_Song_Contest_2012.svg/281px-Eurovision_Song_Contest_2012.svg.png (검색일 : 2023. 05. 28).

---

20 '불의 땅'은 국가를 상징하는 슬로건이지만, 석유 및 가스 시추가 바쿠가 위치한 압셰론 반도와 카스피해를 중심으로 이루어지고 바쿠의 인구 및 경제 집중도가 매우 높으며, 수도인 바쿠가 아제르바이잔 국가 및 민족 정체성의 재현 공간이라는 점에서 해당 슬로건을 아제르바이잔 슬로건인 동시에 바쿠의 슬로건으로 해석할 수 있다.

21 한국의 MBC 예능프로그램인 〈어서와 한국은 처음이지〉에서도 2019년 12월 방영된 119화, 122화에서 아제르바이잔을 '불의 나라'로, 아제르바이잔 남성들을 '불의 사나이'로 소개한 바 있다.

제국 점령 이전 및 이슬람교 수용 이전의 시대를 보여주며, 바쿠의 역사성을 확장한다. 따라서 러시아제국 또는 소비에트 시기와의 단절을 꾀하면서도, 글로벌한 바쿠의 면모를 홍보하기에 적합하다.

현재 박물관으로 활용되고 있는 아테쉬가 사원의 전시 형태는 이러한 의도를 잘 드러내고 있다. 일반 관광 홍보 자료에서 이 박물관은 조로아스터교 사원으로 소개되는데, 막상 전시는 대부분 힌두교도와 관련된 것이다. 사원은 마네킹으로 아테쉬가를 방문한 힌두교 순례자들의 모습을 재현하고 있으며, 바쿠가 예부터 국제적 도시였음을 강조한다.[22] 그리고 이 사원은 종종 국가 차원에서 '다문화주의'의 상징으로 소개된다.[23] 다문화주의는 알리예프 대통령은 2013년 연설에서 표방한 국가 정책이다. 대통령은 다문화주의는 아제르바이잔 사람들의 전통적 삶의 방식이라고 주장했으며, 아테쉬가 사원과 모스크, 정교를 포함한 다양한 종교 건축물이 공존하는 것을 그 근거로 들었다.[24] 해당 단어는 아제르인이 주류를 이루는 현 인구 분포를 반영하며, 소비에트를 연상시키는 단어인 코스모폴리타니즘을 대체한다.

'불의 땅'이라는 브랜드 이미지가 아테쉬가 사원이라는 유적지를 통해 과거와 현재의 바쿠를 연결한다면, 바쿠의 새로운 랜드마크인 플레임타워는 현대적인 외양으로 과거와 현재, 그리고 미래를 잇는 상징적 건축물이다. 이는 2015년 유로비전 폐막식에서 잘 드러났다. 붉은 조명과 함께 아테쉬가 사원을 배경으로 불쇼가 이어지는 와중에, 폐막식 무대는 옛 바쿠의 상징인 메이

---

22 꺼지지 않는 불꽃으로 유명해진 아테쉬가에는 조로아스터교인들과 힌두교도 등불을 신성시하는 다양한 사람들의 순례지가 되었다. 19세기 본격적인 석유 시추가 시작되면서 아테쉬가의 불꽃도 꺼졌고 순례자들의 발길이 끊김에 따라 폐허가 되었다. 1975년 박물관으로 지정되었고 2007년 대통령령으로 아제르바이잔 문화유산으로 등록되었다. 2023년 1월 필자가 아테쉬가를 방문했을 때 인도 단체 관람객들을 볼 수 있었고 박물관 가이드는 전시 구성에 대한 필자의 질문에 힌두교들 위주의 전시 구성이 인도 관람객을 겨냥한 것이기도 하다고 답했다.

23 @AIDAzerbaijan, Twitter. https://twitter.com/AIDAzerbaijan/status/1535656692012269569 (검색일 : 2023.05.15).

24 https://multiculturalism.preslib.az/en_a1.html (검색일 : 2023.05.15), Firudin Nabiyev, "Azerbaijan is the land of tolerance", The Republic of Azerbaijan State Migration Service. https://migration.gov.az/en/press_detail/273 (검색일 : 2023.05.15).

든타워가 플레임타워로 변화하면서 클라이맥스를 맞는다.[25] 플레임타워는 세 개의 건물로 구성된 콤플렉스로 불꽃 모양을 형상화하며, 아제르바이잔 역사와 문화가 조로아스터교에 뿌리를 두고 있음을 상징한다. 플레임타워는 옛 키로프 동상이 서있던 언덕의 다구스투 공원 입구에 서 있다. 바쿠 시내 어디에서든 시야에 들어올 정도로 거대한 위용을 자랑하며 새로운 스카이라인을 형성한다.

소비에트 시기 대표적인 바쿠 풍경 사진은 항상 키로프 동상을 전경에 놓고 구시가지와 카스피해를 후경으로 한 조감도의 형태를 띠었다면, 21세기 바쿠 사진은 플레임타워를 중심으로 한다. 구글 이미지에서 영어로 바쿠를 검색하면 구시가지의 성벽과 플레임타워를 함께 보여주는 이미지가 대부분이다(<그림 3>). 이는 '카스피해의 두바이'와 '불의 땅', 그리고 과거와 미래를 함께 보여주는 이미지로 바쿠의 여행 가이드들이 해당 파노라마를 찍을 수 있는 포토스팟으로 안내하면서 비슷한 구도의 이미지들이 끊임없이 재생산되고

〈그림 3〉 2023년 5월 28일 구글 바쿠 검색 화면
* 자료 : 구글 캡처 (검색일 : 2023. 05. 28).

---

25 The 2nd European Games, "Full Replay of the Baku 2015 European Games Closing Ceremony", Youtube. https://youtu.be/XIUJlXjZAaE (검색일 : 2023. 05. 15).

262   제2부 유라시아의 동과 서

바쿠 풍경을 대표한다. 이제 바쿠의 대표적 풍경 사진은 카스피해와 키로프 동상이 중심이 되어 도시를 내려다보는 조감도가 아니라, 현대적 건물이 우뚝 서 있는 도시를 올려다보는 구도가 된다. 게다가 플레임타워는 만 개의 LED판으로 구성되어 있어 밤에는 일종의 스크린 역할을 하며, 불꽃의 이미지와 아제르바이잔 국기를 투영하여 바쿠 야경을 화려한 조명으로 수놓는다. 플레임타워는 제2의 두바이로서의 이미지와 아제르바이잔의 역사적 상징인 불을 동시에 형상화하는 야심작이다. 국가 공식 브랜드인 '불의 땅'을 상징하는 아테쉬가 사원과 플레임타워는 비非국제적인 도시라는 바쿠의 딜레마를 극복하고 바쿠의 과거와 현재, 미래를 연결하면서, 지역 정체성 확립과 국제화 및 현대화라는 두 마리 토끼를 잡는데 성공한다.

'불의 땅'과 달리 '카스피해의 두바이'는 바쿠의 급속한 도시개발을 두바이와 비교하면서 자연스럽게 붙은 수식어로, 주로 관광 홍보 자료나 개인 블로그에서 많이 관측된다. 2012년 유로비전으로 인해 바쿠가 해외 언론의 주목을 받으면서 확산되기 시작한 것으로 추측된다. 유로비전 개최는 바쿠 도시개발에서 매우 중요한 의미를 가진다. 2011년 5월 14일 독일 뒤셀도르프에서 열린 유로비전 노래 경연에서 아제르바이잔 대표팀이 우승하면서, 바쿠는 2012년 유로비전 개최지로 자동 지정되었다. 첫 대형 국제 행사인 유로비전에서 아제르바이잔은 "유럽과 아시아의 가교"로서 현대화된 바쿠에 대한 인상을 유럽인들에게 심어주고자 했다.[26] 따라서 유로비전을 주관하는 유럽방송연맹EBU의 우려에도 불구하고 아제르바이잔은 새로운 공연장 설립을 추진했다. 그리고 9개월 만에 크리스탈홀 건설을 마쳤으며, 이 건축물은 바쿠의 부와 추진력을 과시하는 "기적"으로 홍보되었다.[27] 2008년 베이징 올림픽, 2009년 모스크바 유로비전, 2012년 폴란드 유로 축구 대회와 같이 대형 국제 행사를 통해 국력과 부를 과시하고 세계적 도시로 발돋움한 사례를 모델로 삼아,

---

26 Ibid., pp.8~9.
27 Oliver G. Hamm, *The Baku Miracle*, Berlin : Jovis, 2013.

아제르바이잔 정부는 국제 행사에서 신축 건축물을 포함한 현대화된 이미지를 선보임으로써, 유럽화된 바쿠를 홍보하고자 했다. 비록 인권 문제와 같은 아제르바이잔 사회의 이면 또한 노출되었지만, 국가 이미지 홍보에 있어서 유로비전은 성공을 거두었고 이에 힘입어 정부는 대형 국제 행사의 유치를 적극 추진하면서 바쿠 홍보에 전투적으로 나서기 시작한다.[28]

유로비전은 특히 2011년 발표된 바쿠 도시계획과 맞물려 스펙타클한 바쿠를 만드는 변곡점이 되었다.[29] '카스피해의 두바이'라는 슬로건은 도시계획을 촉진시킨 요인이자 과정인 동시에 결과였다.[30] 두바이처럼 부동산 개발을 통해 해외 비즈니스 인사들과 관광객들을 유치하고 석유 수출에 의존하는 경제구조에서 탈피하겠다는 야심찬 계획은 두바이를 모델로 추진한 도시 재생 사업과 랜드마크 건축물에서 볼 수 있다. 대표적으로 지라섬 프로젝트와 카자르섬 프로젝트, 화이트시티 프로젝트 등을 들 수 있는데, 이중 섬 프로젝트는 실현되지 못한 채 디지털 이미지로만 남았고, 화이트시티 프로젝트는 노먼 포스터Foster+Partners와 앳킨슨의 계획하에 현재 공사가 진행 중이다(<그림 4>).[31]

---

28 2008년, 2016년 올림픽 유치에 실패한 바쿠는 2012년을 '스포츠의 해'로 지정하면서까지 다시 2020년 올림픽 유치에 힘썼으나 실패로 돌아갔다. 그 이후로는 올림픽보다는 규모가 작은 국제행사를 유치하는 방향으로 선회했으며, 그 결과 2015년 유로비전과 포뮬라1을 유치한다. 다만 2015년 유로게임은 경제적으로도, 정치 및 외교적으로도 실패한 국제 행사로 도리어 아제르바이잔의 인권 탄압적인 면모만 강조된 행사가 되었다. 바쿠의 국제행사 개최와 국가 정체성 확립 및 홍보에 대해서는 E. 로호-라바엔의 유로게임에 대한 논문과 M. 이스마일로프의 유로비전 논문, 그리고 2012년 유로비전의 경제적 효과에 대해서는 J. 아네거와 M. 헤르츠의 논문을 참고하시오. Ekain Rojo-Labaien, "The Baku 2015 European Games as a national milestone of post-Soviet Azerbaijan", *Nationalities Papers* 46, 6, 2018, pp.1101~1117; Murad Ismayilov, "State, Identity, and the Politics of Music : Eurovision and nation-building in Azerbaijan", *Nationalities Papers* 40, 6, 2012, pp.833~851; Julius Arnegger and Marc Herz, "Economic and Destination Image Impacts of Mega-Events in Emerging Tourist Destinations", *Journal of Destination Marketing & Management* 5, 2, 2016, pp.76~85.

29 https://arxkom.gov.az/en/bakinin-bas-plani (Дата обращения : 18.06.2023); Дж. Алекперова, "План п роектировки центральной части Баку близится к завершению", millikitabxana.az. http://www.anl.az/down/meqale/exo/2011/may/av548.htm (Дата обр ащения : 18.06.2023)

30 발리예프는 2012년도 논문에서 바쿠와 두바이 도시개발의 유사점을 비교하면서, 두바이를 모델로 할 경우의 문제점을 고찰하고 있다. Anar Valiyev, "Baku", *Cities* 31, 2013, pp.625~640.

31 Eve Blau, *Baku : Oil and Urbanism*, Zurich : Park Books, 2018, p.264.

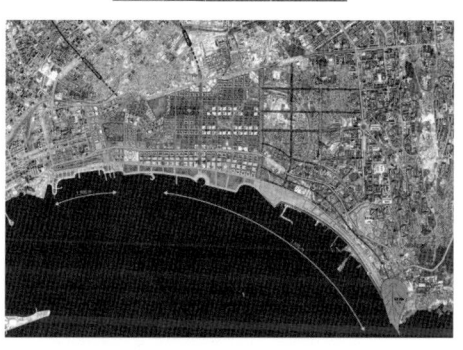

〈그림 4〉 화이트시티 프로젝트 마스터플랜
* 자료 : https://www.bakuwhitecity.com/ (검색일 : 2023.05.28).

화이트시티는 19세기 후반 석유추출 지역이었던 바쿠 동쪽의 옛 산업지대
를 지칭하는데, 본래 석유가 검은 황금으로 알려져 있기에 블랙시티라고 불
렸다.[32] 약 1600헥타르에 이르는 이 지역은 바쿠 도심과 공항을 연결하는 고
속도로가 지나가므로, 해외 방문객들이 반드시 거쳐 가는 바쿠의 관문이기도
하다. 2010년 6월 바쿠의 인구 분산과 환경 개선을 위해 화이트시티 프로젝
트를 시작했는데, 바로 석유 산업으로 인해 오염된 옛 산업지대를 최첨단 건
물이 들어선 생태 도시로 탈바꿈시키고자 하는 사업이었다.[33] 즉, 해당 프로
젝트는 화이트시티라는 이름으로 이 지역에 대한 이미지 변화를 꾀하면서,
최첨단과 국제적 이미지를 함께 구축하는데 목표를 두고 있다. 이는 "첨단 기
술, 확장된 공간, 세련된 형식"을 앞세워 "글로벌 스타일을 구축"한 건축가 포
스터를 초빙한 데에서도 볼 수 있다.[34] 게다가 2008년 복원된 노벨 가문의 빌

---

[32] 그러나 동시에 산업지대였으므로, 땅을 비롯한 모든 시설이 검고 더럽다는 의미이기도 했다.
[33] 본래 화이트시티는 산업지대인 블랙시티 옆 노동자 거주지역을 지칭했는데, 현재 프로젝트는 옛 블랙
시티 지역과 화이트시티 지역을 거의 전부 아우르고 있다. https://www.bakuwhitecity.com/ (검색일
: 2023.05.15).

라 페트롤레아는 '오일 부호의 시대'라고 불리는 19세기 후반 국제적인 바쿠의 모습을 입증하며, 화이트시티의 역사성과 화려했던 과거를 보여준다.[35]

바쿠 도심 지역에서도 대대적인 재개발 프로젝트가 진행되고 있는데, 2022년 12월 2차로 완공되었고 아직 확장 중인 중앙공원 프로젝트가 대표적인 사례이다. 공원 건설 또한 생태 도시 이미지를 부여하기 위한 도시계획의 일환으로 볼 수 있는데, 중앙공원 지역은 본래 19세기 후반 성벽 북쪽에 형성된 거주 지역으로, 성벽 내부를 제외하면 바쿠에서 가장 오래된 구시가지 중 하나였다. 현재 이 공간에는 지하 주차장과 카페, 야외 운동기구, 화단 등이 위치한 거대한 신식 공원이 들어섰으며, 공원은 근처 신식아파트 주민들에게 탁 트인 녹색 풍경과 정비된 휴식 공간을 제공한다.

또 다른 구시가지는 그 역사성을 인정받아 철거의 위기에서 벗어나 있다. 이셰리셰허와 19세기 러시아제국 시기의 서양식 건축물이 늘어선 니자미 거리 등은 역사 지구 및 관광 지구로 재정비되었다. 특히 러시아제국 시절 형성된 해변대로는 가장 성공적인 도시 재생 사업으로 손꼽힌다〈그림 5〉. 카스피

〈그림 5〉 해변대로
* 자료 : 필자 촬영(중앙에 멀리 보이는 건물이 플레임타워이다.)

34 할 포스터, 김정혜 역, 『콤플렉스』, 서울 : 현실문화, 2014, 74쪽.
35 빌라 페트롤레아는 석유 사업을 시작한 노벨 가문에서 유럽 기술자들을 초청해 1884년 완공한 저택이었다. 이곳에 노벨은 공장 노동자들을 위한 기숙사와 학교, 그리고 가족 들을 위한 저택과 약 8만 그루의 나무와 관목이 심어진 공원을 건설했다. 빌라 페트롤레아는 당시 공업지대인 블랙시티와 거주지역인 화이트시티를 나누는 경계선이었으며, 당시로는 흔치 않게 공업지대에 조성된 공원이었다. 혁명 이후 노벨 가문은 바쿠를 떠났고 공원은 시민들의 공원으로, 노벨 저택은 폐허처럼 남아있다가 2007년 바쿠 노벨 문화유산 펀드에 의해 복원되었다. Шамиль Фатуллаев-Фигаров, *Градостроительство и архитектура Азербайджана −начала века*, Баку : Шарг-Гарб, 2013, p.87, 339.

해를 따라 형성된 3.5km의 바쿠 해변대로는 본래 20세기 초 러시아제국 시기 카스피해 쪽의 성벽과 바닷가를 따라 세워진 건축물들을 허물고 만든 산책로였다. 혁명 이후 모든 사람들에게 개방되었으며, 특히 소비에트 정부는 이 공간을 중앙정부가 낙후된 바쿠에 '선물한' '선진화된 유럽식 공공공간'으로 홍보했다. 90년대에는 지방에서 올라온 불법 거주자들과 노숙자들의 공간으로 전락했으나, 2000년대 후반 리모델링을 통해 현대화된 휴식 공간으로 재탄생했으며, 크리스탈홀을 비롯한 극장과 박물관, 2020년 개장한 데니즈몰과 같은 쇼핑몰 등이 차례로 개장하면서 해변 대로는 휴식 공간뿐 아니라 현대적인 복합문화 공간이 되었다. 이 사업은 특히 소비에트 정부가 '선물한 유럽식 선진 공간'이 아니라 아제르바이잔 정부와 대통령이 시민들에게 선사한 공간으로 재표상했다는 점에서 성공적으로 평가받는다.[36] 현재 해변대로 서쪽으로는 前 세계 최고 높이의 국기게양대(2010)와 크리스탈홀(2012), 바쿠아이(2014), 프란츠 얀즈가 디자인한 카펫박물관(2014)과 음악당인 무감센터(2008)가, 동쪽으로는 리모델링한 바쿠 여객 터미널과 크레센트타워와 같은 랜드마크가 중심이 되어, 현대적 건물들의 콤플렉스를 이룬다(<그림 6>, <그림 7>).[37]

해당 콤플렉스 중에서도 해변대로의 카펫박물관은 플레임타워와 헤이다르 알리예프 센터(2013)와 함께 트립어드바이저와 컬처트립과 같은 관광 플랫폼에서 바쿠 관광지를 검색한다면 반드시 포함되는 랜드마크이다. 이 건축물들은 19세기 및 소비에트 건축물과 대비를 이루며 바쿠에 현대화된 이미지를 부여하는 "배우이면서 동시에 무대로, 멋진 상품의 배경이면서 동시에 무엇보다 멋진 상품"이다.[38] 플레임타워가 지리적, 경제적, 종교적 상징인 불을 현대

---

36 바쿠 정부는 소비에트 시기 정부가 공공공간을 활용해 시민들을 통제하는 동시에 선진화된 공공공간을 선물했다는 제국주의적 시혜의 수사학을 그대로 활용하고 있다. 이에 대해서는 다리예바의 논문을 참고하시오.

37 2010년 당시 162m로 세계 최고(最高) 높이의 국기 게양대로 등재되었으나, 2011년 타지키스탄이 133m의 게양대를, 사우디아라비아가 2014년 170m의 게양대를 올리면서 3위로 내려앉았다. 그러나 현재는 카스피해에서 불어오는 강풍으로 인해 깃발이 여러 번 찢어지면서, 깃발과 게양대 모두 철거된 상태이다.

38 할 포스터, 앞의 책, 116쪽.

8장 스펙타클의 도시 바쿠   267

1 〈그림 6〉 다구스투 공원에서 바라본 해변대로 동쪽
  * 자료 : 필자 촬영(중앙에 크레센트타워와
    하단 오른쪽에 대니즈홀이 보인다.)
2 〈그림 7〉 다구스투 공원에서 바라본 해변대로 서쪽
  * 자료 : 필자 촬영(중앙에 크리스탈홀과
    하단 왼쪽에 바쿠아이가 보인다.)
3 〈그림 8〉 카펫박물관
  * 자료 : 필자 촬영

적 건물에 외형적으로 투영했다면, 카펫박물관은 전통 문화유산이자 일상문화인 카펫을 가장 현대적인 건물에 결합한 성공적인 랜드마크이다.

카펫박물관은 둘둘 말린 카펫의 형태이다(〈그림 8〉). 단순명료하고 직관적인 디자인이지만, 카펫이라는 모양을 채택함으로써 '지역적 자취'를 글로벌 양식에 성공적으로 반영하여 역사성과 세계성을 적절하게 결합했다. 특히 카펫 전용 박물관의 설립은 아제르바이잔 문화를 홍보하고 정체성을 확립하는 데 있어서 함의하는 바가 크다.[39] 메이든타워와 같은 건축물과 마찬가지로 카펫은 문화적 정체성을 구체화하여 보여줄 수 있으며, 집단기억이 부족한 아제

---

39 본래 라티프 카리모프의 수집품을 바탕으로 1967년 설립된 카펫 및 민속공예 박물관이었고 구시가지의 주마모스크에 자리잡고 있었다. 1992년 모스크가 종교적 기능을 다시 회복하면서 해당 박물관은 박물관센터로 이전했다가 2014년 해당 건축물이 완공되면서 카펫 전시만 분리하여 카펫 전용 박물관으로 개장했다.

르바이잔 역사에 매우 유용한 유산이다. 이와 동시에 메이든타워와 달리 카펫은 평범한 사람들이 일상적으로 사용하는 물품이라는 점에서 중요한 의미를 가진다. 카펫의 민족주의화 작업은 민족주의를 평범한 개인의 일상생활에 밀착하게 만들며, 평범한 사람들도 일상에서 카펫이라는 매개체를 통해 지속적으로 민족이라는 상상된 공동체를 상기할 수 있다. 마이클 빌리그는 평범한 사람들은 반복되는 깃발이나 화폐, 국가 상징에 일상적으로 노출되면서 상상된 민족적 정체성을 끊임없이 재인식한다고 보았으며, 따라서 이를 "평범한 민족주의"라고 불렀다.[40]

게다가 박물관 설립은 아제르바이잔 카펫에 정통성과 정당성을 부여한다. 카펫은 이란에서 중앙아시아까지 유목 문화권에 널리 퍼져 있는 공통의 문화요소로 아제르바이잔만의 특별한 문화유산이라고 할 수 없다. 특히 아제르바이잔과 영토 분쟁을 겪고 있어 적대적 관계에 있는 두 국가, 아르메니아와 이란 또한 국가적 및 민족적 상징으로 카펫을 내세우고 있기 때문에 카펫에 대한 권리 주장은 외교적, 정치적 문제로 번질 수도 있다.[41] 이란의 수도 테헤란에는 이미 1976년 설립된 카펫박물관이 존재하며, 또한 카라바흐 지역의 카펫 공예는 아르메니아와 아제르바이잔 간의 또 다른 갈등의 대상이 되고 있다. 따라서 정부는 정통성과 역사성을 공인받기 위해 각별한 노력을 기울였는데, 그 결과 아제르바이잔 카펫은 2010년 유네스코 무형문화유산으로 등재되었다.[42] 그리고 박물관의 존재는 바쿠의 물리적인 도시 표면에 세워지고 지

---

40 평범한 민족주의에 대한 자세한 내용은 M. 빌리그의 책을 참고하시오. Michael Bilig, *Banal Nationalism*, LA : Sage, 1995.

41 아제르바이잔은 아르메니아와의 나고르노-카라바흐 지역을 둘러싼 분쟁 이외에도 이란과 영토 분쟁을 겪고 있다. 19세기 초 러시아와 페르시아와의 전쟁이 끝나고 두 제국 간 국경선이 그려지면서, 아제르인들이 모여 살던 영토는 두 지역으로 갈라져 북쪽은 러시아에, 남쪽은 현재의 이란에 속하게 된다. 아제르바이잔은 이란 북쪽 영토를 남아제르바이잔이라고 부르는데, 이러한 명칭의 사용과 함께 아제르바이잔의 이슬람 세속주의 및 친서구 정책은 이란과 적대 관계를 형성하는 밑바탕이 된다.

42 유네스코 홍보영상에 따르면 카라바흐 지역 포함 카펫 공예를 아제르바이잔 문화로 소개하고 있는데, H. 아베다니안은 이를 오일머니를 바탕으로 한 아제르바이잔의 로비의 결과라고 주장한다. 다양한 민족이 모여 살았던 카프카스 지역의 카펫에 다양한 문화가 녹아있음은 당연한데 아제르바이잔은 아르메니아인들이 기여한 바를 완전히 무시하고 있다고 비판한다. 이에 반해 아제르바이잔은 아르메니아

8장 스펙타클의 도시 바쿠   269

도에 그 흔적을 남겨, 방문객들뿐 아니라 바쿠를 검색하는 인터넷 사용자들에게, 지도를 읽는 자들에게 카펫이 아제르바이잔 민족을 상징함을 각인시킨다. 평범한 일상용품인 카펫을 박물관 설립을 통해 민족적 정체성으로 승화시키며, 외국 유명 건축물과 현대적 전시와 결합하여 해외 홍보 효과를 노리고 카펫 역사의 주도권을 잡는다.[43]

〈그림 9〉 헤이다르 알리예프 센터
* 자료 : 필자 촬영

이에 비해 헤이다르 알리예프 센터는 바쿠의 초현대성을 보여주는 배경이자, 관광객들의 이목을 끄는 가장 멋진 상품이다(〈그림 9〉). 드넓은 언덕 위 부지에 우뚝 솟아있으며, 자하 하디드 건축 특유의 유려한 곡선을 자랑한다. 하디드의 대표적 건축물로 손꼽히며 2014년 런던 디자인박물관이 '올해의 디자인'으로 선정하기도 했다. 계단식으로 이루어진 잔디밭 광장이 내부 공간을 감싸고 있는데, 백색 건축물과 주변 대지는 곡선 형태로 유기적으로 이어져 하나의 공간적 흐름을 구성한다. 따라서 육안으로 볼 때나 온라인 이미지로 접할 때나 놀라운 광경을 연출하기 때문에 인스타그램 포토스팟으로도 선호된다. 대지와 연결된 곡선의 하얀 건축물은 주위를 둘러싼 직사각형의 소비에트 건물들과 대조를 이루며, 바쿠 도심에 하디드 특유의 미래주의적 이미지를 부여한다.

가 자국의 카펫 공예를 훔쳐 갔다고 주장한다. 2021년 슈샤 카펫박물관의 소장품이 전쟁 후 예레반으로 옮겨지자 아제르바이잔 문화부에서 유네스코에 조치를 취해 달라고 요구하기도 했다. Hrag Avedanian, "A War Over Patterns, Symbols, and the Cultural Heritage of Karabakh's Carpets", Hyperallergic. https://hyperallergic.com/625180/a-war-over-patterns-symbols-and-the-cultural-heritage-of-karabakhs-carpets/ (검색일 : 2023.05.15); "Azerbaijan urges UNESCO to react on Armenia's attempt to falsify history", Azernews, https://www.azernews.az/culture/176370.html (검색일 : 2023.05.15).

43 아제르바이잔 전통 카펫 공예뿐 아니라, 카펫을 활용한 현대 예술도 전시하고 또한 소비에트 시기 건립된 다른 박물관에는 없는 시각장애인을 위한 점자 설명판도 있다.

바쿠의 극적인 변화는 '카스피해의 두바이'라는 수식어를 만들어 냈고 이에 부응하는 개발을 지속해왔다. 최근 20년 동안 유리와 철근, LED로 표면을 덮은 랜드마크용 비즈니스 건물 및 공공건축물과 고층 아파트들, 고급 호텔 및 쇼핑센터가 곳곳에 들어서서 바쿠를 글로벌 양식과 글로벌 브랜드의 건물로 채우고 있다. 동시에 도심 지역의 도시 미화 사업은 반건조 기후의 바쿠를 위한 다양한 규모의 녹지와 공원을 건설하며, 생태 도시라는 이미지를 부여한다. 하디드와 포스터와 같은 유명 건축가의 랜드마크와 녹지의 확장은 도시 경쟁력을 제고하고 바쿠 웹사이트나 그림엽서가 되기 완벽한 스펙타클을 창조한다. 한편으로 '불의 땅'은 아제르바이잔 및 바쿠의 지형적·경제적·종교적 특징을 문화적 브랜드로 승화시킨 경우이다. 문화유산은 현대적 건물과 결합하여, 또는 현대적 해석을 통해 소비에트 해체 이후 상실한 바쿠의 국제성을 회복하고 카펫에 대한 권리를 전유하여 역사성과 국제성을 보완한다. 따라서 새로운 건축물들과 이들이 형성하는 브랜드 이미지는 바쿠의 과거와 현재, 그리고 미래를 집약적으로 보여주며, 국가 및 민족적 정체성과 국제화 및 현대적인 바쿠를 동시에 보여주고자 하는 노력을 표상한다.

4. 파사드로서의 스펙타클

2012년 알리예프 대통령은 포시즌 호텔 개장식에서 다음과 같은 연설을 남겼다. "오늘날 바쿠는 세계에서 가장 아름다운 도시들처럼 기반 시설, 서비스업, 호텔, 레스토랑, 산책로가 있습니다. 바쿠는 살기 좋은 곳으로 변하고 있습니다." 이 연설에 따르면, "아름다운 도시"와 "살기 좋은 도시"는 동일하며, 살기 좋은 곳이란 곧 포시즌 호텔이나 레스토랑과 같이 해외 방문객들을 위한 시설들이 있는 곳을 의미한다. 즉, 살기 좋은 도시란 국제화된 스펙타클의 도시이며, 글로벌 브랜드 및 화려한 자본주의 건축물의 유치가 곧 바쿠의 지향점임을 암시한다.

바쿠가 지향하는 도시는 체험하는 곳이 아니라 볼거리로 가득한 곳이다. 바쿠의 랜드마크 중 성공적인 건축물이 카펫박물관과 아테쉬가 사원이라는 점도 이를 뒷받침한다. 두 건축물의 기능과 구조가 성공적일 수 있던 이유는 애초에 보는 행위를 위한 공간이며, 국가 이데올로기에 충실히 부합하는 박물관으로 기능하기 때문이다.

방문객과 해외 언론에 선보이기 위한 볼거리로 가득한 공간, 완벽하게 정돈된 공간으로 도시를 꾸미기 위해 도시 설계자들은 설계자의 가치와 의도에 맞지 않는 풍경, 특히 삶의 공간을 배제해 버린다. 드보르의 스펙타클은 주로 소비 중심의 자본주의 사회에 대한 비판에 주로 인용되지만 권위주의적 정부와 시장 자본주의가 결합한 바쿠에도 충분히 적용될 수 있다. 대신 드보르는 자본주의와 달리 "관료정치가 사회에 재판매하는 상품은 사회 전체의 생존"이라고 지적했다. 아제르바이잔 정부는 현재 주 수출 품목인 천연자원의 고갈에 대비해야 한다는 점을 강조하며 아제르바이잔의 미래는 도시개발에 걸려 있음을 역설해왔다.[44] 따라서 관광 자원과 인프라를 구축하는 공사는 국가 생존을 위한 필수적 사업이 된다. 이는 현대화와 위생, 미화의 코드를 빌려 폭력적이고 억압적인 도시 재건 사업을 밀어붙일 수 있는 강력한 근거가 된다. 여기에 시민들의 의견이 반영되지 않는 비민주적 행정과 법적·경제적으로 분리되지 않은 수도의 행정 체계, 실질적으로 대통령이 모든 경제적, 정치적 권위를 행사하는 정치 체제는 공공공간에 대한 통제와 규제를 노골적으로 강

---

44 드보르, 앞의 책, 60쪽. 『스펙타클의 사회』의 64번 테제는 모택동 치하 사회주의 관료 독재 체제에 적용되는 스펙타클을 설명한다. 시장 자본주의가 침투해 있는 아제르바이잔에 완벽하게 해당하지는 않지만, 정치적 및 경제적 상황에 대한 공포를 팔고 독재자의 권위 확보를 위해 도시개발을 정당화하는 데에서 유사하다고 볼 수 있다. 석유 산업에서 관광을 비롯한 다른 사업으로 경제를 다각화해야 한다는 주장은 특히 석유 가격이 하락한 2014년부터 자주 등장했다. 이에 대해서는 아래 기사를 참고하시오. Wade Shepard, "What Azerbaijan Plans To Do When The Oil Runs Out", ForbesAsia. https://www.forbes.com/sites/wadeshepard/2016/12/03/what-azerbaijan-plans-to-do-when-the-oil-runs-out/?sh=551553a33780 (검색일 : 2023.05.15); Ana Səhifə, "Tourists instead of oil", Meydan.TV. https://www.meydan.tv/en/article/tourists-instead-of-oil/ (검색일 : 2023.05.15); Ryan Max, "Azerbaijan Is Trying to Attract Tourism with Its Crude Oil Spas", Vice. https://www.vice.com/en/article/5gj94a/bathing-in-the-crude-in-azerbaijan-0000702-v22n8 (검색일 : 2023.05.15).

화한다.[45] 따라서 도시 사업의 결정 과정에 시민들의 의사가 거의 반영되지 않은 채 독재 체제가 만든 스펙타클은 설계자가 원하는 이미지를 강화하고 원치 않는 이미지를 가리는데 십분 활용된다. 그 결과 주체는 "매개 없이 직접 경험"하지 못하고, "매체의 스펙타클을 관조하는 수동적 존재로 전락"한다.[46] "보이는 것은 좋은 것이며, 좋은 것은 보이는 것"이라는 주장하에, 스펙타클은 보이는 것을 "무기력하게" 수용할 것을 요구한다. 특히 플레임타워와 같은 건축의 스펙타클은 도심 어느 곳에서도 시야에 들어오기에 시각적으로 수용할 수밖에 없으며 "반박을 용인하지 않는다"(<그림 5>).[47]

이러한 폭력적인 도시 미화 사업은 바쿠 곳곳에서 발견된다. 무엇보다 권위주의적 정부가 삼십 년간 동일한 목표를 갖고 도시계획을 추진했다고 해도, 복잡한 역사와 다양한 삶이 함께 어우러지는 체험 공간인 도시를 설계자가 원하는 이미지로 완전히 변모시키는 것은 불가능하다.[48] 다양한 가치와 삶이 경쟁하는 공간인 도시는 필연적으로 균열과 갈등을 수반하며 이를 해결하기 위해서는 협의의 과정이 필요하다. 따라서 도시 공간에서 균열과 불협화음이 생기는 것은 자연스러운 현상인데, 권위주의적 정부는 이를 완벽한 스펙타클을 만드는 데 실패한 것 또는 미완성의 상태로 여기고 이를 감추고자 한다. 이러한 조치는 오로지 겉포장에 집중하므로, 건축의 정면 외벽을 가리키며

45　바쿠는 권리를 행사하는 지방자치단체가 아니며, 바쿠의 도시 정책은 대통령 주도로 이루어진다. 바쿠 행정부의 수장이 시장을 대신하며, 시장 및 바쿠 각 구역의 구역장을 전부 대통령이 직접 임명하므로, 실질적으로 바쿠에 대한 모든 권한이 대통령에게 있다. 또한 바쿠는 국가가 소유한 땅과 시 정부가 소유한 땅의 경계가 명확하지 않기에 정확한 도시 지도가 없으며, 세금과 지출 또한 명확히 구분되지 않는다. 게다가 90년대 사유화를 거치면서 불확실하게 진행된 재산 분배와 권위주의적 정부의 명확하지 않은 행정 처리는 도시 개발을 위한 거주민들의 강제 철거 및 집행을 용이하게 만들었다. Samir Aliyev, "Baku Without a Mayor", *Baku Research Institute*; https://bakuresearchinstitute.org/en/baku-without-a-mayor-2/ (검색일 : 2023.05.15); https://www.coe.int/en/web/baku/-/local-self-government-in-azerbaijan-few-improvements-observed-limited-powers-and-weak-financial-position-of-municipalit ies-must-be-urgently-addressed (검색일 : 2023.05.15).

46　드보르, 앞의 책, 13쪽.

47　위의 책, 20쪽.

48　이는 완전히 '백지 상태'에서 시작했다는 카자흐스탄의 수도 아스타나 건설 또한 마찬 가지이다. 이에 대해서는 아래 논문을 확인하시오. 김태연, 「아스타나 도시풍경에 반영 된 포스트소비에트 카자흐스탄 정체성 건설의 딜레마」, 『슬라브학보』 9, 2, 2017, 91~131쪽.

8장 스펙타클의 도시 바쿠　273

장식적인 역할을 하는 파사드에 비유할 수 있다.[49] 다양한 층위의 파사드를 바쿠에서 찾을 수 있는데, 공사장을 가리기 위한 가림막이나 낡은 빌딩을 감추기 위한 클래딩, 그리고 내부 구조와 기능에 대한 고려 없이 외피만 강조한 랜드마크 빌딩들도 파사드로 읽을 수 있다.

예를 들어 도심과 공항을 잇는 헤이다르 알리예프 고속도로, 그리고 유네스코 세계 문화유산으로 등재된 고부스탄 관광지로 가는 길에는 간단한 문양으로 장식된 긴 장벽이 설치되어 있다. 외국인 방문객들이 반드시 지나치는 도로에 세워진 벽들은 단층 또는 이층 저택으로 된 오래된 주거지를 감추기 위한 것이다(<그림 10>, <그림 11>). 그리고 도심 지역 곳곳에 설치된 공사장 가

<그림 10> 고부스탄 국립공원
으로 향하는 고속도로
* 자료 : 필자 촬영

<그림 11> 도심에서 공항으로
향하는 고속도로
* 자료 : 필자 촬영

---

49 Rustin Zarkar, "Facade : A Mehelle Film About Urban Change in Baku", *Ajam Media Collective*, https://ajammc.com/2017/11/14/facade-mehelle-film/ (검색일 : 2023.05.15).

274   제2부 유라시아의 동과 서

림벽 또한 임시 파사드라고 볼 수 있는데, 특히 2012년 유로비전 개최 때 약 이백 년의 역사를 지닌 소베츠키 지역을 현대적인 고층빌딩이 들어선 주변 환경과 어울리지 않는 다는 이유로 가벽으로 둘러싸기도 했다.[50] 이러한 파사드가 완료하지 못한 미화 사업을 가리기 위한 노골적인 시각적 속임수에 불과했다면, 도시 미화 정책의 하나로 시행되었던 클래딩 기법과 대규모 재생 사업은 거주민들에게 물리적, 사회적 위협으로 다가오기도 한다.

15명의 목숨을 앗아간 2015년 바쿠 아파트 화재는 졸속적인 도시 미화 사업으로 인한 인재였다.[51] 2000년대 들어서 바쿠 도심 상당수의 건물들의 외부에 한 겹의 벽을 두르는 미화 작업이 확산되었다. 이는 클래딩 공법으로 특히 소비에트 시기에 지어진 건물에 주로 적용되었다. 비록 일조량이 감소하기는 하지만 주민들은 추가 평수를 얻을 수도 있고 건물은 깔끔한 외관을 얻을 수 있으며, 시 정부 입장에서는 소비에트 건물을 재활용하면서 빠르고 저렴하게 소비에트 흔적을 지울 수 있기에 이 공법을 선호하였다.[52] 다만 2012년 유로비전 행사를 준비하면서 석회석 벽보다는 간편한 폴리우레탄 패널이 선호되었는데, 이때 시간과 자본의 문제로 제대로 시공되지 않은 건물들은 자잘한 화재에 노출되어 있다가 결국 2015년 대형 사고로 이어졌다. 주민들 인터뷰에 따르면 시 정부는 국제 행사가 끝난 후 제거해주겠다고 약속했지만 제대로 지켜지지 않았다.[53]

---

50 Valiyev, Anar and Lucy Wallwork, "Post-Soviet Urban Renewal and its Discontents : Gentrification by Demolition in Baku", *Urban Geography* 20, 10, 2019, pp. 1506~1526.

51 Daisy Sindelar, "Deadly Blaze Reveals Ugly Truth Behind Baku Beautification", RadioFreeEurope. https://www.rferl.org/a/azerbaijan-public-anger-over-deadly-fire/27027429.html (검색일 : 2023.05.15).

52 바쿠 건축과 클래딩 공법 적용에 대해서는 블라우의 책과 그랜트(2014)를 참고하시오. E. Blau, *Op. cit.*, pp. 271~285; Bruce Grant, "The Edifice Complex : Architecture and the Political Life of Surplus in the New Baku", *Public Culture* 26, 3, 2014, pp. 508~509.

53 2015년 사고 후 대통령은 클래딩 건물들에 대한 조사를 하겠다는 의지를 밝혔지만 조사 결과에 대한 인터넷 언론 기사로는 찾을 수 없었다. 이후 시 정부 차원에서 클래딩 제거를 시작했다는 기사가 있으나, 단편 영화 〈파사드〉에서 보면 거주민들이 직접 클래딩을 제거하고 있다. https://azertag.az/en/xeber/President_Ilham_Aliyev_visited_the_site_of_the_multi_storey_building_hit_by_fire_in_Binagadi (검색일 : 2023.05.15); https://report.az/en/incident/removal-of-flammable-claddings-on-buildings-launched-in-baku/ (검색일 : 2023.05.15).

게다가 원치 않는 풍경을 임시로 감추고 또 인위적으로 배제하고 창조한 스펙타클이 결국 지도자의 권위를 과시하는 것으로 수렴한다는 점에서 국제화 및 현대화, 그리고 정체성 확립이라는 도시개발의 목표는 실천적 영역이 아닌 말뿐인 수사학으로 전락한다. '카스피해의 두바이'라는 수식어는 아제르바이잔의 부가 대부분 석유에서 왔고 그 부가 부동산 개발에 집중적으로 투자되고 있음을 암시하기도 하지만, 정치 체제와 사회·문화면에서 소위 민주주의 및 자본주의를 기본으로 한 국제 기준과 거리를 두고 있음을 암시하기도 한다. 대부분의 도시 재생 사업과 랜드마크 건축물도 크게 다르지는 않지만, 특히 전前대통령이자 현現대통령의 아버지인 헤이다르 알리예프를 위한 건축물은 권위주의 독재 체제를 뒷받침한다.

바쿠 북쪽에 위치한 헤이다르 알리예프 모스크는 아름다운 외형과 규모로 유명하나 일반인들에게 공개되어 있지 않다(〈그림 12〉). 게다가 모스크 앞에 설치된 기념비는 종교적인 면에서나, 미학적인 면에서나 매우 이질적인 풍경을 연출한다. 모스크 앞에 펼쳐진 책의 형태를 한 기념비가 있다면, 방문객들은 자연스럽게 이 기념비를 코란이라고 생각할 것이다. 하지만 사람들의 추측과 달리 해당 기념비에는 알리예프 부자의 이름, 그리고 해당 모스크의 기념비적 규모에 대해 적혀있다. 이 모스크는 민족적 정체성을 상징하는 종교적 건축물도, 사람들이 기도를 올리는 삶의 공간도 아닌, 부자 세습을 정당화하고 지도자의 권력을 과시하는 건축물일 뿐이다.

〈그림 12〉 헤이다르 알리예프 모스크와 책 기념비
* 자료 : https://dynamic-media-cdn.tripadvisor.com/media/photo-o/23/38/bc/39/caption.jpg?w=1400&h=-1&s=1) (검색일 : 2023.05.28).

헤이다르 알리예프 센터는 유

명 건축가 하디드의 명작이며 바쿠의 초현대적 랜드마크로 꾸준히 언급된다. 자본과 이익 관계, 그리고 여러 삶의 터전인 대도시에서 건축가가 의도한 도안이 이만큼 현실화되는 것은 쉽지 않은데, 이는 알리예프의 이름을 걸고 있기 때문이라고 봐도 무방하다. 하지만 이 건축물은 기능에 대한 고려 없이 설립되고 운영된다. 내부 공간은 박물관과 전시장, 컨퍼런스홀 등으로 이루어져 있는데 건축물의 위용에 비해 전시 규모와 전시품 목록이 조악하다. 알리예프의 이름을 걸고 하디드 건축물을 바쿠에 초청했다는 목적 이외에는 박물관 또는 복합 문화 공간으로서의 의미가 무색하다. 건축을 둘러싼 드넓은 대지를 포함한 이 화려한 건축물은 시각적인 기념비 그 이상의 역할을 하지 않는다. 물론 공간 활용의 비실용성은 이 건축물뿐 아니라 모든 하디드 건축물의 단점으로 늘 지적되고는 했지만, 부동산 가격 상승과 인구 밀집의 문제가 심각한 바쿠에서 대규모의 건축물이 제대로 된 기능 없이 오로지 홍보물로만 존재하는 사실은 이 건축물이 권력자를 위한 스펙타클임을 입증한다.

이렇듯 두 알리예프 건물은 본래의 목적이 기능보다는 그 상징성에 있으며, 시각적 소비를 위한 상품 이상의 의미를 갖지 않는다. 무엇보다 이러한 스펙타클의 건축물이 갖는 문제는 폭력과 거짓으로 이루어진 공간을 거주자들의 선택과 자유처럼 조장하고 이러한 초현대적 건물을 바쿠인들의 공통된 욕망이자 방향점인 것처럼 포장하는 것이며, 대중들이 참여할 수 없는 것에 참여한 것처럼 착각하게 만드는 것이다. "I Love Baku" 조형물과 그곳에서 알리예프 센터를 배경으로 찍은 수많은 인스타그램 사진들은 거주민들과 방문객 모두 이러한 착각을 갖게 하며, 권력이 공간에 주입한 공간 체제와 욕망을 무의식적으로 받아들이게 만든다.

이런 점에서 21세기 바쿠는 "고도로 축적되어 이미지가 된 자본"인 스펙타클이다.[54] 21세기 바쿠는 새로운 도시 브랜드 홍보를 통해 새로운 정체성 확립에 성공한 듯 보이나, 이는 체험하는 공간을 위한 것이 아니라 볼거리를 위

---

54 드보르, 앞의 책, 34쪽.

한 것이다. 도시는 다양한 삶이 지워진 채 상징으로 채워지는 공간이 되고 있다. 기호와 이미지로 채워진 공간은 실제 삶의 차이를 기획된 기호로 대체해 버린다. 르페브르가 "차이는 차이를 만드는 기호로 대체되며, 그 결과 실제 차이는 유도된, 그리고 기호로 환원된 차이에 의해 이미 대체된다"고 지적했듯이, 스펙타클은 삶에서 오는 '차이'가 아니라 볼거리라는 '차이의 기호'로 이루어진다.[55] 이미지와 기호는 세계를 투명하고 순수하게 보여주는 것처럼 위장하면서 세계의 실재와 가능성을 은폐한다.[56] "현실 세계가 오로지 단순한 이미지로 변화된 세계에서 이 이미지는 현실적 존재"가 된다는 점, 즉 스펙타클의 힘은 그 자체가 수단이자 목적이며, 실체가 된다는 면에서 위험하다.[57]

바쿠 파노라마의 랜드마크인 플레임타워는 스펙타클과 가상의 이미지를 대변한다. 카펫박물관이나 다른 여러 현대적 건물과 마찬가지로 플레임타워 또한 건축미학적 면에서 직관적인 형태를 띠고 있는데, 이는 실루엣으로 쉽게 단순화된다는 장점이 있다. 따라서 이 건물은 구글과 인스타그램에서 찾을 수 있는 관광객들의 수많은 바쿠 사진뿐 아니라, 관광책자나 웹사이트 로고에서 실루엣으로도 끝없이 복제된다. N. 코크는 카자흐스탄의 수도 아스타나에 관한 논문에서 국가 정체성 확립을 위한 스펙타클을 이루는 데 있어서 아스타나 건설과 같은 거대 건축 프로젝트뿐만이 아니라 곳곳에 반복하여 등장하는 아스타나의 미니어처 이미지 또한 중요한 역할을 한다고 보았다.[58] 이처럼 바쿠 또한 새로운 랜드마크가 무한히 복제 이미지로 나타나며 스펙타클을 완성한다. 그런데 거주 및 비즈니스 목적으로 세워진 세 개의 건물 콤플렉스 중 페어몬트 호텔이 입점해 있는 서쪽 타워를 제외하고는 내부가 전혀 공개되어 있지 않아 무슨 기능을 하는지 불명확하다. 이런 점에서 이 건물은 복제

---

55 앙리 르페브르, 양영란 옮김, 『공간의 생산』, 서울 : 에코리브르, 2019, 552쪽.
56 위의 책, 551~552쪽.
57 위의 책, 23쪽.
58 Natalie Koch, "The Monumental and the Miniature : Imagining 'Modernity' in Astana", *Social & Cultural Geography* 11, 8, 2010, pp.769~787.

278 제2부 유라시아의 동과 서

이미지가 되기 위한 모형이자, 밤마다 아제르바이잔 국기와 상징 이미지를 투영하기 위해 도시에 세워진 커다란 스크린에 불과해 보인다.

따라서 도시 공간에서 바쿠와 다른 도시들 간의 '차이'를 만들어내는 것은, 그리고 소비에트 시기의 바쿠와 소비에트 해체 이후의 바쿠 간의 차이를 만들어내는 것은 삶이 아니라 파사드들, 그리고 그 파사드의 복제 이미지들이다. 파사드가 바쿠인들의 거주 지역과 소비에트 건물을 외피로 가리듯이, LED쇼가 플레임타워 내부에 대한 대중의 호기심을 돌려버리고 비실용성을 감추듯이, 하디드의 유려한 건축이 부자 세습과 권위주의적 정권의 권력 남용을 상쇄하듯이, 성공적으로 도시에 입혀진 브랜드 이미지는 독재 정권과 인권 탄압, 다각화되지 못한 경제지표, 국가의 짧은 역사와 복잡한 민족성에 대한 콤플렉스 등을 건축물의 콤플렉스로 감추면서 성공적인 스펙타클을 연출한다.

5. 맺는말

이 글은 소비에트 해체 이후 아제르바이잔 및 바쿠가 새로운 정체성을 찾는 과정을 국가 브랜드 이미지의 재창조 과정과 도시 공간의 재건 및 재해석을 통해 살펴보았고, 이 과정을 드보르의 스펙타클을 인용하여 비판적으로 바라보았다. 물론 도시 공간이 스펙타클에 매몰된 소비 공간으로 변화하는 현상은 소비에트 해체 이후의 유라시아 도시들뿐 아니라 전세계적으로도 나타나는 현상이다. 국가적, 민족적, 사회적 결속력을 다지고 국가의 부와 지도자의 권위를 과시하는 오래된 통치 방법 중 하나이며, 자본주의 사회의 필연적인 부산물이기도 하다.

그러나 바쿠는 짧은 역사성과 복잡한 민족사에서 발생하는 딜레마를 두 브랜드의 스펙타클을 통해 극복하고자 했으며, '카스피해의 두바이'와 '불의 땅'이라는 두 브랜드는 도시 풍경 속 현대적 건축물과 이들의 복제된 이미지에 의해 달성된다. 역사성과 국제성에 대한 콤플렉스를 도시 재건을 통한 랜드마크, 현대적 건물들의 콤플렉스로 보완한다. 하지만 그림엽서와 같은 바쿠 풍경은 다양한 삶이 얽혀 이루어지는 실제 도시의 삶을 반영하지 못한다. 권위주의적 정부와 자본가, 엘리트 등의 도시 설계자들은 특정 스펙타클을 위해 균열과 모순을 여러 층위의 파사드로 감추고, 자신들의 기준에 맞지 않는 삶과 가치를 배제한다. 파사드는 외양만을 가장하여, 특정 풍경을 감추고, 기능과 구조를 고려하지 않고 설계자들이 원하는 풍경을 제시한다. 도시는 무한히 복제되는 랜드마크의 이미지들로, 상징과 기호로 채워지며, 거주민과 방문객 모두 수동적 수용자의 위치로 격하시킨다. 거주자들은 정부가 새겨놓은 도시 체제와 욕망을 무의식적으로 수용함으로써, 방문객들은 상징적인 랜드마크 건물들을 인스타그램에 전시함으로써 바쿠의 스펙타클을 재생산한다. 이렇듯 스펙타클의 작동 방식과 이에 따른 문제점을 살펴본 본 연구는 21세기 바쿠에 대한 이해를 도울 뿐 아니라, 향후 스펙타클이 만든 환상에 맞서 일상 속에서 어떻게 스펙타클에 대한 저항을 실현할 것인지 논의할 수 있는 밑바탕이 될 것이다.

참고문헌

드보르, 기, 유재홍 옮김, 『스펙타클의 사회』, 서울 : 울력, 2014.

르페브르, 앙리, 양영란 옮김, 『공간의 생산』, 서울 : 에코리브르, 2019.

김태연, 「아스타나 도시풍경에 반영된 포스트소비에트 카자흐스탄 정체성 건설의 딜레마」, 『슬라브학보』 9, 2, 2017, 91~131쪽.

김영진, 「아제르바이잔 정체성의 복합적 성격과 대외정책에의 함의」, 『유라시아 지역의 국가 민족 정체성』, 서울 : 한울 아카데미, 2010, 312~347쪽.

포스터, 할, 김정혜 옮김, 『콤플렉스』, 서울 : 현실문화, 2014.

"Баку - новый Дубай на побережье Каспия", Youtube. https://youtu.be/jBIUR6sc4DA (Дата обращения : 18.06.2023).

Карагезов, Рауф, Метаморфозы коллективной памяти в России и на центральном Кавказе, Баку : Нурлан, 2005.

"На телевизионном пространстве все программы должны передаваться на азербайджнск ом языке", Day. Az. http:; news. day. az/hitech/142253. html (Дата обращения : 18.06.2023).

"План проектировки центральной части Баку близится к завершению", millikitabxana.az. http://www. anl. az/down/meqale/exo/2011/may/av548. htm (Дата обращения : 18.06.2023).

Фатуллаев-Фигаров, Шамиль. Градостроительство и архитектура Азербайджана- начала века, Баку : Шарг-Гарб, 2013.

Agha, Javid, "Who were the Caucasian Albanians?", Eurasianet. https://eurasianet. org/perspectives-who-were-the-caucasian-albanians (검색일 : 2023.05.15).

Aliyev, Ilham, "Speech by Ilham Aliyev at the opening of the five-star Four Seasons Hotel in Baku", President of the Republic of Azerbaijan. https://president.az/en/articles/view/5751 (검색일 : 2023.05.15).

Aliyev, Samir, "Baku Without a Mayor", Baku Research Institute. https://bakure searchinstitute.org/en/baku-without-a-mayor-2/ (검색일 : 2023.05.15).

Arnegger, Julius and Marc Herz, "Economic and Destination Image Impacts of Mega-Events in Emerging Tourist Destinations", *Journal of Destination*

Marketing & Management 5, 2, 2016, pp. 76~85.

"Azerbaijan is a model of multiculturalism and tolerance", Diplomat Magazine. https://diplomatmagazine.eu/2020/04/05/azerbaijan-is-a-model-of-multiculturalism-and-tolerance/ (검색일 : 2023.05.15).

"Azerbaijan urges UNESCO to react on Armenia's attempt to falsify history", Azernews, https://www.azernews.az/culture/176370.html (검색일 : 2023.05.15). Blau, Eve, *Baku : Oil and Urbanism*, Zurich : Park Books, 2018.

Clayton, Austin, "Azerbaijan's capital unveils controversial new park", Eurasianet. https://eurasianet.org/azerbaijans-capital-unveils-controversial-new-park (검색일 : 2023.05.15).

Darieva, Tsypylma, "Sterilizing the Public Space? The Baku Waterfront as History's Promenade", *Russian Studies in History* 55, 2, 2016, pp. 163~179.

DeHaan, Heather D., "Remembering our worth : commemorating the Azerbaijani nation through cultural exchange", *Canadian Slavonic Papers* 63, 1-2, 2021, pp. 168~188.

Nabiyev, Firudin, "Azerbaijan is the land of tolerance", The Republic of Azerbaijan State Migration Service, https://migration.gov.az/en/press_detail/273 (검색일 : 2023.05.15).

"Full Replay of the Baku 2015 European Games Closing Ceremony", Youtube. https://youtu.be/XIUJlXjZAaE (검색일 : 2023.05.15).

Grant, Bruce, "Cosmopolitan Baku", *Ethnos* 75, 2, 2010, pp. 123~147.

_____, "The Edifice Complex : Architecture and the Political Life of Surplus in the New Baku", *Public Culture* 26, 3, 2014, pp. 501~528.

Hamm, Olver G., *The Baku Miracle*, Berlin : Jovis, 2013.

Hrag Avedanian, "A War Over Patterns, Symbols, and the Cultural Heritage of Karabakh's Carpets", Hyperallergic. https://hyperallergic.com/625180/a-war-over-patterns-symbols-and-the-cultural-heritage-of-karabakhs-carpets/ (검색일 : 2023.05.15).

Ismayilov, Murad, "State, Identity, and the Politics of Music : Eurovision and nation-building in Azerbaijan", *Nationalities Papers* 40, 6, 2012, pp. 833~851.

Kavaratzis, Michalis, "From City Marketing to City Branding : Towards a Theoretical Framework for Developing City Brands", *Place Brand Public Diplomacy* 1, 2004, pp. 58~73.

Koch, Natalie, "The Monumental and the Miniature : Imagining 'Modernity' in Astana", *Social & Cultural Geography* 11, 8, 2010, pp. 769~787.

Koch, Natalie and Anar Valiyev, "Urban Boosterism in Closed Contexts : Spectacular Urbanization and Second-tier Mega-events in Three Caspian Capitals", *Eurasian Geography and Economics* 56, 5, 2015, pp. 575~598.

Krebs, Melanie, "From Cosmopolitan Baku to Tolerant Azerbaijan–Branding "Land of Fire"", *Identity Studies in the Caucasus and the Black Sea Region* 6, 2015, pp. 110~129.

Max, Ryan, "Azerbaijan Is Trying to Attract Tourism with Its Crude Oil Spas", Vice. https://www.vice.com/en/article/5gj94a/bathing-in-the-crude-in-azerbaijan-0000702-v22n8 (검색일 : 2023.05.15).

Peuch, Jean-Christophe, "Azerbaijan : Cyrillic Alphabet Replaced By Latin One", RadioFreeEurope, https://www.rferl.org/a/1097070.html (검색일 : 2023.05. 15).

Pirouz Khanlou, "The Metamorphosis of Architecture and Urban Development in Azerbaijan", *Azerbaijan International* 6, 4, 1998, pp. 24~28. https://www.azer. com/aiweb/categories/magazine/64_folder/64_articles/64_archdevelopment. html (검색일 : 2023.05.15).

Rojo-Labaien, Ekain, "The Baku 2015 European Games as a national milestone of post-Soviet Azerbaijan", *Nationalities Papers* 46, 6, 2018, pp. 1101~1117.

Rumyansev, Sergey and Sevil Huseynova, "Between the Center of Jazz and the Capital of Muslim Culture", In *Urban Space after Socialism : Ethnographies of Public Places in Eurasian Cities*, edited by Tsypylma Darieva, Wolfgang Kashcuba, Melanie Krebs. Frankfurt am Main : Campus, 2011, pp. 107~129.

Səhifə, Ana, "Tourists instead of oil", Meydan.TV. https://www.meydan.tv/en/arti cle/tourists-instead-of-oil/ (검색일 : 2023.05.15).

Sindelar, Daisy, "Deadly Blaze Reveals Ugly Truth Behind Baku Beautification",

RadioFreeEurope. https://www.rferl.org/a/azerbaijan-public-anger-over-dea dly-fire/27027429.html (검색일 : 2023.05.15).

Shepard, Wade, "What Azerbaijan Plans To Do When The Oil Runs Out", ForbesAsia. https://www.forbes.com/sites/wadeshepard/2016/12/03/what- azerbaijan-plans-to-do-when-the-oil-runs-out/?sh=551553a33780 (검색일 : 2023. 05.15).

UN-Habitat, *The State of European Cities in Transition*, Krakow : Institute of Urban Development, 2013.

Valiyev, Anar, "Baku", *Cities* 31, 2013, pp.625~640.

Valiyev, Anar and Lucy Wallwork, "Post-Soviet urban renewal and its discontents : gentrification by demolition in Baku", *Urban Geography* 20, 10, 2019, pp.1506~1526.

Zarkar, Rustin, "Facade : A Mehelle Film About Urban Change in Baku", Ajam Media Collective. https://ajammc.com/2017/11/14/facade-mehelle-film/ (검색일 : 2023.05.15).

@AIDAzerbaijan, Twitter. https://twitter.com/AIDAzerbaijan/status/153565669201226 9569 (검색일 : 2023.05.15).

https://azcarpetmuseum.az/en/museum-history (검색일 : 2023.05.15).

https://azertag.az/en/xeber/President_Ilham_Aliyev_visited_the_site_of_the_multi_st orey_building_hit_by_fire_in_BinagadiThe_State_Commission_held_its_first _meeting_chaired_by_President_Ilham_Aliyev-856515 (검색일 : 2023.05.15).

https://www.bakuwhitecity.com/ (검색일 : 2023.05.15.).

https://www.coe.int/en/web/baku/-/local-self-government-in-azerbaijan-few-impro vements-observed-limited-powers-and-weak-financial-position-of-municipal itie s-must-be-urgently-addressed (검색일 : 2023.05.15).

https://dynamic-media-cdn.tripadvisor.com/media/photo-o/23/38/bc/39/caption.jpg ?w=1400&h=-1&s=1 (검색일 : 2023.05.21.)

https://www.hrw.org/news/2020/04/16/azerbaijan-crackdown-critics-amid-pandemic (검색일 : 2023.05.15).

https://www.mfa.gov.az/en/news/no13121-commentary-of-the-press-service-depart

ment-of-the-ministry-of-foreign-affairs-of-the-republic-of-azerbaijan-on-the
-statement-of-the-armenian-foreign-ministry-on-the-opening-of-the-military
-troph y-park-in-baku (검색일 : 2023. 05. 15).

https://multiculturalism. preslib. az/en_a1. html (검색일 : 2023. 05. 15).

https://en. unesco. org/silkroad/silk-road-themes/world-heritage-sites/walled-city-bak
u-shirvanshahs-palace-and-maiden-tower (검색일 : 2023. 05. 15).

https://report. az/en/incident/removal-of-flammable-claddings-on-buildings-launche
d-in-baku/ (검색일 : 2023. 05. 15.).

찾아보기

ㄱ 가

가즈나조Ghaznavids 59, 60

거대게임Great game 92, 95

거대 유럽Greater Europe 28, 38

게옥테페Geok Tepe 54, 68, 69, 72, 73, 77

경교 88

고선지 88

국제화 105, 254, 258, 259, 263, 271, 276

글라스노스트 107

『기독교적 지형Христианская топография』 196, 199, 200, 214

ㄴ 나

낙쉬반디야Naqshbandiyya 108

ㄷ 다

다니일 192, 202, 206~209

디미트리 메드베데프Dmitrii Medvedev 23, 30, 32~34, 42

ㄹ 라

러시아제국 12, 30, 35, 54, 68, 69, 73, 76~78, 91, 100, 227, 229, 250, 254, 255, 258~260, 266

ㅁ 마

마리Mary 8, 54, 55, 77, 78, 93

메르브Merv 8, 9, 54~79, 93~95, 123, 226, 238

몽골 10, 61, 71, 74, 77, 85, 88, 90, 108, 115, 120, 122, 132, 137, 178, 195, 196, 201, 202, 218, 226, 233

민족적 정체성 97, 254, 258, 269~271, 276

ㅂ 바

바르소노피 203, 210, 211

바스라Basrah 59

바실리 203, 210~212

바쿠Баку 12, 13, 95, 250~255, 257~267, 269, 270, 272~279

번스A. Burnes 56, 64, 67, 75, 76

베셀롭스키Н. И. Веселовский 56, 57, 62, 66, 73

부하라Bukhara 10, 55, 63~68, 70, 71, 73~75, 77, 87, 92, 93, 95, 98, 108, 115, 119, 120, 122, 123, 127, 134, 226, 228

부하라 칸국 89, 122, 123, 133~135, 137,

찾아보기 287

227

불의 땅 12, 250, 259~263, 271, 279

블라디미르 푸틴Vladimir Putin 8, 20, 23~26,
    28~39, 41, 85, 86, 112

비판지정학critical geopolitics 22

ㅁ 사

사르트Sart 90, 96

사마르칸트 9, 10, 12, 57, 94, 98, 115~117,
    119~123, 127~139, 141, 142, 221, 224~
    230, 234~245

사만 왕조 89, 131, 226

사파비조 61

「세 바다 너머 여행기」 11, 191, 203, 212,
    215, 217

세르게이 라브로프Sergei Lavrov 23, 24, 30,
    31, 33~35, 40~42

세르게이 이바노프Sergei Ivanov 23, 26, 27,
    32

셀주크조 60

셀주크투르크Seljuk Turks 59, 60, 131

소그드 10, 115, 117, 118, 120, 128, 135,
    137, 138, 140, 141, 224~226, 238

스몰냐닌 203, 208, 209

스펙타클 12, 13, 250, 253, 264, 271, 273,
    276~279

실크로드 12, 55, 56, 72, 77, 78, 85, 116,
    117, 119, 132, 135, 137, 221~226, 242,
    244~246

ㅁ 아

아무다리야 70, 76, 123

아바자Avaza 93

아슈하바트 93, 94, 243

아제르바이잔Azerbaijan 12, 96, 103, 227, 250
    ~258, 260~264, 267~269, 271, 272, 276,
    279

아테쉬가 260, 261, 272

아파나시 니키틴 11, 191, 203, 212, 215~
    217

아프라시압Afrasiab 10, 115, 137~139, 141,
    225, 227, 235, 238

아프샤르Afshar조 64

알리예프 센터 267, 270, 276, 277

알마티 57

압바스Abbas 58, 63, 120, 131

오일 251, 266

외교 정책foreign policy 8, 20~29, 32, 34, 36,
    38, 40, 41, 43, 44

요한 엑자르흐Иоанн Экзарх Болгарский 197,
    199

우즈베크족 61, 62, 71

우즈베키스탄 9, 12, 85, 86, 88, 93~95, 98,
    100, 107~110, 112, 115~117, 122, 135,
    136, 221, 224, 225, 228, 234~236, 238,
    239, 241, 242, 244, 245

우즈벡 55, 62, 134, 224, 228, 229, 239

울루그벡Ulugbek 121, 122, 133, 139, 227,
    238, 244

유네스코UNESCO 12, 136, 221, 222, 224,
    229~231, 233~236, 239, 241~243, 245, 255,
    269, 274

유네스코 실크로드 프로젝트UNESCO Silk Roads Program 223

유네스코의 동서문명 교류 프로젝트UNESCO East-West Major Project 222~224, 230~233, 245

유네스코의 중앙아시아 문명연구 프로젝트 UNESCO Project on the Civilizations of Central Asia 224, 230, 245

유라시아Eurasia 5~8, 10~13, 20~27, 30~41, 43, 44, 85, 88, 89, 106, 140, 218, 222, 223, 226, 227, 242, 244, 279

유라시아 경제연합Eurasian Economic Union 23, 26~28, 31, 34~37, 41, 244

유목문명 116, 140

이슬람교 138, 173, 216, 218, 255, 261

이집트 106, 198, 203, 210, 211

인도 11, 12, 88, 123, 135, 166, 191, 193, 196, 198, 212~218, 221, 222, 225~227, 233, 234, 237~240, 261

ㅁ 자

정부 담론government discourse 7, 20, 21, 33

정주문명 9, 10, 115~120, 122~125, 127, 128, 130~133, 139~142

조로아스터교 88, 118, 120, 138, 140, 141, 260, 262

조시마 203, 205, 209~211

중앙아시아 5~10, 12, 39, 55~59, 61, 70, 77, 78, 84~112, 115~120, 122~128, 130~133, 135, 137~142, 194, 221, 223~229, 231~243, 245, 246, 269

지역주의 8, 9, 54, 57, 69, 70, 73~79

지정학적 상상력geopolitical imagination 8, 20, 21, 22, 44

ㅁ 차

차가타이 칸국 88, 120, 122, 132

차이의 기호 278

ㅁ 카

카라쿰Karakum 55

카스피해 횡단철도Trans-Caspian railway 78, 93, 227

카스피해의 두바이 12, 250, 259, 262~264, 271, 276, 279

카자흐 칸국 89

카펫 268, 269, 271

칼리프caliph 58, 59, 70, 109, 130, 131, 226

코지마 인디코플로프Козьма Индикоплов 196, 198, 199, 200, 214

코칸트 칸국 87, 89

ㅁ 타

타쉬켄트 57

타타르 208, 215, 216

테케족Teke 67, 68, 72, 73, 75, 123

투르크메니스탄 54, 55, 65, 77, 78, 85~88, 93, 94, 119

투르크멘족 63, 64, 67~69, 71, 72, 75, 76

투르크족 59, 70, 119

티무르제국 10, 61, 115, 120~123, 132~135, 138, 141, 224, 227, 240, 242
티무르조 61

ㅁ 파
파사드 13, 250, 271, 274, 279, 280
팔레스타인 203, 205, 209~211
페르시아 55, 56, 58, 59, 61~66, 68, 70, 71, 74, 75, 77, 85, 88, 89, 117~119, 128, 131, 135, 137, 139, 193, 198, 225, 258, 269
페르시아 - 이슬람 10, 115, 120, 137
플레임타워 261~263, 266, 267, 273, 278, 279

ㅁ 하
현대화 98, 104, 105, 229, 231, 232, 254, 258, 263, 264, 267, 272, 276
호라산Khorasan 55, 56, 58~62, 65, 66, 75, 77, 122, 131, 227
히바Khiva 55, 63, 66~68, 71, 74, 76, 87, 122, 123
히바 칸국 62, 63, 67, 74, 76, 89, 92, 123

ㅁ A
T-O지도 200, 201

필자소개(게재순)

이정하(JEONG-HA LEE)

러시아 지역학 및 군사문제 연구자. 한림대학교에서 사학을 전공하고 서울대학교에서 서양사로 석사 학위를, 미국 시카고 대학에서 소련 군부 인적 관계망 및 민군관계 연구(We are the Red Cavalry : A Collective Biography of the Red Cavalry Commanders, 1918~1938)로 박사 학위를 취득했다. 이후 서울대학교와 전남대학교 등에서 서양사를 강의해 왔다. 2016~2018년에는 재단법인 〈여시재〉에서 연구원으로 2019~2020년에는 대통령직속 북방경제협력위원회(국제관계분과)에서 전문위원으로 재직했다. 러시아사 및 유럽 군사사와 관련된 다수의 논문을 발표하였다. 2022년부터는 광주과학기술원 〈융합교육 및 융합연구센터〉에서 연구원으로 재직하면서, 지정학과 글로벌 네트워크 그리고 21세기 전쟁 양상의 변화 등에 관한 연구를 진행하고 있다.

곽성웅(Kwak, Song Woong)

러시아 CIS 지역연구자. 한양대학교에서 정치외교학을 전공하고 러시아 남부 쿠반국립대학교에서 정치학 석사 학위(2013)를, 한양대학교 국제학대학원에서 '19세기 히바 칸국과 러시아제국의 외교관계 연구 : 주요 외교적 쟁점들을 중심으로'에 관한 논문으로 박사 학위(2020)를 취득했다. 2021년부터 현재까지 배재대학교 한국–시베리아센터에서 전임연구원으로 재직하고 있다. 저서로는 「한반도 동북아 평화체제의 정착을 위한 시베리아 인문학의 학적 체계 구성 : 지역학적 통섭과 정책 공간 연계」(경제인문사회연구회, 2021, 공동), 「지금 북극은. 제4권 북극, 경쟁과 협력의 공간」(학연문화사, 2022, 공동)가 있다. 러시아의 A&HCI급 학술저널인 『Вопросы истории(Voprosy Istorii)』와 한국의 KCI 등재지인 『중소연구』·『한국 시베리아연구』·『한국정치외교사논총』 등에 러시아와 중앙아시아, 북극 관련 논문을 다수 발표해 오고 있다.

최배성(Choi, Bae Seong)

부산외국어대학교에서 러시아학을 전공하고 서울사이버대학교에서 상담심리학과, 군경상담학을 전공했다. 러시아 블라디보스톡 극동연방대에서 국제관계학 석사 학위(2018)를, 한양대학교 국제학대학원에서 박사과정을 수료하였다. 2015~2016년에는 한국과학기술기획평가원에서 연구원으로 재직했고, 2022~2023년에는 부산시청에서 전문위원으로 재직했다. 저서로는 『지금 북극은. 제5권 북극, 새로운 도전의 공간』(학연문화사, 2023, 공동)이 있다. 현재는 북극 관련 논문으로 박사학위 취득을 준비하고 있다.

정세진(Jung Se Jin)

현재 한양대학교 아태지역연구센터 교수

러시아 및 유라시아 역사, 종교문화사 연구자. 한국외국어대학교 노어과에서 학사와 석사를 마쳤다. 1989~1996년까지 한국경제신문사 기자로 근무하였다. 모스크바국립대학교에서 『19세기 전반기 북카프카스의 카프카스 전쟁과 이슬람 요소 연구』로 역사학 박사학위를 취득했다(2005). 한국외국어대, 연세대, 한동대에서 강의하였고, 현재 한양대학교 아태지역연구센터 교수로 재직하고 있다.

단독 저서로『중앙아시아 민족정체성과 이슬람』, 『러시아 이슬람 : 역사, 전쟁, 이념』, 『쉽게 읽는 중앙아시아 이야기 : 역사 문명 이슬람』, 『코카서스 국가 조지아 : 역사 · 종교 · 국내정치 · 국제관계』 등 6권이 있으며 공저로는 『유라시아 지역의 국가 민족 정체성』 등 23권의 공동 저서를 집필하였고 『알타이 역사 : 고대, 중세』를 단독 번역했다. 러시아, 중앙아시아, 코카서스 역사 및 지역학 관련, 국외 논문 19편, 국내 등재지 논문 65편 등 80여 편의 논문을 게재하는 등 활발한 연구 활동을 벌여왔다.

김상철(Kim, Sangcheol)

중앙아시아 다민족관계 및 다문화 관련 연구자. 한국외대 독일어과 학사, 한국외대 러시아동유럽학석사, 한국외대 국제관계연구학과 박사(인문학 – 사회문화)를 구소련권 및 동유럽권 소수민족 독일인과 관련된 연구제제를 중심으로 학위를 취득하였다. 학위 취득후 카자흐스탄 알파라비 카자흐국립대 동양학대학에서 근무하며 중앙아시아 소수민족 공동체들의 변화와 관련된 여러 연구들과 현지조사를 수행했다. 현재 한국외대 국제지역대학 중앙아시아학과 강사, 한국외대 중앙아시아연구소 연구교수로 재직중이며, 현대 중앙아시아 국가들의 현안 및 주요 이슈들 가운데 사회문화의 변화와 관련된 이슈들을 중심으로 연구와 발표를 수행하고 있다.

최근 공동 저서로는 『21세기 유라시아 역사 – 문화의 혼돈과 진화』, 『아시아공동체론』, 『유라시아의 자문화 중심경향과 다문화적 변용의 역학』, 『중앙아시아 이슬람의 역사적 경험과 문화』, 『독립이후 카자흐스탄 및 우즈베키스탄 청년세대의 사회적 동향과 특징』 등이 있으며, 「이슬람 중심 중앙아시아 정주문명 전통도시의 다종교 – 다문화구조 : 우즈베키스탄 사마르칸트」, 「21세기 중앙아시아 다종교공동체와 종무제도의 특징 및 한계」, 「소련 붕괴 이후 KVN변천과 확대과정을 통해 본 21세기 중앙아시아 방송 대중문화 현상의 특징과 변화 : 카자흐스탄과 키르기스스탄」, 「제정러시아 말기 카자흐지식인 공동체의 대외 및 대내 변화요인과 변화 과정」 등의 논문을 최근 발표한 바 있다.

박영은(Park Young Eun)

러시아 문학 · 영화 · 철학사상 연구자. 한국외국어대학교 노어과를 졸업하고 동대학원에서 석사 및 박사학위를 취득했으며, 이후 러시아국립영화대학교(VGIK) 박사과정을 수료했다. 학위 논문으로『아나톨리 김의 우주론 연구』를 발표했으며, 한국외국어대학교 외국문학연구소 연구교수 및 책임연구원을 거쳐 현재 한양대학교 아태지역연구센터 HK교수로 재직 중이다. 주요 논문으로 「트랜스휴머니즘(Transhumanism) 사상의 철학적 근원에 대한 고찰」(2013), 「중앙아시아 네오샤머니즘의 재현과 성찰 – 구카 오마로바의 영화에 작용하는 생명시학을 중심으로 – 」(2013), 「중앙아시아 영화에 나타난 민족정체성과 전통문화 가치의 재발견 – 카자흐스탄 역사영화의 영웅 부활 메커니즘을 중심으로 – 」(2014), 주요 저서로는 『러시아 문화와 우주 철학』(2015) 등이 있다.

서선정(Seo Seon Jeong)

러시아 문학/문화 연구자. 서울대학교 노어노문학과에서 러시아어문학을 전공하고 동대학원에서 러시아문학으로 석사 학위를 취득하였다. 러시아 학술 아카데미 산하 러시아 문학 연구소에서 키예프 루시 시대의 작가인 키릴 투롭스키와 키예프 시대의 문학에 대한 연구로 박사학위를 받았다. 서울대학교 박사 후 연수과정을 거쳐 경북대학교에서 선임연구원 및 연구교수를 지냈고, 현재 서울대 성균관대 홍익대 등에서 강의하고 있다. 주요 연구 분야는 고대 러시아 문학과 구전문학이며 특히 이러한 전통이 러시아 문화에 계승되고 반영되어 나타난 현상에 대해 깊이 연구하고 있다. 논문으로는 「초기 고대 러시아 문학의 작동 메카니즘으로서의 정치와 종교 : 키예프 루시 시대의 공후 성화 문제를 중심으로」, 「구술 문학 속에 나타난 이반 뇌제의 형상 : 집단적 기억과 역사 인식에 대하여」, 「『카잔이야기』 - 16세기 러시아 역사 서술과 문학적 상상력」, 「혁명의 진실과 인간의 실존을 바라보다 : 유리 트리포노프의 『노인』」, 「페오판 프로코포비치의 역사극 〈블라디미르〉 : 17~18세기 경계기 러시아 문학」 등이 있고, 저/역서로는 『노인』(유리 트리포노프 저) 등이 있다.

신보람(Shin Boram)

중앙아시아 및 유라시아 근현대 문화사 연구자. 미국 시카고 대학에서 국제학(International Studies)으로 학사를 영국 캠브리지 대학에서 러시아 지역학(Russian Studies)을 마쳤으며 동 대학에서 소비에트 시대 우즈베키스탄 민족정체성 및 문화정체성 관련 논문으로 슬라브학 박사학위를 취득했다(2015). 한양대 아태지역연구센터 HK연구교수, 경북대 사학과 BK교수를 지냈으며, 현재 전북대학교 국제인문사회학부 조교수로 재직하고 있다. 현재 냉전시대의 소비에트 연방의 문화 · 과학외교사를 연구 중이다.

황기은(Hwang Kiun)

연세대 노어노문학과에서 학사 및 석사 학위를 받고 미국 피츠버그 대학에서 슬라브문학 및 문화학으로 박사 학위를 받았다. 러시아 및 유라시아 지역 문화 연구에 주력하고 있으며, 특히 도시문화와 상호 매체성에 관심을 기울이고 있다. 주요 논문으로 「러시아 도시미술의 미학과 정치학」, 「마니자 - РАШН WУМАН : 2021년 유로비전 스캔들로 본 러시아의 정체성」, "Walking Dostoevskii and Reading the City" 등이 있고, 함께 지은 책으로 『우리에게 다가온 러시아 오페라』(2022)와 『우리에게 다가온 러시아 발레』(2021)가 있다.